Kohlhammer

Barbara Rittmann
Wolfgang Rickert-Bolg (Hrsg.)

Autismus-Therapie in der Praxis

Methoden, Vorgehensweisen, Falldarstellungen

Verlag W. Kohlhammer

Dieses Werk einschließlich aller seiner Teile ist urheberrechtlich geschützt. Jede Verwendung außerhalb der engen Grenzen des Urheberrechts ist ohne Zustimmung des Verlags unzulässig und strafbar. Das gilt insbesondere für Vervielfältigungen, Übersetzungen, Mikroverfilmungen und für die Einspeicherung und Verarbeitung in elektronischen Systemen.

Die Wiedergabe von Warenbezeichnungen, Handelsnamen und sonstigen Kennzeichen in diesem Buch berechtigt nicht zu der Annahme, dass diese von jedermann frei benutzt werden dürfen. Vielmehr kann es sich auch dann um eingetragene Warenzeichen oder sonstige geschützte Kennzeichen handeln, wenn sie nicht eigens als solche gekennzeichnet sind.

Es konnten nicht alle Rechtsinhaber von Abbildungen ermittelt werden. Sollte dem Verlag gegenüber der Nachweis der Rechtsinhaberschaft geführt werden, wird das branchenübliche Honorar nachträglich gezahlt.

1. Auflage 2017

Alle Rechte vorbehalten
© W. Kohlhammer GmbH, Stuttgart
Gesamtherstellung: W. Kohlhammer GmbH, Stuttgart

Print:
ISBN 978-3-17-033048-1

E-Book-Formate:
pdf: ISBN 978-3-17-033049-8
epub: ISBN 978-3-17-033050-4
mobi: ISBN 978-3-17-033051-1

Für den Inhalt abgedruckter oder verlinkter Websites ist ausschließlich der jeweilige Betreiber verantwortlich. Die W. Kohlhammer GmbH hat keinen Einfluss auf die verknüpften Seiten und übernimmt hierfür keinerlei Haftung.

Inhalt

Geleitwort von autismus Deutschland 9

Vorwort der Herausgeber 11

Teil I Grundlagen

Autismus verstehen – Autistische Symptome als Bewältigungsstrategie für eine abweichende kognitive Informationsverarbeitung 15
Wolfgang Rickert-Bolg

Ethische Grundlagen der Autismus-Therapie 28
Wolfgang Rickert-Bolg

»Der rote Faden«: Begleitung von Menschen mit Autismus-Spektrum-Störung in Autismus-Therapiezentren 32
Christiane Arens-Wiebel

Teil II Methodenvielfalt in der Autismus-Therapie

Multimodale Autismus-Therapie in verschiedenen Lebensphasen – ein Fallbeispiel 45
Christina Müller

Die Bedeutung verhaltenstherapeutischer Förderung in Autismus-Therapiezentren 58
Barbara Rittmann

Die Differenzielle Beziehungstherapie in der Autismus-Therapie 71
Barbara Rittmann

Lernen am Erleben – Erlebnispädagogische Methoden in der Autismus-Therapie ... 82
Leila Reineke

Bewegung und Ausdruck in der Autismus-Therapie 96
Brit Wilczek

Musiktherapie zur Unterstützung der »Schlüsselfähigkeiten« bei autistischen
Kindern und Jugendlichen – ein Bericht aus der Praxis 106
Renate Wahrmund

Teil III Autismus und frühe Interventionen

Vom Methodenstreit zum Passungsgedanken: Zur Notwendigkeit von
Methodenkombinationen in der Frühtherapie von Kindern mit Autismus-Spektrum-
Störung 117
Christina Müller

Familienorientierte Frühtherapie – Ein Praxisbericht 133
Susanne Lamaye

Das Early Start Denver Model (ESDM) – eine neue Methode bereichert die
Frühinterventionskonzepte unserer Autismus-Therapiezentren 139
*Barbara Rittmann unter Mitwirkung von Irmgard Döringer
und Wolfgang Rickert-Bolg*

Teil IV Autismus und Familie

Elternschaft von Kindern mit Autismus-Spektrum-Störung – Innere Hürden,
Herausforderungen und Bewältigungsmöglichkeiten 157
Oliver Eberhardt

Multifamilientherapie für Asperger-Betroffene und deren Familien 168
Anas Nashef

Systemisches Elterncoaching und Gewaltfreier Widerstand – angewandte Praxis in
einem Autismus-Therapiezentrum 178
Kathrin Mack

Teil V Autismus und Schule

Hand in Hand für eine gute Beschulung – die einrichtungsübergreifende
Zusammenarbeit in Zeiten der Inklusion 189
Irmgard Herold

Kooperation von Autismus-Therapiezentren mit Beratungsstellen der Schulen 196
Maike Lohmann

Schule als »reizvolles« Lernfeld bei Autismus 209
Cordula Thiemann

Teil VI Autismus und Arbeit

Erster Arbeitsmarkt – Chancen und Hürden für Menschen mit
Autismus-Spektrum-Störung 221
Kristina Beese

Beratung und Begleitung von Menschen mit Autismus-Spektrum-Störung in
Ausbildung und Arbeit 232
Heinz Heit

Fähigkeiten und Potenziale auf dem Weg ins Berufsleben 241
Hajo Seng

Teil VII Besondere Themen

Dreifach besonders: Asperger-Syndrom, ADHS, Hochbegabung – Eine
Falldarstellung 253
Barbara Rittmann

Therapie für Mädchen und Frauen mit Asperger-Syndrom 261
Martina Steinhaus

Ganz normal und doch anders. Liebe, Partnerschaft und Sexualität bei erwachsenen
Menschen mit Asperger-Syndrom – Ein kurzer Einblick in eine besondere Welt ... 274
Martina Steinhaus

Teil VIII Qualitätssicherung der Arbeit der Autismus-Therapiezentren

Zur Diskussion der Wirksamkeit von Autismus-Therapien 285
Irmgard Döringer unter Mitwirkung von Christina Müller

Evaluation der Arbeit von Autismus-Zentren 295
Wolfgang Rickert-Bolg

Teil IX Rechtliche Grundlagen

Rechte von Menschen mit Autismus unter Berücksichtigung des
Bundesteilhabegesetzes (BTHG) 303
Christian Frese

Teil X Autismus-Therapie aus Betroffenenperspektive

Asperger-Diagnose. Und nun? Lerne oder leide! 319
Heide Cohrssen

Verzeichnis der Autorinnen und Autoren 335

Stichwortverzeichnis 337

Geleitwort von autismus Deutschland

Im Jahr 1970 gründeten Eltern von Kindern mit Autismus den Bundesverband Autismus-Deutschland e. V.

Ziel war es, eine flächendeckende Versorgung von Diagnose- und Therapiezentren zu erreichen. Einmalig ist es, dass Eltern neben ihren familiären Aufgaben und dem Beruf auch noch Geschäftsführer von therapeutischen Einrichtungen und Wohnstätten wurden.

Im Mittelpunkt stand das Streben nach bestmöglicher Beschulung und Ausbildung bis hin zu einem adäquaten Arbeitsplatz.

Dabei waren und sind die Autismus-Therapiezentren der Dreh- und Angelpunkt.

Die Aufklärung der Eltern über Autismus und die therapeutische Förderung sowie die Begleitung von Kindern, Jugendlichen und Erwachsenen ist ihre zentrale Aufgabe.

Nur durch gezielte auf die jeweilige Person individuell zugeschnittene Therapie und Sozialtraining kann Teilhabe an der Gesellschaft in vielen Bereichen gelingen.

Nachdem zunächst von Integration die Rede war, ist heute selbstbestimmtes Leben und Wohnen im Sinne von Inklusion politscher Wille.

Von Beginn an legten Eltern Wert auf Stärkung der Fähigkeiten, um dann die Defizite ausgleichen zu können. Dankbar blicken Betroffene und Angehörige auf den Paradigmenwechsel – weg von der Fürsorge hin zur Selbstbestimmung – zurück, sehen aber gleichzeitig noch weiteren Bedarf.

Die Autismus-Therapiezentren sind unersetzlich, um Menschen mit Autismus auf ein Leben in Würde und mit Qualität vorzubereiten.

Maria Kaminski
Vorsitzende von autismus Deutschland e. V.

Vorwort der Herausgeber

Das Buch gibt einen Überblick über den aktuellen Stand der Autismus-Therapie für Kinder, Jugendliche und Erwachsene. Facettenreich und anhand zahlreicher Falldarstellungen werden sowohl therapeutische als auch auf das Umfeld gerichtete Methoden geschildert, wie sie in den Autismus-Therapiezentren in Deutschland zur Anwendung kommen.

Seit 1972 in Hamburg das erste deutsche Autismus-Therapiezentrum eröffnet wurde, ist viel geschehen. Inzwischen sind dem Bundesverband Autismus-Deutschland fast 60 Therapiezentren und deren Außenstellen angegliedert, die zusammen etwa 12 000 Betroffene versorgen. Das bedeutet: Autismus-Therapie in der Praxis findet vor allem in diesen spezialisierten Zentren statt.

Durch die Bemühungen der Betroffenenverbände und der Therapiezentren ist die Problematik in der allgemeinen und der Fachöffentlichkeit immer bekannter geworden. Es gibt weit mehr Wissen über die Störung und den Umgang mit den Betroffenen, auch wenn noch vielfach Vorurteile das Bild prägen. Die Komplexität der autistischen Problematik erfordert in der Regel umfassende Interventionen, die alle Aspekte der betroffenen Person und deren Umfeld einbeziehen. Die Ausprägung der Autismus-Spektrum-Störungen zeigt sich bei jedem Betroffenen in unterschiedlicher Weise. Die in den Artikeln geschilderten Vorgehensweisen verdeutlichen, dass es einer Vielzahl von unterschiedlichen methodischen Herangehensweisen bedarf, um den individuellen Anforderungen der Betroffenen und Familien gerecht zu werden.

Die hohe Spezialisierung der Autismus-Therapiezentren gewährleistet, dass die hier tätigen Fachkräfte sich das notwendige komplexe Wissen angeeignet haben, um sich für die passende Vorgehensweise und Methode im Rahmen eines multimodalen Therapiemodells zu entscheiden. Dabei werden sie das Alter des Klienten, den Ausprägungsgrad der Störung und den Zeitpunkt der Intervention berücksichtigen. Die Therapeuten verfügen über ein umfangreiches Handwerkszeug, zu dem auch die Vielzahl spezialisierter und selbsthergestellter Therapiematerialien der Einrichtungen gehört. Sie kommen aus verschiedenen Professionen, wie zum Beispiel Psychologie, Heil- und Sozialpädagogik, und haben sich für den Autismusbereich spezialisiert. Durch die Multiprofessionalität entsteht in den Zentren eine Arbeitsatmosphäre, in der die Klienten und die betroffenen Familien von den unterschiedlichen Blickwinkeln der Fachkräfte profitieren. Die Arbeit im Teamverbund mit kontinuierlichen Supervisions- und Fortbildungsmöglichkeiten führt zu einer nachhaltigen Durchdringung mit Spezialwissen.

Auch räumlich bieten die Autismus-Therapiezentren eine besonders »autismusfreundliche« Atmosphäre. Sie gewähren Schutz vor Reizüberflutung, vor allem im Bereich der visuellen und akustischen Wahrnehmung. Eine eindeutige Beschilderung der Räume, Schränke und Materialien mit Hilfe von Piktogrammen trägt dem Bedürfnis der Betroffenen nach Strukturierung und Visualisierung Rechnung.

Die Kenntnis der Rahmenbedingungen für die Arbeit der Autismus-Therapiezentren erleichtert die Einordnung der in den verschiedenen Kapiteln des Buches beschriebenen Thematiken. Das weite Spektrum der Beiträge spiegelt die Vielseitigkeit und Methodenvielfalt der Autoren wider. Allen gemeinsam ist die annehmende und respektvolle Haltung gegenüber dem »Anderssein« von Menschen mit Autismus vor dem Hintergrund, dass uns alle mehr miteinander verbindet als uns voneinander trennt.

Im ersten Abschnitt des Buches werden grundlegende Aspekte der in den Therapiezentren angebotenen Interventionen dargestellt. Dazu gehören zunächst das Bemühen um ein umfassendes Verständnis der autistischen Problematik sowie die konzeptuelle Verbindung der verschiedenen therapeutischen Herangehensweisen auf der Grundlage eines klar definierten humanistischen Menschenbildes. Im Weiteren werden praxisbezogen typische Verläufe und Aspekte von Interventionsprozessen beschrieben.

Im zweiten Abschnitt steht die Methodenvielfalt in der Autismus-Therapie im Fokus: Nach einer Darstellung des grundlegenden multimodalen Ansatzes werden verschiedene in den Therapiezentren zur Anwendung kommende Methoden theoretisch skizziert und anhand von Praxisbeispielen beschrieben.

Der dritte Abschnitt ist den einzelnen Bereichen autismusspezifischer Interventionen gewidmet. Hier finden sich Beiträge zur Bereich der Frühtherapie, zur Familienorientierten Arbeit sowie der Umfeld- und Vernetzungsarbeit in Schule und Arbeitswelt. Die Darstellung dieser Unterstützungsbereiche, die eine notwendige Voraussetzung für die Inklusion der Betroffenen darstellen, wird ergänzt durch die in vielerlei Hinsicht exemplarische Fallbeschreibung eines Jungen mit dreifacher Besonderheit: Asperger-Syndrom, ADHS und eine extreme Hochbegabung, durch die Skizzierung des Konzepts eines frauenspezifischen gruppentherapeutischen Angebots sowie die Einführung in das Thema Partnerschaft und Sexualität vor dem Hintergrund der autistischen Besonderheit.

Der vierte Abschnitt stellt Aspekte der Qualitätssicherung der Arbeit der Therapiezentren vor. Nach der Diskussion der Forschungsergebnisse zur Wirksamkeit verschiedener therapeutischer Ansätze werden die Ergebnisse einer unlängst in mehreren Therapiezentren durchgeführten wissenschaftlichen Untersuchung vorgestellt.

Der fünfte Abschnitt bietet eine rechtliche Einordnung der Autismus-Therapie, die Fachkräften und Eltern aufzeigt, auf welche Grundlagen sie sich bei der Beantragung der Therapie beziehen können.

Die sehr persönliche Beschreibung der eigenen Lern- und Leidensgeschichte einer erwachsenen Betroffenen, ihre Erfahrungen und ihre Erwartungen an eine hilfreiche Intervention rundet die Artikelsammlung ab.

Aufgrund der besseren Lesbarkeit verzichten wir auf die Verwendung des Binnen-I oder von Schrägstrichen und benutzen im Text, soweit geschlechtsneutrale Formulierungen nicht praktikabel erscheinen, im Wechsel die männliche oder die weibliche Form. Wir bitten alle, die sich deswegen diskriminiert fühlen, hiermit um Entschuldigung!

Das Konzept zu diesem Buch ist in der *Fachgruppe Therapie* bei *autismus* Deutschland entwickelt worden, zu der wir als Herausgeber ebenfalls gehören. Wir möchten uns an dieser Stelle für die inspirierende Zusammenarbeit bei unseren Fachkolleginnen und Fachkollegen ganz herzlich bedanken, und zwar bei Christiane Arens-Wiebel, Irmgard Döringer, Irmgard Herold, Claus Lechmann, Boris Küppers-Pucher, Harald Matoni und Martina Steinhaus.

Barbara Rittmann
Wolfgang Rickert-Bolg

**Teil I
Grundlagen**

Autismus verstehen[1]
Autistische Symptome als Bewältigungsstrategie für eine abweichende kognitive Informationsverarbeitung

Wolfgang Rickert-Bolg

Als ich gegen Ende der 1980er Jahre die Leitung des Autismus-Therapiezentrums in Osnabrück, damals noch Therapiezentrum für autistische Kinder, übernahm, wurde dort wie in anderen Einrichtungen dieser Art ausschließlich symptomorientiert gearbeitet. Ausgehend von der jeweiligen konkreten Symptomatik wurde, meist mit verhaltenstherapeutischen Methoden, versucht, Stereotypien und problematische Verhaltensweisen abzubauen und produktivere Verhaltensweisen zu verstärken. Der zentrale Blickwinkel war darauf gerichtet, die Kinder zum Lernen in Form der abrufbaren Erfassung vor allem kognitiver Inhalte zu bewegen.

Vor dem Hintergrund meiner Ausbildung in der integrativen Therapie nach Petzold (2003) war mir dieser Ansatz zu einseitig, zumal wir immer wieder erleben konnten, dass die Kinder die zu lernenden Inhalte wie beispielsweise die Unterscheidung von Farben und Formen längst beherrschten, aber nicht bereit waren, dieses Wissen auf Anforderung auch zu zeigen.

Wir begannen, uns Gedanken um die Hintergründe und Handlungsmotive zu machen: Warum verhielt sich ein Kind so merkwürdig? Gab es eine Verbindung zwischen all den seltsamen und höchst unterschiedlichen Symptomen, welche die Kinder produzierten? Diese Fragestellung wurde von den Anhängern einer ausschließlich verhaltenstherapeutisch orientierten Autismus-Therapie als unsinnig betrachtet, sie wird heute noch von ABA-Therapeuten als Fehler bezeichnet, nur das beobachtbare Verhalten sollte Relevanz für die Interventionsplanung haben.

Wie viele Eltern im Alltag machten aber auch wir immer wieder die Erfahrung, dass das Sich-Sträuben eines Kindes gegenüber der gestellten Anforderung oder seine Reaktion auf eine Veränderung der Regeln oder Gewohnheiten oft wie Panik aussah und in solchen Situationen die allseits gepriesene Konsequenz nur noch mehr in den Konflikt führte.

Was fehlte und bis heute fehlt war ein umfassendes Verständnismodell für die autistische Problematik. Die Frage nach den Ursachen brachte hier nicht weiter, ihre Beantwortung konnte und kann wenig Konkretes zur Frage nach dem Warum einzelner Symptome anbieten. Zwar gab es immer wieder Theorien zur Wahrnehmungsverarbeitungsstörung und später zu einzelnen Bereichen wie der Theory of Mind, der zentralen Kohärenz oder den exekutiven Funktionen, sie stehen aber immer noch weitgehend unverbunden nebeneinander und helfen uns nur begrenzt weiter.

Wir brauchten für unsere Arbeit unser eigenes, umfassenderes Erklärungsmodell und entwickelten dies ausgehend von den Phänomenen im Bereich der Wahrnehmung auf der Basis gestalttheoretischer Begriffe. Der Rückgriff auf die Modelle der Gestalttheorie, die zu Beginn des 20. Jahrhunderts u. a. von Wertheimer (1925) entwickelt worden war und aktuell aus der Mode

---

[1] Dieser Artikel ist bereits in deutlich gekürzter Form in folgender Publikation erschienen: Heike Drogies (Hrsg.), AUT*IST*IN, Lebenskünstler-Verlag, Osnabrück, 2017; http://¬www.lebenskuenstler-verlag.de/aut-ist-in/

gekommen ist, erklärt sich aus unserem persönlichen theoretischen Hintergrund – die wesentlichen Grundaussagen unserer Theorie ließen sich auch in handlungstheoretische oder kybernetische Denkmodelle übersetzen.

Osnabrücker Erklärungsmodell der Autistischen Störung

Das Osnabrücker Modell zum Verständnis der autistischen Symptomatik wurde Ende der 1980er Jahre im Autismus-Therapiezentrum Osnabrück erarbeitet und seither über 25 Jahre lang weiterentwickelt und auf seine Praxistauglichkeit hin überprüft.

Das Modell verbindet die Theorien zur Beeinträchtigung der Theory of Mind, der zentralen Kohärenz und der exekutiven Funktionen miteinander und basiert auf der Annahme einer grundlegenden Störung der Vordergrund-Hintergrund-Differenzierung, deren unmittelbare und mittelbare Auswirkungen in den Bereichen der Wahrnehmung, des Denkens, des Fühlens, des Handelns, der Kommunikation und der sozialen Beziehungen die verschiedenen Ausprägungen der Autismus-Spektrum-Störung begründen.

Die autistische Symptomatik bzw. das konkrete autistische Verhalten verstehen wir als Bewältigungsstrategie, die es den Betroffenen ermöglicht, den Anforderungen des Alltags zu begegnen, in ihrer Dysfunktionalität aber permanent zu sekundären Problemen und vielfältigen Frustrationen führt. Als Bewältigungsstrategie, die im konkreten Einzelfall sehr unterschiedlich ausfallen kann.

Die autistische Grundproblematik: Störung der Gestaltbildung

Eine grundlegende Funktion unseres Gehirns ist die Fähigkeit, aus der Vielzahl von Wahrnehmungsreizen, von eigenen Gedanken, von den Informationen, die uns andere mitteilen, und von den Möglichkeiten zu handeln eine Auswahl zu treffen. Wir können nicht alles gleichzeitig aufnehmen, alles gleichzeitig (be)denken, alles gleichzeitig tun – immer wieder müssen wir uns entscheiden, was gerade wichtig oder richtig ist. Wir treffen diese Auswahl auch nicht immer bewusst – vieles regelt unser Gehirn, ohne dass es in unser Bewusstsein dringt, und schützt uns damit vor Überforderung.

Es gibt zahlreiche Beispiele, die belegen, dass es dieser Mechanismus ist, der bei Autismus anders bzw. zumindest für die Umwelt, wie wir sie uns eingerichtet haben, schlechter funktioniert. Bezogen auf die Wahrnehmung ist dies seit langem belegt – schon Anfang der 1980er Jahre wurde von einem mangelnden Filter bei der Wahrnehmungsverarbeitung gesprochen (Kehrer 1989, S. 70).

Wir bedienen uns bei der Erklärung der Frage, wie dieser Mechanismus genauer aussieht, der Begrifflichkeiten der Gestalttheorie (Walter 1994). Die Funktion der Gestaltbildung lässt sich am Beispiel der optischen Wahrnehmung folgendermaßen veranschaulichen:

> Zu jeder Zeit befindet sich eine Vielzahl von Objekten in meinem Gesichtsfeld. Alle diese Objekte werden auf der Netzhaut abgebildet, in allen ihren Einzelheiten. Aber ich selbst treffe aus dieser Vielzahl von Eindrücken eine Auswahl. Es könnte beispielsweise sein, dass ich, wenn ich ein Klavierkonzert besuche, vor allen Dingen den Pianisten wahrnehme und der Rest des Raumes gleichsam als Hintergrund verschwimmt. Ich kann aber auch eine ganz andere Auswahl treffen und etwa die verwelkenden Blumen neben dem

Flügel betrachten. Meist wird sich meine Wahrnehmung auf ein bestimmtes Element im Gesichtsfeld zentrieren. Dieses Element bildet dann eine Gestalt vor dem Hintergrund der anderen Sinneseindrücke. Das Beschriebene gilt für alle anderen Sinne in ähnlicher Weise, zudem treffen stets Reize auf mehreren Sinneskanälen im Gehirn ein. Auch hier findet Selektion durch Gestalt-Hintergrund-Differenzierung und damit gleichzeitig Integration der zusammengehörenden Reize verschiedener Sinneskanäle statt: z. B. der Flügel (optisch) und die davon ausgehenden Klänge (akustisch).

Damit zusammenhängend haben zahlreiche Untersuchungen gezeigt, dass die menschliche Wahrnehmung so strukturiert ist, dass unvollständige Informationen ohne bewusstes Nachdenken um die fehlenden Teile ergänzt werden. Man nennt dies die »Tendenz zur guten Gestalt«. Dadurch sind wir in der Lage, auch unter schwierigen Bedingungen sinnvolle Informationen aufzunehmen und entsprechend zu reagieren (a. a. O.).

Die beschriebenen Strukturierungsfunktionen der Wahrnehmung lassen sich auf die Bereiche des Denkens, des Fühlens, des Handelns, der Kommunikation und der Interaktion mit anderen Menschen übertragen: Auch hier ist es wichtig, das Wesentliche in einem Gedanken, einer sozialen Situation oder die zentralen Elemente einer Handlungsfolge zu erkennen und zu isolieren.

Eine Störung der Auswahl- und Integrationsfunktion, der Unterscheidung von Gestalt und Hintergrund, hat weitreichende Folgen: Im Extremfall sind die Betroffenen ständig einem Übermaß an Information ausgesetzt, die sie nicht einordnen und zu ihren früheren Erfahrungen in Beziehung setzen können. Das führt dann dazu, dass sie sich zu ihrem eigenen Schutz von diesen Reizen abwenden müssen, dass sie sich auf sich selbst zurückziehen müssen – »autistisch« werden.

Wahrnehmen

Bei der Wahrnehmung handelt es sich ja nicht allein um einen Prozess der passiven Reizaufnahme, sondern um ein aktives Einordnen neuer Informationen in die gespeicherten Erfahrungen. Bei den Sinnestäuschungen wird dies offensichtlich: Unsere Erwartung lässt uns etwa auch in der Innenseite einer Maske ein Gesicht sehen.

Aber dieser Abgleich mit den Erfahrungen führt nicht nur zu Täuschungen, sondern spart vor allen Dingen Zeit und Energie: Beim Buchstabensalat können wir den Text fast mühelos erkennen, obwohl er vor Fehlern strotzt.

Buhstansbealcat

Wuarm kenönn Sie deisen Txet fast mloeühs lseen? Die Rfloegihene der Bahscutebn ist dcoh viöllg dicrhuenaendr. Aebr daraurf kmmot es acuh gar nhict an. In eniem Epexinmert bieweesn Wenssiltfhcsaelr, dsas Wrtöer als gzane whgernammeon und sriäntdg Hophytseen aslelfutget wrdeen.

Abb. 1: Buchstabensalat

Die Mechanismen unseres Gehirns stellen sicher, dass wir die für uns wichtigen Informationen zeitnah zur Verfügung haben. Ablenkende Kleinigkeiten werden uns erst gar nicht bewusst, wir blenden die laute Straße aus und können trotzdem arbeiten, wir können die Informationen auf verschiedenen

Sinneskanälen mühelos miteinander verbinden.

Was jeweils in unser Bewusstsein gelangt, ist von unserer Motivation und dem jeweiligen Kontext abhängig: Im Dschungel achten wir ganz anders auf ein Rascheln im Gebüsch als im Stadtwald – vielleicht aber nur, bis wir im Radio hören, dass aus dem Zoo der Tiger ausgebrochen ist.

Mit der Zuordnung der Reize zu unserer Erfahrung entsteht zudem ein konsistentes Bild von der Welt und ihren Regeln, das nicht durch jede kleine Veränderung ins Wanken gerät: Ein Baum ist für uns ein Baum, ob mit Blättern oder ohne.

Bei Menschen mit Autismus ist das ganz offensichtlich anders. Das belegen eine Vielzahl von Berichten, die inzwischen von Betroffenen vorliegen. So berichtete mir eine erwachsene Klientin mit Asperger-Autismus, dass sie den Stuhl, auf dem sie sitze, permanent spüre, dass es für sie unvorstellbar sei, diese Wahrnehmung auszublenden. Eine andere Betroffene berichtet: »Mein Bett war ganz und gar von winzigen Pünktchen umgeben und eingeschlossen. Sie waren eine Art mystischer Glassarg. Inzwischen habe ich erfahren, dass das eigentlich Luftteilchen sind. Aber mein Gesichtssinn war so überempfindlich, dass sie oft zu einem hypnotisierenden Vordergrund wurden, hinter dem der Rest der Welt verblasste« (Williams 1992, S. 27). Und Temple Grandin, eine andere Betroffene, sagt: »Ich kann auf einem geräuschvollen Flugplatz kein Telefon benutzen. Obwohl meine Hörschärfe normal ist, kann ich am Telefon nichts verstehen, wozu fast alle anderen Leute in der Lage sind. Wenn ich versuche, das Hintergrundgeräusch auszublenden, blende ich auch die Stimme am Telefon aus« (Grandin 1992/2008). Dietmar Zöller schreibt: »Mir ist eingefallen, dass ich früher oft ein Sausen und Brausen im Ohr wahrgenommen habe. Das war ziemlich schlimm, und ich konnte mir nur Erleichterung verschaffen, indem ich mit dem Kopf auf einen Sessel aufschlug«

(Zöller 1992, S. 13). Offenbar ist seine Hörwahrnehmung derart geschärft, dass er das Blut in seinen Adern fließen hört. Und dieses Dauergeräusch ist so schlimm für ihn, dass er einen intensiven Reiz dagegensetzen muss. Das gleiche Phänomen sehen wir, wenn er schreibt: »Scharfe Gewürze liebte ich sehr, nicht weil es gut schmeckt, sondern weil ich dann meinen Mund gut spüren kann« (a. a. O., S. 14). Eine Möglichkeit, mit dem Chaos von unklaren, nicht einzuordnenden Wahrnehmungsreizen umzugehen, ist es also, sich intensive oder auch gleichförmige Reize zu verschaffen, sich etwa selbst zu stimulieren.

Darüber hinaus müssen die Informationen aus den einzelnen Sinneskanälen zu einem konsistenten Bild zusammengefügt werden, ebenfalls eine Leistung unseres Gehirns, die in der Regel unbewusst abläuft. Aus mehreren Informationen wird so eine sinnvolle Gestalt. Schwierig nur, wenn das nicht richtig klappt, wie zwei Betroffene berichten: »Hören und Sehen stehen nicht im Einklang miteinander. Dass bedeutet, dass ich z. B. von einem Auto das Geräusch so verstärkt wahrnehme, als käme es geradewegs auf mich zu, während mir meine Augen das Auto weit entfernt zeigen« (Zöller 1992/2008, S. 14). »Mir fällt immer wieder auf, dass ich dabei Probleme habe, mich gleichzeitig auf Ton und Bilder zu konzentrieren. Entweder verfolge ich die Stimme des Sprechers, oder ich lasse die Bilder auf mich wirken. Beides gleichzeitig geht nicht« (Schuster 2007, S. 27).

Denken

Was wir für die Wahrnehmung gezeigt haben, lässt sich auch auf den Bereich des Denkens übertragen. Wir müssen aus den vielen Gedanken, die uns durch den Kopf schwirren, das auswählen, mit dem wir uns aktuell beschäftigen wollen. Wenn wir jeden Aspekt gleichzeitig erfassen und berücksichtigen wollen, verzetteln wir uns, »kommen zu keinen klaren Gedanken«. Wir müssen zudem flexibel Prioritäten setzen und Unwichtiges aus unserem Bewusstsein verbannen bzw. in den Hintergrund schieben. Mal ist der Kontext, in dem etwas steht, von Bedeutung, mal ist er es nicht. Die Regel, dass man bei einer roten Ampel stehen bleibt, gilt nicht, wenn wir uns bereits auf der Straße befinden[2]. In einem Text müssen wir herausfinden, was für die Erfassung des Inhalts wesentlich ist. Schulkindern mit Asperger-Autismus fällt es zum Beispiel schwer, sich bei einer Sachbeschreibung zu entscheiden, welche Details sie wiedergeben und welche sie weglassen können. Da sie sich nicht entscheiden können, schreiben sie entweder alles oder vielleicht auch gar nichts, wenn sie meinen, das gar nicht schaffen zu können. Die Extreme sind immer einfacher – so kommt es zu einem ausgeprägten Schwarz-Weiß-Denken. Häufig finden wir das Problem, dass insbesondere Ambivalenzen – etwas ist sowohl gut als auch in einer anderen Beziehung schlecht – nicht gut ausgehalten werden können.

Oft gerät ein Gedanke extrem in den Vordergrund – kaum spricht jemand vom Zugfahren, muss der Betroffene sich über Eisenbahnen oder Fahrpläne usw. auslassen und kommt von dem Thema nicht mehr los, obwohl alle anderen längst genervt sind. Oder der Gedanke an den Chef, der ihn einmal vor drei Wochen kritisiert hat, beschäftigt ihn so sehr, dass er ihm noch nach Wochen den Schlaf raubt. Wenn wir uns zwischen verschiedenen Alternativen entscheiden müssen, ist ebenfalls die Bildung von Vordergrund und Hintergrund gefordert. Einem jugendlichen Klienten mit Asperger-Autismus fiel es so schwer, sich in der Therapiestunde für ein bestimmtes gemeinsames Spiel zu entscheiden, dass wir die Lösung entwickelten, alle Möglichkeiten mit Zahlen zu versehen und dann zu würfeln.

Manchmal scheint das Hirn der Betroffenen geradezu auf Hochtouren zu laufen – sie »zerbrechen sich den Kopf«.

Abb. 2: Kopfzerbrechen (mit freundlicher Genehmigung von Andreas Pfeifle, www.grafik-etc.de)

Auch hier geht es wie bei der Wahrnehmung um die Bildung von Gestalten, um die flexible Differenzierung von Vordergrund und Hintergrund.

Fühlen

Unser Fühlen ist der Bereich, der am meisten von Ambivalenzen geprägt ist: Selten ist ein Gefühl wirklich eindeutig und einseitig – wir sind nur wütend oder nur traurig. Meist gibt es zum Beispiel hinter der Trauer, dass wir etwas nicht bekommen, noch einen Teil Ärger, dass uns unser Gegenüber unser Bedürfnis nicht erfüllt. Beschäftigt man sich mit dem in der Autismus-Therapie verbreiteten Bildmaterial, auf dem man Gefühle in Gesich-

---

2 lesenswert zu dieser Thematik, allerdings von der Aussage her eingeschränkt auf die Gruppe der Asperger-Autisten, ist das Buch von Peter Vermeulen (Vermeulen 2009).

tern erkennen soll, so stoßen auch wir immer wieder an Grenzen. Vieles ist nicht eindeutig – und wenn ich als Therapeut meiner Klientin beschreiben soll, was genau den Unterschied zwischen einem traurigen und einem ärgerlichen Gesichtsausdruck ausmacht, komme ich schnell auf Merkmale, die wie etwa die gekräuselte Stirn zu beiden Gefühlen passen. Wir verlassen uns auf unsere Intuition. Dieses Gemenge aus mehr oder weniger bewussten Wahrnehmungen, aus Mitschwingen (vgl. Bauer 2005) und aus Erfahrungswerten ist nur sehr schwer in Worte, in digitale Information zu übersetzen. Es verwundert also nicht, dass Menschen mit Autismus mit der Wahrnehmung und Beurteilung von Gefühlen anderer oft überfordert sind. Es gibt das weit verbreitete Vorurteil, Autisten würden Gefühle nicht wahrnehmen, auch selbst gefühllos sein. Unsere Erfahrungen widersprechen dem: Mehrere Klienten mit hochfunktionalem Autismus berichteten in unserer Praxis, dass sie sehr wohl die Gefühle anderer wahrnehmen, aber oft nicht richtig einordnen können und besonders oft nicht einschätzen könnten, inwieweit sie selbst betroffen sind. In einem Therapieprozess, in dem ich eine Mutter mit ihrem jugendlichen Sohn mit frühkindlichem Autismus regelmäßig auf Gängen durch die Stadt begleitete, wurde dieser jedes Mal sehr unruhig, wenn wir nebenher kontroverse Themen besprachen.

Mit dem Problem, das Relevante nicht vom Unwichtigen unterscheiden zu können, bleibt einem Betroffenen nur die Alternative, zum Spielball der Emotionen anderer zu werden oder sich ganz rigide abzugrenzen – fatal, wenn ihm das dann als Desinteresse oder Gefühllosigkeit ausgelegt wird. Über diese Problematik hinaus, die ja schon in den Bereich des sozialen Miteinanders gehört, wirkt sich die Grundstörung aber auch auf die eigenen Gefühle aus: Wenn Gefühle nicht situationsadäquat bewertet und austariert werden können, bleiben nur die Extreme, häufig im abrupten Wechsel – die Kontrolle der Impulse wird erschwert.

Handeln

Auch beim Handeln ist diese Differenzierung von großer Bedeutung. Denn erst durch die Unterscheidung, was an einer Handlung wesentlich und was beliebig bzw. variabel ist, wird es möglich, sich flexibel an die jeweiligen Erfordernisse anzupassen und automatische Abläufe zu entwickeln, die eine schnelle und ressourcensparende Aktion auch in verschiedenartigen Konstellationen erlauben.

Eine Betroffene schildert dies sehr eindrücklich und beschreibt auch die Folgen: »Einmal war ich zu Besuch in einer Fördereinrichtung für behinderte Erwachsene. Sie galten alle als autistisch. Ein junger Mann wurde in der Küche angewiesen, den Zucker vom Tisch in den Schrank zu stellen. Er nahm auch die Dose und ging auf den Schrank zu. Der Zucker gehörte in einen Hängeschrank, unter dem eine Spüle stand. Der junge Mann trug die Dose mit beiden Händen dem Schrank zu und – erstarrte dann. Er bewegte sich nicht mehr von der Stelle. Sein Verhalten war für die anderen an dem Punkt kein lesbares Programm. Für mich schon. Ich kannte diese Erstarrung genau. An diesem Punkt hätte er eine zerlegte Anweisung gebraucht, um ihn aus seiner Erstarrung zu wecken. Trag den Zucker mit beiden Händen weiter zur Spüle! Stell die Dose auf der Spüle ab! Lass die Dose mit beiden Händen los, wenn sie die Spüle berührt! Leg danach eine Hand auf den Türgriff! Zieh jetzt dran! Lass die Tür los! Heb mit beiden Händen die Dose wieder an! Heb sie so hoch bis an das Brett mit den Tassen! Tu sie dorthin, wo das freie Loch zwischen den Tassen ist! Lass los, wenn die Dose fest auf dem Brett steht! Fass den Schrankgriff wieder an! Mach die Tür zu! Nimm die Arme wieder runter! Dreh dich um und komm dann her!

Keinem »normalen« Menschen ist bei einer so einfachen Alltagshandlung noch bewusst, aus wie vielen Einzelteilen sie zusammengesetzt ist. Er stellt die Dose einfach dahin, wohin sie gehört, in einem einzigen, unaufwendigen Bewegungsfluss. Bei mir tritt das Problem mit der Erstarrung immer dann auf, wenn ich den Absprung von einer Teilbewegung in die nächste Bewegungsphase nicht finde. Dann ist die Verbindung abgerissen, der Zug verpasst. Um die Hilflosigkeit nicht zu spüren und die Verwirrung, die dann auftritt, mache ich manchmal dann eine Ersatzbewegung, die überhaupt nichts mit der Bewegung zu tun hat, die ich ausführen will. Dann will ich nur das Loch nicht im Bewegungsmuster spüren. Die Ersatzbewegung ist ein Lückenfüller« (Empt 1995/2008, S. 21).

Zudem wird es schwierig, etwas zu tun, ohne bewusst darüber nachzudenken. Man braucht nicht autistisch zu sein, um das zu kennen: Wenn wir beim Tanzen an die Schritte denken müssen, klappt es nicht oder nur sehr unbeholfen. Das Schalten im Auto geht erst reibungslos, wenn wir über das Wie nicht mehr nachdenken müssen. Menschen mit Autismus haben große Schwierigkeiten mit dieser Automatisierung. Eine Betroffene berichtet: »Ich muss jede Bewegung oder Handlung vorher denken, auch bei den Routinen. Ich kann Bewegungen und Handlungen nicht automatisch ausführen, wie die meisten Menschen das können« (Zöller 2001, S. 41).[3] Und Gunilla Gerland schreibt: »Aber komplizierte Dinge zu tun und dabei reden zu müssen, das wurde entschieden zu viel. Ich konnte nicht spazieren gehen und mich gleichzeitig dabei unterhalten. Ich konnte nämlich nicht automatisch gehen, sondern musste unablässig an das Gehen denken, um überhaupt gehen zu können« (Gerland 1998, S. 235).

Der unbeholfene Gang von Menschen mit Asperger ist bekanntlich ein markantes Erkennungsmerkmal.

---

[3] Zitat einer anonymen Frau mit Asperger-Autismus.

Kommunizieren

Was wir beim Denken gezeigt haben, gilt natürlich ebenso im Bereich der Kommunikation. Was ist von einem Satz, den ein anderer zu mir sagt, wesentlich? Zur weiteren Erschwernis kommen hier noch vielfältige Variationen dazu, die sich durch die Ausdrucksweise und die Betonung der Wörter, die Satzmelodie und die Satzstellung ergeben. An der Kombination all dieser Merkmale lesen wir ab, ob das Gesagte vielleicht ironisch oder metaphorisch gemeint ist, welche Botschaft der Sender übermitteln will.

Wir selbst sind gewohnt, dass die anderen ebenfalls in Bildern sprechen und in der Regel mit dem Inhalt einer Aussage immer noch eine Intention verbunden ist. Ein Mensch, der sich ausschließlich auf den Sachinhalt konzentriert, wird erleben, dass er immer wieder missverstanden wird.

Die nonverbalen Signale, welche die verbale Kommunikation begleiten, können zudem auch für sich stehen und sind in der Regel noch schwieriger zu interpretieren, da die wesentliche Information hier nicht digital, sondern analog übermittelt wird. Ein Gefühl zu einer Thematik wird auf diese Weise nicht in wenigen eindeutigen Einzelkategorien, sondern in unendlichen Abstufungen und Kombinationen mit anderen Aspekten kommuniziert. Besonders der Blickkontakt ist eine hochkomplexe Form der Kommunikation – es ist nicht verwunderlich, dass jemand Blickkontakt vermeidet, wenn er diese Komplexität nicht verarbeiten kann. Und es passt ebenfalls in diesen Erklärungsansatz, wenn Menschen mit Autismus besser mit der schriftlichen Kommunikation klarkommen, wenn viele gern das Internet nutzen und chatten, da hier ein guter Teil der verwirrenden Zusatzinformation wegfällt.

Als wäre es der Schwierigkeiten nicht genug, kommt noch eine weitere Ebene dazu: Die der sozialen Regeln der Kommunikation. In welcher Situation darf oder sollte etwas

Abb. 3:
Die Fallen unpräziser Sprache

gesagt oder nicht gesagt werden? Im Allgemeinen müssen schon Kinder lernen, dass man nicht öffentlich über den dicken Mann im Bus redet. Menschen mit Autismus haben hier wieder einmal die Schwierigkeit mit der Komplexität solcher Gepflogenheiten, die ja auch noch mit der sozialen Subgruppe variieren: Was in der einen sozialen Gruppe üblich ist, kann woanders als Affront gelten.

Bei sehr starker Ausprägung der autistischen Störung wird der Sinn von Kommunikation gar nicht verstanden, die Möglichkeiten zur Befriedigung von Bedürfnissen, für die andere Personen notwendig sind, reduziert sich dann auf den »Werkzeuggebrauch«, also das Führen der Hand des Gegenübers zu dem gewünschten Gegenstand. Das echolalisch antwortende Kind hat verstanden, dass ich von ihm will, dass es etwas sagt, es hat aber keine Idee davon, dass Sprache mehr als eine Abfolge von Lauten ist und es damit auch seine Bedürfnisse ausdrücken könnte. Um diesen Sinn zu erfassen, muss schon das Baby einen Zusammenhang zwischen der eigenen Aktion und der Reaktion des Gegenübers erkennen, muss etwa merken, dass auf sein Schreien die Mutter kommt und sich ihm zuwendet. Auch hier wirkt sich also aus, wenn Reize nicht flexibel selektiert und zusammengefügt werden können.

Interagieren

Eng verknüpft mit der Kommunikation ist der Bereich der sozialen Interaktion. Über das hinaus, was Menschen uns mitteilen, machen wir uns ein Bild davon, was in ihnen vorgeht, wir denken uns in sie hinein. Diese sogenannte »Theory of Mind« erlaubt es uns, abzuschätzen, was jemand wohl tun wird, was wir von ihm erwarten können. Dafür ist es von zentraler Bedeutung zu erkennen, dass das, was wir selbst wissen, dem Gegenüber nicht unbedingt bekannt sein muss, dass es also verschiedene Perspektiven gibt, die wir berücksichtigen müssen[4].

---

4 Näheres dazu und zu den Schwierigkeiten von Kindern mit Autismus mit dem Perspektivenwechsel beschrieb Uta Frith 1989 (deutsche Ausgabe: 1992, S. 145 ff.) in ihrem Bericht zu den Ergebnissen einer Untersuchung auf Grundlage der Sally-Anne Bildergeschichte.

Diese Fähigkeit, sich in andere hineinzudenken, ermöglicht uns Leistungen, die bislang kein Computer erreichen kann. Bei den in immer mehr Autos eingebauten Fahrassistenzsystemen wie den Abstandstempomaten kann man unseren Vorsprung gut erkennen: Als menschlicher Fahrer kann ich aufgrund meiner Erfahrung eine Hypothese entwickeln, was der Fahrer des vor mir auf meine Fahrbahn einbiegenden Wagens wohl tun wird, und werde mich darauf einstellen können. Dabei werte ich möglicherweise eine Vielzahl von Informationen aus: Aus dem Fahrzeug und dessen Zustand und dem Aussehen und vielleicht auch dem Alter des Fahrers kann ich eine Idee entwickeln, ob das jemand ist, der noch schnell dazwischenprescht oder jemand, der zögert. Wie ist das andere Auto an die Kreuzung herangefahren? Gibt es andere Personen in der Nähe, die den Fahrer vielleicht ablenken könnten? Vielleicht suche ich auch den Blickkontakt und erkenne, ob der andere mich gesehen hat … Eine Menge Kontext, die meine Entscheidung, mich auf eine Vollbremsung einzustellen oder gelassen weiterzufahren, verbessern kann. Die Technik kann all das (noch) nicht, sie kann bislang per Radar oder Kameras nur Abstände und Geschwindigkeiten erfassen und reagiert deshalb zwar zuverlässig und präzise, aber eben nicht optimal.

Unsere Fähigkeit zur Erfassung und Einordnung hochkomplexer Situationen und insbesondere die Theory of Mind sind also äußerst hilfreich für unser alltägliches Leben.

Sich einzufühlen, zu mentalisieren, erfordert sogar noch mehr Fähigkeiten, mit Komplexität umzugehen, da man hier ausschließlich mit Logik nicht weiterkommt. Eine hochintelligente Klientin steht immer wieder fassungslos davor, wie widersprüchlich Menschen sind, wie sie a sagen und b tun oder wenn sie immer wieder die Unwahrheit sagen, sogar wenn das Motiv dafür nicht rational zu erschließen ist.

Und immer dann, wenn es um sozioemotionale Gegenseitigkeit geht, um das gemeinsame Erleben, das Teilen von Gefühlen und das damit verbundene Genießen von Gemeinsamkeit und Kontakt, wird es viel zu verwirrend und schwierig, wenn jemand keine Ordnung in derlei komplexe Sachverhalte bringen kann und seine Zuflucht in der Logik suchen muss. Schon das mit anderen spielende Kind muss Kompromisse zwischen den eigenen Interessen und denen der anderen Kinder finden: Was machen wir jetzt, was vielleicht später oder gar nicht? Kann es das nicht, ist es doch einfacher und sicherer, allein zu bleiben und sich mit sich selbst oder immer gleichen Dingen zu beschäftigen. Dort kennt es sich dann aus und kann nicht böse überrascht werden.

Und wenn ich als Mensch mit Autismus zum wiederholten Male am Verständnis sozialer Situationen verzweifelt bin und immer wieder Ärger und Ablehnung oder zumindest das Gefühl erlebe, dass mich niemand versteht und mir ständig Absichten unterstellt werden, die ich nie gehabt habe, dann werde ich kaum noch motiviert sein, mich auf Sozialkontakte einzulassen.

Zusammenfassung

Ich habe in den vorangegangenen Abschnitten dargestellt, dass die Fähigkeit der Gestaltbildung in allen Bereichen unserer kognitiven, affektiven, exekutiven und sozialen Aktivität notwendig ist und dass ihre Beeinträchtigung, wie sie dem Autismus nach unserer Auffassung zugrunde liegt, gravierende Auswirkungen hat. Ein Mensch, der nicht situationsangepasst und flexibel Vordergrund und Hintergrund zu differenzieren vermag, ist gezwungen, die Anforderungen des Alltags auf andere Weise zu bewältigen – er wird zu Verhaltensweisen greifen, die ihm helfen, möglichst gut mit den auf ihn einstürmenden Reizen und Informationen zurechtzukommen, sich also auf der Grundlage seiner Besonderheit an die Umwelt anpassen.

Formen der Anpassungsstrategien

Wir betrachten die autistischen Symptome, von denen viele beispielhaft in den Beschreibungen der Einzelbereiche genannt wurden, nicht als den eigentlichen Autismus, sondern als Anpassungsstrategien.

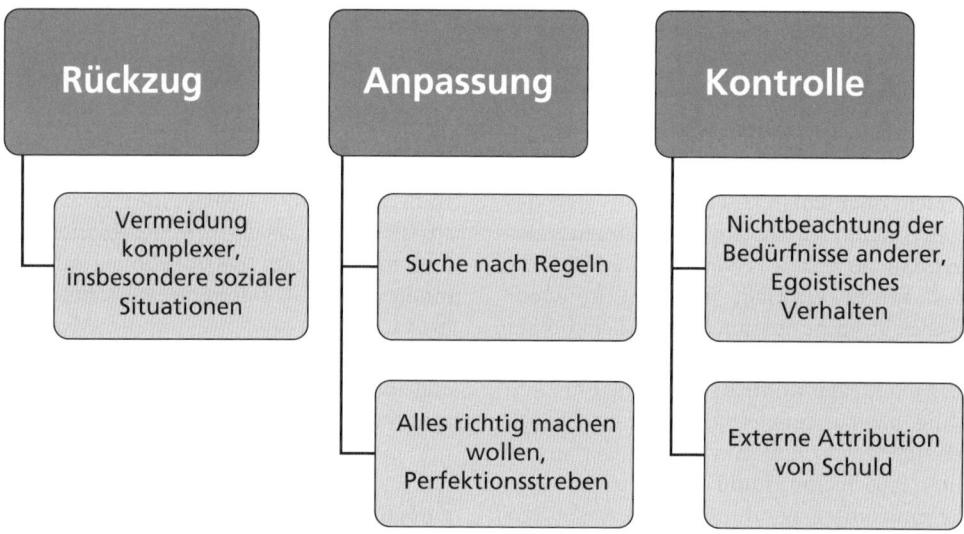

Abb. 4: Anpassungsstrategien

Offensichtlich ist die Problematik bei den einzelnen Betroffenen qualitativ und quantitativ sehr verschieden ausgeprägt[5], sie verfügen wie alle Menschen darüber hinaus auch über sehr unterschiedliche weitere körperliche und geistige Potenziale. Deshalb ist es nicht verwunderlich, dass sich die Anpassungsstrategien unterscheiden, im Extrem vom Kind mit frühkindlichem Autismus, welches völlig auf sich selbst bezogen ist und auf keinerlei Kontakt und Kommunikationsversuche reagiert, bis hin zum nur leicht Betroffenen, der dank weit überdurchschnittlicher Intelligenz in der Lage ist, seine Defizite effektiv auszugleichen[6].

Die grundlegenden dieser Strategien bestehen in der Vermeidung von Reizen und

---

5 Wir stellen darüber hinaus fest, dass das Ausmaß der Schwierigkeiten offensichtlich zeitlichen Schwankungen unterliegt, die möglicherweise mit der jeweiligen gesundheitlichen Verfassung korrelieren.

6 Eine erwachsene Klientin berichtete beispielsweise von ihren Strategien, die Intentionen einer Dozentin im Studium durch sehr genaue Beobachtung und logische Auswertung zahlreicher Details erfolgreich einzuschätzen, was ihr nur durch ihr überragendes kognitives Potenzial möglich war.

Informationen und der Schaffung einer Ordnung, die trotz der eingeschränkten Möglichkeiten zu bewältigen ist. Dazu gehören der aktive Rückzug, die Vermeidung von Körper- und Blickkontakt, die vielfältigen Aktivitäten insbesondere junger Kinder mit frühkindlichem Autismus, sich eindeutige und rhythmisch wiederkehrende Reize zu verschaffen und die Stereotypien und Rituale jedweder Form.

Diese Grundstrategien führen bei starker Ausprägung in der Folge zu fehlendem Lernen sowohl im kognitiven als und insbesondere auch im sozialen Bereich und der Kommunikation. Durch die Einschränkung von Interaktion und Kommunikation werden die schon durch die Grundproblematik bestehenden Probleme, die Regeln der Welt zu erkennen, zu wissen und zu verstehen, was auf uns zukommt, was von uns erwartet wird, noch verstärkt. Wenn jemand eine Regel erkannt zu haben glaubt und immer wieder die Erfahrung macht, dass seine Annahmen falsch sind, dann wird er sich zunehmend hilflos und ausgeliefert fühlen. Eine Erfahrung, die im Extremfall bis hin zu Aggression und Autoaggression führen kann.

Eine zweite grundlegende Strategie, die wir besonders bei Menschen mit hochfunktionalen autistischen Störungen antreffen, ist die der Anpassung: Wenn ich mich bemühe, alles richtig zu machen, immer das zu machen, was von mir erwartet wird, meine eigenen Bedürfnisse ganz zurückstelle, dann kann ich vielleicht erreichen, dass meine Bezugspersonen nicht böse auch mich sind, dass sie mich mögen, dass ich endlich dazugehöre. Eine solche Strategie verfolgt beispielsweise das Kind mit Asperger-Symptomatik, das nur mit einer Eins bei der Klassenarbeit zufrieden ist und schon bei der Zwei »ausrastet«. Oder auch der 13-Jährige mit frühkindlichem Autismus, der mich in den Therapiestunden daran verzweifeln ließ, dass er sich ganz offensichtlich immer diejenige Aktivität als nächste wünschte, von der er glaubte, ich würde sie erwarten. Diese Strategie, das Streben nach Perfektion, hat die fatale Nebenwirkung, dass sie immer wieder scheitert und in die Überforderung und damit in der Folge in eine Selbstwertproblematik führt. Die häufig als Komorbidität auftretenden Depressionen sind sicherlich in diesem Zusammenhang zu verstehen.

Die dritte grundlegende Anpassungsstrategie ist die der Kontrolle: Wenn ich alles nach meinen Regeln mache, wenn ich am besten sogar meine Mitmenschen dazu bringe, meinen Regeln und Anweisungen zu folgen, dann kann mich nichts mehr überraschen, dann habe ich die Komplexität der Kompromisse ausgeschaltet. Die Beispiele für Betroffene, die diese Strategie verfolgen, sind zahlreich und vielfältig: Der Löffel, der immer rechts liegen und rot sein muss, der Wirsing zum Mittagessen, das Kind, welches mir im Rollenspiel jedes einzelne Wort für meine Rolle vorgibt … Hier leiden dann oft die Bezugspersonen, die sich auf die abstrusesten Regeln einlassen, weil sie sonst mit einer Person zu tun bekommen, die bestenfalls alles boykottiert und schlimmstenfalls aggressiv wird. In der Folge ziehen sich andere zurück, die anderen Kinder wollen nicht mehr mit dem autistischen Kind spielen, die Nachbarn machen sich rar – und die Bezugspersonen leiden mit.

Konsequenzen für die therapeutisch-pädagogische Arbeit

Wenn wir diesen Überlegungen folgen, wird offensichtlich, dass es ein zentrales Anliegen von Therapie und Pädagogik sein muss, den Betroffenen Sicherheit zu vermitteln und damit die Grundlage für die Teilhabe am gemeinschaftlichen Leben, an Lernen und Entwicklung zu schaffen. Nur so wird es möglich, von der gewählten Strategie abzuweichen und sie bei entsprechendem Potenzial in allen Facetten zu reflektieren.

Wesentliche Elemente zur Vermittlung dieser Basis sind:

- Überschaubare und zu bewältigende Strukturen und Anforderungen,
- Klarheit von Regeln und Grenzen,
- geeignete Strukturierung des Umfelds, visuelle Orientierungshilfen,
- Balance zwischen Gleichförmigkeit und Veränderung,
- Vermeidung von Über- und auch Unterforderung,
- positive Nutzung der Tendenz zu Ritualen,
- Klarheit und Vorhersehbarkeit des eigenen Verhaltens,
- klare Kommunikation,
- Zergliederung von Handlungsanweisungen,
- Sorgfalt bei der Deutung von Verhaltensweisen.

Die bekannte Forderung nach einer möglichst frühen Diagnose und einem möglichst frühen Beginn von therapeutischen Maßnahmen erhält durch unsere Überlegungen weitere Nahrung: Es geht nicht allein darum, stereotypes Handeln möglichst frühzeitig zu stoppen und stattdessen produktives Lernen zu initiieren, was ja für sich genommen schon äußerst wichtig ist[7].

Es geht auch darum, eine sekundäre Traumatisierung zu verhindern: Liebevolle Eltern werden ein schreiendes Baby, das nicht gerade Hunger oder eine volle Windel hat, in den Arm nehmen und zu trösten versuchen. Wenn das Baby nun Körperkontakt nicht ertragen kann, wird es statt Trost gerade in dieser Situation, wo es Zuwendung braucht, erleben, dass ihm seine engsten Bezugspersonen etwas äußerst Unangenehmes antun. Selbst die sensibelsten Eltern werden sich in dieser Situation hilflos erleben, werden im besten Falle irgendwann einen Weg finden, das Kind anders zu beruhigen. Sie werden aber immer wieder in Situationen kommen, in denen die bewährten pädagogischen Strategien nicht helfen, in denen dieses besondere Kind ganz andere Unterstützung braucht. Das Kind wiederum wird immer wieder erleben, dass es nicht darauf vertrauen kann, die für sich passende Hilfe auch zu bekommen – ein Teufelskreis, der psychische Spuren hinterlässt und meist erst enden kann, wenn über die Diagnose und die anlaufende Beratung Verstehen erreicht wird.

Die Schaffung eines autismusspezifisch entwicklungsförderlichen Umfelds ist die notwendige Voraussetzung, auf der die Vermittlung von Lerninhalten erst sinnvoll möglich ist. Wir sehen es deshalb als zentrale Aufgabe unserer Einrichtung an, die familiären und institutionellen Bezugspersonen eines Klienten in diese Richtung zu unterstützen.

Darüber hinaus kann die besondere Situation des therapeutischen Settings mit einer therapeutischen Beziehung, die aus den bewertenden und reglementierenden Seiten des pädagogischen Alltags herausgehoben ist, eine wichtige Chance und notwendige Strategie sein, um den autistischen Teufelskreis in Richtung auf mehr Lebensqualität für die Betroffenen aufzulösen.

---

[7] Die Ergebnisse der Hirnforschung legen nahe, dass repetitive Aktivitäten neuronale Bahnungen bewirken, die als eingefahrene Programme immer schwerer zu verlassen sind (vgl. dazu u. a. Hüther 2004, S. 62 f., und Scheunpflug 2001, S. 84).

Literatur

Bauer, J. (2005): Warum ich fühle, was du fühlst. Hoffmann und Campe, Hamburg

Empt, A. (2008): »Verpaßter Anschluß«. Unveröffentlichtes Manuskript; Köln 1995. In: Verein zur Förderung von autistisch Behinderten e. V., Stuttgart: Autistische Menschen verstehen lernen. Band II. Eigenverlag, Stuttgart

Frith, U. (1989): Autism: Explaining the enigma. Blackwell, Oxford (deutsch: Autismus, ein kognitionspsychologisches Puzzle. Heidelberg 1992)

Gerland, G. (1998): Ein richtiger Mensch sein. Verlag Freies Geistesleben, Stuttgart

Grandin, T. (2008): An autistic person explains her experiences with sensory problems, visual thinking and communication difficulties. Vortrag in Den Haag 1992, zitiert nach: Verein zur Förderung von autistisch Behinderten e. V., Stuttgart: Autistische Menschen verstehen lernen. Band II. Eigenverlag, Stuttgart

Hüther, G. (2004): Bedienungsanleitung für ein menschliches Gehirn. Vandenhoeck & Ruprecht, Göttingen

Kehrer, H. E. (1989): Autismus. Asanger, Heidelberg

Petzold, H. (2003): Integrative Therapie. Band 1–3. Junfermann, Paderborn

Scheunpflug, A. (2001): Biologische Grundlagen des Lernens. Cornelsen, Berlin

Schuster, N. (2007): Ein guter Tag ist ein Tag mit Wirsing. Weidler, Berlin

Vermeulen, P. (2009): Das ist der Titel: Über autistisches Denken. Bosch & Suykerbuyk, Gent

Walter, H.-J. (1994): Gestalttheorie und Psychotherapie. 3. Auflage. Westdeutscher Verlag, Opladen

Wertheimer, M. (1925): Drei Abhandlungen zur Gestalttheorie. Wissenschaftliche Buchgesellschaft, Darmstadt

Williams, D. (1992): Ich könnte verschwinden, wenn du mich berührst. Hoffmann und Campe, Hamburg

Zöller, D. (1992): Ich gebe nicht auf. Scherz, Bern

Zöller, D. (2008): Tagebuch 1992. In: Verein zur Förderung von autistisch Behinderten e. V., Stuttgart: Autistische Menschen verstehen lernen. Band II. Eigenverlag, Stuttgart

Zöller, D. (2001): Autismus und Körpersprache. Weidler, Berlin

Ethische Grundlagen der Autismus-Therapie[8]

Wolfgang Rickert-Bolg

Seit einiger Zeit entbrennt eine neue Diskussion über die Therapiemethoden, die sich für die Behandlung autistischer Störungen eignen. Die im Bundesverband autismus Deutschland e.V. organisierten Autismus-Therapiezentren werden von den Verfechtern verhaltenstherapeutischer Intensivprogramme kritisiert oder sogar angegriffen (u.a. Röttgers 2011). Unter der Überschrift der Forderung nach Evidenzbasierung der Therapie wird behauptet, bei Autismus müsse immer die Verhaltenstherapie zum Einsatz kommen, am besten in Form intensiver Lernprogramme, die innerhalb der Familie in der Regel mit Hilfskräften durchzuführen seien. Es sei der wissenschaftliche Nachweis erbracht, dass dieses Vorgehen das einzig richtige bei Autismus sei. Die nähere Auseinandersetzung mit den vorliegenden Forschungsergebnissen zeigt, dass eine solche globale Aussage nicht haltbar ist, sondern eine differenziertere Betrachtung der Wirkkomponenten von Therapie notwendig ist (vgl. dazu Döringer 2014).

Auch in den Autismus-Therapiezentren haben verhaltenstherapeutische Methoden einen wichtigen Stellenwert (vgl. Rittmann 2014). Die Erkenntnis, dass die therapeutische Förderung bei Autismus so früh und intensiv wie möglich einsetzen sollte, ist allseits unbestritten. Die therapeutischen Zugangswege sind allerdings unterschiedlich und stehen in Abhängigkeit von den jeweiligen ethischen Standpunkten und den grundlegenden Zielen der Therapie.

Ethik und Methode

Viele psychologische Theorien und therapeutische Methoden sind mit einem bestimmten Bild des Menschen und davon abgeleiteten grundlegenden Zielen verbunden. Die Methoden der Humanistischen Psychologie wie z.B. die Gesprächstherapie gehen davon aus, dass Menschen über die so genannte Selbstaktualisierungstendenz verfügen, nämlich das grundlegende Motiv haben, sich weiterzuentwickeln und Selbstständigkeit zu erlangen.[9] Daraus abgeleitet ist es die Aufgabe der Therapie, den Klienten durch möglichst wenig invasive Impulse in seiner Entwicklung zu unterstützen, indem Entwicklungsprozesse in Gang gesetzt und begleitet werden.

---

[8] Dieser Artikel ist bereits im Dezember 2014 in der Mitgliederzeitschrift »Autismus«, Nr. 78, des Bundesverbandes Autismus Deutschland e.V. erschienen.

[9] Quelle: http://www.psychology48.com/deu-d/selbstaktualisierungstendenz/selbstaktualisierungstendenz.htm vom 02.11.2013

Andere Theorien und therapeutische Methoden sind zunächst nicht mit einer bestimmten ethischen Haltung verknüpft. Sie sind per se weder gut noch schlecht, vergleichbar einem Teich, in dem ich schwimmen, aber auch ertrinken kann. Dazu gehören unter anderem die Lerntheorie und die daraus entwickelte Verhaltenstherapie.

Die Lerntheorie beschreibt das Verhalten von Lebewesen von dem Aspekt des Lernens her. Sie verzichtet auf Interpretationen und Zuschreibungen (Mentalisierungen), sondern konzentriert sich auf das beobachtbare Verhalten. Die auf dem Modell der Lerntheorie basierenden Erkenntnisse haben einen großen Beitrag dazu geleistet, menschliches Verhalten objektiver zu beurteilen und zu erforschen. In vielen Lebensbereichen, zum Beispiel in der Pädagogik, ist es fatal, die eigenen Bewertungen und Zuschreibungen zum Verhalten eines anderen Menschen als Tatsache anzusehen, statt zwischen dem, was ich beobachten kann, und dem, was ich daraus schließe und was ich infolgedessen fühle, zu unterscheiden. Meine Gedanken und Gefühle dazu sind immer auch von dem Hintergrund meiner eigenen Erfahrungen beeinflusst.

Auf der Lerntheorie basierende Methoden werden in der Therapie ebenso wie in der Werbung eingesetzt. Ich kann Menschen mit ihrer Hilfe dazu bringen, sich zu ihrem Wohl an soziale Regeln zu halten oder etwas Neues für sie Bedeutsames zu lernen – oder ich kann Menschen etwas verkaufen, was sie gar nicht brauchen – einen größeren Fernseher, ein schnelleres Auto … (vgl. Schramm 2007).

Bei Methoden wie diesen entscheidet erst die ethische Haltung bei der Anwendung, ob daraus etwas Gutes oder etwas Schlechtes für den oder die Betroffenen entsteht.

Ethische Grundprinzipien der Autismus-Therapiezentren des Bundesverbands Autismus-Deutschland

Autismus-Deutschland ist der bundesweite Dachverband zahlreicher regionaler Elternvereine, die derzeit etwa 50 auf Autismus spezialisierte Therapiezentren in eigener oder professioneller Trägerschaft betreiben. Nachdem der Dachverband bereits in den 90er Jahren Leitlinien für die Arbeit in den Therapiezentren herausgegeben hatte (Bundesverband Autismus-Deutschland 2000), wurde 2012 im Rahmen der Qualitätssicherung ein Handbuch veröffentlicht (Bundesverband Autismus-Deutschland 2012), welches Leitlinien und Grundsätze der therapeutischen Arbeit in den Zentren definiert.

Nach dem Rekurs auf den Grundsatz »Die Würde des Menschen ist unantastbar« wird dort betont:

»Es ist uns wichtig, die Betroffenen sowohl mit ihren Stärken als auch mit ihren entwicklungsbedürftigen Seiten zu sehen. Nicht um jeden Preis soll ›Normalisierung‹ erreicht werden. Menschen mit Autismus-Spektrums-Störung machen uns immer wieder deutlich, dass ihre Sicht auf die Welt zwar eine besondere ist, aber nicht automatisch als defizitär bezeichnet werden sollte. Aus diesem Grund ist es wichtig, immer wieder gemeinsam abzuwägen, ob ein autistisches Symptom den Betroffenen in bedeutsamer Weise davon abhält, in seinem Alltag Lebenszufriedenheit zu erlangen. … Im Mittelpunkt unseres professionellen Denkens und Handelns stehen der Mensch mit Autismus-Spektrum-Störung, seine Familie bzw. Betreuer und das erweiterte Umfeld. Wir sehen unsere Aufgabe darin, Chancengleichheit zu fördern und die soziale Inklusion voranzutreiben. Menschen mit Autismus soll ermöglicht werden, ein

Höchstmaß an Unabhängigkeit und Selbstbestimmung sowie an umfassenden körperlichen, geistigen, sozialen und beruflichen Fähigkeiten zu erlangen und zu bewahren. Wichtige gemeinsam abzustimmende Ziele sind Teilhabe am Leben in der Gemeinschaft und Selbstständigkeit. Unser Bestreben ist die Schaffung von Voraussetzungen für eine kontinuierlich hohe Entfaltung der individuellen Persönlichkeit sowie der bestmöglichen Lebenszufriedenheit und Lebensfreude für Menschen mit einer Autismus-Spektrums-Störung.« (a. a. O.)

Die Autismus-Therapiezentren stellen damit Beziehung und Bindung in den Fokus ihrer therapeutischen Intervention und werden darin durch die Erkenntnisse der allgemeinen Therapieforschung bestätigt, die diese Elemente als wesentliche Wirkfaktoren von Entwicklungs- und Therapieprozessen herausgearbeitet haben (vgl. Grawe et al. 1994). Die einzelnen Autismus-Therapiezentren berufen sich dabei auf unterschiedliche therapeutische Schulen und wählen unterschiedliche Begrifflichkeiten. Gemeinsam ist in ihren Konzepten das Bemühen um Intersubjektivität (Rickert-Bolg 2011) bzw. Partizipation. Letztere wird als Umsetzung der entsprechenden UN-Konventionen (Bundesrepublik Deutschland 2008) im Bereich der Jugend- und Behindertenhilfe zunehmend in den Blick genommen (siehe z. B. Stadt Münster 2013). Ein zentraler Aspekt dabei ist die Erkenntnis, dass Selbstbestimmung und Selbstwirksamkeit für die Motivation einer Person zur eigenen Weiterentwicklung und zum Lernen von größter Bedeutung ist.

Im Bereich der therapeutischen Arbeit mit Menschen, die von Autismus betroffen sind, bedeuten die Konzepte der Intersubjektivität bzw. Partizipation, von dem Grundsatz auszugehen: So viel äußere Strukturvorgabe wie nötig, so wenig wie möglich.[10]

Neben diesem Grundsatz, der die Orientierung auf die Ressourcen der Betroffenen einschließt, betonen die Autismus-Therapiezentren zudem den Blick auf die Körperlichkeit und die Emotionen und insbesondere auch den Einbezug des Lebensumfelds in die therapeutische Intervention. Letzteres beschränkt sich nicht allein auf die Mitarbeit von Eltern oder anderen Bezugspersonen bei der Förderung ihrer Kinder, sondern zielt auch auf ihre emotionale Verarbeitung der Behinderung des Kindes, die als wichtige Ressource im Bemühen um ein entwicklungsförderliches Umfeld für die Betroffenen gesehen wird.

Zusammenfassung

Die dem Bundesverband Autismus-Deutschland angeschlossenen Therapiezentren nutzen eine Vielzahl therapeutischer Methoden, die sie zu einem multimodalen Konzept verbinden. Die Notwendigkeit zu einer solchen Vorgehensweise sehen sie in der breiten Streuung der jeweiligen individuellen Bedarfe der einzelnen Klienten und ihres Umfelds. Während die konkreten therapeutischen Vorgehensweisen durchaus unter-

---

10 Ein Beispiel: Innerhalb einer Therapiesequenz, in der mit einem Jugendlichen und seiner Mutter geübt wurde, sich in der Öffentlichkeit zu bewegen (die Mutter konnte zuvor mit dem Kind nicht mehr gefahrlos das Haus verlassen), wurde Wert darauf gelegt, dass der Jugendliche den jeweiligen Weg selbst wählen konnte. Als Vorgabe von außen war festgelegt, nicht mehrfach hin- und herzugehen und nach einer Stunde wieder den Ausgangspunkt zu erreichen.

schiedlich sind, fußen sie doch auf einer einheitlichen ethischen Grundlage: der Orientierung an den individuellen Ressourcen, an der Förderung der Selbstbestimmung und der Lebenszufriedenheit.

Literatur

Bundesrepublik Deutschland (2008): Übereinkommen über die Rechte von Menschen mit Behinderungen vom 13. Dezember 2006. Bundesgesetzblatt (BGBL) II, S. 1419

Bundesverband Autismus-Deutschland (2000): Leitlinien für die Arbeit in Therapiezentren für Menschen mit Autismus. 2. Auflage. Eigenverlag, Hamburg

Bundesverband Autismus-Deutschland (2012): QM Muster-Handbuch. unveröffentlichtes Arbeitspapier, Hamburg

Döringer, I. (2014): Zur Diskussion der Wirksamkeit von Autismus-Therapien – Positionspapier der im Bundesverband Autismus Deutschland e. V. organisierten Autismus-Therapiezentren. In: Autismus, 78, 13–20

Grawe, K., Donati, R. & Bernauer, F. (1994): Psychotherapie im Wandel. Von der Konfession zur Profession. Hogrefe, Göttingen

Rickert-Bolg, W. (2011): Gelebte Inklusion. In: Bundesverband Autismus-Deutschland: Inklusion von Menschen mit Autismus (S. 273 f). von Loeper, Hamburg

Rittmann, B. (2014): Die Bedeutung verhaltenstherapeutischer Förderung in den Autismus-Therapiezentren. In: Autismus, 78, 21–31

Röttgers, H. R. (2011): Autismus-Spektrum-Störungen: Aktueller Wissensstand und rationale Interventionsstrategien. In: Der Motopäde, 1, 6–10

Stadt Münster, Jugendamt (2013): Empfehlungen zur Beteiligung junger Menschen in der Jugendhilfe. Münster

Schramm, R. (2007): Motivation und Verstärkung. pro-ABA, Hespe, S. 334

»Der rote Faden«: Begleitung von Menschen mit Autismus-Spektrum-Störung in Autismus-Therapiezentren

Christiane Arens-Wiebel

Eine Mutter berichtet:

»Schon als unser Sohn Ole 18 Monate alt war, bemerkten wir, dass er anders war als andere Kinder in dem Alter. Er sprach kein Wort, war kaum zu steuern durch unsere Worte, ließ sich nicht trösten, weinte heftig bei scheinbar belanglosen Dingen wie dem Ausziehen von Kleidungsstücken. Er war dann verzweifelt, und es schien ihm richtig schlecht zu gehen. Außerdem konnte man ihn nicht dazu bewegen, sein Gegenüber anzuschauen, wenn er überhaupt dessen Anwesenheit registrierte. Mit seiner älteren Schwester spielte er gar nicht, er war vielmehr ausdauernd damit beschäftigt, runde Dinge zu sammeln, zu drehen, abzureißen oder durch Dagegenschlagen in Bewegung zu versetzen. Wir machten uns sehr große Sorgen! Als Ole 2 Jahre alt war, machte uns der Kinderarzt vorsichtig auf das Thema Autismus aufmerksam. Wir waren hochgradig irritiert. Dennoch wandten wir uns kurz danach an das Autismus-Therapiezentrum in unserer Nähe. Dort war man sich nicht sicher, ob es sich um Autismus handelte, da Ole in der Beobachtungssituation Verhaltensweisen gezeigt hatte, die teilweise eher gegen das Vorliegen einer Autismus-Spektrum-Störung sprachen. Also erhielt Ole weiter Krankengymnastik und Frühförderung, es veränderte sich jedoch nichts. Wir wandten uns erneut ans ATZ, es wurde uns zugehört und sofort gehandelt. Kurze Zeit später, mit 2¼ Jahren, wurde mit Ole eine intensive autismusspezifische Frühtherapiemaßnahme im Autismus-Therapiezentrum (Bremerhaven) begonnen. Zu diesem Zeitpunkt sprach er immer noch kein Wort, schrie und wollte sich nicht anfassen lassen, sodass Körperpflege, aber auch jegliche Interaktion in Katastrophen endete. Wir waren bereit, alles zu tun, damit es unserem Sohn besser ging, auch wenn wir damit eine große zeitliche und persönliche Belastung auf uns nahmen und immer die Sorge hatten, die größere Tochter (die zu diesem Zeitpunkt noch nicht einmal 6 Jahre alt war) zu benachteiligen.«

Ein Junge wie Ole benötigt eine zeitnahe, intensive therapeutische Versorgung. Bei den Eltern besteht großer Bedarf an Beratung und Unterstützung. Bei jungen Kindern mit Autismus-Spektrum-Störungen sind die hieraus entstehenden Probleme oft gravierend und beanspruchen die Familie in hohem Ausmaß. Den Eltern fehlt die Erfahrung im Umgang mit dem schwierigen Kind, und sie fühlen sich häufig psychisch, aber auch physisch überfordert. Das Kind hat Schwierigkeiten, sich mitzuteilen, spricht vielleicht gar nicht oder nur wenig. Es hält an Ordnungen im Umfeld und im Tagesablauf fest, um Sicherheit zu haben. Wenn sich Dinge verändern oder es etwas nicht versteht, kann es mit Verzweiflung oder Wut reagieren. Hier sind die Eltern häufig hilflos, da sie mit gängigen Erziehungsmethoden nicht weiterkommen. Dazu treten bei den Kindern auch andere Probleme auf wie wählerisches Essverhalten, starke Schlafprobleme, unangemessenes Verhalten (z. B. Dinge runterwerfen, Tapeten abreißen, langdauerndes Schreien). Für Geschwister, Verwandte und Außenstehende ist es oft sehr schwierig, Zugang zu dem Kind zu bekommen. Gemeinsames Spiel entsteht beispielsweise nur, wenn das gesunde Geschwisterkind sich in hohem Maße auf die beeinträchtigte Schwester bzw. auf den beeinträchtigten Bruder einstellt.

Angebote und Möglichkeiten von Autismus-Therapiezentren

Eltern von Kindern, bei denen kürzlich eine Autismus-Spektrum-Störung diagnostiziert wurde, befinden sich häufig in einer schwierigen Situation. Zu wissen, wie die Beeinträchtigung bei dem Kind bezeichnet wird, ist erst einmal gut, da es nun Erklärungen für die Besonderheiten des Kindes gibt. Gleichzeitig beginnen die Eltern Fragen zu stellen von »Warum gerade wir?«, »Was haben wir falsch gemacht?«, »Wird unser Kind eine normale Schule besuchen können?«, »Wird es jemals selbstständig leben können?« bis hin zu »Was können und müssen wir jetzt tun?«. Die Eltern sind häufig verzweifelt und unsicher, wie es jetzt weitergehen soll und suchen Rat bei Therapeuten bzw. in Einrichtungen für Menschen mit Autismus. Was brauchen Eltern und Bezugspersonen in dieser Phase, und wo muss die Unterstützung ansetzen?

Unterstützung von Eltern und anderen Bezugspersonen

Eine derart komplexe Störung erfordert eine gute Information der Bezugspersonen über die Ursachen und Auswirkungen der Autismus-Spektrum-Störung. Nur so können sie verstehen, warum das Kind sich in einer bestimmten Art und Weise verhält. Sie können dann auch nachvollziehen, warum es notwendig, aber auch sinnvoll ist, den Umgang mit dem Kind in einer veränderten, hilfreichen Art zu gestalten.

Bestimmte Probleme von autistischen Kindern (Wahrnehmungsauffälligkeiten, fehlende Kontaktaufnahme, geringe Frustrationstoleranz, Stereotypien etc.) sind erklärbar durch die Störung an sich. Wenn Eltern und andere Bezugspersonen verstehen, warum das Kind sich so verhält, können sie gelassener und förderlicher mit dem Kind bzw. den schwierigen Situationen umgehen.

Oles Mutter erzählt:

»Als Ole vier Jahre alt war, riss er mit Vorliebe Knöpfe von Kleidungsstücken seines Gegenübers, da er diese sammelte und liebte. Er erhielt für eine Flugreise einen langen Schal mit aufgenähten Knöpfen, den er ausgelassen »bearbeitete«, und mit dem er über einen langen Zeitraum beschäftigt war. In der Therapie lernte er auch, Knöpfe wieder anzunähen, was er motorisch mühelos bewältigte – nur die Aufgabe des Vernähens oblag der Therapeutin bzw. mir als Mutter. So war eine gelungene Art der Selbstbeschäftigung erarbeitet – wenngleich stereotyp auch sehr kreativ und interaktiv. Ole riss nun keine Knöpfe mehr bei seinem Gegenüber ab, weil ihm immer Knöpfe in ausreichender Zahl zur Verfügung standen.«

In den Therapiezentren gibt es unterschiedliche Konzepte, wie Eltern im Umgang mit dem autistischen Kind unterstützt werden können. Es gibt das Angebot von Gesprächen, in die auch andere Verwandte und weitere Bezugspersonen mit einbezogen werden können. In manchen ATZ wird den Eltern die Einbeziehung in Therapiestunden angeboten. Manchmal erfolgen Hausbesuche bzw. Hospitationen im Kindergarten. In anderen ATZ gibt es das Angebot von angeleiteten Elterngruppen und Elterngesprächskreisen. Nicht alle Angebote sind in allen ATZ gleichermaßen verfügbar.

Wenn Eltern in Therapiestunden gelegentlich bzw. nach Bedarf anwesend sind, können sie in entsprechenden Situationen eine Erläuterung von der Therapeutin bekommen, warum diese ein ausgewähltes Spiel anbietet, wie sie das Kind zu diesem motiviert und warum sie in spezieller Art und Weise auf das Verhalten des Kindes reagiert. Es ist dabei manchmal sinnvoll, die Rollen zu tauschen, sodass die Mutter bzw. der Vater in die Rolle des Therapeuten schlüpft und eigene Erfahrungen mit dem Kind in der Spielsituation macht. Sie können dann spontan nachfragen, wenn etwas anders läuft als erwartet, wie sie auf ein problematisches Verhalten reagieren sollen und wie sie dies auf Situationen zu Hause übertragen können. In manchen ATZ wird hier eine Videointeraktionsberatung (meist nach der Methode »Marte Meo«; Aarts 2008; Bünder et al. 2013) durchgeführt. In der Praxis hat sich auch noch bewährt, den Eltern für den Alltag Leitlinien für den Umgang mit ihrem Kind, auch in schriftlicher Form, mitzugeben, dies ist eine Erfahrung aus Bremen und Bremerhaven.

Die Beratung der Eltern erfolgt in Gesprächen, bei denen das Kind in der Regel nicht anwesend ist. Hier können sie Fragen zur Entwicklung stellen, ihrer Belastung und ihrer Trauer Ausdruck verleihen und mit der Therapeutin über die Förderung im Allgemeinen sprechen. Sie haben einen Menschen, der sich ihrer Sorgen und Fragen ganz konkret annimmt und sie mit hilfreichen Anregungen und Hilfen versorgt. Die Bewältigung und Verarbeitung der Behinderung sind hier ebenfalls wichtige Themen.

Als weitere Unterstützung werden von manchen ATZ Besuche im häuslichen Umfeld angeboten, um die Umgebung des Kindes, sein Zimmer, seine Spielsachen und die übrigen Räume kennenzulernen. So kann direkt vor Ort eine Beratung stattfinden, im Verlauf derer auch behinderungsspezifische Veränderungsvorschläge (z. B. weniger Spielzeug, anderer Sitzplatz beim Essen, Ablaufplan fürs Zähneputzen) im direkten Zusammenhang erfolgen können. Manchmal ist es auch sinnvoll, für eine bestimmte Zeit die Therapie ins häusliche Umfeld zu verlegen, um dort Verhaltensweisen aufzubauen, bei deren Vermittlung die Eltern professioneller Unterstützung benötigen.

Eine weitere Form der Elternberatung ist ein Angebot für mehrere Eltern, d. h. eine kleine Elterngruppe für Eltern von Kindern in ähnlichem Alter. So können sich die Eltern austauschen und sich wertvolle Tipps geben, wie sie schwierige Situationen meistern, welche Materialien und Spielzeuge sie wo erstanden haben, wie die Situation auf ein Geschwisterkind bezogen funktioniert und welche Hilfen und Ansprechpartner sie noch gefunden haben. Hier bietet sich auch eine kulturspezifische Gruppe (z. B. eine »Türkische Müttergruppe«) an. Eine solche Gruppe ist im Therapiezentrum Bremerhaven mehrere Jahre lang erfolgreich angeboten worden.

Die Sorge für die Geschwister

Jede Woche fährt die Mutter mit dem autistischen Kind einmal oder auch mehrmals zur Autismus-Therapie. Sie verbringt viel Zeit im Therapiezentrum, kommt mit Eindrücken und Erkenntnissen wieder und berichtet hiervon zu Hause. Das Geschwisterkind spürt möglicherweise, dass es dem Bruder/der Schwester besser geht, dass er/sie etwas lernt und dass die Mutter froh ist, eine Anleitung zu bekommen. Es fühlt sich jedoch manchmal zurückgesetzt und sucht selbst nach Möglichkeiten, mehr im Mittelpunkt zu stehen. Es sagt dies jedoch nicht, weil es seinen Eltern nicht noch mehr Sorgen bereiten möchte. Ein behindertes Geschwisterkind zu haben, das die Eltern in hohem Maße fordert und zu sehr viel Sorgen und Aufmerksamkeit durch die Eltern führt, bedeutet für das gesunde Geschwisterkind eine große Konkurrenz. Es entstehen Gefühle von Neid, Wut, Verzweiflung und Verzicht. Eigene Freunde zögern, es zu besuchen, weil das autistische Kind sich auffällig verhält oder gar den Freund für sich beansprucht. Oft empfindet das Geschwisterkind die Situation als anstrengend, manchmal peinlich. Es muss Rücksicht nehmen, abgeben (auch wenn es das eigentlich nicht möchte), warten, ertragen (z. B. Wutausbrüche), zurückstecken und letztendlich akzeptieren, dass sich das Familienleben überwiegend um die autistische Schwester bzw. den autistischen Bruder dreht. Das zu akzeptieren und zu verstehen ist eine große Aufgabe, wohl bemerkt für ein Kind, das vielleicht sogar jünger ist als das autistische Geschwisterkind. Manchmal habe es die jüngeren Geschwister von Autisten leichter, weil sie in die Situation hineinwachsen und sie nicht anders kennen. Dennoch wird ihnen auch irgendwann bewusst, dass sie den autistischen Bruder/die autistische Schwester inzwischen überholt haben und eigentlich »die Älteren« sind.

Was den Geschwistern hilft, sind manchmal ganz banale Dinge, wie einbezogen werden in eine Aufgabe oder ein Gespräch, Gehör finden, jede Woche z. B. einen eigenen »Papatag« zu haben. Wichtig ist auch, dass es in der Familie feste Regeln und Aufgaben gibt, an denen alle Kinder gleichermaßen beteiligt werden. Jedes Kind muss sich an die Regeln halten und wird gelobt, wenn es gut läuft. Die Regeln werden von den Familienmitgliedern gemeinsam erstellt und visualisiert (Beispiel: »Immer Schuhe in den Garderobenschrank stellen«, »Das Zimmer des anderen nur betreten, wenn er es erlaubt«, »Nicht kneifen, sondern den anderen ansprechen« usw.). Die Aufgaben eines entsprechenden Plans werden gerecht verteilt (Geschirrspüler ausräumen, Müll raustragen, Tisch decken), jeder soll sich daran beteiligen, sodass ein ausgewogener und rücksichtsvoller Umgang zu Hause stattfindet.

Gerade der familiäre Zusammenhalt, die Stärke und das Engagement der Angehörigen tragen entscheidend zur Entwicklung und Förderung des autistischen Kindes bei.

In Therapiesettings bietet es sich an, die Geschwisterkinder zum Beispiel in den Ferien mit in Therapiesitzungen zu nehmen und sie als Kommunikations- und Spielpartner mit einzubeziehen. Die Erfahrung in den Therapiezentren Bremen und Bremerhaven zeigen, dass die Geschwisterkinder das gern wahrnehmen. Häufig bringen sie attraktive Ideen und eine besondere Art des Umgangs mit dem autistischen Geschwisterkind mit, und die Therapeutin kann wertvolle Erfahrungen sammeln. Für Geschwister ist es manchmal auch eine gute Erfahrung, selbst von der Therapeutin eingeladen zu werden, ohne dass das autistische Geschwisterkind dabei ist. Endlich kann das Kind etwas von sich selbst erzählen, über das berichten, was ihm Kummer bereitet, sich gemeinsam über Erfolge freuen, Fragen stellen, vielleicht auch etwas zum Thema »Eltern« sagen. Inzwischen gibt es viele Bücher zum Thema Aufklärung zu Autismus für Kinder und Jugendliche und Kinder- und Jugendromane, in denen Autismus ein zentrales Thema ist. An manchen Therapiestandorten existieren Gruppenangebote speziell für Geschwisterkinder, in denen diese auch einmal zu Wort kommen und lernen, gemeinsam mit der besonderen Situation zu leben.

> *Die ältere Schwester von Ole berichtet aus der Erinnerung, wie belastend und stressig für sie das Leben mit dem autistischen Bruder war und auch heute noch ist. Vor allem hat sie immer unter dem impulsiven und lauten Wesen von Ole gelitten, der sich oft nicht an Regeln hält und es nicht akzeptiert, wenn man »nein«*

sagt. »Wenn ich Besuch von meiner Freundin bekomme, will mein Bruder immer dabei sein. Wir wollen aber unsere Ruhe haben, quatschen, Musik hören, manchmal auch lernen oder Filme gucken. Dann versucht meine Mutter, meinen Bruder davon abzuhalten, in mein Zimmer zu stürmen. Ich weiß, wie anstrengend das für meine Mutter ist, und es tut mir auch leid. Aber manchmal brauche ich meine Ruhe und dann bin ich dankbar, dass sie mir hilft. Trotzdem darf mein Bruder fast immer für einen kurzen Besuch zu mir und meiner Freundin kommen.« Als die Schwester jünger war, hat sie manchmal sehr heftig und frustriert auf dessen Verhalten reagiert und war außer sich vor Zorn. Immer erlebte sie jedoch auch sehr liebevolle, geschwisterliche Momente, in denen sie mit ihm gespielt hat, ihm etwas gezeigt hat oder auf ihn aufgepasst hat. Sie sagt, dass sie ihn so lieb hat, wie er ist, und dass sie niemals auf ihn verzichten würde.

Begleitung und Beratung des Umfeldes

Ein erwachsener Asperger-Autist, Marcel, berichtet:

»Bei mir wurde das Asperger-Syndrom schon festgestellt, als ich erst 5 Jahre alt war. Schon damals begann ich mit einer Autismus-Therapie, an der ich zunächst insgesamt 7 Jahre teilnehmen konnte. Inzwischen bin ich 19 Jahre alt und bereite mich gerade auf mein Abitur vor. Als ich in der Grundschule war, hatte ich sehr viele Probleme mit dem Lernen. Diese lagen vor allem daran, dass ich die Situation in der Klasse mit den vielen Klassenkameraden nicht verkraftete, weil es mir zu laut und zu diffus war. Ich war so abgelenkt, dass ich die Lehrerin oft nicht hörte, sondern damit beschäftigt war, die Geräusche und die vielen Bewegungen der anderen zu sortieren und gleichzeitig mit meiner eigenen Handlungsplanung zurechtzukommen. Dies war eine enorme Kraftanstrengung! Was half war, dass schließlich für die gesamte Grundschulzeit eine Assistenz eingestellt wurde, die mich dabei begleitete, den Schulalltag zu bewältige. Dies geschah, indem sie mir zeigte, was jetzt gerade am wichtigsten war, mir die Aufgaben der Lehrerin »übersetzte« und dafür sorgte, beispielsweise die Hausaufgaben zu notieren. Die Assistenz befand sich im regelmäßigen Austausch mit meiner Therapeutin aus dem Autismus-Therapiezentrum und erhielt von dort wertvolle Tipps. Zu Hause hatte ich meine Großmutter, bei der ich in der Küche lernte, während sie auf ihrer Seite des Küchentischs rätselte oder las und mir half, wenn ich nicht weiterkam. Meine Großmutter war im regelmäßigen Gespräch mit meiner Therapeutin, weil sie es war, die mich jede Woche zur Therapie fuhr. Nach der Grundschulzeit wurde die Therapie unterbrochen, weil es mir und meinem Umfeld gut ging. Als ich allerdings später in der Oberschule sehr große Probleme mit Mitschülern bekam, weil diese mich hänselten und ärgerten, konnte ich für eine begrenzte Stundenzahl wieder ins Therapiezentrum gehen und für mich sehr wertvolle Strategien erarbeiten, mit der Mobbingsituation zurechtzukommen. Seitdem stehe ich mit meiner Therapeutin immer noch im regelmäßigen E-Mail-Kontakt und berichte ihr, wie es mir geht. Als Nächstes will sie mir ein Attest ausstellen für die Universität, damit ich in der Nähe einen Studienplatz bekomme. Ich beabsichtige, Soziologie oder Wirtschaftswissenschaften zu studieren«.

Der Beratung und Unterstützung nicht nur der Familie des autistischen Menschen, sondern auch der weiteren Bezugspersonen wie

Erzieher, Lehrer, Schulbegleitung kommt eine immense Bedeutung zu. Häufig stehen auch pädagogische Fachkräfte bei dem Kind mit Autismus vor schwierigen Fragestellungen und wissen sich in manchen Situationen in Kindergarten bzw. Schule nicht zu helfen. Warum reagiert das Kind nicht auf Aufforderungen? Wieso schreit es jetzt oder ballt die Fäuste, um auf den Spielkameraden loszugehen? Wie spreche ich das Kind am besten an, damit es mich versteht und aus der schwierigen Situation herauskommt? Wann macht es eigentlich Sinn, mit ihm den Raum zu verlassen, und wann muss es schaffen, da zu bleiben und die Aufgabe weiter zu bearbeiten? Was sage ich zu den anderen Kindern – sollte ich sie über Autismus aufklären?

Es hat sich immer wieder bewährt, an einem Strang zu ziehen und sich abzusprechen, wie in welchen Situationen vorgegangen werden sollte. Dabei geht es nicht nur um Abstimmung bezüglich Verhaltensproblemen bzw. Konfliktsituationen, sondern auch die Formulierung gemeinsamer Ziele für das Kind. In einem weiteren Schritt sollten die notwendigen Strategien gemeinsam erarbeitet werden. Im therapeutischen System hat sich bewährt, sich mindestens einmal jährlich in der Gruppe von Bezugspersonen zusammenzusetzen und zu erörtern und festzulegen, welche Lern- und Entwicklungsziele geplant sind und wie diese umgesetzt werden sollten. Es ist ebenfalls sinnvoll, wenn Autismustherapeuten regelmäßig die Institutionen Kindergarten, Schule oder beispielsweise Werkstatt aufsuchen, um sich einen Eindruck vor Ort zu machen und individuell zu beraten.

Als Ole in die erste Klasse kam, fing er gleich an seine Lehrerin »anzuhimmeln«. Dies beinhaltete, dass er sich permanent in ihrer Nähe aufhielt, ihren Schoß beanspruchte und andere Kinder wegschubste, wenn diese sich der Lehrerin näherten. Die Lehrerinnen der Förderschule sowie die Assistenz von Ole waren ratlos. Die Therapeutin riet ihnen, Ole jeden Morgen einen Gutschein auszuhändigen über fünf Minuten Kuscheln. Ole hatte die Wahl, wann am Tag er diesen einlöste. Die Aufgabe der Lehrerin war, von Anfang an konsequent zu reagieren. Das Vorgehen erwies sich als erfolgreich. Ole schaffte es mit Hilfe dieser Struktur, die Lehrerin ansonsten in Ruhe zu lassen, und die Situation entspannte sich allgemein.

Bei einem Zweitklässler mit Asperger Syndrom, Tom, bestanden erhebliche Verhaltensprobleme in der Schule in Form von Unruhe, Schreien und auf Klassenkameraden losgehen. Ursachen waren Überforderung durch Lautstärke, neue Aufgaben, Veränderungen, räumliche Enge. Für die Assistenz von Tom war es schwierig vorauszusehen, wann wieder ein Ausbruch kommen würde, weil diese Krisensituationen sehr plötzlich und unvermittelt auftraten. In der Therapie wurde intensiv mit Tom geübt, darauf zu achten, wann es ihm nicht so gut ging. Er sollte auf die körperlichen Symptome hören, also Unruhe in den Armen, komisches Gefühl im Bauch, »Schmerz« (wenn ihn jemand versehentlich anstieß) usw. Er erhielt eine »Achtung-Karte«, mit der er der Therapeutin bzw. der Assistenz zeigen konnte, dass er es nicht mehr in der Situation aushielt. Tom durfte in seine »Höhle«, wenn er das »Achtung-Gefühl« verspürte. Dies war ein Nachbarraum, in den er sich zurückziehen konnte und in dem er für einen begrenzten Zeitraum eine entspannende Aktivität (Musikstück hören, Spiel spielen, Buch anschauen) ausführen konnte. Der Gebrauch der Karte und die Auszeit in der »Höhle« wurden in der Therapie vorbesprochen und geübt und später durch die Therapeutin auf die Schulsituation übertragen. Nach ca. vier Wochen kam Tom in der Schule in für ihn belastenden Situationen schon deutlich besser zurecht.

Die Therapeuten eines Autismus-Therapiezentrums sind erfahren und geschult in wichtigen Bereichen von Coaching und Beratung. Dies kann auch die Unterstützung einer Wohneinrichtung sein, bei der ein Bewohner untergebracht ist, der sich auf Grund der Autismus-Spektrum-Störung in einer schwierigen psychischen Situation befindet und daher einer besonderen Unterstützung bedarf. Ebenfalls gibt es oftmals Hilfen bei der Bewältigung des Arbeitsalltags, ob im Berufsbildungswerk, bei einer Arbeit in der Werkstatt für behinderte Menschen oder auf dem ersten Arbeitsmarkt. Wenn Kollegen und Chefs über die autistische Problematik aufgeklärt werden und das ungewöhnliche Verhalten des Mitarbeiters verstehen lernen, kommt es meist zu einer spürbaren Entspannung der Situation. Damit wird auch der Weg freigemacht, die besonderen Fähigkeiten des autistischen Kollegen bzw. Mitarbeiters schätzen und nutzen zu lernen.

Therapiebedarf, Schwerpunkte und Ziele

Wie aus dem Vorangegangenen zu entnehmen ist, gibt es unterschiedliche Indikationen, eine Autismus-Therapie zu beantragen und wahrzunehmen. Es heißt nicht, dass jeder Mensch mit der Diagnose einer Autismus-Spektrum-Störung zwangsläufig eine Therapie benötigt. Es ist immer wichtig zu hinterfragen, ob diese das richtige Angebot ist. Dafür sind die Notwendigkeit, die Sinnhaftigkeit und die Erfolgsaussichten der therapeutischen Versorgung zu analysieren, zu diskutieren und Ziele festzulegen.

Wichtige Argumente für eine Therapiemaßnahme bei jungen Kindern sind meist die fehlenden oder eingeschränkten kommunikativen Fähigkeiten sowie die Probleme beim Meistern interaktiver bzw. sozialer Situationen. Gleichzeitig gibt es bei den jüngeren Kindern häufig große Probleme im Verhalten wie schreien und hauen, wegwerfen von Spielzeug, stereotypes Spiel, fehlendes Gefahrenbewusstsein, Schlaf- und Essstörungen und vieles mehr. Nach einer intensiven so genannten Klärungsphase, die mancherorts häufig auch als »Beobachtungs- und Kennenlernphase« definiert wird, geht es um den Aufbau einer positiven Beziehung zwischen Kind und Therapeutin und die Feststellung der Fähigkeiten, aber auch der Defizite des Klienten. Hieraus wird der »Ist-Zustand« ermittelt, und die notwendigen Therapieziele werden bestimmt und methodisch sowie didaktisch untermauert. Im Folgenden beginnt die eigentliche Förderung, d. h. die Therapiephase.

Ziele und Inhalte der Autismus-Therapie richten sich nach dem Entwicklungsstand des Kindes, den Ressourcen seines Umfeldes und den jeweiligen Entwicklungsherausforderungen. Im Vordergrund stehen die Förderung der kommunikativen und interaktiven Fähigkeiten sowie die Erweiterung von Handlungsmöglichkeiten. Auch kognitive und motorische Fähigkeiten sowie die Weiterentwicklung des kindlichen Spiels können Inhalt der therapeutischen Förderung im Vorschulalter sein.

Je nach Entwicklungsstand des Kindes werden intensive Übungen durchgeführt wie Kommunikationstraining über Gebärden, Bildaustauschprogramme und Wörter bis hin zu Sätzen. Bei anderen Kindern steht im Vordergrund, mit dem Therapeuten ein kleines Gespräch zu führen oder auf Fragen zu antworten. Viele Kinder müssen erst lernen, mit einem Therapeuten am Tisch zu sitzen und sich motivieren zu lassen, eine gemeinsame Aktivität auszuführen, ein Spiel zu spielen, etwas Kreatives zu schaffen. In kleinen Schritten erarbeitet sich das Kind beispielsweise Fähigkeiten wie Farb- und Formerkennen, findet Gefallen an kognitiven Zuordnungsspielen und erweitert seine feinmotorischen Fähigkeiten.

Das Zusammenspiel mit anderen Kindern wird in etlichen ATZ in kleinen Kindergruppen geübt, begleitet durch mindestens zwei

Therapeuten, welche die individuellen Belange jedes Kindes professionell berücksichtigen können.

Gemeinsam mit den Eltern werden Strategien für eine lebenspraktische Förderung erarbeitet wie selbstständiges Essen, Toilettentraining, motorische Fähigkeiten. Hiermit wird auch der Weg geebnet für eine Betreuung im Kindergarten sowie den Übergang in die Grundschule.

Die Mutter von Ole:

»Nach einem Jahr intensiver Förderung mit 6 Therapiestunden pro Woche sprach Ole in Dreiwortsätzen. Er saß am Tisch, hatte gelernt Farben, Formen und Größen zu sortieren, Bilder einander zuzuordnen und auch zu zeigen und zu benennen. Er benutzte Löffel und Gabel, zog seine Kleidung allein aus und schrie nicht mehr bei allen Alltagshandlungen. Das war für uns alle das Schlimmste gewesen. Im Kindergarten war es zwar noch schwierig, weil er Probleme hatte, sich in die Gruppe zu integrieren, aber von Woche zu Woche wurde auch das besser. Wir atmeten spürbar auf.«

Bei Schulkindern steht je nach Diagnose im Vordergrund, die sozialen Fähigkeiten zu fördern, damit die Kinder besser in die Schule integriert werden können. Insbesondere das Verstehen von sozialen Zusammenhängen und Regeln sind hier wichtige Therapieinhalte. Gleichzeitig steht das Selbstbild der Kinder im Fokus, weil sie häufig merken, dass sie anders sind, dies jedoch nicht einordnen und schon gar nicht selbst verändern können. Ein wichtiger Aspekt ist hierbei das Nutzen von Spezialinteressen sowohl für die positive Beziehung als auch für bestimmte Therapieinhalte. So befand sich ein Junge in Therapie, der über viel Fantasie und überragende schriftlichen Fähigkeiten sowie große Affinität zu Computern verfügte. Er weigerte sich standhaft, in der Therapie über Erlebtes zu berichten. Der Therapeut bearbeitete mit ihm Geschichten zu bestimmten Themen schließlich mit dem Computer. Er gab inhaltlich ein Thema vor, über das er von den Eltern oder der Lehrerin wusste, dass es ein Problem für den Jungen darstellte. Mit Hilfe des Computers wurde diese »Geschichte« weitergeschrieben und beispielsweise nach möglichen unterschiedlichen Fortsetzungen bzw. Lösungen gesucht. In dieser Form gelang es dem Jungen, sich mit schwierigen und belastenden Situationen auf eine ganz andere Art und Weise zu beschäftigen, diese zu reflektieren und Lösungswege zu erarbeiten.

Marcel:

»In der ersten Zeit der Grundschule war ich sehr geknickt, weil ich merkte, dass ich anders war und nicht so lernen und alles begreifen konnte wie die anderen Kinder. Hierdurch war mir manchmal ganz komisch, und ich wusste mir keinen anderen Rat, als auszuflippen, also um mich zu schlagen und zu schreien. Meine Therapeutin schien das alles zu verstehen, und sie brachte es fertig, niemals mit mir zu schimpfen. Stattdessen übte sie mit mir, mich auch während des Unterrichts zu entspannen, mir selbst Mut zu machen bei kniffligen Aufgaben, zu spüren, wenn ich eine Auszeit auf dem Flur brauchte. Gleichzeitig hat sie wohl mit meinen Eltern und meiner Assistenz sowie meiner Klassenlehrerin gesprochen und denen beispielsweise etwas über Nachteilsausgleich erzählt. Die Therapie war für mich eigentlich immer der schönste Moment der Woche (außer dem Wochenende), es war anstrengend, aber eben sehr aufbauend.«

Bei älteren Jugendlichen und Erwachsenen steht die Hilfe zur Selbstannahme/Psychoedukation mit einer damit einhergehenden Verbesserung der Selbstwertregulation im Vordergrund. Die Diagnose Asperger muss verstanden und letztendlich akzeptiert werden, auch um den Klienten und seine Angehörigen von Schuldgefühlen und Vorwürfen zu entlasten. Vielfach werden konkrete soziale Situationen geklärt, die im Alltag des Klienten zu Missverständnissen und Unsicherheiten geführt haben. Hierzu gehören die Verbesserung des Erkennens von eigenen und fremden Emotionen und das Klären von Situationen, in denen es zu Missverständnissen in der Umgebung kam, gerade auch durch schwierige kommunikative Situationen. Auf die Selbstständigkeit des Klienten bezogen vermittelt der Therapeut Hilfe bei der Organisation und Zielfindung sowie bei anderen Dingen im Alltag z. B. mit Hilfe von Tages- und Wochenplänen. Hier kann auch die Unterstützung bei der Berufswahl/-ausbildung ein wichtiges Thema sein. Um die therapeutische Beziehung aufzubauen und zu stabilisieren, wird Raum für »autistische Bedürfnisse« gelassen mit der Möglichkeit, mit dem Therapeuten über spezielle Interessen zu kommunizieren. Auch wird das Bewusstmachen der Funktion von Spezialinteressen oder stereotypen Verhaltensweisen angestrebt und ein Training zur Stressreduktion (z. B. »Achtsamkeitstraining«) mit der Etablierung in den Alltag durchgeführt.

Es gibt keine festgelegten Zeiträume, wie lange eine Therapie stattfinden sollte oder muss. Die Therapiedauer und Intensität hängen vom Einzelfall bzw. der individuellen Problematik ab. Grundsätzlich ist Therapie eine unterstützende Maßnahme, die nicht als lebensbegleitend anzusehen ist, sondern in einer bestimmten Entwicklungsphase erfolgt. Nach sorgfältiger Erwägung der Vor- und Nachteile bzw. der Sinnhaftigkeit und Notwendigkeit sollten Therapiemaßnahmen üblicherweise zu einem geeigneten Zeitpunkt beendet werden. Hier gibt es jedoch immer wieder Ausnahmen, die der individuellen Situation mancher Klienten zuzuschreiben sind. Die Dauer der Autismus-Therapie ist demnach auf den jeweiligen Klienten bezogen als individuell anzusehen, und es gibt keinen Standard hierfür. In der Praxis hat sich sehr bewährt, zum möglichen Ende der Therapiemaßnahme mit den Eltern bzw. dem Klienten zu überlegen, was möglicherweise von den gewünschten Zielen oder auch Inhalten über eine andere Versorgungsmöglichkeit erfüllt werden kann, wie eine Logopädin bei einem jüngeren Kind, eine Psychomotorik- oder Sokogruppe bei einem Schulkind, eine Freizeit- oder Selbsthilfegruppe bei einem Erwachsenen. Dies betrifft auch die Unterstützung für Eltern, die sich einer Selbsthilfegruppe oder einem Gesprächskreis anschließen können, um weiterhin Ansprechpartner zu haben. Es hat sich ebenfalls bewährt, die Therapiemaßnahmen nicht endgültig zu beenden, sondern eine Pause oder Unterbrechung zu besprechen und diese dem Kostenträger gegenüber so darzulegen. So gibt es die Möglichkeit, bei Problemen bzw. neuen Therapieindikationen einfacher wieder tätig werden zu können.

Schlussbemerkung

Ziel des Beitrags war es aufzuzeigen, in welchem Rahmen sich die Arbeit in den Therapiezentren von autismus Deutschland e. V. darstellt und nach welchen Gesichtspunkten mit Erwachsenen gearbeitet wird. Einen hohen Stellenwert nimmt dabei die konkrete Arbeit mit den Betroffenen ein. Gleichzeitig wird großer Wert gelegt auf die Zusammenarbeit, d. h. Beratung und Unterstützung des gesamten Umfelds, ob Familienangehörige oder Mitarbeiter aus Einrichtungen. Nur so kann qualitativ gute und gewinnbringende Arbeit geleistet werden. Dieser Umgang mit dem Betroffenen und seinem Störungsbild ist in Verbindung mit der Komplexität, Individualität und Professionalität als ein gewinnbringendes und effektives Therapieangebot zu bewerten.

Literatur

Aarts, M. (2008): Marte Meo. Ein Handbuch. Arts Productions, Niederlande

Bünder, P., Sirringhaus-Bünder, A. & Helfer, A. (2013): Lehrbuch der Marte-Meo-Methode: Entwicklungsförderung mit Videounterstützung. Vandenhoeck & Ruprecht, Göttingen

Teil II
Methodenvielfalt in der Autismus-Therapie

Multimodale Autismus-Therapie in verschiedenen Lebensphasen – ein Fallbeispiel

Christina Müller

In Autismus-Therapiezentren erhalten Kinder, Jugendliche und Erwachsene mit einer Autismus-Spektrum-Störung (ASS) individuell zugeschnittene ambulante Therapien, die eine verbesserte Teilhabe am gesellschaftlichen Leben ermöglichen sollen (sog. Eingliederungshilfemaßnahmen). Die therapeutischen Maßnahmen folgen in der Regel keinem allgemeingültigen Standardprogramm, sondern werden für jeden Klienten individuell entwickelt. Hierfür nutzen Autismustherapeutinnen ein breites Spektrum an wissenschaftlich fundierten und/oder bewährten (»Best Practice«) Methoden, wie es z. B. bei Rittmann (2011, 2014) als »Multimodales Therapiemodell« beschrieben wird. Dabei werden nicht nur unterschiedliche Methoden für verschiedene Subgruppen im Autismus-Spektrum benötigt; auch bei *einem* Menschen mit ASS können sich die therapeutischen Vorgehensweisen im Verlauf der Entwicklung verändern.

Dies soll im Folgenden exemplarisch anhand eines Fallbeispiels aufgezeigt werden: Julian ist vom Vorschulalter bis ins junge Erwachsenenalter hinein – unterbrochen durch eine etwa 4-jährige Therapiepause – im Westfälischen Institut für Entwicklungsförderung (WIE) in Bielefeld gefördert worden. Das WIE bietet ambulante Einzel- und Gruppentherapien für Kinder, Jugendliche und junge Erwachsene mit ASS an und arbeitet – auf der Grundlage der Leitlinien von autismus Deutschland (2011) zur Sicherstellung autismusspezifischer therapeutischer Förderung – analog zu den Autismus-Therapiezentren. Julians Unterstützungsbedarfe haben sich im Verlauf der Therapie immer wieder verändert, sodass die Angebote laufend angepasst wurden. Die hier vorgestellte Zusammenfassung der therapeutischen Arbeit mit Julian soll verdeutlichen, dass eine starke Individualisierung der therapeutischen Interventionen notwendig war, damit die Therapie entwicklungsförderlich sein konnte. Ferner soll aufgezeigt werden, dass dabei eine Vielzahl an Methoden benötigt wurde und dass der »Methoden-Mix« immer wieder verändert werden musste.

Die Fallbeschreibung ist selbstverständlich nicht vollständig; es können hier nur Ausschnitte aus dem komplexen Therapieangebot dargestellt werden.

Ausgangslage

Julian wird kurz nach seinem 4. Geburtstag von seinen Eltern im WIE vorgestellt. Er lebt zusammen mit zwei älteren Geschwistern (Bruder und Schwester) und einem jüngeren Bruder bei seinen Eltern und besucht eine Integrative Kindertagesstätte. Bei Julian sind eine allgemeine Entwicklungsverzögerung sowie ein Frühkindlicher Autismus in einem

Sozialpädiatrischen Zentrum diagnostiziert worden.

Zur Vorgeschichte des Jungen berichten Julians Eltern, dass der Junge ein ruhiges, »pflegeleichtes« Baby gewesen sei. Mit etwa einem Jahr habe er begonnen, erste Wörter zu sprechen, und er sei mit 16 Monaten frei gelaufen. Die Eltern hätten um den 2. Geburtstag des Jungen herum begonnen, sich Sorgen zu machen, da der Junge keine Fortschritte in der sprachlichen Entwicklung gemacht und kaum gespielt habe; er sei überwiegend hin- und hergelaufen oder habe aus dem Fenster geschaut. Ab 3 Jahren habe er eine Kindertagesstätte besucht. Die Erzieherinnen hätten die Eltern bald auf Auffälligkeiten bei Julian angesprochen und empfohlen, dass der Junge in einem Sozialpädiatrischen Zentrum vorgestellt werde. Ferner sei ein Integrationsplatz für Julian eingerichtet worden.

Aktuell beschäftige sich Julian – so die Eltern – besonders gerne mit Spielzeugautos, er reihe diese auf und schiebe sie über Fensterbänke. Gerne blättere Julian auch in Auto-Zeitschriften. Ferner habe er ein großes Interesse an visuellen Effekten: Er betätige immer wieder die Lichtschalter und betrachte gerne die sich bewegenden Blätter der Bäume. Julian verfüge inzwischen über einen recht großen Wortschatz, er nutze die Wörter aber wenig zur Kommunikation. Wünsche signalisiere er meistens, indem er den Erwachsenen an der Hand führe. Insgesamt sei Julian ein ernstes Kind, das wenig Kontakt suche.

Der Familienalltag sei sehr anstrengend: Julian trage noch Windeln und helfe beim An- und Ausziehen noch nicht mit. Er bestehe darauf, gefüttert zu werden, und sei beim Essen sehr wählerisch. Auf Frustrationen oder Grenzsetzungen reagiere er oft mit Wutanfällen. Hinzu komme, dass auch die anderen beiden Kinder Entwicklungsprobleme hätten: Bei dem älteren Sohn sei eine Aufmerksamkeitsstörung diagnostiziert worden, und der jüngere Sohn bekomme Frühförderung. Die Tochter entwickele sich bislang unauffällig, leide jedoch unter einer starken Hausstauballergie.

Zu ihrer persönlichen Situation berichten die Eltern, dass sie keine abgeschlossene Berufsausbildung haben. Der Vater suche Arbeit, seine Möglichkeiten seien jedoch aufgrund einer chronischen Erkrankung begrenzt.

Nach dem Erstgespräch im Therapiezentrum stellen die Eltern einen Therapieantrag, und 4 Monate später kann die autismusspezifische Therapie im Umfang von 2 Stunden in der Woche bei Julian aufgenommen werden.

Therapiebeginn: Förderung sozialer und kommunikativer Schlüsselkompetenzen

Julian wird anfangs von seiner Mutter zur Therapie begleitet, er kann sich aber schon bald von ihr lösen. Im Vordergrund der Therapie stehen zunächst der Aufbau einer therapeutischen Beziehung zwischen Kind und Therapeutin und die Gestaltung von entwicklungsförderlichen Therapieaktivitäten. Um Julian zum (gemeinsamen) Spiel zu motivieren, nutzt die Therapeutin sein Interesse an Autos und bietet ihm das Spielen auf dem Straßenteppich an. Anfänglich agiert der Junge hier sehr stereotyp, er schiebt die Autos, inszeniert Unfälle, hat aber darüber hinaus keine weiteren Ideen. Auch spielt er ausschließlich für sich und lässt eine Beteiligung der Therapeutin nicht zu. Allmählich gelingt es der Therapeutin, sich am Spiel des Jungen zu beteiligen und neue Spielideen in das Spiel zu integrieren. Der Fokus der Intervention liegt dabei darauf, soziale Schlüsselkompetenzen, die bei Kindern mit einer ASS besonders beeinträchtigt sind, zu fördern. Hierfür nutzt die Therapeutin insbesondere *sozial-pragmatische bzw. beziehungsorientierte Fördermethoden* (z. B. Greenspan & Wieder 2009; Gutstein & Sheely 2002), indem sie häufige gemeinsame Aufmerksamkeitsbezüge, geteilte Freude und wechselseitig aufeinander bezogene Interaktionen forciert. Momente, in denen die wechselseitige Bezugnahme im Verlauf des Spiels gelingt, werden von der Therapeutin mimisch, gestisch und verbal besonders hervorgehoben (sog. Spotlighting; González, Grütter & Mc Tigue 2009). Ferner wird das Spiel sprachlich begleitet, und es werden Kommunikationsanlässe geschaffen, in denen Julian motiviert wird, Sprache kommunikativ zu nutzen. Dabei kommen auch *verhaltenstherapeutische Elemente* (z. B. Bernard-Opitz 2007; Feineis-Matthews & Schlitt 2009), v. a. Prompts und natürliche Verstärker, zum Einsatz.

Die Therapeutin strukturiert die Therapiestunden zeitlich und räumlich und visualisiert den Verlauf der Therapiestunden mit einem Ablaufplan (Treatment and Education of Autistic and related communication-handicapped CHildren – *TEACCH*, z. B. Mesibov, Shea & Schopler 2004; Symalla & Feilbach 2009).

Parallel dazu führt die Therapeutin Gespräche mit Julians Eltern und mit seinen Erzieherinnen. Sie informiert hier über das Störungsbild und wichtige Aspekte einer autismusspezifischen Förderung (*Psychoedukation*). Es werden Absprachen zur Gestaltung der Essenssituation und zum Toilettentraining getroffen. Ferner werden die Bezugspersonen in der *Entwicklungsförderung des Kindes angeleitet*. U. a. wird thematisiert, wie eine gelungene Kommunikationsförderung im Alltag aussehen kann (Verwendung von lautsprachbegleitenden Gebärden, Sprachlehrstrategien, verbale Rituale, Sprachspiele etc.).

Erweiterung des Förderangebotes und Aufbau einer umfassenden Entwicklungsförderung

Allmählich führt die Therapeutin weitere Therapieaktivitäten ein, die eine breit angelegte *heilpädagogische Entwicklungsförderung* ermöglichen, denn neben sozialen und kommunikativen Schlüsselkompetenzen sollen zunehmend auch kognitive Fähigkeiten bei Julian, Konzentration und Ausdauer, die Körperwahrnehmung, fein- und grobmotorische Fähigkeiten sowie lebenspraktische Fertigkeiten gefördert werden. Dies geschieht im Rahmen von Angeboten zur Exploration von Materialien (Malen, Matschen, Schütten etc.), kleinen Regelspielen, Konstruktionsspielen (z. B. Bauen mit Lego), Bewegungsangeboten (Bewegungsparcours, Rollbrett-Fahren, Hüpfspiele etc.) und lebenspraktischen Anforderungen (z. B. An- und Ausziehen, Tisch decken).

Um Julian das Zugehen auf bisher unvertraute Aktivitäten zu erleichtern, werden seine Interessen in die neuen Aktivitäten einbezogen und weitere visuelle Strukturierungshilfen nach dem *TEACCH*-Ansatz eingeführt (Time-Timer, feste räumliche Zuordnung von Aktivitäten, bebilderte Ablaufpläne etc.). Über die Erweiterung der Therapieaktivitäten eröffnen sich Julian neue Erfahrungsräume, die er sich aus eigenem Antrieb bislang nicht erschlossen hatte. Die Therapeutin reichert diese Erfahrungsräume mit Förderimpulsen an, die fein auf den aktuellen Entwicklungsstand abgestimmt sind.

Soziale und kommunikative Fähigkeiten bleiben ein zentrales Thema in den Therapiestunden, und die Therapeutin fordert gemeinsame Aufmerksamkeitsbezüge, wechselseitige Bezugnahme, kooperatives Spiel und den kommunikativen Gebrauch von Sprache in vielen unterschiedlichen Situationen ein (in einer *Kombination aus sozial-pragmatischen und verhaltenstherapeutischen Techniken*).

Eltern und Erzieherinnen werden in den Beratungsgesprächen über Julians Entwicklungsfortschritte informiert und darin angeleitet, ihm ähnliche Aktivitäten wie in der Therapie zu ermöglichen (*Anleitung zur Entwicklungsförderung*). Julians Eltern nehmen die Gespräche sehr zuverlässig wahr. Es fällt ihnen jedoch schwer, die besprochenen Förderstrategien im alltäglichen Umgang mit Julian umzusetzen. In der Kindertagesstätte wird ein visualisierter Tagesplan mit Symbolen eingeführt, der es Julian erleichtert, sich an den Gruppenaktivitäten zu beteiligen.

Ferner werden die Eltern dabei unterstützt, eine logopädische Behandlung für Julian einzuleiten (Schwerpunkt: Grammatikerwerb).

Julian kann die vielfältigen Entwicklungsimpulse, die er erhält, gut nutzen, er baut grundlegende sozial-kommunikative Fähigkeiten auf und erweitert sein Interessens- und Handlungsspektrum in Elternhaus, Kindertagesstätte und Therapie deutlich. So beteiligt er sich in der Kindertagesstätte an allen angeleiteten Gruppenspielen; in Freispielsituationen zieht er sich noch zurück und spielt alleine. Julian kommuniziert inzwischen in allen Kontexten verbal und spricht zunehmend in Sätzen. Auch ist er trocken und sauber geworden.

Ein häufiges Thema in den Elterngesprächen ist die familiäre Belastung. Erziehungsfragen wie die Strukturierung der Wochenenden, Beschäftigungsmöglichkeiten für Julian zuhause sowie der Umgang mit Konflikten zwischen den Geschwistern werden daher mit den Eltern besprochen (*Erziehungsberatung*). Ihnen wird von der Therapeutin auch empfohlen, Pflegegeld für Julian zu beantragen und einen Familien entlastenden Dienst in Anspruch zu nehmen (*Sozialberatung*).

Begleitung des Übergangs in die Schule

In weiteren Verlauf der Therapie wird Julian auch auf die bevorstehende Einschulung vorbereitet: Im Rahmen von Arbeitssituationen am Tisch übt Julian, vorgegebene Aufgaben zu bearbeiten (Kategorisierungsaufgaben, Fortsetzung logischer Reihen etc.). Diese Arbeitssituationen werden nach *TEACCH*-Prinzipien strukturiert (Arbeiten von links nach rechts, Fertig-Kiste etc.) und Erfolge *verhaltenstherapeutisch* nach einem Token-System verstärkt. Nach wie vor fällt es Julian schwer, sich über eine längere Zeit zu konzentrieren und Störreize auszublenden. Konzentration und Ausdauer werden daher sowohl in den Arbeitssituationen als auch im Rahmen von psychomotorischen Angeboten gefördert.

Um Julians Entwicklungsstand genauer einschätzen und die Eltern in der Wahl einer angemessenen Schulform besser beraten zu können, wird Julian mit 5½ Jahren im Therapiezentrum von der Fall begleitenden Psychologin testpsychologisch mit einem Intelligenztest sowie einem Sprachentwicklungstest untersucht. Julian kooperiert bei den Test-Terminen gut, aufgrund der kurzen Aufmerksamkeitsspanne sind jedoch mehrere Pausen notwendig. Im Intelligenztest erreicht Julian einen Gesamtintelligenzquotienten, der im Bereich einer Lernbehinderung liegt; der kognitive Entwicklungsrückstand beträgt zu diesem Zeitpunkt etwas mehr als 1 Jahr. Der sprachliche Entwicklungsrückstand (rezeptiv und produktiv) beträgt etwa 1½ Jahre.

In Elterngesprächen wird mit den Eltern erarbeitet, dass Julian offenbar nicht nur von einer ASS, sondern auch von einer Lernbeeinträchtigung betroffen ist (beratende *Begleitung bei der Diagnoseverarbeitung*). Die Eltern setzen sich damit auseinander, dass Julian sonderpädagogische Unterstützung in der Schule benötigen wird, und beantragen ein Verfahren zur Feststellung sonderpädagogischen Förderbedarfs. In enger Zusammenarbeit zwischen den Eltern, der Sonderpädagogin, die das Verfahren durchführt, sowie der Therapeutin und der Psychologin im Therapiezentrum fällt schließlich die Entscheidung, dass Julian an einer Förderschule mit dem Schwerpunkt »Körperliche und motorische Entwicklung« eingeschult wird; diese Schule lässt unterschiedliche Bildungsgänge zu, und Julian soll hier zunächst im Bildungsgang »Geistige Entwicklung« unterrichtet werden.

Eine Beratung der Schule zu den besonderen Bedarfen von Schülerinnen und Schülern mit Autismus ist nicht notwendig, da Julians Lehrkräfte bereits über entsprechende Erfahrungen verfügen. Es werden jedoch regelmäßige Gespräche zwischen den Lehrkräften und der Therapeutin vereinbart, in denen die schulischen und therapeutischen Förderziele aufeinander abgestimmt werden.

Ausbau sozial-kommunikativer Fähigkeiten und Fortsetzung der umfassenden Entwicklungsförderung im Grundschulalter

Julian bewältigt den Übergang in den neuen Lebensraum »Schule« gut. Die stark strukturierten Abläufe und visuellen Hilfen, die in der Förderschule verwendet werden, kommen Julians Bedürfnis nach Übersichtlichkeit und Vorhersehbarkeit sehr entgegen. Er zeigt eine hohe Leistungsmotivation und greift die Lerninhalte wissbegierig auf. Julian entwickelt zunehmend Interesse an Sachthemen, die er sehr intensiv verfolgt (Planeten, Uhren, Dinosaurier).

Die Therapeutin bietet Julian in der Therapie den Rahmen, seine gewachsenen Fertigkeiten in vielfältiger Weise zu nutzen und so immer mehr Autonomie und Selbstständigkeit zu entwickeln. In der Therapie erfolgt daher ein erlebnisorientiertes *Training von Handlungskompetenzen* im Rahmen von kleinen Projekten: Julian und seine Therapeutin werken mit Holz, sie basteln, kochen kleine Gerichte und fertigen Konstruktionen mit Konstruktionsspielzeug (Lego, Kugelbahn, Geomag) an. Diese Angebote werden auch genutzt, um sozial kompetentes Verhalten in sozialen Standardsituationen (Begrüßung, Small-talk-Situationen, Einkaufssituationen, Vortragen eines Wunsches etc.) einzuüben (*soziales Kompetenztraining*). Julian und die Therapeutin legen einen »Julian-Knigge« an, in dem wiederkehrende soziale Situationen charakterisiert und angemessenes Verhalten stichwortartig definiert wird.

Zunehmend sucht Julian auch das Gespräch mit der Therapeutin und nutzt den Therapierahmen, um seine Erfahrungen und sein Wissen aus anderen Kontexten zu teilen.

Der Familienalltag bleibt anstrengend. In den Schulferien, wenn alle vier Kinder zuhause sind, kommt die Familie an ihre Grenzen. Die Unterbringung von Julian in einer Kurzzeitpflegeeinrichtung kommt für die Eltern jedoch nicht in Frage. Julian traut sich auch nicht, an regulären Ferienspielen teilzunehmen. Mit Unterstützung durch die Therapeutin lässt er sich aber darauf ein, in den Ferien an freizeitpädagogischen Tagesaktionen des Therapiezentrums teilzunehmen (*psychosoziale Intervention*). In den Elterngesprächen werden erzieherische Hilfen für die Familie empfohlen; die Eltern reagieren darauf jedoch zunächst skeptisch.

Erweiterte Umwelterfahrung, Förderung von Flexibilität und Sensibilisierung für innere Vorgänge

Nach drei Schulbesuchsjahren steht für Julian der Wechsel in die Mittelstufe an. Diese Veränderung bereitet dem Schüler im Vorfeld große Sorgen, die in Gesprächen zwischen ihm und der Therapeutin bearbeitet werden. Die Therapeutin schreibt für ihn eine »*Social story* (Gray 2000), in der wichtige Aspekte des Schulalltags in der »Mittelstufe« beschrieben werden und so für Vorhersehbarkeit gesorgt wird. Nach dem Wechsel in die neue Stufe fasst er schnell Vertrauen zu den neuen Lehrkräften, und er kann seine positive Lernentwicklung hier fortsetzen. Die Lehrkräfte berichten jedoch, dass Julian beim Lernen viel Bestätigung benötige und leicht zu verunsichern sei; bereits bei kleinen Misserfolgen reagiere er sehr frustriert und neige dazu, sich zu beschimpfen.

In der Therapie wird daher vermehrt an der Verbesserung der Flexibilität und Frustrationstoleranz gearbeitet: In der Beziehung zur Therapeutin fühlt sich Julian sicher, sodass sie zunehmend höhere Anforderungen an die Beziehungsgestaltung stellen kann. Sie bringt vermehrt Vorschläge ein, die nicht in Julians Interessensspektrum passen, oder baut kleine Irritationen oder kurzfristige Planänderungen in das Therapiegeschehen ein. Julian ist gefordert, Spannungen auszuhalten und sich flexibler an Veränderungen anzupassen. Er wird darin unterstützt, Unmut oder Überforderung zu artikulieren und Strategien zur Regulation von negativen Gefühlen zu entwickeln (z. B. um Hilfe bitten, eine Pause vorschlagen, Spannung durch körperliche Betätigung abbauen). Die neuen Erfahrungen, die Julian in der Interaktion mit der Therapeutin macht, werden im Rahmen von Reflexionsgesprächen nachbesprochen und gelungene Lösungen in einfachen Worten verbalisiert.

Es fällt Julian immer wieder schwer, eigene Gefühle und Befindlichkeiten wahrzunehmen und diese mitzuteilen. Entsprechend wird Julian in der Therapie für innere Vorgänge sensibilisiert, indem das Thema »Gefühle« auf vielfältige Weise thematisiert wird (Basteln eines Gefühle-Memorys, Betrachten von Bilderbüchern und Youtube-Videos zum Thema, Nutzung eines »Stimmungsbarometers«). Ferner spiegelt die Therapeutin Emotionen, die sie bei Julian wahrnimmt, behutsam mit *gesprächspsychotherapeutischen Elementen* (Rogers 1993).

Gleichzeitig unterstützt die Therapeutin Julian im Rahmen von komplexen Aufgaben in seiner Autonomieentwicklung: Es werden größere Projekte geplant und durchgeführt (z. B. Projekt »Pizza-Kiosk im Haus« mit Einkaufen, Pizza-Backen und Verkauf). Diese werden nach *verhaltenstherapeutischen Prinzipien* in einzelne Teilschritte untergliedert und schrittweise eingeübt – zunächst mit intensiver Begleitung, dann zunehmend selbstständig. So wird mit Julian u. a. geübt, den Weg zur Therapie selbstständig mit der Straßenbahn zu bewältigen. Hier wird Julians Mutter intensiv mit einbezogen, die den Weg ihres Sohnes anfangs begleitet und später mit dem Handy »überwacht«, bis Julian dies nicht mehr benötigt.

Julians ältere Geschwister sind inzwischen in der Pubertät, und die Konflikte zwischen den Geschwistern haben weiter zugenommen. Auch klagen die Kinder oft über Langeweile, sodass die familiäre Situation immer wieder sehr angespannt ist. Julians Eltern sind schließlich bereit, gemeinsam mit der Therapeutin Kontakt zum Jugendamt aufzunehmen und eine Sozialpädagogische Familienhilfe in Anspruch zu nehmen (*Sozialberatung*). Es finden nun regelmäßige »*Helferkonferenzen*« statt, an denen die Eltern, die Familienhelferin, die Lehrkräfte von Julian und die Therapeutin teilnehmen.

Emotionale Stabilisierung, Auseinandersetzung mit der eigenen Persönlichkeit und Anbahnung von Kontakten zu Gleichaltrigen

Julian nutzt die Therapiestunden zunehmend als Gesprächsrahmen, um sich mit seiner Persönlichkeit und seiner Behinderung auseinanderzusetzen (Was für ein Mensch möchte ich sein? Was kann ich gut, wo liegen meine Stärken? Was ist bei mir anders als bei den meisten anderen Menschen? Was ist Autismus?). Julian wirkt oft belastet, er klagt über psychosomatische Beschwerden und entwickelt Ängste (z. B. die Angst, ernsthaft zu erkranken). Psychoedukative und psychotherapeutische Elemente beginnen in der Therapie, vermehrt Raum einzunehmen: Julian und die Therapeutin bearbeiten eine *psychoedukative* Arbeitsmappe zum Thema »Autismus«. In den Reflexionsgesprächen kommen *gesprächspsychotherapeutische Elemente* (Verbalisierung emotionaler Erlebnisinhalte) sowie *Elemente aus der kognitiven Verhaltenstherapie* (Stallard 2015; Atwood 2015) zum Einsatz. So wird daran gearbeitet, dysfunktionale Gedanken zu erkennen (z. B. »Überall lauern Krankheitserreger. Wenn ich nicht aufpasse, stecke ich mich an und werde schwer krank!«) und alternative Kognitionen zu entwickeln (»Mein Körper hat ein Immunsystem, das Krankheitserreger abwehren kann!«). Auch Julians Tendenz, sich bei Misserfolgen oder Kritik massiv selber abzuwerten, wird in den Therapiegesprächen bearbeitet. Ergänzend bleibt es wichtig, Julian auf der Handlungsebene immer wieder seine Ressourcen erleben zu lassen und ihm die Erfahrung zu vermitteln, etwas bewirken zu können (Gefühl von Selbstwirksamkeit).

Im Bereich der sozialen Entwicklung wird vermehrt daran gearbeitet, Julians Kompetenzen im Kontakt mit Gleichaltrigen zu fördern. In der Schule ist er ein akzeptiertes Mitglied der Klassengemeinschaft, er hat aber wenig persönliche Kontakt zu den Mitschülern und beschäftigt sich in den Pausen zumeist alleine.

In der Therapie werden nun vermehrt gemeinsame Projekte und Spielsequenzen mit anderen Klienten im Therapiezentrum durchgeführt (*soziales Kompetenztraining*). Freie Interaktionen mit anderen fallen Julian hier schwer, er beteiligt sich aber immer aktiver an strukturierten Spielen. In der anschließenden Reflexion dieser sozialen Situationen erhält Julian von seiner Therapeutin Rückmeldungen dazu, wie sein Verhalten auf das andere Kind gewirkt haben könnte. Die Therapeutin informiert sich außerdem in der Schule darüber, welche Aktivitäten gerade unter den Schülern »in Mode« sind (Fußball, Tauschen von Pokemon-Karten) und greift diese Aktivitäten in der Therapie auf (*psychosoziale Intervention*).

Gruppentherapeutische Förderung sozialer Kompetenzen

Um Julians soziale Fähigkeiten weiter auszubauen, soll er – zunächst probeweise – an einem gruppentherapeutischen Angebot im Therapiezentrum teilnehmen (*Soziales Kompetenztraining in der Gruppe* nach dem SOKO-Autismus-Programm von Häußler 2008). Die therapeutische Gruppe findet im 14-tägigen Rhythmus statt, die Einzeltherapie wird nun ebenfalls auf einen 14-tägigen Rhythmus umgestellt. Julian lehnt eine Teilnahme an der Gruppe zunächst rigoros ab, er lässt sich aber schließlich zu einem »Versuch« überreden. Um ihm den Einstieg in die Gruppe zu erleichtern, werden Julians Kompetenzen in der Nutzung des Öffentlichen Nahverkehrs in der Gruppe zum Thema gemacht und ein »Straßenbahn«-Projekt durchgeführt. Die Gruppe beschäftigt sich intensiv mit dem Verkehrsnetz der Stadt, bastelt Straßenbahnen, entwickelt ein Straßenbahn-Quiz, macht einen Ausflug zu den Verkehrsbetrieben etc.

Anfänglich ist Julian in der Gruppe oft angespannt. Treten Irritationen auf (z. B. die Ankündigung von Aktivitäten außerhalb des »Straßenbahn-Projektes«), reagiert er mit Anspannung und klagt über Schmerzen. Auch fällt es ihm schwer, sich an den Gesprächsrunden in der Gruppe zu beteiligen; oft wendet er sich ab oder steht auf, wenn ihn ein Thema nicht interessiert.

Trotz dieser Schwierigkeiten nimmt Julian nach einiger Zeit gerne an der Gruppe teil. Er übt hier, sich an unterschiedlichen Aktivitäten zu beteiligen und Kontakt zu den anderen Schülern aufzunehmen und aufrechtzuerhalten.

Die Einzeltherapie ist Julian weiterhin sehr wichtig, und er nutzt sie überwiegend, um Ängste und Unsicherheit zu thematisieren.

In der Schule hat Julian so gute Lernfortschritte gemacht, dass höhere Anforderungen gestellt werden können und der Bildungsgang für ihn verändert wird (Bildungsgang »Lernen«). In den Pausen spielt er inzwischen mit großer Begeisterung Fußball mit seinen Mitschülern.

Im emotionalen Bereich ist Julian jedoch nach wie vor leicht zu verunsichern. Er sucht immer wieder das Gespräch mit Erwachsenen (Eltern, Lehrkräfte), um Antworten auf seine vielfältigen – oft sehr ernsten – Fragen (z. B. nach dem Tod) zu bekommen. Die Eltern erleben dieses intensive Bedürfnis, bestimmte Themen immer wieder – oft in unpassenden Situationen – zu diskutieren, als sehr anstrengend. Mit den Eltern wird daher besprochen, welche Funktion dieses Verhalten für Julian hat, wie sie es begrenzen und Julian mit anderen Mitteln im Alltag mehr Sicherheit vermitteln können.

Reduzierung des Umfangs der Förderung

Im weiteren Verlauf stabilisiert sich Julian psychisch, Ängste und selbstabwertende Äußerungen gehen zurück, sodass vereinbart wird, die Einzeltherapie zu beenden. Julian ist inzwischen 12 Jahre alt. Der Abschied von der langjährigen Therapeutin wird gut vorbereitet, und Julian kann sich nach anfänglicher Abwehr gut darauf einlassen. An der therapeutischen Gruppe nimmt er noch weiter teil, sodass er nun nur noch 14-tägig ins Therapiezentrum kommt.

Im Rahmen des Gruppentrainings werden immer wieder kleine Verhaltensziele für Julian definiert, zu denen er – ebenso wie die anderen Gruppenteilnehmer – Feedback erhält und zunehmend lernt, sich selber zu bewerten. Auch lässt sich Julian auf Rollenspiele zu ausgewählten sozialen Situationen ein.

Julian macht im Gruppensetting gute Fortschritte: Er lernt, sich an allen Aktivitäten zu beteiligen, eigene Vorschläge einzubringen, Kompromisse auszuhandeln, Unzufriedenheit angemessen mitzuteilen, von eigenen Erlebnissen zu erzählen und bei Gesprächsbeiträgen anderer zugewandt zu bleiben. Sein Interesse an sozialen Themen steigt, und er kann sich selber und auch andere Gruppenteilnehmer zunehmend besser einschätzen.

Beendigung der Therapie und Abschlussreflexion in einer Helferkonferenz

Nachdem Julian den Wechsel in die Oberstufe gut bewältigt hat, kann die Gruppentherapie ebenfalls beendet werden. Julian ist inzwischen 14 Jahre alt. Es gelingt ihm, aktiv an einer abschließenden Helferkonferenz (Jugendamt, Eltern, Klassenlehrer, Gruppentherapeutin und Psychologin) teilzunehmen, in der seine positive Entwicklung gewürdigt wird.

Die Lehrkräfte berichten, dass Julian die Lernanforderungen im Bildungsgang »Lernen« gut bewältigen würde und über ein breites Allgemeinwissen verfüge. Er komme mit öffentlichen Nahverkehrsmitteln zur Schule und bewege sich sehr selbstständig im Schulalltag. Freundschaften habe er nicht entwickelt, aber er beteilige sich an allen Gemeinschaftsaktionen. Auch die Eltern erleben ihren Sohn als ausgeglichener und berichten, dass er inzwischen gelassener auf Spannungen zwischen den Geschwistern reagieren würde. Er könnte sich gut alleine beschäftigen und übernehme zunehmend auch kleine Aufträge im Haushalt.

Wiedervorstellung nach 4 Jahren

Im Alter von 18 Jahren melden sich Julians Eltern erneut im Therapiezentrum, da sie sich große Sorgen um ihren Sohn machen. Sie berichten am Telefon, dass Julian in den letzten

Monaten vielfältige somatische Beschwerden entwickelt habe. Julian sei bei unterschiedlichen Fachärzten vorgestellt worden, aber alle organischen Untersuchungen seien ohne Befund gewesen. Er befinde sich im letzten Schulbesuchsjahr und werde im Rahmen von berufsbezogenen Projekten und Praktika auf das Berufsleben vorbereitet. Bei seinen Praktikumsstellen habe Julian stets positive Rückmeldungen erhalten, und eine theoriereduzierte Ausbildung auf dem ersten Arbeitsmarkt erscheine möglich.

Die fallbegleitende Psychologin vereinbart mit den Eltern, dass sie Julian zunächst bei einem Facharzt für Kinder- und Jugendpsychiatrie vorstellen. Dieser empfiehlt – ebenso wie Julians Lehrkräfte – die Wiederaufnahme der Autismus-Therapie.

In einem gemeinsamen Gespräch der Psychologin mit Julian und seiner Mutter wird deutlich, dass der junge Mann davon überzeugt ist, schwerwiegend erkrankt zu sein. Es gelingt im Gespräch, mit Julian über mögliche psychische Ursachen seiner Beschwerden ins Gespräch zu kommen, Ängste zu thematisieren und Bezüge zu Themen und Problemen aus früheren Lebensphasen herzustellen. Julian ist dabei in der Lage, sein inneres Erleben – auf einer einfachen Ebene – zu beschreiben und sich auf eine Wiederaufnahme der Therapie einzulassen.

Milderung von psychosomatischen Beschwerden und Begleitung des Übergangs in das Arbeitsleben

Julian baut schnell eine vertrauensvolle Beziehung zum neuen Therapeuten auf. Einige Monate nach Therapiebeginn beendet Julian seine Schullaufbahn und wechselt in eine berufsorientierende Maßnahme.

In der direkten Arbeit mit Julian liegt der Schwerpunkt darin, ihn emotional zu stabilisieren und alltagstaugliche *Entspannungstechniken* einzuüben. Des Weiteren ist der Therapeut in der Übergangsphase, in der sich Julian aktuell befindet, darin gefordert, Julians Unterstützungsbedarf zu analysieren und Empfehlungen für seine Integration in das Arbeitsleben zu geben.

In der gemeinsamen Reflexion der Praktikumserfahrungen, die Julian macht, fällt auf, dass er die übertragenen Aufgaben stets sehr kompetent wahrnimmt und ausdauernd arbeitet, dennoch aber viele Fragen stellt und Rückmeldung einfordert. Er benötigt daher mehr Ansprache und Begleitung, als aufgrund seiner gut entwickelten Handlungskompetenzen zu erwarten wäre. Der Therapeut entwickelt die Hypothese, dass Julian nach wie vor leicht zu irritieren ist und die Begleitung durch ein verständnisvolles Gegenüber braucht, um sich sicher zu fühlen. Ist diese Begleitung nicht möglich, führt dies zu einem starken Stresserleben, das Julian erheblich belastet und mit somatischen Beschwerden einhergeht. Diese Einschätzung wird Julian unter Zuhilfenahme von Visualisierungen vermittelt (*Psychoedukation* zum Zusammenhang zwischen Stress und körperlichen Symptomen).

Der Therapeut empfiehlt Julian und seinen Eltern, sich um eine Arbeitsperspektive in einem geschützten, enger begleiteten Rahmen zu bemühen und so die Anforderungen an selbstständiges Arbeiten zu reduzieren. Die Eltern reagieren erleichtert auf diese Empfehlung, für Julian ist die Einschätzung des Therapeuten jedoch zunächst schmerzhaft. Es gelingt Julian aber, das

Vertrauen in seinen Therapeuten aufrechtzuerhalten. In den folgenden Monaten begleitet ihn der Therapeut darin, seine subjektiv als Misserfolg bewertete Entwicklung positiv umzudeuten (*kognitive Verhaltenstherapie*).

Julian gelingt es, mit Unterstützung des Therapeuten und den Mitarbeiterinnen der berufsorientierenden Maßnahme einen geschützten Arbeitsplatz in einer Integrationsfirma zu finden und Stück für Stück zu erkennen, dass die Entlastung am Arbeitsplatz zu einem verbesserten Wohlbefinden führt. Julian wirkt gelöster, er ist positiver gestimmt, und die somatischen Beschwerden klingen weitgehend ab.

Im weiteren Verlauf entwickelt Julian den Wunsch, selbstständig zu wohnen. Der Therapeut vermittelt einen Kontakt zum ambulant betreuten Wohnen (*psychosoziale Intervention*), und die Therapie kann schließlich beendet werden.

Zusammenfassung und Fazit

Die hier zusammengefasste autismustherapeutische Förderung von Julian über viele Jahre hinweg zeigt exemplarisch, dass sich die Förderbedarfe bei einem Menschen mit Autismus von der frühen Kindheit bis ins Erwachsenenalter hinein stark verändern. Entsprechend ist es notwendig, das methodische Vorgehen im Verlauf einer Autismus-Therapie laufend anzupassen.

Bei Julian lag der Schwerpunkt zunächst auf beziehungsorientierten Methoden, um sozial-kommunikative Schlüsselkompetenzen zu fördern und Spielverhalten aufzubauen. Zunehmend wurden auch verhaltenstherapeutische Techniken genutzt, um ausgewählte Fertigkeiten einzuüben. Im weiteren Verlauf konnten die Therapieaktivitäten erweitert und die Therapie zu einer breit angelegten heilpädagogischen Entwicklungsförderung ausgebaut werden, die auf viele Entwicklungsbereiche ausgerichtet war. Im Schulalter standen der weitere Ausbau von Handlungskompetenzen und sozialen Kompetenzen im Vordergrund, die im Rahmen von erlebnisorientierten Projekten verfolgt wurden. Diese ermöglichen ein alltagsnahes, verhaltenstherapeutisch ausgerichtetes Training von Fertigkeiten sowie die anschließende Reflexion der gemachten Erfahrungen.

Mit zunehmendem Alter wurden die Förderung der Persönlichkeitsentwicklung, die Sensibilisierung für Gefühle und innere Vorgänge sowie die Auseinandersetzung mit der eigenen Andersartigkeit Schwerpunkte in der Therapie. Hier wurde auf psychoedukative Arbeitsmaterialien zurückgegriffen, und es wurden vermehrt psychotherapeutische Elemente – z. B. aus der kognitiven Verhaltenstherapie und der Gesprächspsychotherapie – in die Therapie integriert. Julian hat auch an einem Gruppentraining sozialer Kompetenzen teilgenommen, bei dem verhaltenstherapeutische Techniken sowie Struktur gebende Elemente aus dem TEACCH-Programm genutzt wurden. Nach der Wiederaufnahme der Therapie im Übergang vom Schulalter in das Arbeitsleben galt es, Ängste und psychosomatische Beschwerden zu mildern, indem an der Stressbewältigung, der Auseinandersetzung mit eigenen Grenzen und an der Entwicklung einer geeigneten Zukunftsperspektive gearbeitet wurde. Psychosoziale, psychoedukative und psychotherapeutische Interventionen waren in dieser Phase der Therapie miteinander verzahnt. Im gesamten Förderzeitraum war zu beobachten, dass Struktur gebende Elemente und Visualisierungen Julians autismustypischem Denkstil und seinem starken Bedürfnis nach Vorhersehbarkeit sehr entgegenkamen. Interventionen nach TEACCH waren daher in allen Entwicklungsphasen fester Bestandteil des »Methoden-Mix«.

Julian hat somit eine multimodale Autismus-Therapie erhalten, wie sie in deutschen Autismus-Therapiezentren in der Regel durchgeführt wird. Die sehr lange Dauer der Therapie bei Julian ist dagegen sicherlich nicht typisch für die meisten Therapieverläufe in den Autismus-Therapiezentren und stand im Zusammenhang mit der hohen Belastung und den eingeschränkten Ressourcen der Familie.

Die *starke Individualisierung* der Interventionen und die *Nutzung eines breiten Methodenspektrums* in der Therapie sind zentrale Merkmale der Arbeit, die in deutschen Autismus-Therapiezentren geleistet wird. Das Fallbeispiel »Julian« verdeutlicht darüber hinaus noch weitere wichtige Grundprinzipien, die die Förderangebote in den Zentren charakterisieren:

Zentrale Grundlage der therapeutischen Arbeit ist die Gestaltung einer *stabilen und vertrauensvollen therapeutischen Beziehung zwischen dem Klienten und der Therapeutin*. Die Begegnung mit einem verstehenden, akzeptierenden Interaktionspartner, der bereit ist, dem Menschen mit ASS in »seine Welt« zu folgen und ihn in der Auseinandersetzung mit der Außenwelt »an die Hand zu nehmen«, ist notwendige Voraussetzung dafür, dass die Klientin vom Therapieangebot profitieren kann. Darüber hinaus bietet diese Beziehung einen eigenen Erfahrungsraum, ein wertvolles Übungsfeld für die soziale Weiterentwicklung.

Autismustherapeuten sind ihrer Arbeit auch als Diagnostiker gefordert. Sie müssen den individuellen Förderbedarf ihrer Klientinnen immer wieder neu bewerten, Erklärungshypothesen im Sinne einer *»Verstehensdiagnose« formulieren* und prüfen, wo der Klient förderliche Impulse benötigt. Die entwickelten Hypothesen gilt es dann, partnerschaftlich mit den Bezugspersonen, mit weiteren beteiligten Fachleuten und – sofern möglich – auch mit der Klientin selber zu besprechen. Diese »Übersetzungsarbeit« ist notwendig, um ein besseres Verständnis für die Besonderheiten und Bedürfnisse der Betroffenen erreichen und so Einstellungen gegenüber dem Klienten, Anforderungen und Lebensbedingungen positiv beeinflussen zu können.

In der direkten therapeutischen Arbeit werden der Klientin auf der Grundlage dieser »Verstehensdiagnose« *neue Erfahrungsräume eröffnet*, die Weiterentwicklung ermöglichen. Aufgabe des Therapeuten ist es, diese Erfahrungsräume so zu gestalten, dass sie förderliche Impulse und Übungsmöglichkeiten enthalten, die auf die ausgewählten Förderziele abzielen. Autismus-Therapie erfolgt daher stets sehr *handlungs- und erlebnisorientiert*.

Die Therapie findet in den Autismus-Therapiezentren oft zunächst *in einem geschützten Rahmen* statt, der es erlaubt, Anforderungen zu dosieren und schrittweise zu steigern. Gleichzeitig ist es notwendig, diese Erfahrungsräume alltagsnah zu gestalten und *in Richtung der regulären Lebenswelt* der Klientin zu *öffnen*. Hierfür ist eine *enge Vernetzung mit dem Lebensumfeld* notwendig.

Autismus-Therapie bedarf also eines breiten Methodenspektrums, sie lässt sich aber nicht auf die Anwendung von bestimmten Methoden reduzieren. Autismus-Therapien sind stets sehr komplexe Maßnahmen, bei denen die Therapiemethoden in ein teilhabeorientiertes Gesamtpaket an Förderinterventionen und Hilfen eingebettet sind.

Literatur

Attwood, T. (2015): Gefühle erkunden. Kognitive Verhaltenstherapie, um mit Wut und Angst umzugehen. Autismusverlag, St. Gallen

autismus Deutschland e.V. (Hrsg.) (2011): Die Notwendigkeit und Sicherstellung autismusspezifischer, therapeutischer Förderung. Hamburg

Bernard-Opitz, V. (2007): Kinder mit Autismus-Spektrum-Störungen (ASS): ein Praxishandbuch für Therapeuten, Eltern und Lehrer. Kohlhammer, Stuttgart

Feineis-Matthews, S. & Schlitt, S. (2009): Umschriebene Verhaltenstherapeutische Maßnahmen. In: Bölte, S. (Hrsg.): Autismus. Spektrum, Ursachen, Diagnostik, Intervention, Perspektiven (S. 229–241). Verlag Hans Huber, Bern

González, T., Grütter, J. & McTigue, J (2009): Relationship Development Intervention®. In: Bölte, S. (Hrsg.): Autismus. Spektrum, Ursachen, Diagnostik, Intervention, Perspektiven (S. 288–300). Verlag Hans Huber, Bern

Greenspan, St. I. & Wieder, S. (2009): Engaging autism: Using the floortime approach to help children relate, communicate, and think. Da Capo Press, Boston

Gray, C. (2000): The new social story book. Future Horizons, Arlington

Gutstein, S. & Sheely, R. (2002): Relationship Development Intervention with Children, Adolescents and Adults: Social and Emotional Development Activities for Asperger Syndrome, Autism, PDD and NLD. Jessica Kingsley, London

Häußler, A. (2008): SOKO Autismus: Gruppenangebote zur Förderung sozialer Kompetenzen bei Menschen mit Autismus; Erfahrungsbericht und Praxishilfen. Verlag Modernes Lernen, Dortmund

Mesibov, G. B., Shea, V. & Schopler, E. (2004): *The TEACCH approach to autism spectrum disorders*. Springer Science & Business Media, Berlin

Rittmann, B. (2011): Das Multimodale Therapiemodell in der Autismustherapie am Beispiel des Hamburger Autismus Instituts. In: Inklusion von Menschen mit Autismus, Bundesverband autismus Deutschland e.V. Loeper Literaturverlag, Karlsruhe

Rittmann, B. (2014): Die Bedeutung verhaltenstherapeutischer Förderung in Autismus-Therapiezentren. autismus #78, 21–31

Rogers, C. (1993): Die klientenzentrierte Gesprächspsychotherapie. Fischer TB, Frankfurt

Stallard, P. (2015): Kognitive Verhaltenstherapie mit Kindern und Jugendlichen. Ein Arbeitsbuch. Junfermann Verlag, Paderborn

Symalla, R. & Feilbach, Th. (2009): Der TEACCH-Ansatz. In: Bölte, S. (Hrsg.): Autismus. Spektrum, Ursachen, Diagnostik, Intervention, Perspektiven (S. 273–287). Verlag Hans Huber, Bern

Die Bedeutung verhaltenstherapeutischer Förderung in Autismus-Therapiezentren[11]

Barbara Rittmann

Multimodales Konzept und Verhaltenstherapie

Wenn in der Autismus-Therapie von Verhaltenstherapie gesprochen wird, gibt es in den letzten Jahren eine gewisse Tendenz, diesen Begriff auf die aus den 1980er Jahren stammende autismusspezifische Adaption des operanten Konditionierens nach Lovaas, die Applied Behavior Analysis (ABA) (vgl. Lovaas 2003) und die Sprachanalyse Verbal Behavior (VB) nach Skinner (vgl. Skinner 1957) einzuengen. Dem gegenüber soll in diesem Artikel die Komplexität der unterschiedlichen verhaltenstherapeutischen Fördermethoden bei Autismus-Spektrum-Störungen dokumentiert werden, so wie sie in den dem Bundesverband *autismus* Deutschland e. V. angeschlossenen Autismus-Therapie-Zentren eingesetzt werden.

Vor allem ABA wird immer wieder als gut validiert bezeichnet, wenngleich die umfangreiche Metaanalyse der im Auftrag des Bundesgesundheitsministeriums durchgeführten HTA (Health-Technology Assessment)-Studie dies stark einschränkt: »Der Mangel an hochwertigen vergleichenden Studien lässt keine solide Antwort auf die Frage zu, welche Frühintervention bei welchen Kindern mit Autismus am wirksamsten ist.« (HTA-Studie, S. 2; ausführlicher Döringer 2014). Erstaunlicherweise wird ABA in der Öffentlichkeit häufig mit »verhaltenstherapeutischen Methoden bei Autismus« gleichgesetzt. Dabei ist diese stark reduzierte Form von Verhaltenstherapie nur für einen kleinen Ausschnitt der von Autismus-Spektrum-Störungen Betroffenen konzipiert worden, nämlich die sehr jungen, frühkindlich autistischen Kinder. Aufgrund der Delegation der »Behandlung« an Laien (Eltern, Hilfskräfte) ist hier die Verhaltenstherapie auf wenige Basisinterventionen (im Wesentlichen: Stimuluskontrolle, Verstärkung, Löschung) reduziert worden, die suggerieren, schnell und leicht erlernbar zu sein. Im Zentrum dieses Programms steht das diskrete Lernformat, welches aufgrund der Aufeinanderfolge von klar strukturierten und unterscheidbaren Lernschritten so bezeichnet wird. Den Bezugspersonen wird absolute Stimuluskontrolle angeraten (auch Unterrichtskontrolle genannt) (Schramm 2007), um das Kind dazu zu zwingen, zur Befriedigung seiner Bedürfnisse stets Kontakt zu der Person aufzunehmen, die über die attraktiven Reizangebote verfügt. Das entspricht durchaus dem zur Funktionalisierung neigenden Verhalten autistischer Kinder, vernachlässigt unserer Erfahrung nach jedoch die Möglichkeit, auch beim Kind mit Autismus ein über die Funktion hinausgehendes Interesse am gemeinsamen Tun hervorzulocken. Zur Motivation der Verhaltensformung wird mit Belohnungs- bzw. Bestrafungsverfahren (hier meist mit dem Entzug eines positiven Verstärkers)

---

11 Dieser Artikel ist bereits im Dezember 2014 in der Mitgliederzeitschrift »Autismus«, Nr. 78, des Bundesverbandes Autismus Deutschland e. V. erschienen.

gearbeitet, u. a. mit positiver und negativer Verstärkung, Time-Out, Token- und Response-Cost-Systemen. Durch die auf ein Verhalten folgenden Konsequenzen wird relativ schnell eine messbare Zunahme erwünschter und eine Abnahme unerwünschter Verhaltensweisen erreicht. Allerdings ist die Generalisierbarkeit in ein für den Betreffenden bedeutungsvolles Handeln oft schwierig. Beispielsweise wird einem Kind als Belohnung für eine Fördersequenz »Tischarbeit« (z. B. Differenzierung von Symbolkarten) für kurze Zeit der positive Verstärker, das Lieblingsspielzeug, überlassen. Hier ist häufig zu beobachten, dass das autistische Kind wenig an der Lösung der Aufgabe interessiert ist, sondern schnell auf die darauffolgende Belohnung fokussiert. Dadurch erkennt das autistische Kind keinen bedeutsamen Sinn in der erlernten Handlung. Das erlernte Verhalten läuft Gefahr, eine isolierte Fähigkeit ohne Alltagsrelevanz zu bleiben (vgl. Simple Steps 2010). Auch das »soziale neuronale Netzwerk« im kindlichen Gehirn (Temporallappen – mit Gyrus fusiformis und Sulcus temporalis superior –, die Amygdala und Teile des präfrontalen Cortex) wird durch die fehlende positive affektive Beteiligung nur unzureichend für die Verankerung der Lernergebnisse genutzt (vgl. Rogers & Dawson 2010).

ABA/VB bedient sich auch bei komplexeren Zielen, wie Kommunikationsanbahnung, aus unserer Sicht zu mechanistischer Methoden, die über die Verstärker orientierte Vorgehensweise die tiefergehende Bedeutung von Kommunikation, wie z. B. die Freude am gemeinsamen Tun (Konzept der gemeinsamen Aufmerksamkeit – engl.: joint attention) vernachlässigen. Im Sinne eines bedeutungsvollen Lernens ist es für ein Kind nicht wichtig, Blickkontakt zu üben (»Schau mich an!«), sondern sich dem Gegenüber mit Interesse zuzuwenden.

Weiterhin hat ABA/VB keine Konzepte für die zentralen Defizite der autistischen Störung: die fehlende oder unzureichende Theory of Mind (ToM). Die fehlende Fähigkeit zum intuitiv angewandten Blickwinkelwechsel äußert sich zum Beispiel im mangelhaften Verständnis für die emotionalen Empfindungen anderer Menschen. Diese Beeinträchtigung bereitet im Alltag bei Kindern und Jugendlichen mit hochfunktionalem Autismus erfahrungsgemäß die größten Probleme. Die Kinder mit dieser Ausprägung der Autismus-Spektrum-Störung bilden inzwischen eine wachsende Untergruppe in den Autismus-Therapiezentren.

ABA/VB wird erfahrungsgemäß nur von speziellen Familien angenommen und umgesetzt. Durch die hohe zeitliche Intensität der Anwendung von ABA/VT (20–40 Wochenstunden) kommen nur wenige Familien in Frage, die gewillt und in der (finanziellen) Lage sind, ihr normales Familienleben komplett auf das autistische Kind umzustellen. In der Praxis zeigen die Eltern häufig Frustrationsgefühle, wenn sie sich den Anforderungen nicht (mehr) gewachsen fühlen.

Die seit Anfang der 1970er Jahre auf Autismus-Therapie spezialisierten Zentren unter dem Dach des Bundesverbands *autismus* Deutschland e. V. setzen im Rahmen eines multimodalen Modells[12] (▶ Abb. 1) komplexe verhaltenstherapeutische Interventionen als einen wichtigen und grundlegenden Baustein ein. Sie sind eingebettet in ein gesamttherapeutisches Vorgehen, das der starken Diversität unserer Klienten Rechnung trägt. In unseren Zentren arbeiten wir mit Menschen aus dem gesamten Autismusspektrum (frühkindlicher, atypischer und hochfunktionaler Autismus/Asperger) sowie mit allen Altersgruppen, vom frühkindlich autistischen Zweijährigen bis zum spätdiagnostizierten hochbegabten Erwachsenen mit Asperger-Syndrom (vgl. Rittmann 2011).

---

12 Das Multimodale Modell wird kontinuierlich durch neue Therapiemethoden ergänzt und aktualisiert.

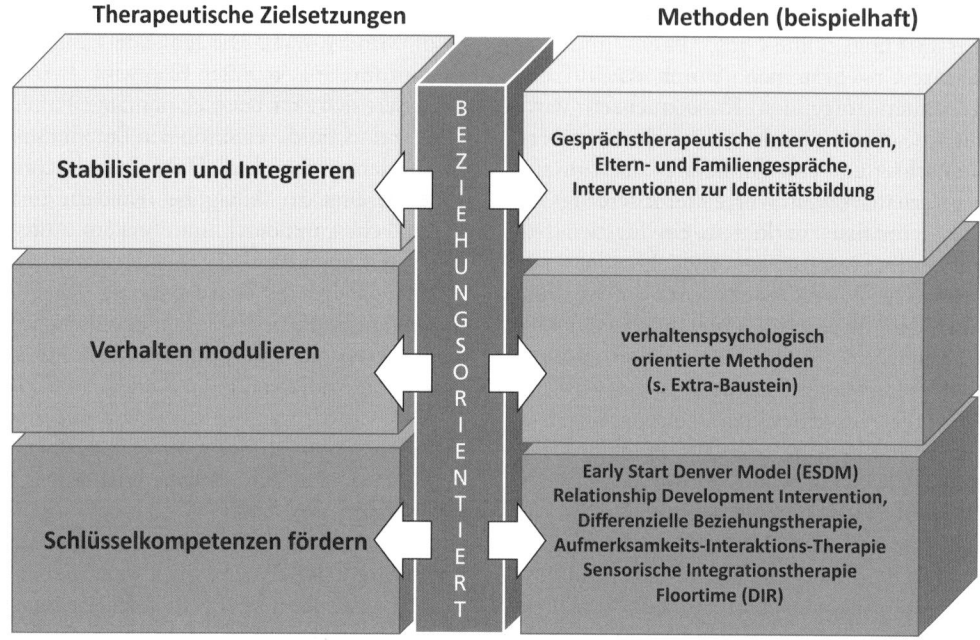

Abb. 1: Das Hamburger Multimodale Therapiemodell in der Autismus-Therapie

Getreu den ethischen Grundlagen des Bundesverbandes leitet uns im Therapiealltag eine fortlaufende Abwägung zwischen notwendigem Veränderungsbedarf und Akzeptanz der autistischen Besonderheiten (vgl. Rickert-Bolg 2014), eine Haltung die auch von den Betroffenengruppen durch die Empowerment-Bewegung immer wieder eingefordert wird (vgl. Theunissen 2011). Die in den Autismus-Therapiezentren eingesetzten verhaltenspsychologischen Methoden integrieren die moderne, hoch individualisierte Form von Verhaltenstherapie, wie sie von den anerkannten Therapieausbildungsinstituten (vgl. DGVT 2014) bundesweit gelehrt wird und in einer autismusspezifischen Weise im Konzept der AVT wiederzufinden ist (vgl. Bernard-Opitz 2007). Interessanterweise haben sich die anerkannten psychotherapeutischen Richtlinienverfahren (Verhaltenstherapie, Tiefenpsychologische Verfahren, Psychoanalyse) einander immer mehr angenähert und es gibt viele gemeinsame methodische »Schnittmengen« (z. B. Schematherapie, Achtsamkeitsübungen s. u.). Somit ist die allgemeine Verhaltenstherapie offen für tiefenpsychologische Konzepte und Methoden geworden und umgekehrt die Tiefenpsychologie für die Sichtweisen und Methoden der Verhaltenstherapie. Umso erstaunlicher ist es, dass in der Autismus-Therapie Stimmen laut werden, die ausschließlich autismusspezifische Verhaltenstherapie als sinnvolle Methode postulieren, sich damit freiwillig in den Möglichkeiten der therapeutischen Wirksamkeit einengen. Um es in einem Bild auszudrücken: Das operante Konditionieren (u. a. ABA/VB) verhält sich innerhalb der Verhaltenstherapie wie die Grundrechenarten innerhalb der Arithmetik: Beide sind eine wichtige Grundlage, aber bei Weitem nicht ausreichend. Und genauso, wie die Arithmetik eine (wichtige) Methode der gesamten Mathematik ist (zu der auch bspw. die Geometrie gehört), ist die Verhaltenstherapie eine (wichtige) von verschiedenen bewährten Methoden der Psychotherapie (vgl. Helbig-Hamelmann 2014).

Wenn nachfolgend die in den Autismus-Therapiezentren angewandten verhaltenstherapeutischen Methoden beschrieben werden, möchten wir betonen, dass Verhaltenstherapie nicht die alleinige Methode darstellt. Sie ist Teil eines multimodalen Konzeptes[13], zu dem ebenfalls eine Vielzahl von noch stärker beziehungsorientierten Methoden gehört. Im jungen Kindesalter ist es bspw. wichtig, die Plastizität des Gehirns zu nutzen (vgl. Spitzer 2002) und autistischen Kindern eine Fülle von anregenden, für sie überschaubaren und bedeutungsvollen Interaktionssituationen zu bieten, in denen ihr intrinsisches Interesse am menschlichen Kontakt geweckt und gefördert wird, um ihnen dadurch den wichtigen Bereich des beziehungsabhängigen Lernens zu erschließen. In der neurotypischen Entwicklung ist nahezu alles Lernen im frühen Kindesalter beziehungsabhängig (Brisch 2009). Davon auszugehen, dass bei autistischen Kindern kein Beziehungsinteresse zu wecken wäre, würde ihre Lernmöglichkeiten in verheerender Weise einengen. Im Sinne des »Best Practice Modells« (Theunissen 2011) haben wir hier sehr gute Erfolge bspw. mit der Relation Development Intervention (Gutstein 2002), der Aufmerksamkeits-Interaktions-Therapie (Hartmann 2011) und der Differenziellen Beziehungstherapie (Janetzke 1993; Rittmann 2002) gemacht.

In jüngster Zeit zieht das Early Start Denver Modell (ESDM) (vgl. Rogers & Dawson 2014) viel Aufmerksamkeit auf sich und beginnt in der Therapie in Autismus-Therapiezentren Anwendung zu finden. Es ist ein sehr gut evaluiertes intensives Frühtherapieprogramm für autistische Kinder, das verhaltenstherapeutische mit beziehungsorientierten Methoden verbindet. Auch hier wird davon ausgegangen, dass im Kleinkindalter therapeutische Förderung vor allem in einer interaktionsorientierten, durch positive Affekte getragenen alltagsnahen Umgebung stattfinden sollte: »Schließlich haben die letzten Jahrzehnte der Säuglingsforschung offenbart, dass ungeachtet der Tatsache, dass Säuglinge ›statistische Lernende‹ sind, sie dennoch nicht wie kleine Computer funktionieren, die mit jeglichen Informationen aus der Umwelt ›gefüttert‹ werden können. Im Gegenteil, damit Säuglinge Schlussfolgerung ziehen und Lernprozesse bewerkstelligen können, ist es von essenzieller Bedeutung, dass sie an ihrer Umwelt aktiv und *affektiv interessiert* sind« (Rogers & Dawson 2014, S. 23; Hervorhebung durch die Autorinnen). Alle Trainingssequenzen finden im Rahmen von Spielsituationen statt. Die lernpsychologischen Erkenntnisse von ABA und dem »Pivotal Response Training« – einem verhaltenstherapeutischen Training von Schlüsselkompetenzen – (Schreibman et. al. 1993) beachtend, setzt das ESDM Techniken ein wie Imitationslernen, Training der gemeinsamen Aufmerksamkeit, Entwicklung verbaler und nonverbaler Kommunikation. Ziel ist es, das »soziale neuronale Netzwerk« (s. o.) im kindlichen Gehirn zu aktivieren. Unter Nutzung der Plastizität des jungen Gehirns werden so Lernsituationen beim Kind als affektiv positiv besetzte Erfahrungen abgespeichert. Innerhalb des ESDMs wird darauf geachtet, dass in den einzelnen Lernsituationen mindestens 3 bis 4 Bereiche der kindlichen Entwicklung angeregt werden (z. B. Kognition, soziale Fähigkeiten, motorische Fähigkeiten und Selbsthilfefähigkeiten). Dadurch wird versucht, die beim Autismus herabgesetzte Konnektivität weit voneinander entfernter Gehirnareale zu erhöhen. Diese Verhaltensveränderungen bewirken tiefreichende Veränderungen im Gehirn. Mit bildgebenden Verfahren lässt sich nachweisen, dass ein interaktionsbasiertes Programm anderen rein lerntheoretischen Programmen

---

13 Das multimodale Vorgehen kann sich in den bundesweiten Autismus-Therapiezentren je nach den regionalen Bedarfen in seinen Schwerpunkten unterscheiden.

überlegen ist. Areale, die an der Gesichtswahrnehmung beteiligt sind, sind nach der Behandlung nicht nur aktiver, sondern weisen sogar ähnliche Muster auf wie bei gesunden Vierjährigen (vgl. Rogers & Dawson 2014)

Wenden wir uns wieder dem weiten Altersspektrum unserer Kienten zu und fokussieren dabei an dieser Stelle auf den verhaltenstherapeutischen Teil des multimodalen Konzepts. Wir haben hier sehr verschiedenartige Methoden zur Auswahl: Methoden, die aus der allgemeinen Verhaltenstherapie (von Kindern und Jugendlichen) kommen, wie bspw. das Modelllernen und die kognitiven Verfahren sowie Methoden, die speziell für Menschen mit Autismus entwickelt worden sind, wie ABA, PECS und TEACCH. Aus der Vielzahl der zum Einsatz kommenden verhaltenstherapeutischen Methoden möchten wir hier folgende schwerpunktartig hinsichtlich ihrer Einsatzmöglichkeiten im Autismusbereich beschreiben.

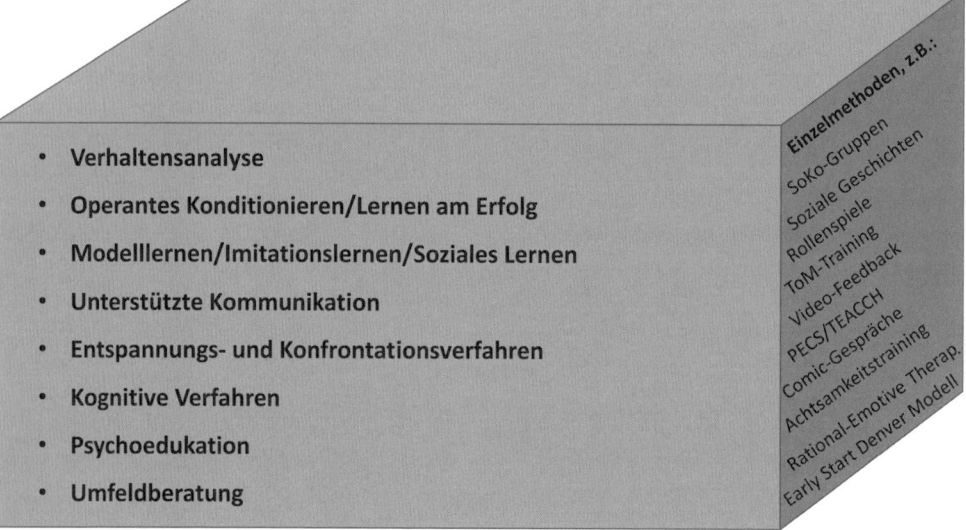

Abb. 2: Verhaltenspsychologische Methoden innerhalb des Hamburger Multimodalen Modells

Verhaltenspsychologische Methoden

Verhaltensanalyse

Vor Beginn eines verhaltenstherapeutischen Vorgehens steht eine sorgfältige Analyse der gezeigten Problematik. Das Ergebnis einer Verhaltensanalyse bei einem autistischen Menschen ist ein *Störungsmodell*, das sowohl die allgemeinen autismusspezifischen Variablen (allgemeingültige Erkenntnisse über Entstehung und Aufrechterhaltung der Störung, z. B. fehlende interaktionale Fähigkeiten) als auch die individualspezifischen Variablen erhebt (Entwicklung bestimmter Problematiken, z. B. herausforderndes Verhalten, bei diesem individuellen Kind in seinem besonderen Familienkontext). Aus dem Ergebnis der Verhaltensanalyse leitet sich das therapeutische Vorgehen ab.

Bspw. kann eine oberflächliche Beobachtung des Verhaltens eines autistischen Jungen im Kindergarten, der andere Kinder schubst, lediglich als unerwünschtes Verhalten, dem mit Time-Out begegnet werden muss, interpretiert werden. Analysiert man die Situation jedoch anhand des Störungsmodells umfassend, kommt man möglicherweise zu dem Ergebnis, dass der kleine Junge eigentlich einen Kontaktwunsch verfolgt, dem er jedoch noch nicht angemessen Ausdruck verleihen kann. Demzufolge würde man aus therapeutischer Sicht nicht den Fokus auf den Abbau eines (für das Umfeld) unerwünschten Verhaltens legen. Stattdessen würde man Hilfestellungen zum Aufbau eines (für Bedürfnisse des Jungen) zielführenden Verhaltens anraten, zum Beispiel durch modellhaftes Zeigen alternativer Kontaktversuche. Dieses Therapieziel wird für die Entwicklung des Kindes eine nachhaltigere Wirkung haben, weil es für das Kind bedeutungsvoller ist und eine intrinsische Motivation zur Mitarbeitsbereitschaft weckt. Auf allgemeiner Ebene lernt das Kind seine Möglichkeiten, etwas positiv zu beeinflussen, seine Selbstwirksamkeit kennen (vgl. Rittmann 2013).

Operantes Konditionieren = Lernen am Erfolg

In den Autismus-Therapiezentren gehört das operante Konditionieren zu den Basismethoden der Förderung und Beratung. Unser Blick auf die Förderung eines autistischen Menschen ist durch die Erfassung von weiten Entwicklungsspannen geprägt. Wir werden von den Familien oft nach jahrelanger Pause in Krisensituationen wieder um Rat gefragt und können so – rückblickend – gut erkennen, was dem autistischen Menschen und seiner Familie wirklich geholfen hat. Das sind in der Regel die neu hinzugewonnenen Verhaltensweisen, die der Betroffene mit Bedeutung für seinen konkreten Lebensalltag füllen und sein Umfeld umsetzen konnte. Die therapeutische Förderung, die dieses Ziel erreicht, hat einen komplexen Auftrag zu erfüllen. In der Regel werden wir Lernformate wählen, die dem natürlichen Lernumfeld des Menschen (Familie, Kindergarten, Schule) sehr ähnlich und damit leicht übertragbar sind. Da autistische Kinder syndromspezifisch wenig Interesse am Kontakt zeigen, versuchen wir bestrafende Methoden wie Time-Out möglichst wenig einzusetzen, da diese Kinder ein Rausgenommenwerden aus einer sozialen Situation auf Dauer meist als belohnend erleben. Stattdessen bedienen wir uns komplementärer, beziehungsorientierter Methoden, wie der Differenziellen Beziehungstherapie (Janetzke 1993), Floortime (Janert 2014), Relationship Development Intervention, der Aufmerksamkeits-Interaktions-Therapie (Hartmann 2011) und des Early Start Denver Models (vgl. Rogers & Dawson 2010), um das intrinsische Interesse des jungen autistischen Kindes an der Kommunikation zu fördern (vgl. Rittmann 2011). Die Vermittlung von für das Kind bedeutungsvollen Inhalten sowie der Freude am gemeinsamen Tun stehen im Mittelpunkt; somit wird auch das operante Konditionieren immer beziehungsorientiert eingesetzt. Haben wir das Interesse des Kindes am Kontakt erreicht, können wir weitgehend auf primäre Verstärker verzichten, die das Kind nicht bedeutungsvoll mit dem gezeigten Verhalten verbinden kann. Soziale Verstärker wie Lob, Anerkennung und gemeinsam erlebte Freude nehmen unmittelbar auf das zuvor gezeigte Verhalten Bezug, behalten länger ihre Wirksamkeit und lassen sich besser variieren (intermittierend einsetzen). Neben dieser verhaltenstherapeutischen Relevanz erlebt das Kind eine von authentischen Gefühlen geprägte Interaktion (kein mechanisches Verstärken). Implizit gestalten wir hier eine Lernsituation, deren

Modellcharakter für viele weitere Fördersituationen eine tragfähige Grundlage darstellt. Die jüngst veröffentlichten Ergebnisse des gut evaluierten Early Start Denver Models unterstreichen die Fähigkeit autistischer Kinder, von interaktionssorientierten Programmen profitieren zu können (Rogers & Dawson 2010).

Ebenfalls hat die Gestaltung des *Lernumfeldes* eine große Bedeutung für den Lernerfolg. Je nach Entwicklungsstand und Ablenkbarkeitsgrad des Kindes gestalten wir das Lernumfeld. Natürlich ist es leichter, in einer reizarmen Umgebung im diskreten Lernformat gute Lernfortschritte zu erzielen. Die meisten Kinder halten sich jedoch über weite Spannen des Tages in »reizvollen« Umgebungen auf. Deshalb ist es in der Regel nach einer anfänglichen Reizreduktion sinnvoll, das Lernumfeld allmählich dem natürlichen Umfeld anzunähern. Einzelne strukturierende Anker (s. u. TEACCH-Methode) sind jedoch wichtig einzubeziehen.

Mit zunehmendem Alter der Kinder bzw. Jugendlichen setzen wir zusätzlich zur sozialen Verstärkung Token-Systeme ein, die möglichst mit dem Betreffenden zusammen entwickelt werden und somit die Eigenverantwortung der Klienten fördern. Letzteres ist uns wichtig, da sich gezeigt hat, dass eine intensive Förderung von Menschen mit Autismus ebenfalls die »Nebenwirkung« des Abhängigmachens (vom »Geführtwerden«, ständiger Bestätigung etc.) in sich birgt und dem Inklusionsziel eines weitgehend selbstbestimmten Lebens in der Gemeinschaft entgegenstehen kann. Ein gemeinsam entwickelter Token kann z. B. ein vom Betreffenden selbst hergestelltes Puzzlebild eines Riesenrads sein, dessen Teile nach zusammen entwickelten Kriterien als Einzelverstärker gesammelt werden, um nach Fertigstellung des Puzzles als Belohnung den Besuch eines Erlebnisparks (gemeinsam) genießen zu können. Dieses System der symbolischen Tauschmittel lässt sich gut in einen familiären oder schulischen Alltag übertragen.

Modelllernen/Soziales Lernen

»Mit Hilfe von Modelllernen erwerben Menschen grundlegende Fähigkeiten, um den komplexen Erfordernissen des sozialen Lebens zu genügen. Modelllernen wird auch als soziales Lernen, Beobachtungslernen oder Imitationslernen bezeichnet. ... Andere zu beobachten und zu imitieren ist die grundlegende Lernstrategie von neurotypischen Kindern. Mit fortschreitendem Alter lernen sie immer komplexer werdende Systeme aus imitierten Verhaltensschemata« (Offen 2013).

Autistische Kinder scheinen zunächst wenig zu imitieren, deshalb hat man in der Vergangenheit dieser Form des Lernens in der Autismus-Therapie wenig Bedeutung zugemessen. Allerdings haben wir schon immer beobachtet, dass auch junge Kinder mit frühkindlichem Autismus Imitationsbereitschaft zeigen, wenn es uns gelingt, ihnen das zu imitierende Verhalten als für sie bedeutungsvoll und attraktiv darzustellen, wie zum Beispiel die verbale Begleitung »Hui!« in Zusammenhang mit dem begehrten Anschwunggeben beim Schaukeln. Ein geduldiges »In-Vorleistung-Gehen« des Therapeuten und späteres leichtes Verzögern bei der Sprachpräsentation weckt im Regelfall das Imitationsinteresse des Kindes und die Bereitschaft sich uns *zuzuwenden* – das ist mehr als reiner »Blickkontakt«.

Seit es vermehrt Erfahrungen mit *sozialen Kompetenzgruppen* im gesamten Spektrum autistischer Kinder und Jugendlicher gibt, wissen wir, dass der Gruppenkontext ein sehr fruchtbares Feld für soziales und imitatives Lernen ist. Die Therapeuten übernehmen hier die Aufgaben, inhaltliche Vorschläge zu machen, den Rahmen zu gestalten, sowie Moderation und Mediation. Das Imitationslernen geschieht hauptsächlich zwischen den verschiedenen Teilnehmern, von denen – je nach angeschnittenen Themen – in der Regel einer oder einige weiter in ihrer Entwicklung sind als andere. Bei dem Thema »Identitätsbildung« (u. a. Auseinandersetzung mit der Autismusdiagnose) ist es bspw.

ausgesprochen hilfreich, wenn im Gruppenkontext ein Teilnehmer über seinen diesbezüglichen Prozess spricht. Andere Gruppenteilnehmer sind weitaus offener, von einem Mitbetroffenen etwas über dieses oft heikle Thema zu erfahren als von Therapeuten oder Eltern. Da beim Modelllernen das Modell nicht zu unterschiedlich vom Lernenden sein sollte, sind Gruppen von Peers hier ein idealer Rahmen. Wie wichtig das soziale Lernen in einer sozialen Kompetenzgruppe für einen Menschen mit Autismus sein kann, ist den Bewertungen der Teilnehmer zu entnehmen. Sie berichten fast übereinstimmend, dass sie das erste Mal (!) in ihrem Leben die Erfahrung machen, sich in einer Gruppe wohlzufühlen und gerne zu den Terminen zu kommen. Diese Einschätzung wird von der Rückmeldung der Eltern bestätigt, die häufig fast ungläubig diese Veränderung ihres Kindes wahrnehmen (Hamburger Autismus Institut, Video-Dokumentation).

Eine sehr strukturierte Form für autistische Menschen, sich soziale Regeln anzuzeigen, stellt die Methode der »*Social Stories*«, der sozialen Geschichten, dar. Mithilfe einer schriftlich festgehaltenen Geschichte aus dem eigenen Lebenskontext werden gemeinsam Lösungsstrategien für soziale Konflikte erarbeitet, niedergeschrieben und auf diese Weise für zukünftige Konfliktsituationen nutzbar gemacht (vgl. Gray 1994/2000). Diese sollten auch stets den Blickwinkel der anderen Beteiligten beachten. Die aus der kognitiven Verhaltenstherapie bekannte Technik der Selbstinstruktion kommt hier zum Einsatz, indem möglichst generalisierbare Bestätigungssätze eingebaut werden: »Es ist wichtig, meine Mutter mit dem Handy anzurufen, wenn ich bei der Therapie angekommen bin. Dadurch weiß sie, dass ich den Weg gut geschafft habe« (Leppert 2010).

Verhaltenstherapeutisch eingesetzte *Rollenspiele* bieten in modifizierter Form ebenfalls eine gute Lernmöglichkeit hinsichtlich sozialer Themen für Menschen mit Autismus. Als reale Person eine Rolle zu »verkörpern« ist für autistische Kinder allerdings oft eine zu große Herausforderung. Ihnen gelingt es jedoch oft anhand von Lieblingsfiguren (z. B. aus den Medien), soziale Situationen symbolisch darzustellen. Anhand der Identifikation mit diesen Figuren, sind die Kinder eher bereit, sich auf – für sie herausfordernde – Rollenspielsituationen einzulassen. Auch die Zuhilfenahme von konkreten Figuren, wie z. B. von Playmobil, motiviert ängstliche Kinder zu Rollenspielen. Im Jugend- und Erwachsenenalter wächst in der Regel die Bereitschaft und Fähigkeit – abhängig von den kognitiven Möglichkeiten –, selbst eine Rolle zu verkörpern, das Erlebte zu reflektieren und an der Wirkung auf Andere zu arbeiten.

Die autismusspezifisch eingeschränkte Fähigkeit zur Empathie lässt sich in der Adoleszenz durch ein *Theory-of-Mind-Training* (Paschke-Müller et. al. 2013) erweitern, da jetzt ein Blickwinkelwechsel möglich wird. Hier steht uns inzwischen ein reichhaltiges Impulsmaterial zur Förderung der sozialen Kompetenz zur Verfügung (Bildkarten, Filmszenen, Bildmaterial zur Emotionserkennung etc.). Mit der Adoleszenz entsteht häufig auch das Bedürfnis, dazugehören zu wollen, bspw. in Ausbildungs- und Berufszusammenhängen mit anderen ins Gespräch kommen zu können. Hier können wir ein *Small-Talk-Training* anbieten, über das die jungen Erwachsenen sich die notwendigen Techniken aneignen können. In diesem Alter ist es sinnvoll, die Methode des *Video-Feedbacks* (Bünder 2009) einzuführen. Sie gibt den Betreffenden eine direkte Rückmeldung über ihr Verhalten und ihre Wirkung.

Unterstützte Kommunikation

Strukturierung und Visualisierung spielen in nahezu allen Bereichen der Autismus-Therapie eine große Rolle, da mithilfe dieser Methoden Menschen mit Autismus mehr Orientierung in ihrem Alltag gegeben werden kann und visualisierte Begriffe auf Bildkarten (zeitweise) an Stelle der fehlenden Kommunikation über Verbalsprache treten können. Sie gelten als Methoden der *unterstützten Kommunikation*. Autistische Menschen, die (noch) über keine Verbalsprache verfügen, können sich über Bildkarten (z. B. PECS – Picture Exchange Communication System) (vgl. Bach 2006) verständigen und ihr Umfeld kann sich ihnen verständlich machen. Bildkarten und mit Symbolen bestückte elektronische Talker sind die wichtigsten Medien der verbalsprachersetzenden Kommunikation (vgl. Wilken 2010).

Visualisierte Darstellungen sind ebenfalls ein zentraler Teil der Methode *TEACCH* (Treatment and Education of Autistic and related Communication handicapped Children, (vgl. Häußler 2000). Diese Methode integriert zusätzlich die Orientierung hinsichtlich von Zeit und Raum. Sie stellt Menschen mit Autismus eine Vielzahl von bildhaften Hilfsmitteln zur Verfügung, die zeitlich Abläufe (erst ... dann) verdeutlichen. Räumliche Orientierung wird erleichtert, indem Aktivitäten bestimmten Teilen eines Raums zugeordnet werden. Über laminierte Bildkarten an Klettbändern lässt sich so das räumliche Umfeld von Menschen mit Autismus übersichtlicher gestalten. Besonders bei frühkindlich autistischen Menschen in Gruppenzusammenhängen hat diese Methode eine große Bedeutung.

Eine Visualisierungsmethode hinsichtlich der Darstellung von angemessenen Kommunikationsarten stellt die *Comic Strip Conversation* (Comic-Gespräch) (vgl. Gray 1994) dar. Hier werden konfliktreiche Situationen mithilfe von Strichmännchen und Sprechblasen verdeutlicht. Eine eigene Symbolik der Sprechblasen macht deutlich, ob man sich z. B. hat ausreden lassen oder einer den anderen unterbrochen hat. Auf diese Weise entsteht innerhalb einer Therapiesequenz eine Art Lexikon der Kommunikation, das – auch in anderen Lebensbereichen – immer wieder zu Rate gezogen werden kann.

Entspannungs- und Konfrontationsverfahren

Menschen mit Autismus berichten immer wieder unter welch großem Stress sie im Alltag leiden (vgl. Faherty 2012). Daher bieten wir Kindern, Jugendlichen und Erwachsenen auf die jeweilige Altersgruppe zugeschnittene Entspannungsverfahren an. Grundlage sind häufig Verfahren der *Progressiven Muskelentspannung*, das *autogene Training* und das *Achtsamkeitstraining* (vgl. Kaluza 2011) Bei Kindern und Jugendlichen betten wir die Techniken in erlebnisorientierte und oft auf Spezialinteressen bezogene Geschichten ein (z. B. entspanntes Gleiten in der Luft wie Harry Potters Eule Hedwig). Bei Erwachsenen ist es oft wichtig, bestimmte aversive Themen zu kennen und bei diesen Übungen auszuklammern. Erwachsene mit hochfunktionalem Autismus berichten häufig, dass ihnen die Beschäftigung mit ihren *Spezialinteressen bzw. das Ausüben von motorischen Manierismen* (vgl. Schmidt 2012) die tiefste Entspannung ermöglicht. In diesem Fall gilt es sie zu beraten, in welchem Rahmen und in welcher Intensität die Verfolgung dieser Entspannungsart sinnvoll ist.

Bei der notwendigen Erweiterung der sozialen Kompetenzen oder der Bearbeitung komorbider Phobien oder Angststörungen können in-vivo *Expositionsübungen* zum Tragen kommen, bei denen bewusst problematische Alltagssituationen aufgesucht und Bewältigungsstrategien ausprobiert werden. Hier gehen wir sehr vorsichtig vor, Verfahren wie »Flooding« werden nicht eingesetzt, da sie zu Dekompensationen führen können. In enger Abstimmung mit dem Betroffenen werden die nächsten Schritte und die damit verknüpften Ziele besprochen. In der Umsetzung mit Menschen mit Autismus ist es häufig eine Besonderheit, dass wir den Anspruch hinsichtlich des zu erreichenden Zielverhaltens reduzieren müssen. Selbst Personen mit hochfunktionalem Autismus haben oft keine Vergleichsmaßstäbe, was ein »normales Verhalten« angeht, und überfordern sich so leicht.

Kognitive Verfahren

Die Kognitive Verhaltenstherapie mit den Verfahren *der Rational-Emotiven Therapie* und *Kognitiven Umstrukturierung* hat zum Ziel, hinderliche Denkstrukturen, z. B. negativistisches Denken, zu verändern und das Verhaltensrepertoire den individuellen Anforderungen gemäß zu erweitern. Dazu werden spezielle Methoden eingesetzt, wie z. B. Sammeln und Aufzeichnen automatischer Gedanken, Zweispaltentechnik (Argumentieren gegen automatische Gedanken), Erkennen von Mustern kognitiver Verzerrungen, Realitätstesten (Testen der Kognitionen) und Entkatastrophisieren (vgl. Wilken 2006). Die Strukturiertheit der Methode kommt dem systematisierenden Denkstil autistischer Menschen sehr entgegen und eignet sich z. B. besonders gut bei sozialer Ängstlichkeit und Versagensängsten. Ihre Strukturiertheit kann vor allem von hochbegabten Aspergerpersönlichkeiten zur Aufforderung, möglichst alle emotionalen und sozialen Prozesse in Formeln und Algorithmen zu fassen, fehlinterpretiert werden, z. B. das Phänomen der Liebe in eine mathematische Formel zu fassen (vgl. Schmidt 2012).

Psychoedukation

Vor allem im Bereich der Therapie von Jugendlichen und Erwachsenen mit Asperger-Syndrom bzw. hochfunktionalem Autismus nimmt die Psychoedukation einen wichtigen Platz ein. Ziel ist es, dem Betroffenen eine positive Identitätsbildung zu ermöglichen. Dies erreichen wir im Rahmen der Psychoedukation zunächst durch eine Aufklärung über die vorliegende Form der Autismus-Spektrum-Störung unter Einbeziehung der individuellen Persönlichkeits- und Temperamentsausprägungen. Menschen mit hochfunktionalem Autismus neigen – auch aufgrund fehlenden sozialen Austauschs – dazu, ihre Schwierigkeiten und Besonderheiten ausschließlich dem Autismus zuzuschreiben (Rittmann 2014). Hier eine Differenzierung vorzunehmen und damit auch die Persönlichkeitsanteile zu benennen, die stärker beeinflussbar sind, ist ein wesentliches Ergebnis einer individuellen Aufklärung. Bezüglich des autismusspezifischen Teils der Persönlichkeit verfolgen wir das Ziel, mit dem Betroffenen zusammen ein individuelles *Ressourcenprofil* zu erarbeiten, was es ihm ermöglicht, bewusst seine Stärken und Talente bspw. im beruflichen Zusammenhang zu nutzen, ohne seine Schwächen verleugnen zu müssen. Ein offensiver Umgang mit den individuellen Beeinträchtigungen reduziert langfristig das persönliche Stressniveau und beugt komorbiden Erkrankungen vor.

Umfeldberatung

Verhaltensanalytische Grundlagen zu vermitteln gehört zu den zentralen Teilen der von den Autismus-Therapiezentren geleisteten Umfeldarbeit. In vielen Zentren nutzen Eltern die angebotenen verhaltenspsychologischen Trainings, bei denen häufig Video-Feedback eingesetzt wird. Auf diese Weise kann den Bezugspersonen anschaulich vermittelt werden, wie stark sie bspw. den Kontakt zum autistischen Kind durch ihre Aufmerksamkeitslenkung beeinflussen. Sie erkennen, dass sie im Erziehungsalltag einem positiven Verhalten oft kaum Aufmerksamkeit schenken, da es nicht weiter auffällt, sich in der Wahrnehmung nicht in den Vordergrund drängt und damit übersehen wird. Auf ein störendes Verhalten reagieren sie jedoch meist sofort – und damit in negativer Weise verstärkend. Diese Reaktionsweisen passieren fast jedem Menschen in der Erzieherrolle und sind meist vollkommen unbewusst.

Wenn die Eltern diese Dynamik erkennen und verstehen, können sie zukünftig bewusst den Kindern die Aufmerksamkeit dann schenken, wenn die Kinder ein erwünschtes Verhalten zeigen. Dadurch werden die Kinder weniger Anlass zu provokativem Verhalten haben. Es entsteht eine verständnisvollere Beziehung zum Kind und eine proaktivere, vorausschauendere Erziehungshaltung. Das positive Erleben von Selbstwirksamkeit in der Erziehung vermindert das Stresserleben der Eltern (»Ich kann jetzt was tun!«, Zitat aus einem Elterntraining).

In der allgemeinen Psychotherapie wird zu Recht die Außensicht des Therapeuten (nicht Teil des Familiensystems zu sein) als essenzielle Grundlage für Veränderungsprozesse bei klinisch bedeutsamen Verhaltensstörungen postuliert (vgl. Görlitz 2013). Sehr engagierte Eltern autistischer Kinder streben oft die Rolle des (Ko-) Therapeuten an. Hier ist es unsere Aufgabe, mit den Eltern ihre Rolle und das rechte Maß ihres Förderengagements zu reflektieren. Bei der Therapie autistischer Kinder erzielen wir die größten Fortschritte, indem wir eine gute Kooperation zwischen Eltern und Therapeuten etablieren, in die jeder Part seine Kompetenzen zur gegenseitigen Anregung und Erweiterung der Sichtweisen einbringt. Aus langjähriger Erfahrung wissen wir, dass es zur Gesunderhaltung des ganzen Familiensystems wichtig ist, nicht jede Interaktion unter einem möglichen Förderaspekt für das autistische Kind gesehen zu erleben. Das führt auf Dauer zu einer Überforderung aller Beteiligten, insbesondere der ggf. beteiligten Geschwisterkinder.

Das Verstehen und die Aneignung von verhaltenspsychologischen Grundlagen bei den Eltern führen nicht in jedem Fall zu einer positiven Veränderung im Erziehungsstil. Oft entdeckt man, dass die Eltern bestimmte Erkenntnisse nicht umsetzen können. Dann ist es wichtig, sich zusätzlich zur Vermittlung von verhaltenspsychologischen Techniken mit den Eltern auf die Suche nach den Blockaden zu machen. Auf diese Weise die elterlichen Bedenken (z. B. »ich habe unter der Strenge meines Vaters sehr gelitten. Wie kann ich konsequent erziehen, ohne die Gefühle meines Kindes zu verletzten?«) ernst zu nehmen, ermöglicht oft erst die Veränderung.

In der Kooperation mit Kindergärten, Schulen, Wohneinrichtungen oder Berufsfeldern in Bezug auf einen autistischen Menschen werden verhaltenspsychologische Interventionen oft besonders wirksam in der Analyse der auslösenden, verstärkenden und aufrechterhaltenden Bedingungen eines Problemverhaltens. In diesen Lebensbereichen hält sich der Betreffende meist in Gruppen auf, wodurch eine differenzierte Erfassung einer Symptomentwicklung durch die Pädagogen oft kaum möglich ist. Hier helfen Analyse- bzw. Protokollbögen, durch die nicht nur das problematische Verhalten systematisch nach verhaltensanalytischen Grundlagen erfasst wird. Hierdurch bspw. zu erkennen, wann erste Warnsignale zu bemerken waren und wodurch das eigene Handeln zur Eskalation eines herausfordernden Verhaltens beigetragen hat, erhöht auch in diesen Zusammenhängen das Selbstwirksamkeitserleben und wirkt einer hilflosen oder resignativen Haltung bei den Pädagogen entgegen.

Zusammenfassende Bewertung und Ausblick

Verhaltenstherapie ist zu vielschichtig, um an wenigen Wochenendseminaren interessierten Laien vermittelt zu werden. Sie besteht stattdessen aus hochkomplexen Interventionen, die neben ihrer großen Wirksamkeit bei falscher Anwendung Symptomatiken ungünstig beeinflussen können. Zeitgemäßes verhaltenstherapeutisches Vorgehen lässt sich nicht auf das operante Konditionieren reduzieren. »Die Vorstellung, einen Menschen mit Depressionen dadurch zu behandeln, dass man ihm jedes Mal ein Gummibärchen gibt, wenn er lächelt, erscheint zu Recht absurd. Erstaunlicherweise wird diese Absurdität bei der Behandlung von Kindern mit Autismus-Spektrum-Störungen oft übersehen« (Guttmann 2014). Zur Behandlung von Menschen mit Autismus-Spektrum-Störungen steht uns in den Autismus-Therapiezentren ein reichhaltiges Methodenspektrum zur Verfügung, in dem die Verhaltenstherapie einen wichtigen Schwerpunkt bildet. Die Auswahl der Methoden richtet sich nach der Form der Symptomatik unter Beachtung komorbider Störungen, dem Alter, der individuellen Persönlichkeit des Klienten und seines Umfeldes. Unser Vorgehen entspricht damit dem aktuellen Stand der Wissenschaft (vgl. *autismus* Deutschland e. V. 2011; Rogers & Dawson 2010). Diesem Facettenreichtum mit einer unnötigen Reduktion unseres Methodenspektrums zu begegnen, würde der Komplexität der Persönlichkeiten mit Autismus und den ethischen Leitlinien von *autismus* Deutschland e. V. widersprechen.

Es ist wichtig, Eltern zu beraten, wie sie verhaltenstherapeutisches Wissen in die Erziehung ihres autistischen Kindes angemessen einfließen lassen können. Dies erfordert jedoch eine umfassende Kenntnis des Entwicklungsstandes des jeweiligen Kindes und eine engmaschige Rückkoppelung in der Beratung zwischen erfahrenem Autismus-Therapeut und Eltern.

Menschen mit Autismus müssen neben einer Anpassungsbereitschaft an die Anforderungen ihres sozialen Umfeldes im Laufe ihres Lebens ebenfalls die Fähigkeiten zu einem möglichst selbstbestimmten Leben erlernen, sich durchsetzen und sich notfalls gegen unangemessene Forderungen sowie psychische und körperliche Übergriffe zur Wehr setzen zu können. Dazu bedarf es einer eigenständigen Persönlichkeit als Ergebnis einer geglückten Identitätsbildung. Sie ermöglicht es Menschen mit Autismus, sich als wertvoll zu erleben, auch angesichts der Begrenztheit, die jeder Mensch für sich akzeptieren muss. Diese tiefempfundene Gewissheit ist die Grundlage, selbstständige Entscheidungen für sein Leben zu treffen. Therapeutische Förderung, die ja auch immer in der Verantwortung ist, eine weichenstellende Funktion für das Leben der Betroffenen zu haben, sollte ihren Beitrag zu diesem zutiefst humanistischen Ziel leisten.

Literatur

Autismus Deutschland (Hrsg.) (2011): Inklusion von Menschen mit Autismus, Loeper, Karlsuhe

Bach, H. (2006): Wer tauscht mit mir? Kommunikationsförderung autistischer Menschen mit dem Picture Exchange Communication System (PECS). Ibidem-Verlag, Stuttgart

Bernard-Opitz, V. (2007): Kinder mit Autismus-Spektrum-Störungen (ASS): Ein Praxishandbuch für Therapeuten, Eltern und Lehrer. Kohlhammer, Stuttgart

Brisch, K.-H. (2009): Bindungsstörungen. Von der Bindungstheorie zur Therapie. Klett-Cotta, Stuttgart

Bünder, P. et.al. (2009): Lehrbuch der Marte-Meo-Methode. Entwicklungsförderung mit Videounerstützung. Vandenhoeck & Ruprecht, Göttingen

DGVT (2014): Deutsche Gesellschaft für Verhaltenstherapie, Ausbildungsakademie. Online: http://www.pab-info.de/ausbildungsakademie/ (Stand: 14.6.2014)

Döringer, I. (2014): Zur Diskussion der Wirksamkeit von Autismustherapien. Fachgruppe Therapie, autismus Deutschland

Faherty, C. (2012): Asperger ... Was bedeutet das für mich? Ein Arbeitsbuch für Kinder und Jugendliche mit high-functioning Autismus oder Asperger-Syndrom. Autismusverlag, St. Gallen

Görlitz, G. (2013): Psychotherapie für Kinder und Familien: Übungen und Materialien für die Arbeit mit Eltern und Bezugspersonen. Klett-Cotta, Stuttgart

Gray, C. (1994/2000): The New Social Story Book. Ilustrated Edition, Sevenoaks, Kent

Gutstein, St. (2002): Relationship Development Intervention with Children, Adolescents and Adults. Jessica Kingsley Publications, Philadelphia

Guttmann, K. (2014): persönliche Mitteilung

Hamburger Autismus Institut (2010): Video-Dokumentation: Elterngespräch

Hartmann, H. (2011): Erweiterte Aufmerksamkeits-Interaktions-Therapie. AIT Kleines Lehrbuch der modernen Autismus-Therapie mit dialogischem Schwerpunkt. dgvt-Verlag, Tübingen

Häußler, A. (2000): Strukturierung als Hilfe zum Verstehen und Handeln: Die Förderung von Menschen mit Autismus nach dem Vorbild des TEACCH-Ansatzes. Lernen konkret, 4, 21–25

Helbig-Hamelmann, V. (2014): persönliche Mitteilung

Janetzke, H. R. P. (1993): Stichwort Autismus. Heyne, München

Kaluza, G. (2011): Stressbewältigung: Trainingsmanual zur psychologischen Gesundheitsförderung. Springer, Heidelberg

Leppert, T. (2010): persönliche Mitteilung,

Lovaas, O. I. (2003): Teaching Individuals With Developmental Delays: Basic Intervention Techniques. Pro-ed, Austin, TX

Offen, D. (2013): Internes Dokument, Hamburger Autismus Institut

Paschke-Müller, M., Biscaldi, M., Rauh, R., Fleischhaker, C. & Schulz, E. (2013): TOM-TASS-Theory-of-Mind-Training bei Autismusspektrumsstörung. Freiburger Therapiemanual für Kinder und Jugendliche. Springer, Berlin/Heidelberg

Rickert-Bolg, W. (2014): Ethische Grundlagen der Autismus-Therapie, Fachgruppe Therapie, autismus Deutschland

Rittmann, B. (2002): Differentielle Beziehungstherapie. Vortrag beim wissenschaftlichen Symposium an der Universität Potsdam 2002. Artikel kann bei der Autorin angefragt werden.

Rittmann, B. (2011): Das Multimodale Therapiemodell in der Autismustherapie am Beispiel des Hamburger Autismus Instituts; in: Inklusion von Menschen mit Autismus. Loeper, Karlsruhe

Rittmann, B. (2013: Eigenartig anders – Kinder mit Autismus in der KiTa. KiTa aktuell, 21. Jg., KiTa ND

Rittmann, B. (2014): Gruppentraining für Erwachsene mit hochfunktionalem Autismus – ein praktischer Leitfaden für Konzeption und Durchführung. In: autismus Deutschland e. V. (Hrsg.): Autismus in Forschung und Gesellschaft. Loeper, Karlsruhe

Rogers, S. J. &Dawson, G. (2014): Frühinterventionen für Kinder mit Autismus – Das Early Start Denver Model; Herausgeber der deutschsprachigen Ausgabe: Daniel Holzinger. 2014, Bern

Schmidt, P. (2012): Ein Kaktus zum Valentinstag. Ein Autist und die Liebe. Goldmann-Verlag, Ostfildern

Schramm, R. (2007): Motivation und Verstärkung; Wissenschaftliche Intervention bei Autismus. Applied Behavior Analysis und Verbal Behavior. Ein Handbuch für Eltern, Lehrer, Erzieher und andere Fachleute. Pro ABA, o. O.

Schreibman, L & Pierce, K. L. (1993): Achieving greater generalization of treatment effects in children with autism: Pivotal response training and self-management. Clinical Psychologist, 46 (4), 184–191.

Simple Steps: AVT-Trainings-Box. Parents' Education as Autism Therapists (PEAT). Online: http://www.peatni.org/ (Stand: 14.6.2014)

Skinner, B. F. (1957): Verbal Behavior. Appleton, Century, Crofts, New York

Spitzer, M. (2003): Lernen: Gehirnforschung und die Schule des Lebens. Spektrum Akademischer Verlag, Heidelberg, Berlin

Theunissen, G. & Paetz, H. (2011): Autismus. Neues Denken - Empowerment - Best-Practice. Kohlhammer, Stuttgart

Willken, E. (2010): Unterstützte Kommunikation: Eine Einführung in Theorie und Praxis, Kohlhammer, Stuttgart 2010

Wilken, B. (2006): Methoden der kognitiven Umstrukturierung. Ein Leitfaden für die psychotherapeutische Praxis. Kohlhammer, Stuttgart

Die Differenzielle Beziehungstherapie in der Autismus-Therapie

Barbara Rittmann

Geschichte, Definition und Einordnung

Die Differenzielle Beziehungstherapie wurde 1989 von Hartmut Janetzke formuliert und ist eine Methode des Multimodalen Modells der Autismus-Therapie (vgl. Rittmann 2011). Beide Konzepte entwickelten sich aus der therapeutischen Arbeit des Hamburger Autismus Instituts heraus. Innerhalb des Multimodalen Modells mit seinen drei Kategorien (Schlüsselkompetenzen fördern, Verhalten modulieren und den übergeordneten therapeutischen Zielen) ordnet sich die Differenzielle Beziehungstherapie als grundlegende Methode bei der Förderung der Schlüsselkompetenzen ein und ist besonders gut geeignet, junge Kinder mit Autismus-Spektrum-Störungen[14] zu fördern. Sie wirkt hier zusammen mit Methoden wie der Aufmerksamkeits-Interaktions-Therapie (Hartmann 2011), der Relationship-Development-Intervention (Gutstein 2002), Floortime (Greenspan & Wieder 2009) und dem Early-Start-Denver-Modell (Rogers & Dawson 2014) und findet heute in verschiedenen Autismus-Therapiezentren Anwendung. Die genannten Methoden und die Differenzielle Beziehungstherapie betonen die Wichtigkeit interaktionellen Lernens. Zusätzlich formuliert die Differenzielle Beziehungstherapie eine therapeutische Grundhaltung als wichtige Basis für eine tragfähige Klient-Therapeut-Beziehung. Janetzke beschreibt die Differenzielle Beziehungstherapie als eine beziehungsfördernde Behandlungsmethode, die die emotionalen, geistigen und sprachlichen Fähigkeiten beim autistischen Menschen entwickeln hilft und die Betroffenen in einen sozial-kommunikativen Prozess einbezieht (Janetzke 1993). Sie basiert zum einen auf den jahrzehntelangen Erfahrungen mit autistischen Kindern im Sinne von Best Practice und wurde inzwischen implizit von der wissenschaftlichen Erforschung bestätigt, die ebenfalls die große Bedeutung der positiven emotionalen Involviertheit der Kinder im Rahmen einer erfolgreichen Autismusförderung bestätigten (Rogers & Dawson 2014).

Durch die frühe Gründung des Hamburger Autismus Instituts im Jahr 1972 hatten die dortigen Therapeuten[15] in den 80er-Jahren bereits Erfahrungen mit unterschiedlichen Therapiemethoden sammeln können. Im Hintergrund gärte noch der auf der Psychoanalyse fußende Bettelheimsche Streit um die Mitschuld der Eltern an der Störung ihrer Kinder. Gewissermaßen als Gegenbewegung trainierte man in den meisten Autismus-Therapiezentren die Kinder meist mit einem klassischen verhaltenstherapeutischen Setting (Lovaas 2003), das Kindern mit Autismus eine Beziehungsfähigkeit weitge-

---

14 Der Begriff Autismus-Spektrum-Störungen wird wegen der besseren Lesbarkeit im weiteren Text mit dem Begriff Autismus zusammengefasst und synonym verwendet.

15 Die Verwendung der männlichen Form schließt selbstverständlich die weibliche mit ein.

hend absprach. Außerhalb von Fördersituationen, sobald die Kinder ihren eigenen Bedürfnissen nachgehen konnten, beschäftigten sie sich scheinbar selbstgenügsam mit kleinen Details der gegenständlichen oder datenbezogenen Welt, wie z. B. dem Drehen von Kreiseln oder dem Aufsagen von Kalenderdaten. Die Kinder wirkten dabei sehr konzentriert, an dieser Tätigkeit interessiert und durchaus »ehrgeizig« im Bemühen, den Kreisel immer schneller und länger in Rotation zu halten bzw. möglichst viele Daten richtig zu erinnern.

An dem menschlichen Gegenüber jedoch zeigten sie nur wenig sichtbares Interesse. Sie versuchten Eltern und andere Bezugspersonen aus ihren Beschäftigungen weitgehend zu verbannen und benutzten sie allenfalls zur Befriedigung konkreter Bedürfnisse, wie Essen, dem Anreichen von Gegenständen etc. Dieses Verhalten kränkte wiederum die liebevoll bemühten, aber konventionell reagierenden Eltern. Aus dieser misslungenen Interaktion entwickelten sich häufig sekundäre Beziehungsstörungen, die das Familienleben stark überschatteten.

Einige Therapeuten begannen zu zweifeln, ob sich die in den Therapiesequenzen antrainierten Verhaltensänderungen ausreichend im Alltag niederschlagen würden. Außerdem schien die autoritäre, stark reglementierende Einflussnahme die Abwehr der Kinder eher zu verstärken. Der mit dem Festhalten des Kopfes einhergehende Standardbefehl »Schau mich an!« bewirkte oft das Gegenteil: Die Kinder lernten geschickt an den Augen des Gegenübers vorbeizuschauen. Andererseits entstanden in Therapiestunden, in denen der Therapeut sich und das Kind von dieser Art der Reglementierung befreite, immer wieder Situationen, in denen die Kinder ihre Abwehrhaltung für kurze Zeit aufgaben, Interesse am Gegenüber zeigten und sogar Freude am Kontakt signalisierten. Die Analyse dieser Bedingungen und die Systematisierung der Erkenntnisse führte im Hamburger Autismus Institut zur Formulierung der Theorie der Differenziellen Beziehungstherapie durch Hartmut Janetzke.

Damals stand die Autismusforschung noch am Anfang. Inzwischen bestätigen die Erkenntnisse der Wissenschaft über die physiologischen Voraussetzungen des Autismus sowie entwicklungs- und kognitionspsychologische Theorien, wie die Bindungstheorie (Brisch 2009) und die Theory of Mind (Frith 1992), das Konzept der Differenziellen Beziehungstherapie. Ausgehend von einer multifaktoriellen physiologischen Verursachung des Autismus (Veränderung einzelner Genabschnitte, mögliche Überdosis an Testosteron im Fruchtwasser während der Schwangerschaft, Störung der kindlichen Hirnstrukturentwicklung, abnorme neuronale Verschaltungen und Funktionsstörungen verschiedener Hirnareale) kommt einigen Erkenntnissen eine besondere Bedeutung zu. So gibt es Hinweise darauf, dass ein Kind mit Autismus die Wahrnehmung von Gesichtern nicht in dem dazu vorgesehenen Hirnareal zur Gesichterwahrnehmung verarbeitet, sondern in einem Hirnareal, das eigentlich zur Verarbeitung von Gegenständen ausgelegt ist.

Aus der Bindungsforschung bezüglich nicht autistischer Kinder weiß man wiederum, wie wichtig Blickkontakt als solcher (Still-Face-Experiment) und besonders der rückversichernde Blickkontakt für die Entwicklung gesunder Kleinkinder ist (Visuelle Klippe). Schaut die Mutter beispielsweise zuversichtlich und erwartungsvoll beim Nähern eines fremden Hundes, wird das Kind nach einem rückversichernden Blick zur Mutter den Hund nicht als Bedrohung wahrnehmen. Bei einem ängstlich-abwehrendem Gesichtsausdruck der Mutter in der entsprechenden Situation wird sich das Kind dagegen ebenfalls ängstlich an die Mutter klammern. Diese wichtige Rückversicherung zur Einschätzung einer Situation vermittelt dem nicht autistischen Kleinkind tagtäglich die nötige soziale und emotionale Orientierung und Sicherheit. In erster Linie durch den Blick in das Gesicht der Mutter, die Entschlüsselung des Ausdrucks, des Tons der Stimme und der gesamten Körperhaltung dieser vertrauten Bezugsperson erhält das gesunde Kleinkind diese wichtigen Informationen. Dem Kleinkind mit Autismus fehlen aufgrund der schlecht entwickelten Fähigkeiten, diese menschlichen Ausdrucksformen als vorrangig wahrzunehmen, sie zu entschlüsseln und ihnen eine besondere Bedeutung zu geben, diese existenziell bedeutsamen Möglichkeiten der Rückversicherung.

Auf der Grundlage der physiologischen Unterschiede der Hirnentwicklung bei Kindern mit Autismus und der daraus folgenden fehlenden Präferenz für das Ausdrucksverhalten des menschlichen Gegenübers entwickeln sich die bekannten Symptome: fehlender Blickkontakt, fehlende Zeigefunktion und wenig Interesse, gemeinsame Aufmerksamkeit herzustellen (Joint Attention), ausbleibende Sprache, fehlende Dialogfähigkeit und Empathie etc. Das Kind mit Autismus versucht nun mit seinen Mitteln für sich Sicherheit und Orientierung herzustellen (s. auch Rickert-Bolg »Autismus Verstehen« in diesem Band). Es wählt in der Regel Bewältigungsversuche wie Fixierungen auf gut kontrollierbare (sicherheitsspendende) Gegenstände oder Daten, stereotype Körperbewegungen und häufiges Wiederholen vertrauter Handlungen sowie Abwehr (fremdbestimmter) Veränderungen (Janetzke 2001). Diese Verhaltensweisen sind daher nicht nur als Wahrnehmungsverarbeitungsstörungen im Sinne einer Über- oder Unterempfindlichkeit zu verstehen, sondern ebenfalls als Ausgleich für die fehlende Sicherheit durch stetige Möglichkeiten der Rückversicherung bei engen Bezugspersonen.

Auch die Erforschung der Spiegelneuronen führte zu einem vertieften Verständnis zentraler Autismussymptome. Spiegelneuronen sind, verkürzt gesagt, die Empathie-Neuronen. Bei Menschen mit Autismus findet man eine deutlich herabgesetzte Aktivität dieser Neuronen, womit sich zum ersten Mal ein biologisches Korrelat für die »Theory of Mind« nachweisen lässt. Diese Theorie geht davon aus, dass das Kernproblem autistischer Menschen die fehlende oder eingeschränkte Fähigkeit ist, sich in andere Menschen hineinzuversetzen (Frith 1992).

Angesichts dieser Forschungsergebnisse erscheint es für die Therapie von Kindern mit Autismus zentral, den Fokus auf die Förderung der kindlichen Schlüsselkompetenzen zu legen. Sie sind die Grundlage dafür, ein echtes Interesse am Gegenüber zu entwickeln und ermöglichen, die sozialen Signale, die andere Menschen ausstrahlen, möglichst angemessen wahrzunehmen und zu entschlüsseln. Diese Fähigkeiten sind wiederum maßgeblich für eine gelingende gesellschaftliche Integration.

Der Ansatz der Differenziellen Beziehungstherapie

Viele Therapiemethoden (wie beispielsweise ABA) zielen mit ihren Interventionen auf die Löschung unerwünschter Verhaltensweisen, da diese das Kind mit Autismus so offensichtlich daran hindern, sich angemessen zu integrieren. In der Differenziellen Beziehungstherapie intervenieren wir auf der Ebene der Störung der Beziehungs- und Kommunikationsfähigkeit. Das verbindet uns mit den anderen, eingangs erwähnten beziehungsorientierten Therapiemethoden, die wir in unserem Multimodalen Modell der Förderung der Schlüsselkompetenzen zuordnen. Mit diesem Ansatz zielen wir auf eine bestmögliche Kompensation der Ursachen, die den Kernsymptomen des autistischen Verhaltens zugrunde liegen.

Alles Lernen im Kindesalter entwickelt sich aus beziehungsabhängigen Austauschprozessen – ohne Beziehung findet im jungen Alter kein Lernen statt. Man weiß seit langem, dass selbst gesunde Kinder sich schlechter entwickeln, wenn sie in mangelhaften und nicht ausreichend kommunikativen Beziehungen leben. Da Kinder mit Autismus definitionsgemäß eine tiefgreifende Entwicklungsstörung haben, gehen wir davon aus, dass sie für ihre Entwicklung eine besonders positive, beziehungsorientierte Lernatmosphäre benötigen. Deshalb bieten wir ihnen mit der Differenziellen Beziehungstherapie in kompensatorischer Weise das im Übermaß an, was sie auf Grund ihrer Störung zu wenig wahrnehmen und nutzen können: eine positive, die Kinder emotional involvierende therapeutische Beziehung (Janetzke 2001). Wir gehen davon aus, dass Kinder mit Autismus nicht etwas grundsätzlich Anderes als altersgerecht entwickelte Kinder für ihre Entwicklung benötigen, sondern die üblichen Entwicklungsangebote für sich nicht nutzen können.

Das, was wir in unserer therapeutischen Arbeit versuchen, hat der französische Schriftsteller de Saint-Exupéry 1956 in poetischer Weise im Dialog des kleinen Prinzen mit dem Fuchs über das »Zähmen« sehr ähnlich beschrieben:

> »Komm und spiel mit mir«, schlug ihm der kleine Prinz vor. »Ich bin so traurig ...«
> »Ich kann nicht mit dir spielen«, sagte der Fuchs. »Ich bin noch nicht gezähmt!«
> »Ah, Verzeihung!«, sagte der kleine Prinz ... »Was bedeutet das: ›zähmen‹?« ...
> »Das ist eine in Vergessenheit geratene Sache«, sagte der Fuchs. »Es bedeutet: sich ›vertraut machen‹ ... Du musst sehr geduldig sein ... Du setzt dich zuerst ein wenig abseits von mir ins Gras. Ich werde dich so verstohlen, so aus den Augenwinkeln anschauen, und du wirst nichts sagen. Die Sprache ist die Quelle der Missverständnisse. Aber jeden Tag wirst du dich ein bisschen näher setzen können ...« (de Saint-Exupéry 1956)

Wer mit Kindern mit Autismus vertraut ist, kennt diesen Blick »aus den Augenwinkeln« nur zu gut. Und er weiß auch, wie vorsichtig und geduldig man sich einem noch nicht an Beziehungen interessierten Kind nähern sollte und wie wenig Sprache dabei von Nutzen sein kann. Das auf die dingliche Welt (Wasserhähne, Lichtschalter, Türklinken, Zahlen etc.) fixierte Kind ist von unserer Zuwendung, nämlich den Reizen, die wir als Menschen aussenden, erst einmal grundsätzlich überfordert und kann »unser großzügiges Geschenk« zunächst gar nicht annehmen. Unsere Aufgabe ist es nun, in jedem Einzelfall einen sehr individuellen Zugang zum Kind zu finden. Gerade weil wir mit unserem beziehungs- und kommunikationsorientierten, therapeutischen Angebot Gefahr laufen, das Kind zu überfordern, müssen wir eine Vereinfachung für den gestressten Wahrnehmungsapparat der Kinder finden: Wir versuchen uns zunächst von den so verwirrenden, typisch menschlichen Eigenschaften zu befreien und begeben uns erst einmal in Konkurrenz mit der dinglichen Umwelt, die das Kind ja noch vorzieht.

Versuchen wir uns einmal mit den Augen eines autistischen Kindes zu sehen, das die Bedeutungen der Signale, die wir aussenden, nicht verstehen kann und stattdessen auf eine große Gleichförmigkeit angewiesen ist: Wir kleiden uns jeden Tag anders; wir wechseln die Frisur; manchmal tragen wir eine Brille; wir bewegen uns mal schnell, mal langsam; der Klang unserer Stimme ist oft sehr verschieden; unser Gesicht verändert sich ständig; unser Mund neigt dazu, plötzlich Lachsalven auszustoßen, dann wieder schmallippig zu verschwinden; ganz zu schweigen von unseren Stimmungen, Absichten, Erwartungen ...

Im Vergleich zur dinglichen Umwelt gleichen wir als »Objekt Mensch« in den Augen eines autistischen Kindes eher einem Monster. Wir sind viel zu komplex, zu vieldeutig und damit bedrohlich. Wir erfüllen die Erwartungen des Kindes längst nicht so zuverlässig wie viele (technischen) Gegenstände: gleiche Knöpfe – gleiche Effekte. Gegenstände sind sehr viel eindeutiger, kontrollierbarer und den Erwartungen entsprechender, nach dem Motto, »Da weiß man, was man hat!« und somit für autistische Kinder interessanter (Janetzke 1991).

Um unsere Attraktivität für das kontaktabwehrende Kind mit Autismus zu vergrößern, bieten wir uns deshalb als Therapeuten zunächst als gut funktionierende Objekte an (mit vorhersagbaren Gegenstandseigenschaften) und versuchen auf diese Weise, ein unentbehrlicher Teil der stereotypen Beschäftigung des Kindes zu werden. Für das Kind machen wir uns also auf eine Weise kontrollierbar, die nicht seinen bisherigen Erfahrungen entspricht. So erlauben wir dem Kind, uns wie ein faszinierender Gegenstand wahrzunehmen. Umso reizvoller wir von dem Kind eingestuft werden, desto größer wird seine Bereitschaft sein, sich intensiver mit uns zu beschäftigen als mit den »anderen« Gegenständen (Janetzke 1991).

Der Anstoß zur späteren Formulierung der Differenziellen Beziehungstherapie durch Hartmut Janetzke ging von einer Therapiesitzung mit Merle[16], einem 5-jährigen, nicht sprechenden Mädchen aus. Im Vorfeld wurde nach klassischem verhaltenstherapeutischen Vorgehen vergebens versucht, Merle durch Vorsprechen und die Aufforderung, das Gehörte nachzusprechen, zur Mitarbeit zu motivieren. Der Therapeut bot sich dem Mädchen dann in gänzlich anderer Weise dar. Er drückte mit einer Hand sein Kinn nach unten und ließ dabei ein deutliches »Aahh« hören. Sobald er das Kinn wieder nach oben schob, versiegte der Ton. Das wiederholte Anbieten machte Merle neugierig und schon bald betätigte sie die Kinnlade des Therapeuten mit großer Wiederholungsfreude wie bei einem Nussknacker. Der Therapeut ließ sich funktionalisieren, die Kinnlade wurde zum (Spiel)Werkzeug und funktionierte erwartungsgemäß. Das Kind hatte das Gefühl, die Situation kontrollieren zu können. Dadurch kam es zu ersten vorsichtigen sprachlichen Imitationsversuchen des Mädchens und für den Therapeuten zu einem echten »Aha-Erlebnis« (Janetzke 1989, Videosammlung des Hamburger Autismus Instituts).

Vorgehensweise in der Anfangsphase der Therapie

Die therapeutische Grundhaltung in der Differenziellen Beziehungstherapie wird von dem Ziel bestimmt, sich in die spezielle Wahrnehmung des autistischen Kindes einzufühlen, um ihm soziale Kontakte auf seine Weise zu ermöglichen. Geduld, Einfühlungsvermögen und Kreativität sind dabei von größter Bedeutung. Dabei reicht es nicht aus, Verständnis zu haben. »Nur wenn es uns gelingt, unser rationales oder empathisches Verständnis nicht nur zu haben, sondern auch daran teilhaben zu lassen, auch spürbar

zu machen, kann ein beziehungsförderliches Sichverstandenfühlen entstehen« (Janetzke 1991, S. 51).

Eine grundlegende Entscheidung besteht darin, auf der Stufenleiter der Entwicklung zu dem Kind herabzusteigen. »Sich Herablassen schafft Nähe, die gerade die Kinder sich wünschen, die mit Distanzbemühungen

---

16 Die Namen der Klienten wurden von der Autorin geändert

versuchen (müssen), sich vor Überforderung zu schützen« (Janetzke 1991, S. 55). Das »Herablassen« kann z. B. ganz konkret bedeuten, nicht zu erwarten, dass sich das Kind zu uns an den Tisch setzt, sondern dass wir uns zu dem Kind auf den Boden setzen.

Auf die psychische Dynamik bezogen heißt das, dass wir uns darauf konzentrieren, den Standort der kindlichen Psyche sensibel zu erspüren und geduldig auf einen günstigen Moment zu warten, als bereicherndes Element in die autistischen Beschäftigungen einbezogen zu werden. Das gelingt uns, indem wir besonders zu Anfang der Therapie die grundlegende Erfahrung vermitteln: »Es macht wider Erwarten mehr Spaß, sich mit einem Menschen zu beschäftigen als mit Wasserhahn, Lichtschalter oder Kalenderdaten« (Janetzke 1993, S. 66).

Fallvignette Corinna:

Das 4-jährige, nicht sprechende Mädchen befindet sich in der Anfangsphase der Therapie. Erste Beobachtungen zeigen Corinna, wie sie sich kniend, mit rhythmischen Schaukelbewegungen, die Hände aufgestützt und im Mund eine aufgeklappte, auf- und nieder wippende Audio-Kassettenhülle selbst stimuliert. Dies tut sie konzentriert und ausdauernd und scheint damit das Bild eines selbstbezogenen, sozial unzugänglichen autistischen Kindes in fast plakativer Weise zu bestätigen. In der nun einsetzenden therapeutischen Intervention orientiert sich die Therapeutin zunächst an den Interessen Corinnas. Als Spielmaterial bietet sie Dinge an, die ähnlich der Kassettenhülle eine Auf-Zu-Funktion und einen stark stimulierenden Charakter haben. Mit Hilfe eines Handpuppen-Krokodilmauls begleitet die Therapeutin – auch verbal – für das Mädchen überschaubare Spielhandlungen (Krokodilmaul »auf und zu«). Corinna genießt das ihr kontrollierbar erscheinende Miteinander sichtlich, jedoch noch ohne Blickkontakt aufzunehmen.

In einer späteren Therapiestunde wählt die Therapeutin einen großen, aufgeblasenen Luftballon, den sie Corinna an den Bauch hält. Dem Mädchen macht es großen Spaß, wenn die Therapeutin an dem Luftballonknoten zieht und ihn mit einem deutlichen »Zack!« zurückschnellen lässt, sodass diese Bewegung auch auf ihrem Körper spürbar wird. Von dieser Interaktion kann sie gar nicht genug bekommen. Es entsteht eine Art Rhythmus von Zurückschnellen-Lassen und »Zack-Sagen«, den Corinna zunehmend freudig vorwegnimmt – noch immer ohne Blickkontakt. Nach vielen Wiederholungen verzögert die Therapeutin ihre Handlung etwas. Das bringt Corinna dazu, sie anzusehen und ihr ihrerseits ein aufmunterndes »Zack!« zuzuflüstern. Diese Situation wird die Grundlage für weitere gelungene Interaktionen und für einen sich erweiternden Wortschatz des Mädchens (Rittmann 2011).

Analysiert man diese Therapiesequenzen, so erscheint es einerseits wichtig, Spielmaterialien und Beschäftigungsinhalte zu wählen, die an die individuellen Interessen des Kindes anknüpfen und ihm Vorhersagbarkeit signalisieren. Noch wichtiger ist jedoch die durch die therapeutische Haltung geprägte emotionale Atmosphäre. Sie entscheidet darüber, ob und wie viel verbale Äußerungsfreude entstehen kann. Wichtig ist, die Förderabsicht dem Kind gegenüber nicht als Erwartungsdruck spürbar werden zu lassen.

Erst wenn sich das autistische Kind mit seinem Grundbedürfnis nach Sicherheit und Geborgenheit ausreichend angenommen fühlt, kann es sich für etwas Neues interessieren und Erkundungsverhalten entwickeln. Die Kinder sollen erfahren, dass sie bedingungslos angenommen werden, damit sie die Therapie nicht als Zumutung empfinden, sondern gerne und möglichst fröhlich zu ihren Stunden erscheinen. Bei dem Austausch mit dem Kind ist es besonders wichtig, feinfühlig auf seine Mimik und Körpersprache zu achten (Janetzke 2001). Signale wie Abwehr und Rückzug sind für uns wichtige Wegweiser zur kindlichen Psyche. Wie in der allgemeinen Psychotherapie erkennen wir im Widerstand des Kindes wertvolle Hinweise auf seine innere Erlebniswelt. Wir gehen mit dem Widerstand, nehmen das Kind mit seinen Ängsten an und versuchen nicht, den Widerstand zu brechen, sondern ihm eine beziehungsfördernde Erfahrung zu vermitteln.

Fallvignette Moritz:

Dem 4-jährigen, nicht sprechenden Jungen gelang es zu Beginn der Therapie nicht, sich von seinen Eltern zu lösen und mit der Therapeutin in einen Therapieraum zu gehen. Stattdessen klammerte er sich am Bein des Papas fest und lief bei Annäherung durch die Therapeutin vor ihr weg. Anfangs etwas ratlos, kam die Therapeutin dann auf die Idee, bevor Moritz seinen Weglaufimpuls in die Tat umsetzen konnte, sein Verhalten zu spiegeln und vor ihm wegzulaufen. Erstaunt, neugierig werdend, seine Angst langsam vergessend, begann der Junge nun der Therapeutin hinterherzulaufen, woraus sich mit der Zeit ein lustvolles Fangen-Spiel entwickelte.

Als es auf diese Weise allmählich gelang, sich vom Vater zu entfernen und in einem Raum zu bleiben, hatte Moritz Probleme, die geschlossene Tür zu ertragen. Wieder nahm die Therapeutin seine Ängste ernst und öffnete, sobald Moritz' Blick zu Tür ging, diese sofort, was ihn zunächst beruhigte und bald ebenfalls zu einem lustvollen Spiel wurde. Nach einigen Wochen konnten sich beide ganz entspannt in verschiedenen Therapieräumen bei geschlossenen Türen unterschiedlichen Beschäftigungen widmen. Ein voreiliges Beharren auf einer Trennung von seinem Vater oder auf geschlossene Türen hätte die gerade entstehende therapeutische Beziehung unnötig belastet und dem Kind, außer der Erfahrung, dass sein Gegenüber bedrohliche Anforderungen an es stellt, keine neuen beziehungsfördernden Erfahrungen vermittelt. Die geduldigen, auf seine Ängste vor der noch fremden Therapeutin Bezug nehmenden Interventionen ließen eine positive, für den Jungen zunehmend freudvolle therapeutische Beziehung entstehen, die sich im späteren Therapieprozess als belastbar erwiesen hat.

Werden diese ersten Kontakt- und Beziehungsangebote von den Kindern aufgegriffen, versuchen wir behutsam, nach und nach neue Handlungsangebote in das Spiel zu integrieren. Bei einem Kind, das beispielsweise so fixiert auf Wasserhähne ist, dass es immer nur seine Hände unter das laufende Wasser halten möchte, ist man versucht, diese Verhaltensweise einfach zu unterbinden. Allerdings würde das Kind in jeder unbeaufsichtigten Minute wieder am Wasserhahn stehen, um Wasser über seine Hände laufen zu lassen … Unsere Erfahrung zeigt, dass es sinnvoller ist, zu versuchen uns als bereichernder Faktor in sein Spiel zu integrieren. Dazu führen wir beispielsweise anfangs einen in Farbe getauchten Pinsel in das Spiel mit ein. Später nehmen wir vielleicht einen Tuschkasten mit zum Waschbecken, malen uns gegenseitig die Hände an, nehmen in einer weiteren Therapiephase ein Blatt Papier hinzu, um irgendwann tuschend – und mit vielen positiven Beziehungserfahrungen – am Tisch zu landen. Danach wird das Kind eher die gemeinsame Aktivität am Tisch einfordern (die sich bei Bedarf variieren und ausbauen lässt), als alleine am Wasserhahn stehen zu wollen. Somit lohnt es sich, zu Beginn auch Umwege und einen zeitlichen Mehraufwand in Kauf zu nehmen, um dann später echte intrinsische Motivation geschaffen zu haben, die Grundlage für unterschiedliche konstruktive Lerninhalte sein wird.

Zusammenfassend kann man über diese erste Phase der Therapie sagen, dass wir versuchen, das, was dem autistischen Kind an Beziehungsfähigkeit zunächst fehlt, kompensatorisch im Übermaß anzubieten. Dies verschafft uns den Beziehungskredit, der uns dann die Anpassungsbereitschaft des Kindes in den späteren Therapiephasen sichert.

Spätere Therapiephasen

Hat sich eine belastbare Beziehungsbasis entwickelt, ist das Kind mit Autismus in stärkerem Maße bereit, von uns eingebrachte Veränderungen zu akzeptieren und dadurch seine Interessen und Fähigkeiten zu erweitern. Wichtige Entwicklungsziele sind die Förderung von Selbstständigkeit sowie von Anpassungsbereitschaft als wichtige Voraussetzung sozialer Eingliederung. Neben der Unterstützung allgemeiner sozialer und kommunikativer Fähigkeiten fördern wir in spielerischer Form den Erwerb von Verbalsprache oder Alternativen zur Verbalsprache: Gebärden, Bildkarten und Schriftsprache.

Beginnt sich das Kind allmählich aus Gegenstandsbindungen zu lösen, weil es in sozialen Beziehungen mehr Befriedigung findet, entscheiden individuelle Besonderheiten über die weiteren, methodenübergreifenden Behandlungsziele Dabei bleibt zentral, dass das Kind im Mittelpunkt der Therapie steht, und nicht die strikte Einhaltung einer bestimmten Methode.

Weniger fordern, mehr motivieren ist ein wichtiger Leitgedanke. Als zu bedrängend und überfordernd erlebte Förderung kann zu Rückzug und Verweigerung führen, was bedeutet, dass das Gelernte nicht mehr ausgeübt wird aus Angst, dass wieder neue Forderungen dazukommen – analog zu dem Sprichwort »Das Bessere ist der Feind des Guten«. Aus diesem Grund sollte ein Kind mit Autismus stets das Gefühl haben, Nutzen aus einer Beschäftigungs- oder Lernsituation zu ziehen. Dabei gehören Aspekte, wie die kognitive Förderung oder die Erweiterung der sozialen Kompetenzen zu den therapeutischen Zielen. Oft gelingt ein wesentlicher Therapieschritt, wenn wir es schaffen, die Interessen des Kindes mit sinnvollen therapeutischen Zielsetzungen zu verbinden.

Fallvignette Sönke:

Der 9-jährige Junge mit hochfunktionellem Autismus demonstriert seine autistische Symptomatik besonders eindrucksvoll durch eine starke Fixierung auf Glühbirnen und Dunstabzugshauben. Besonders Glühbirnen haben für ihn menschliche Fähigkeiten. Er belegt sie mit den Namen seiner Mitschüler, die Glühbirnen sind seine besten Freunde. Es ist schwierig, mit ihm über andere Themen zu sprechen. Hinzu kommt, dass der sehr temperamentvolle Junge zusätzlich ein Aufmerksamkeitsdefizitsyndrom mit Hyperaktivität hat und in Hausaufgabensituationen mit seiner Mutter häufig seine Mitarbeit lautstark verweigert. Dadurch droht das Mutter-Sohn-Verhältnis auf Dauer Schaden zu nehmen.

Als eine Alternative zum (für ihn schwierigen) Handschreiben bei den Hausaufgaben scheint sich die Tastatur des Computers anzubieten. Den PC als Schreibhilfe lehnt Sönke jedoch bislang ab. Um diese ablehnende Haltung auf keinen Fall weiter zu verstärken und stattdessen dieses Medium für ihn interessant zu machen, entscheidet sich seine Therapeutin, Sönkes Gedanken zum Thema Glühbirnen mit Hilfe des PCs für ihn aufzuschreiben. Dabei lässt sie sich anfangs durchaus funktionalisieren, ist sozusagen der verlängerte Arm des Jungen. Wie eine gute Sekretärin tippt sie fleißig Sönkes Gedanken in die Tasten, stellt nichts in Frage und liest ihm immer wieder die getippten Passagen zur Kontrolle vor. Der Junge ist begeistert davon, wie ernst seine Interessen genommen werden, und lässt sich schon beim ersten Mal überreden, am Schluss seinen Namen unter das Geschriebene zu tippen.

Im Laufe der folgenden Therapiestunden beginnt Sönke über Probleme mit einem Mitschüler zu sprechen. Wegen der Konflikte ist er unsicher, ob er ihn zu seinem Geburtstag einladen möchte. Vorsichtig bietet die Therapeutin Erklärungs- und Lösungsmöglichkeiten für Sönkes Konflikte an und stellt sich zur Verfügung, diese Ideen aufzuschreiben. Nur die Vorschläge werden aufgeschrieben, die der Junge selbst benennt oder als angemessen erlebt. Sönke bittet schließlich die Therapeutin, einen Brief an seinen Freund zuschreiben:

Lieber Daniel,

*du bist einer von meinen besten Freunden und ich spiele gerne mit dir. Aber ich möchte auch mal mit Sören, Maik und Lennart spielen. Ich spiele gerne mit den dreien, weil sie beim Spielen auch mal meine Ideen gut finden. Du versuchst meistens nur **deine** Spielideen durchzusetzen; das finde ich doof.*

Ich weiß, dass du manchmal traurig bist, weil ich nicht immer mit dir spielen will. Das tut mir leid. Aber ich habe lange Zeit immer nur mit dir gespielt und jetzt möchte ich auch mal mit anderen spielen.

Nachmittags und auf meinem Geburtstag nächste Woche spiele ich gerne mit dir, aber auch mit den anderen Kindern. Ich fände es toll, wenn du mich dann auch mit den anderen spielen lassen würdest.

Sönke

Die Therapeutin verhält sich für ihn erwartungsgemäß und stellt sich ihm wieder als »Schreibkraft« zur Verfügung. Beim Niederschreiben wird deutlich, wie sehr dieses langsame Tempo des Schreibens, Vorlesens, Korrigierens und Modifizierens dem Verarbeitungstempo des Jungen entgegenkommt. Beim Schreibvorgang selbst hat Sönke die Möglichkeit, den Umgang seiner Therapeutin mit ihren (Tipp-)Fehlern zu beobachten, lernt dabei, dass man über Fehler lachen kann, Fehler wieder gutmachen kann etc. Die am Ende ausgedruckten Schriftstücke haben für den Jungen eine große Wichtigkeit, er nimmt sie mit nach Hause, heftet sie an die Wand an seinem Bett, gibt sie anderen zu lesen und nimmt in der folgenden Therapiestunde wieder auf die behandelten Themen Bezug: »Letztes Mal mit Daniel hast du mir doch auch geholfen, kannst du heute was über die Klassenreise aufschreiben?« Fast wie ein erwachsener Psychotherapieklient nimmt sich Sönke in der Folgezeit Problemthemen vor, die er mit seiner Therapeutin in bewährter Weise bearbeiten will.

Während dieser Therapiesequenz hat sich die Therapeutin ausreichend flexibel gezeigt, ihre ursprüngliche Intention aufzugeben, Sönke an das Schreiben am PC heranzuführen. Es ist stattdessen etwas nicht minder Wichtiges entstanden, nämlich ein Rahmen, in dem der Junge beginnt, sein Verhalten zu reflektieren und nach Lösungen für seine Probleme zu suchen. Als interessanter Nebeneffekt ist zu berichten, dass Sönke in der Folgezeit zu Hause begann, sich mit dem Schreiben am PC anzufreunden (Hamburger Autismus Institut, Videosammlung 2005).

Umfeldarbeit

Ein wesentlicher und mitentscheidender Aspekt in der Differenziellen Beziehungstherapie ist die Eltern- bzw. Umfeldarbeit. Eltern und andere Bezugspersonen (aus Kindergarten, Schule, Wohngruppe etc.) werden als wichtige – aber auch extrem belastete – Partner, mit denen das Kind die übrigen Stunden der Woche verbringt, erkannt und intensiv beraten. Sie gestalten das Umfeld des Kindes und sind somit von großer Bedeutung für Eröffnung von Entwicklungsmöglichkeiten für das Kind.

Um einem Kind eine möglichst störungsfreie Entfaltung seiner kognitiven Möglichkeiten zu ermöglichen, gilt es – bei aller guten Förderabsicht – Überforderungen zu vermeiden (Janetzke 2001). Es kommt nicht ausschließlich auf das – theoretisch vorhandene – kognitive Potenzial des Kindes an. Vielmehr ist es wichtig zu verstehen, dass gerade ein Kind mit Autismus längst nicht immer Zugang zu seinen Potenzialen hat. Dies zu verlangen wäre eine Überforderung für das Kind und würde mittelfristig zu Rückzugs- und Verweigerungsreaktionen führen. So bedarf es zum Beispiel im schulischen Umfeld einer intensiven Beratung der Lehrer, damit sie zu einer angemessenen Einschätzung der Leistungsfähigkeit ihres schwierigen Schülers gelangen können. Irritationen können zum Beispiel dann entstehen, wenn ein Schüler eine Fähigkeit schon öfter bewiesen hat, sie aber in einer belasteten Situation plötzlich nicht mehr abrufbar ist. Bei den meisten autistischen Menschen wird eine gewisse Diskrepanz zwischen den theoretisch erworbenen Fähigkeiten und denen im Alltag einsetzbaren bleiben. Aus diesem Grund macht es keinen Sinn, um den Preis beziehungsbelasteter Erfahrungen, jedes Quäntchen noch nicht genutzter Fähigkeiten ausschöpfen zu wollen.

Die anfangs beschriebenen Störungen in der Wahrnehmungs- und Erlebnisverarbeitung sowie die daraus resultierenden extremen Verhaltensstörungen überfordern auch ein gesundes Familiensystem. Diese Überlastung kann zum einen die übrigen Familienmitglieder krank machen und zum anderen verhindert sie eine positive Entwicklung des autistischen Kindes. Deshalb ist es manchmal wichtig, die Familie durch Therapie ergänzende Betreuung zunächst zu entlasten. Zu diesem Zweck setzen wir in vielen Autismus-Therapiezentren Praktikanten ein, die vor Ort in den Familien tätig werden. Sie gestalten Freizeitaktivitäten mit den autistischen Kindern und sorgen so für ein wenig Entspannung für die übrige Familie. Durch ihre Präsenz in der Familie sind sie ebenfalls (unter Supervision des zuständigen Therapeuten) wichtige Weichensteller für pädagogische Veränderungen im häuslichen Alltag. Sie unterstützen beispielsweise die Eltern darin, in der Therapie eingeführte Materialien (z. B. aus dem Bereich TEACCH, Häußler 2000) auch im Familienalltag zu etablieren.

In unserer begleitenden Elternarbeit ergeben sich meist unterschiedliche thematische Phasen, beispielsweise das Ringen um die Akzeptierung der Behinderung, die Auseinandersetzung mit dem Ausbleiben der altersgerechten Sprachentwicklung, Pubertätsproblematiken, Ablösung vom Elternhaus u. a. m. Alleinerziehende Mütter, Migrantenfamilien oder Eltern besonders herausfordernder Kinder können außergewöhnlichen Belastungen ausgesetzt sein. In Autismus-Therapiezentren verfügen wir über eine systemisch orientierte Sichtweise auf die Schwierigkeiten und helfen Probleme zu entwirren, die das ganze Familiensystem betreffen, häufig auch besonders die der Geschwister (Magener & Pötter 1994).

Fazit

Der therapeutische Weg, den man mit einer beziehungsorientierten Therapiemethode, wie der Differenziellen Beziehungstherapie, beschreitet, erscheint oft gewundener und weniger schnell zum Ziel zu führen, wie mit manch anderer Methode. Aus unserer Erfahrung heraus können wir jedoch sagen, dass die Differenzielle Beziehungstherapie sehr nachhaltig wirkt. Der oben beschriebene 9-jährige Sönke beispielsweise, dessen Spezialthema Glühbirnen waren und der freiwillig nicht schreiben wollte, ist inzwischen 18 Jahre alt. Seine Interessen haben sich auf Autos verlagert und er teilt sie mit einem Freund, mit dem er sich regelmäßig verabredet. Besonders stolz ist er darauf, dass er aktuell seine theoretische Führerscheinprüfung bestanden hat. Der junge Mann hält mit seiner ehemaligen Therapeutin einen lockeren E-Mail-Kontakt, in dem er kurz berichtet, wie es ihm geht und die Therapeutin nach ihrem Befinden fragt. Sein Vater zeigt seine Verbundenheit mit der Arbeit des Autismus-Therapie-Zentrums, indem er sich in offizieller Position für die Belange von Eltern von Kindern mit Autismus engagiert. Hiermit glauben wir die Aufgabe von Eingliederungshilfe, nämlich größtmögliche Teilhabe am Leben in der Gesellschaft zu ermöglichen, gut erfüllt zu haben.

Literatur

Brisch, K.-H. (2009): Bindungsstörungen. Von der Bindungstheorie zur Therapie. Klett-Cotta, Stuttgart

Frith, U. (1992): Autismus. Spektrum Akademischer Verlag, Heidelberg, Berlin, New York

Greenspan, St. & Wieder, S. (2009): Engaging Autism: Using the Floortime Approach to help Children relate, communicate and think. Da Capo Press, Boston

Gutstein, St. (2002): Relationship Development Intervention with Children, Adolescents and Adults. Jessica Kingsley Publications, Philadelphia

Häußler, A. (2000): Strukturierung als Hilfe zum Verstehen und Handeln: Die Förderung von Menschen mit Autismus nach dem Vorbild des TEACCH-Ansatzes. Lernen konkret, 4, 21–25

Hamburger Autismus Institut (2005): Videosammlung

Hartmann, H. (2011): Erweiterte Aufmerksamkeits-Interaktions-Therapie – AIT: Kleines Lehrbuch der modernen Autismus-Therapie mit dialogischem Schwerpunkt. dgvt-Verlag, Tübingen

Janetzke, H. (1993): Stichwort Autismus. Heyne Verlag, München

Janetzke, H. (2001): Aggression, Kommunikation, Sozialkompetenz. In: Ergebnisse der Fachkonferenz 2001, Bethel; Schulische Förderung von Kindern und Jugendlichen mit Autismus; Fachverband für Behindertenpädagogik, S. 31–33

Janetzke, H. (1991): Leitlinien therapeutischer Arbeit. In: Tagungsbericht der 7. Bundestagung Düsseldorf 1991 von Autismus Deutschland, S. 50–65

Lovaas, O. I. (2003): Teaching Individuals With Developmental Delays: Basic Intervention Techniques. Pro-ed, Austin, TX

Magener, R. & Pötter(Rittmann), B (1994): Familientherapie zum Kennenlernen. In: Tagungsbericht der 8. Bundestagung Baunatal 1994 von Autismus Deutschland, S. 263–269

Rittmann, B. (2011): Das Multimodale Therapiemodell in der Autismustherapie am Beispiel des Hamburger Autismus Instituts. In: Inklusion von Menschen mit Autismus. Loeper, Karlsruhe

Rogers, S. J. & Dawson, G. (2014): Frühinterventionen für Kinder mit Autismus – Das Early Start Denver Modell. Hogrefe vormals Hans Huber Verlag, Bern

Rogers, C. (1977): Therapeut und Klient. Kindler, München

de Saint-Exupéry, A. (1956): Der Kleine Prinz. Karl Rauch Verlag KG, Düsseldorf

Lernen am Erleben – Erlebnispädagogische Methoden in der Autismus-Therapie

Leila Reineke

Der Einsatz erlebnispädagogischer Methoden ist vornehmlich aus niedrigschwelligen sozialpädagogischen Arbeitsfeldern, wie beispielsweise der offenen Ganztagschule und Jugendzentren, bekannt. Auch Klassenfahrten werden zunehmend erlebnispädagogisch ausgerichtet; dabei sind stets die Förderung der eigenen Persönlichkeit, des Zusammenhalts und weiterer so genannter *social skills* im Blick. Häufig genutzte »Erlebnis«-Methoden sind dabei u. a. inszenierte Problemlöseaufgaben, kooperative Aufgaben in Seilgärten und das Kanu-Fahren. Heckmair und Michl beziehen sich in ihrem Definitionsversuch ebenfalls auf die Förderung der Persönlichkeitsentwicklung: »Erlebnispädagogik ist eine handlungsorientierte Methode und will durch exemplarische Lernprozesse, in denen junge Menschen vor physische, psychische und soziale Herausforderungen gestellt werden, diese in ihrer Persönlichkeitsentwicklung fördern und sie dazu befähigen, ihre Lebenswelt verantwortlich zu gestalten« (Heckmair & Michl 2012, S. 115).

»Kinder, Jugendliche, Erwachsene finden es dort interessant, wo ›was losgemacht wird‹, wo es nach ›Action‹ und ›Abenteuer‹, nach ›Sport, Spiel und Spannung‹ riecht« (Heckmair & Michl 2012, S. 56). Es geht demzufolge ein hoher Aufforderungscharakter von erlebnisorientierten Methoden aus. Gilt dies auch für Menschen aus dem Autismus-Spektrum? Profitieren sie von einer Methode, die nicht virtuell, sondern in der realen Begegnung mit sich selber und anderen stattfindet? In den vergangenen Jahren sind im Westfälischen Institut für Entwicklungsförderung (WIE) Erfahrungen mit der Nutzung erlebnispädagogischer Methoden in der Autismus-Therapie bei Kindern und Jugendlichen in unterschiedlichen Altersgruppen gesammelt worden. Dabei wurde in der Durchführung auf ein vielfältiges erlebnispädagogisches Methodenrepertoire zurückgegriffen, das u. a. (einfache) Problemlöseaufgaben, Geocachen (Schnitzeljagd mit GPS) und City Bound (Erlebnispädagogik in der Stadt) sowie wildnispädagogische Elemente, Longboard-Fahren (längere Variante des Skateboards), Toprope-Klettern (Klettern am sicher eingehängten Seil) und Bouldern (Klettern auf Absprunghöhe) umfasste. Der Einsatz erlebnispädagogischer Methoden in der Autismus-Therapie hat sich dabei als gewinnbringende Therapiemöglichkeit für jene Klientel herausgestellt, die sich in diesem Methodenrahmen wohl fühlen oder gar erst durch einen Erlebniszugang eine Therapiemotivation aufbauen.

Grundlagen erlebnispädagogischer Methoden in der Therapie

*Ich höre und vergesse,
Ich sehe und erinnere,
Ich tue und verstehe,
~Konfuzius~*

Erlebnispädagogische Methoden setzen die Grundhaltung der absoluten Freiwilligkeit voraus und ermöglichen durch bewältigbare handlungsorientierte Herausforderungen Körpererfahrungen, die stark an der Motivation der Klientel orientiert sind und Spaß versprechen. Dies sind wichtige Faktoren, um nachhaltige Lernerfahrungen machen zu können (Hüther 2015). Heckmair und Michl (2012) weisen auf neuere Forschungsergebnisse hin, die »belegen, dass komplexe Bewegungsmuster (…) das Erinnerungsvermögen fördern und die Aufnahme neuer Informationen erleichtern.« Auch Lovric (2015, S. 9) bezieht sich auf die neuronale Plastizität des Gehirns und ergänzt dahingehend, dass sich gerade »(i)m pädagogisch-therapeutischen Kontext (…) besonders günstige Bedingungen für eine neurale Aktivitäts- und Modifikationsbereitschaft im Rahmen aktiver Handlungsakte (finden).« Er beschreibt das Klettern als einen möglichen dieser Handlungsakte.

Diese handlungsorientierten Herausforderungen sind darüber hinaus auf ausgewählte Zielsetzungen ausgerichtet. Die Ziele für das Lernen mit »Kopf, Herz und Hand« können dabei äußerst vielfältig sein und lassen sich der Förderung der Ich-, Sozial- sowie Sachkompetenz zuordnen.

Für die individuelle Gestaltung dieser Herausforderungen ist das *Lernzonenmodell* nach Senninger (2012) eine wichtige Grundlage (Einwanger 2015; Deffner 2009; Senninger 2012). Das Modell geht von drei Zonen aus. In der *Komfortzone* fühlen wir uns wohl, wir haben Strategien, auf die wir zurückgreifen können, und erleben uns als entsprechend sicher. Wachstum findet hier jedoch nicht statt. Um uns Neues zu erschließen und neue Kompetenzen zu entwickeln, ist es erforderlich, Vertrautes zu verlassen und einen Schritt ins Ungewisse zu wagen. Durch diese Herausforderungen in der *Lernzone* und durch Wiederholungen können Grenzen erweitert und schrittweise neue Strategien in die Komfortzone integriert werden (vgl. Einwanger 2015). Es ist darauf zu achten, dass die Herausforderung nicht in die Überforderung und somit in die *Panikzone* driftet. Diese ist u. a. daran zu erkennen, dass das Kind/der Jugendliche in einen Zustand des Erstarrens gerät oder auch mit aggressiven Verhaltensweisen reagiert, welches positives Lernen unmöglich macht. In der Umsetzung erlebnispädagogischer Methoden soll vielmehr ein Rahmen geschaffen werden, der einen fordert, jedoch nicht überfordert.

Es versteht sich von selbst, dass die Grenzen zwischen den Zonen bei jedem Menschen in jeder Situation ganz individuell verlaufen und dass das Lernsetting einer ebenso individuellen Gestaltung bedarf. Für die Gestaltung des Lernsettings ist demnach »die (jeweils) >>richtige<< Intervention zu setzen, damit der Klient genau das erfährt, worum es in seiner Therapie geht« (Kowald 2015, S. 44), ohne dabei unter- oder überfordert zu sein. So kann das Erweitern von persönlichen und individuellen Grenzen schrittweise und im eigenen Tempo erlebbar werden.

In der pädagogisch-therapeutischen Begleitung erfordert die Umsetzung erlebnispädagogischer Methoden einen besonders geschützten Rahmen, der bei aller Herausforderung auch ausreichend Möglichkeit gibt, in der Komfortzone »verschnaufen« zu können und Erlebtes wirken zu lassen. Zudem geht es im therapeutischen Rahmen darum, die Erfolgserlebnisse, die beim Bewältigen der erlebnispädagogischen Herausforderungen erlebt werden, auf Alltagserfahrungen zu

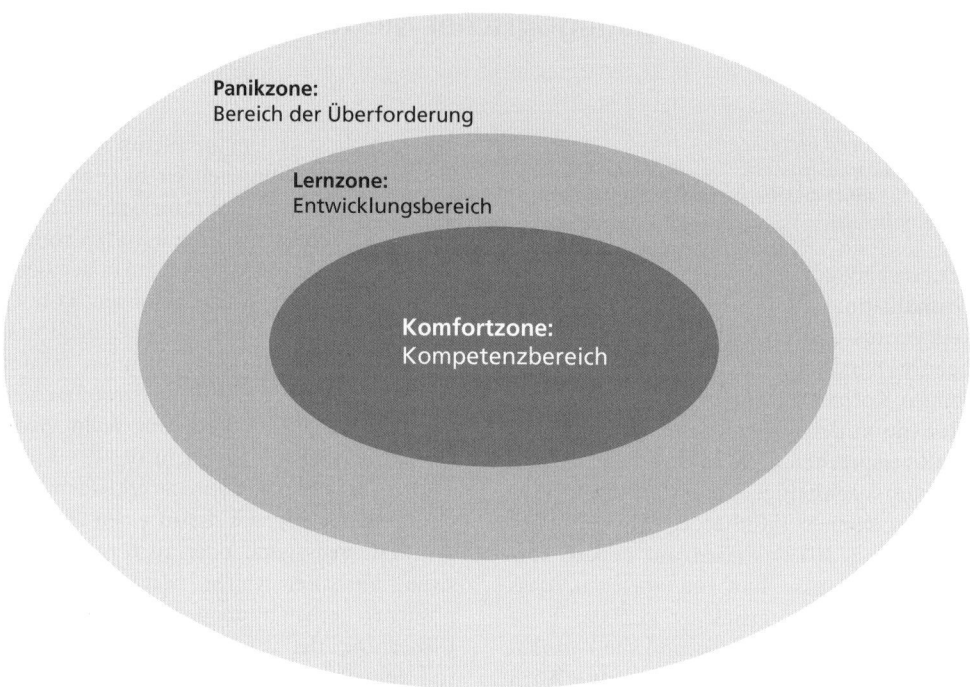

Abb. 1: Lernzonen-Modell (mod. nach Senninger 2012, S. 26)

übertragen. Hierfür ist es die »Aufgabe des Betreuers, den durchlaufenden Entwicklungsprozess für den Klienten sichtbar und ihn damit für einen möglichen Transfer in andere Verhaltensbereiche nutzbar zu machen« (Einwanger 2015, S. 89). Dies bedeutet, dass die Erfahrungen nicht nur erlebt, sondern stets auch reflektiert werden sollten. Einwanger (2015, S. 84/85) hebt den »sehr ausgeprägte(n) Fokus auf Auswertung und Transferpotentialen« gerade innerhalb eines therapeutischen Anspruches hervor. Die Reflexions-und Transferebene des Erlebten ist demnach unerlässlich und ist ein zentraler Bestandteil erlebnispädagogischer Methoden – insbesondere im therapeutischen Kontext. Aktion und Reflexion stehen dabei in der Anwendung in einem unmittelbaren Wechsel miteinander. Dabei kann die reflexive Intervention sowohl vor als auch während und nach der Erfahrungseinheit stattfinden (vgl. Gilsdorf 2004; Heckmair & Michl 2012).

Neben theoretischen Grundlagen sind auch Sicherheitsaspekte bei der Planung und Durchführung erlebnispädagogischer Angebote zu beachten: Der Therapeut muss sich in den von ihm angebotenen, erlebnispädagogischen Methoden in seiner absoluten Komfortzone befinden und praxiserfahren, angemessen ausgebildet und immer auf dem neuesten Sicherungsstand sein (vgl. Deffner 2009; Heckmair & Michl 2012; Tanczos & Zajetz 2015).

Erlebnispädagogische Methoden in der Autismus-Therapie: Fallvignetten

Wie kann der erlebnispädagogische Ansatz, der häufig zu Unrecht als bloße »Bespaßung« und als Freizeitanimation abgetan wird, in der pädagogisch-therapeutischen Begleitung von Menschen aus dem Autismus-Spektrum sinnvoll eingesetzt werden? Und was kann dieser Ansatz hier therapeutisch bewirken? Die folgenden Praxisbeispiele sollen zeigen, dass erlebnisorientierte Methoden als »Eintrittskarte« für eine autismusspezifische Therapie und als geeigneter Rahmen zur Auseinandersetzung mit der eigenen Person sowie mit einem Gegenüber genutzt werden können.

Nutzung erlebnispädagogischer Methoden im Einzelsetting

Setting 1:1

Klient. 15-jähriger Jugendlicher mit Asperger-Syndrom.

Therapeutin. Diplom-Sozialpädagogin, Erlebnispädagogin, Kletterbetreuerin und Wanderleiterin Deutscher Alpenverein (DAV)

Ausgangslage und Förderbedarf. Janik ist bereits 15 Jahre alt, als die Diagnose »Asperger-Syndrom« in einer Tagesklinik für Kinder- und Jugendpsychiatrie gestellt wird. Kurz darauf wird mit einer autismusspezifischen Therapie im WIE begonnen. Hinter ihm liegen einschneidende, stark konfliktbehaftete Schulerlebnisse, die in einem Schulwechsel mündeten. Er äußert zunächst, dass er keinen Therapie-Bedarf habe. Offenbar kommt er nur zur Therapie, weil seine Mutter das so möchte. Die Therapeutin erlebt Janik als überangepasst, sehr höflich und auf der Handlungsebene übermäßig selbstkritisch. Er zeigt keine eigenen Handlungsideen und wirkt insgesamt phlegmatisch. Im häuslichen Umfeld hinterfragt er die Sinnhaftigkeit der Therapieinhalte, was er gegenüber der Therapeutin jedoch nicht äußert. Die Mutter wünscht sich, dass Janik sich in der Therapie mit seiner Persönlichkeit auseinandersetzt. Ferner erhofft sie sich, dass Janik ein besseres soziales Verständnis entwickelt und lernt, sich besser in andere Personen hineinzuversetzen. Auch hält sie es für wichtig, dass Janik sein Interessensspektrum erweitert und seine Vorliebe für Computerspiele weniger hartnäckig und intensiv verfolgt.

Einführung des erlebnispädagogischen Arbeitens mit Janik. Die Suche nach entwicklungsförderlichen Therapieaktivitäten gestaltet sich schwierig. Auch erlebnispädagogische Aktivitäten, die die Therapeutin ihm vorschlägt, stoßen zunächst auf wenig Interesse bei Janik. Es gelingt dennoch, eine positive Beziehung zu Janik aufzubauen. Die Dynamik im Therapieverlauf verändert sich, als Janik erstmals eine eigene Aktivitätsidee in die Therapie mit einbringt: Er möchte zusammen mit seiner Therapeutin Longboard fahren – am besten gleich den Berg hinunter auf eine Stippvisite in die Stadt. Dies sei aus seiner Sicht kein Problem, weil »Longboard-Fahren schließlich sehr einfach sei«. Die Therapeutin kann nun mit dem Jungen ein Abkommen schließen: Beide lassen sich auf etwas Neues ein – die Therapeutin auf das Longboard-Fahren und Janik auf das Klettern. Bereits die Tatsache, dass sich Janik auf diese Vereinbarung – auf einen »Vorstoß in fremde

Gefilde« – einlässt, ist ein erster Erfolg. Auf der Grundlage der Motivation des Jungen und der mittlerweile vertrauensvollen Klient-Therapeuten-Beziehung kann nun mit Janik wöchentlich in einem erlebnispädagogischen Setting gearbeitet werden. Die Longboard- und Klettereinheiten wechseln sich dabei ab.

Förderung der Selbst- und Fremdwahrnehmung in der erlebnispädagogischen Arbeit mit Janik. Beim Longboard-Fahren erlebt sich Janik als sehr kompetent; die Anerkennung der Therapeutin kann er jedoch nicht nachvollziehen, weil ihm sein Können als »ganz normal« erscheint. Auch fällt es ihm schwer zu verstehen, dass die Therapeutin nicht sogleich mit dem Board den Berg hinunterfahren kann. Hier kommt das Lernzonenmodell zum Einsatz. Nach der theoretischen Erklärung der verschiedenen Zonen kann die Therapeutin verdeutlichen, dass Janik sich selber beim Longboard-Fahren in der Komfortzone befindet, sie hingegen bei gleicher Aktivität in die Panikzone gerate, wenn sie mit dem Longboard eine lange gerade Strecke oder sogar einen Berg herunterfahren soll. Mit der Unterstützung der Therapeutin (u. a. durch gezielte Frageimpulse) fixiert der Junge zunächst schriftlich verschiedene Teilaspekte des Longboard-Fahrens, wie z. B. Startposition, Anschwung geben, Bewegung auf das Bord, Bremsen etc. Als zweiten Schritt übt sich Janik darin, diese verschiedenen Teilaspekte für die Therapeutin in das Lernzonenmodell zu übertragen. Beim Üben des Longboard-Fahrens erhält er bei den einzelnen praktischen Übungsschritten stets sehr deutliche verbal-gestisch-mimische Rückmeldungen von der Therapeutin, um ihm das Erkennen ihrer emotionalen Verfassung zu erleichtern (deutliche Freude und Spaß in der Lernzone und Angst und Überforderung in der Panikzone). Janik ist deutlich gefordert, sich in die Situation eines Anfängers hineinzudenken und seine Fahrkompetenz entsprechend in Teilschritte herunterzubrechen. Dabei äußert er zwar häufig Unverständnis, aber dennoch eine erstaunlich große Anstrengungsbereitschaft (»Puh, das ist jetzt echt anstrengend. Aber okay.«) und Freude, wenn der Therapeutin ein von ihm angeleiteter Teilschritt gelungen ist. Bei Erfolgen der Therapeutin wird er manchmal sehr überschwänglich und neigt dazu, unrealistische Erwartungen zu entwickeln. Im Anschluss an die praktischen Übungssequenzen gibt es stets eine ritualisierte Abschlussreflexion. Bei Letzterer geht es sowohl um die jeweilige Modifizierung des Lernzonenmodells für die Therapeutin (Welcher Teilschritt ist noch in der Lernzone? Welcher Teilschritt kann ggf. in die Komfortzone?) als auch um Überlegungen zu neuen Erkenntnissen für den Jungen (Welches Verhalten/welche Strategien haben geholfen? Was kam beim Gegenüber gut an? Was war eher hinderlich?) sowie Transferversuche auf den Alltag von Janik (Woher kennst du das? Was könnten die neuen Erkenntnisse für die andere Situation bedeuten?). So übt sich Janik nicht nur maßgeblich in seiner Fremdwahrnehmung und seiner Fähigkeit zur Perspektivübernahme, sondern auch in seiner Selbstwahrnehmung. Unmittelbar erlebte Erkenntnisse für den zwischenmenschlichen Kontakt können Schritt für Schritt verinnerlicht werden.

Beim Klettern nutzt die Therapeutin das Lernzonenmodell für Janik, in dem er sich immer wieder selber mit einzuschätzen übt (Welche Teilfertigkeiten sind in der Komfort-, Lern- oder Panikzone?). So füllt jeweils Janik ein Lernzonenmodell für sich aus als auch die Therapeutin für den Jungen. Beim Abgleich der beiden Einschätzungen ist er nahezu erbost, welche Teilschritte die Therapeutin für ihn in die Lernzone einordnet. Durch die praktischen Erfahrungen mit dem Klettern lernt Janik, sich Schritt für Schritt besser einzuschätzen, und es gelingt ihm in der kontinuierlichen Modifikation seines eigenen Lernzonenmodells immer häufiger, sich realistisch einzuordnen. Auch hier kann sensibel erfragt werden, aus welchen Situationen er das Überschätzen seiner selbst kennt. Daran anknüpfend kann überlegt werden, welche Strategien in Zukunft helfen könnten, um Selbstüberschätzung und Selbstüberforderung vorzubeugen. Auch kann ihm ganz konkret gespiegelt und rückgemeldet werden, wie eine übertriebene Selbstdarstellung auf andere wirken kann. Am wichtigsten erscheint jedoch, daran zu arbeiten, mit seinen eigenen Leistungen zufrieden zu sein, und mit wachsender Erfahrung an Selbstwertgefühl zu gewinnen.

Erweiterung des Handlungsspektrums bei Janik in der Auseinandersetzung mit erlebnispädagogischen Methoden. Im Laufe der Klettereinheiten lernt Janik in der Kletterhalle auch das Bouldern kennen und entwickelt dort eine fast noch höhere Motivation als beim Toprope-Klettern. Gemeinsam mit der Therapeutin recherchiert er Zug- und Busverbindungen zur Kletterhalle sowie Mitgliedsbeiträge im Alpenverein, um einen günstigeren Eintritt zu bekommen. Er nimmt nun gerne zusätzliche Termine mit der Therapeutin am Abend wahr, um an seinen Kompetenzen arbeiten zu können. Es gelingt ihm, einen Freund zu motivieren, sich gemeinsam mit ihm zu einem offiziellen Kletter-Kurs anzumelden. Janik beschäftigt sich nun auch mit anderen Themen als dem Computer und dem Longboard-Fahren.

Fazit. Das Fallbeispiel zeigt, dass sich das Einbeziehen der erlebnispädagogischen Methoden innerhalb der Autismus-Therapie langsam entwickeln konnte. Anknüpfend am Longboard-Thema des Jungen konnte eine Motivation für eine weitere Handlungsmethode entstehen. Das transparente Einbeziehen und die Einteilung von praktischen Erfahrungen in die logisch nachvollziehbaren Lernzonenkategorien sowie die visuelle Fixierung dessen kamen Janiks autismustypischer Denkweise sehr entgegen. Der Junge, der zuvor wenig Eigenaktivität gezeigt hat und wenig – über die virtuelle Welt hinaus – mitzuteilen hatte, kam in Aktion und setzte sich aktiv mit sich und seinem Gegenüber auseinander. So konnte er sich nicht nur maßgeblich in seiner Selbst- und Fremdwahrnehmung üben, sondern auch seine Handlungsstrategien schrittweise dem Wahrgenommenen anpassen. Neue Gedankengänge und Schlussfolgerungen konnten – sowohl für die jeweilige Aktion als auch für seinen Alltag – angeregt werden. Neben den Ich- und Sozialkompetenzen wurden durch die erlebnispädagogischen Methoden ebenfalls die Fähigkeit zur Handlungsplanung, koordinative Fähigkeiten, die Auseinandersetzung mit Problemlösungen, der Umgang mit Frustrationen sowie die Fein- und Grobmotorik gefördert. Des Weiteren entstand ein neues Interessenfeld für den Jungen, das er für seine sozialen Kontakte nutzen konnte.

Nutzung erlebnispädagogischer Methoden in der Kleinstgruppe

Setting 2:2

Klienten. Zwei 11-jährige Jungen mit einem Asperger-Syndrom und Begleitstörungen (bei einem Jungen in Form einer Aufmerksamkeitsdefizit-Hyperaktivitäts-Störung (ADHS) und bei dem anderen Jungen in Form einer sehr niedrigen Frustrationstoleranz mit mangelnder Impulskontrolle)

Therapeutinnen. Eine Diplom-Sozialpädagogin und Erlebnispädagogin und eine Diplom-Rehabilitationspädagogin, beide Kletterbetreuerinnen DAV.

Ausgangslage und Förderbedarf. Beide Jungen haben den Wunsch nach Kontakt zu Gleichaltrigen, verhalten sich im Kontakt aber ausgeprägt ich-bezogen. Entsprechend erleben sie in Gruppen – z. B. in der Schulklasse – häufig Konflikte. In der Therapie sollen beide Kinder ihre sozialen Kompetenzen im Umgang mit Gleichaltrigen verbessern.

Fördersetting. Eine feste Therapiegruppe zur Förderung sozialer Kompetenzen ist nach Einschätzung der Therapeutinnen noch eine Überforderung. Alternativ sollen die Jungen ein sehr überschaubares Übungssetting mit jeweils einem gleichaltrigen Interaktionspartner erhalten. Bei einer von den Therapeutinnen inszenierten, »zufälligen« Begegnung in der Küche des Therapieinstituts lernen sich die Jungen kennen, und es gelingt in den folgenden Therapiestunden allmählich, ein 2:2-Setting aufzubauen.

Einführung des erlebnispädagogischen Arbeitens bei den Jungen. Beide Jungen haben im Rahmen der Einzeltherapie bereits Erfahrungen mit dem Klettern gemacht und entwickeln im Austausch über diese Erfahrungen den Wunsch, gemeinsam klettern zu gehen. Für das Förderziel »Üben vom angemessenen Sozialkontakt mit einem Gleichaltrigen« hat sich somit eine neue Methodenmöglichkeit eröffnet, die mit besonders starker Motivation der Jungen belegt ist. Diese Chance nutzend startet das Kletterprojekt im 2:2-Setting.

Förderung sozial-emotionaler Kompetenzen in der erlebnispädagogischen Arbeit mit den beiden Jungen. Bei einem ersten gemeinsamen Besuch in der Kletterhalle, zeigen sich die Jungen zunächst gegenseitig, was sie bereits gelernt haben. Gesichert werden sie dabei noch von den Therapeutinnen. Vor jedem Kletterstart unterstützen und ergänzen sie sich beim Knotenbinden und dem sogenannten Partnercheck (4-Augen-Prinzip: Ist der Gurt richtig angelegt? Ist der Kletterer mit dem Sicherungsknoten richtig eingebunden? Ist das Sicherungsgerät beim Sichernden korrekt angelegt?). Beim Klettern selber geben sie sich Tipps und schaffen es zum Teil, sich gegenseitig zu motivieren. Sie erleben vermehrt, dass es hilfreich ist, sich bei einer Route Zeit zu lassen und nicht durch überstürzte Aktionen Kraft zu vergeuden und mögliche Hilfestellungen (hier hilfreiche Tritte in der Wand) zu übersehen. Schlussfolgerungen für den Alltag können gezogen werden.

Bei weiteren Besuchen in der Kletterhalle üben die Jungen zunächst am Boden stehend die Sicherungstechnik für das Toprope-Klettern. Dabei ist sehr viel Geduld mit dem eigenen Handlungsablauf und Abstimmung mit dem Gegenüber gefragt. Beide Jungen erleben, dass sie zwar gefordert sind, aber durch Geduld, Ausdauer und Wiederholungen schrittweise an Sicherheit in dieser Technik dazu gewinnen. Fähigkeiten die sich für sie sichtbar auszahlen. Das Zeigen von Geduld und Ausdauer ist vor allem bei einem der Jungen beachtlich, da er im Schulsetting schnell Tätigkeiten abbricht und verweigert, sobald diese nicht sofort gelingen. Er erlebt einen »Aha-Effekt«.

Als nächste Stufe erspüren die Jungen (ebenfalls noch in Standhöhe), wie sich die Bedienung des Sicherungsgerätes beim Ablassen des Kletterpartners anfühlt. Zum Üben sichern sich beide Jungen gleichzeitig am gleichen Seil und erproben spielerisch, wie sie zeitgleich und sanft mit dem Gesäß auf der Matte landen können. Dafür ist es erforderlich, sich aufeinander einzustimmen und beim Ablassen einen gleichen Rhythmus zu finden. Auch dies gelingt nach wiederholenden Übungssequenzen immer besser. Darüber hinaus erleben die Jungen bei jeder »Polandung« großen Spaß, so dass die Übungswiederholungen von einer entsprechenden Motivation der Jungen getragen sind.

Nach einigen Kletterstunden ist es so weit: Die Jungen dürfen sich nun – mit der »Hintersicherung« einer Therapeutin – gegenseitig sichern. Dabei zeigen sie großes Vertrauen in ihren Sicherungspartner, schaffen es, sich aufeinander einzustimmen, und übernehmen darüber hinaus als Sichernder eine große Verantwortung für ihren Kletterpartner. Sie bilden über das Seil eine starke Verbindung – eine echte »Seilschaft«.

Hinsichtlich der Reflexion und des Transfers benötigen beide noch sehr viel helfende Interventionen von außen. Hier sind insbesondere gezielte Frageimpulse und die verbale Beschreibung der wahrgenommenen Situation als auch kommunikationsunterstützende Hilfen wie Gefühlekarten hilfreich.

Fazit. Die erlebnispädagogische Methode des Toprope-Kletterns ermöglichte beiden Jungen nicht nur eine intensive Auseinandersetzung mit sich selber, sondern darüber hinaus auch mit einem entsprechenden Kletterpartner. Sie konnten im Kontakt mit einem weiteren Kind ihre Ausdauer und Gelassenheit ausbauen, Kompetenzen erweitern, Verantwortung übernehmen und entsprechend Stolz aufbauen. Das Seil hat sie zu einer »echten Seilschaft« verbunden, und sie erlebten ein positives Miteinander mit einem gleichaltrigen Jungen. Ihr Umgang mit einem Gleichaltrigen konnte innerhalb des Therapiesettings verbessert werden. Die Eltern berichten, wie erschöpft, aber auch zufrieden die Jungen nach den Stunden nach Hause kommen.

Nutzung erlebnispädagogischer Methoden in der Gruppe

Setting 5:3

Klienten: Fünf Jungen mit einem Asperger-Syndrom im Alter von 10 bis 11 Jahren; bei einem Jungen liegt eine ADHS als Begleitproblematik vor.

Therapeutinnen. Eine Diplom-Sozialpädagogin und Erlebnispädagogin und eine Diplom-Rehabilitationspädagogin, beide Kletterbetreuerinnen DAV; ferner eine Honorarkraft (therapeutische Hilfskraft).

Ausgangslage und Förderbedarf. Alle fünf Kinder haben den Wunsch nach Kontakt zu Gleichaltrigen, zeigen aber in der Interaktion mit Gleichaltrigen deutliche Auffälligkeiten: Die einen haben vor allem Schwierigkeiten, für ihre eigenen Interessen einzustehen und sich mitzuteilen, die anderen »reißen alles an sich«. Das »Lesen« von sozialen Situationen, ein angemessener Umgang mit ihren Emotionen sowie der Einsatz von Problemlösestrategien wie beispielsweise das Schließen von Kompromissen fallen allen noch mehr oder weniger schwer. Tagesformbedingt sind – vor allem für zwei Jungen – Rückzugsmöglichkeiten nötig. Darüber hinaus haben alle fünf Jungen ein eher schwaches Selbstwertgefühl. Alle Jungen haben wenige Möglichkeiten der Freizeitgestaltung und beschäftigen sich bevorzugt mit Computerspielen. In der Gruppentherapie sollen das Selbstwertgefühl der Jungen gestärkt, die Selbst- und Fremdwahrnehmung verbessert und soziale Kompetenzen im Umgang mit Gleichaltrigen gefördert werden.

Fördersetting. Die fünf Jungen nehmen an einer therapeutischen Gruppe teil, die 14-tägig, im wöchentlichen Wechsel zur Einzeltherapie in einer nahegelegenen Turnhalle des WIE stattfindet. Bei jedem Gruppentermin stehen zwei Zeitstunden zur Verfügung.

Einführung des erlebnispädagogischen Arbeitens in der therapeutischen Gruppe. In der ritualisierten Erzählrunde zu Anfang jeder Gruppentherapiestunde berichten jeweils die Kinder sowie die Therapeutinnen kurz von ihrer letzten Woche. Hier entwickeln die Jungen vermehrt Interesse an den Freizeitaktivitäten der Therapeutinnen (Klettern, Geocachen, Wildniscamp). Es entsteht gemeinsam eine erlebnisorientierte Projektidee, für die auch eine Übernachtung von den Kindern als äußerst reizvoll angesehen wird. Dabei scheint es den Jungen in erster Linie darum zu gehen, »coole Action« zu erleben. Es wird für die Gruppe eine zweitägige Sonderaktion mit einer Übernachtung (ein sog. Erlebniscamp) im WIE geplant, die in den regulären Gruppenstunden vorbereitet wird.

Förderung sozial-emotionaler Kompetenzen im Rahmen eines erlebnispädagogischen Übernachtungsprojekts (»WIE-Erlebniscamp«). Das Projekt beginnt im regulären Gruppentherapiesetting u. a. mit kooperativen Boulderspielen. Diese beinhalten eine Schatzkartensuche an der Kletterwand, bei der beim Bouldern Teile einer Schatzkarte zu suchen sind. Beim gemeinsamen Zusammenfügen der gefundenen »Kartenschnipsel« erfahren die Kinder, dass ihr Erlebniscamp mit Übernachtung Wirklichkeit werden wird. Es folgt ein gemeinsamer, sehr konkreter Austausch über Wünsche, Bedenken und Bedürfnisse (z. B. Was braucht wer, um sich sicher und wohl zu fühlen?). Einige Jungen schauen sich im Vorfeld die Räume und die angedachte Schlafmöglichkeit an, spielen gar die Schlafsituation in ihrer jeweiligen Einzeltherapie durch. Hierfür findet ein enger Austausch mit den Kolleginnen aus der Einzeltherapie statt. Einige Wochen später starten die Jungen für zwei Tage – mit Luftmatratzen und Schlafsäcken ausgestattet – aufgeregt ins »WIE-Erlebniscamp«.

Zu Beginn des »Erlebniscamps« meistern die Jungen gemeinschaftlich unterschiedliche »Problemlöseaufgaben« und Vertrauensspiele. Dabei machen sie die Erfahrung, als Team stark zu sein und sich auf die anderen Gruppenmitglieder, selbst mit verbundenen Augen, verlassen zu können. Auch erkennen sie vermehrt den Sinn von gemeinsamen Absprachen und üben ihre Gefühle zu verbalisieren. Nach einer Pause widmet sich der Nachmittag dem Thema Feuer. Hier lernen die Jungen durch eigenes Ausprobieren (Sucht Naturmaterialien für ein kleines Feuer!), Beobachten (Was seht ihr? Was brennt gut? Was brennt weniger gut?) sowie die Anwendung der Erkenntnisse (kein Laub, trockenes Brenngut, von dünnen Halmen langsam zu dickeren Stöckchen), wie man mit einfachsten Mitteln (nur ein Streichholz) ein Feuer machen kann. Die Jungen erleben, wie sie aus ihrer eigenen Handlung heraus und durch ihre genauen Beobachtungen gemeinsam lernen und in der Umsetzung des Gelernten etwas bewirken können. Sie zeigen Durchhaltevermögen, Freude und Stolz. Am gemeinsam entfachten Feuer wird gegrillt und Stockbrot gebacken. Die Atmosphäre zeigt sich gesellig, die Jungen erzählen untereinander und stellen nach dem Essen mittels Glut-Brennen (mit einem glühenden Kohlestück wird in das zu bearbeitende Holzstück eine Kuhle geglüht) und Schnitzen eigene Holzlöffel oder -eierbecher her. Die Kinder erleben auch hier eine große Selbstwirksamkeit und zeigen Stolz auf ihre Leistung. Bei der anschließenden Nachtwanderung im nahe gelegenen Wald finden weitere kooperative Spielsequenzen statt. Hier erleben die Kinder erneut die Notwendigkeit von gemeinsamen Absprachen, um ihr Ziel zu erreichen. Auch erfahren sie, dass es dafür sinnvoll ist, die anderen ausreden zu lassen und alle Meinungen vor einer Entscheidung anzuhören. Am Ende der Nachtwanderung stellen sich alle Kinder einem schweigsamen Solowalk (Alleingang). Hierfür kann jeder Junge – neben der Freiwilligkeit der Teilnahme – selber entscheiden, ob er bis zu derjenigen Therapeutin, die am Ende der Strecke mit einer Laterne leuchtet, ganz alleine oder mit der stillen Begleitung der Honorarkraft geht und ob er selber ein Laternenlicht mitnehmen möchte oder nicht. Hier wachsen die Kinder nahezu über sich selber hinaus. Mit wohl klopfenden Herzen geht jeder von ihnen alleine und ohne Lichtquelle seinen schweigsamen Solowalk. Sie strotzen vor Stolz und Euphorie. Noch bis spät in die Nacht erzählen die einen, während die anderen – kaum dass sie im Schlafsack liegen – einschlummern. Am zweiten Camptag starten wir ausgelassen mit einem gemeinsamen Frühstück und lassen das bisher Erlebte Revue passieren. Frisch gestärkt wird das Schlaflager abgebaut und ein neues »Abenteuer« gesucht: Es geht mit einem GPS-Gerät auf eine Geocache-Suche. Der Cache ist eigens für die Gruppe erstellt und berücksichtigt individuelle Stärken der Kinder, sodass sie erleben können, dass jeder mit seinen individuelle Stärken (z. B. logischer Kombinierer, Detailwahrnehmer, große aber auch kleine Körpergröße) für die Erreichung des Zieles gebraucht wird – eine Erfahrung, die zum eigenen Selbstbewusstsein sowie zur Gruppenstärkung beiträgt.

Für die Reflexion der Erfahrungen und den Transfer sind viele helfende Interventionen von außen notwendig: Insbesondere gezielte Frageimpulse und die verbale Beschreibung der wahrgenommenen Situation als auch kommunikationsunterstützende Hilfen wie Gefühlekarten erweisen sich dabei als hilfreich. Des Weiteren unterstützen die Therapeutinnen die Gruppe in der Zusammenfassung und visuellen Fixierung der jeweiligen Reflexion.

Integration des erlebnispädagogischen Arbeitens mit autismusspezifischen Therapiemethoden. Bei der gesamten Durchführung des Projekts werden die erlebnispädagogischen Methoden mit Standardmethoden aus der Autismus-Therapie kombiniert: Hierzu gehören vor allem Struktur gebende Elemente und visuelle Hilfen in Anlehnung an den TEACCH-Ansatz (Häußler 2005), wie sie auch das soziale Kompetenztraining »SOKO Autismus« vorsieht (vgl. Häußler, Happel, Tuckermann, Altgassen & Adl-Amini 2003), sowie der Einsatz von visuellen Hilfen (z. B. Gefühlekarten) und kommunikationsfördernde Elemente (z. B. unterstützende Fragestellungen und Bildkarten als Redeimpulse). Die Therapeutinnen unterstützen die Kinder in den Reflexionsphasen intensiv durch das Verbalisieren des beobachteten Verhaltens und das Stellen von lösungsorientierten Fragen.

Fazit. Für die fünf Jungen waren bereits das Einlassen auf einen völlig neuen Erfahrungsraum und der kurzzeitige Verzicht auf die virtuelle Welt ein erster Erfolg. Die intensive Vorbereitung im Vorfeld in den Gruppengesprächen lieferte zudem wertvolle Impulse für die Selbst- und Fremdwahrnehmung. Beim Erlebnis-Camp erlebten die Jungen, dass ihre Wünsche zu Aktivitäten (Feuer machen, Schnitzen, Geocachen), aber auch ihre Besonderheiten (z. B. Essensvorlieben) im Ablauf Berücksichtigung fanden. Die Grundstimmung der Jungen war demzufolge freudig, motiviert und aktiv. Sie machten die positive Erfahrung, dass es möglich ist, sich an eine Gruppensituation anzupassen, ohne eigene Vorlieben und Grenzen aufgeben zu müssen. Die erlebnispädagogischen Herausforderungen ermöglichen bei jedem Kind eine intensive Auseinandersetzung mit sich selber und der Gruppe. Die Kinder erlebten eine hohe Selbstwirksamkeit, konnten Stärken erleben und Stolz aufbauen. In der Durchführung wurde ersichtlich, dass die Visualisierung von Aktivitäten, zeitlichen Abläufen und Gefühlen sehr wichtig für die teilnehmenden Kinder mit Autismus war

Nach dem Erlebniscamp ließ sich beobachten, dass die Jungen (in der weiterhin bestehenden Gruppentherapie) enger »zusammengerückt« sind und sich äußerst positiv in ihren Erzählungen über das Projekt äußerten. Das positiv Erlebte schien »zusammenzuschweißen«. Sie berichten stolz von ihren Erfahrungen und sind sichtlich ein Stück an sich, der Gruppe und den Herausforderungen gewachsen. Auch die Eltern erzählen, wie euphorisch ihre Kinder daheim erzählten und sich sehr stolz zeigten. Darüber hinaus erlebten die Therapeutinnen, dass die Jungen im weiteren Verlauf der Gruppentherapie teils besser in der Lage waren, aufeinander einzugehen. So war etwa zu erkennen, dass sie bei weiteren erlebnispädagogisch orientierten Spielen besser (d. h. mit weniger Hilfsimpulsen von außen) in den Austausch kamen, z. B. um Lösungen zu finden.

Quintessenz

Die exemplarischen Fallbeispiele zeigen, dass ein erlebnispädagogischer Zugang in der Autismus-Therapie für jene Klienten, die sich in diesem Methodenrahmen wohl fühlen oder gar erst durch einen Erlebniszugang eine Therapiemotivation aufbauen, durchaus ein geeignetes ziel- und handlungsorientiertes Medium im therapeutischen Kontext sein kann. Erlebnispädagogische Methoden können auch bei Menschen aus dem Autismus-Spektrum jene Sehnsucht nach Abenteuer und Action ansprechen, die Heckmair und Michl (2012) beschrieben haben (s. Zitat in der Einleitung). Gewinnbringend erscheint hier ebenfalls der Facettenreichtum erlebnispädagogischer Handlungsmethoden (Erlebnis-Methoden): Fühlt sich die eine Person vom Klettern und Bouldern angezogen, können dies bei einer ganz anderen Person wiederum das Geocachen, City Bound oder auch wildnispädagogische Elemente sein, die die eigene Motivation ansprechen. So lässt sich für jeden bereits durch die Methodenwahl eine für ihn »coole Action« in Aussicht stellen.

Es konnte auch gezeigt werden, dass sich erlebnispädagogische Methoden gut mit weiteren Methoden kombinieren lassen, die in der Autismus-Therapie häufig genutzt werden. Insbesondere Struktur gebende Elemente zur Verbesserung der Eindeutigkeit und der Vorhersehbarkeit von zeitlichen Abläufen sowie die Visualisierung von »unsichtbaren« (Gruppen-)Regeln und visuelle Karten als unterstützendes Kommunikationshilfsmittel (z. B. Gefühlekarten) können gewinnbringend im Setting mit eingebracht werden, sind teils gar unersetzlich. Wir haben auch die Erfahrung gemacht, dass verbale Interventionsformen wie das Einbringen von positiven Affirmationen, das Beschreiben der Situation sowie helfende Fragen von außen von zentraler Bedeutung sind.

Eine so verstandene Nutzung erlebnispädagogischer Methoden in der pädagogisch-therapeutischen Begleitung von Menschen aus dem Autismus-Spektrum ist anspruchsvoll und bedarf einer entsprechenden Qualifikation. Die therapeutischen Fachkräfte müssen in Methoden der Autismus-Therapie sowie der Erlebnispädagogik fortgebildet, in den angewandten Handlungsmethoden routiniert und (gerade hinsichtlich des Kletterns) immer auf dem neuesten Sicherheitsstand sein. Im Kontakt mit der Klientel bedarf es einer engen und sehr vertrauensvollen Begleitung. Gewährleistet ist dies – nach den bisherigen Erfahrungen und je nach Ausprägung des Störungsbildes und Entwicklungsstandes der Klientel – in einem 1:1-Setting oder im Klein(st)gruppen-Setting mit maximal vier bis fünf Kindern und zwei therapeutischen Fachkräften (ggf. zzgl. einer zusätzlichen Hilfskraft). So können beim Sich-Erproben und Erleben die Ziele im Blick behalten, die Besonderheiten der Klientel aufgefangen und die notwendige Sicherheit gegeben werden.

Der Einsatz erlebnispädagogischer Methoden in der Autismus-Therapie ist in diesem Beitrag für Klienten mit einem Asperger-Syndrom veranschaulicht worden. In unserer Einrichtung kommen Elemente der Erlebnispädagogik durchaus auch bei Klientinnen und Klienten mit anderen Formen von Autismus zum Einsatz. Die Grundlagen für die Methodenumsetzung sind dabei die gleichen. Unter Beachtung des Lernzonenmodells müssen die erlebnispädagogischen Herausforderungen entsprechend vereinfacht werden. Darüber hinaus erscheint es wichtig, die Erfahrungen, die die Klienten machen, in sehr einfacher Form zu verbalisieren sowie verstärkt auf Struktur gebende Elemente zurückzugreifen (vgl. oben).

Selbstverständlich sind erlebnispädagogische Methoden nicht für jede Klientin/jeden Klienten geeignet. Ausgehend vom Grundprinzip der absoluten Freiwilligkeit ist eine grundsätzliche Bereitschaft des Kindes/Jugendlichen, sich auf einen erlebnispädagogischen Handlungsrahmen einzulassen, eine zentrale Voraussetzung. Somit gilt für das erlebnispädagogische Arbeiten – wie für alle Fördermethoden – der Passungsgedanke (vgl. hierzu den Beitrag von Müller in diesem Band): Passt die Methode zu der Motivationslage der Klientin/des Klienten? Und passen die erlebnispädagogischen Interventionen zu den individuellen Entwicklungsbedürfnissen?

Neben dem möglichen Therapiegewinn für die Klienten, bietet der erlebnispädagogische Ansatz einen zusätzlichen Nutzen für die Therapeuten. So kann der Klient auf sehr vielfältige Weise erlebt werden. Viele seiner Fähigkeiten und Schwächen, die durch reine Gesprächssituationen unter Umständen nicht deutlich werden würden, können augenscheinlich erlebt und spürbar werden. Somit erhält der Therapeut ein belastungsfähigeres Bild des Klienten (auch im Sinne der Förderdiagnostik), kann helfen, die individuellen Stärken gezielter zum Einsatz zu bringen und Schwächen auszugleichen (auch im Hinblick auf Ausbildung und Berufswahl).

In der Diskussion unterschiedlicher Methoden in der Autismus-Therapie wird häufig nach empirischen Belegen für die Wirksamkeit einer Methode gefragt. Gibt es solche Belege für den erlebnispädagogischen Ansatz? Eine standardisierte empirische Untersuchung ist bei dieser handlungsorientierten therapeutischen Begleitung nur schwer vorstellbar. Denn erlebnisorientierte Methoden erfolgen nicht nach einem standardisierten Programm, sondern stark individualisiert; sie sind somit in ihrer Durchführung als einmalig anzusehen (Heckmair & Michl, 2012). Berücksichtigen wir jedoch, dass sich der Mensch seine Welt von klein auf handelnd erschließt und dass die Möglichkeit, durch Erfahrungen neue interne Verknüpfungen im Gehirn zu bilden, ein Leben lang erhalten bleibt (Lovric 2015), lässt sich zumindest auf dieser Ebene ein wissenschaftlicher Bezug herstellen (vgl. Bezugnahme auf Forschungsergebnisse durch Heckmaier & Michl 2012).

Somit hängt die Wirksamkeit erlebnispädagogischer Methoden wesentlich von der

Motivation des Klientels, einer tragfähigen und vertrauensvollen Klienten-Therapeuten-Beziehung sowie der Passung zwischen den Förderzielen, den individuellen Entwicklungsbedürfnissen des Klienten sowie der gewählten »Erlebnis-Methode« ab. Erlebnispädagogische Methoden können folglich in der Autismus-Therapie als Chance gewertet werden, um »passende« Klientinnen und Klienten zu einer Auseinandersetzung mit eigenen Stärken und Schwächen zu motivieren, das Selbstbewusstsein sowie sozial-emotionale Kompetenzen zu fördern. Darüber hinaus findet sich wertvolles Erfahrungs- und Lernpotenzial für die Förderung von Kompetenzen in der Handlungsplanung, koordinativer Fähigkeiten, der Auseinandersetzung mit Problemlösungen, dem Umgang mit Frustration, dem Ausbau der eigenen Ausdauer und der Impulskontrolle sowie der Wahrnehmung und der Fein- und Grobmotorik. Des Weiteren kann die Erweiterung des Interessenspektrums eine Rolle spielen. Dies sind vielfältige Förderbereiche, die sich positiv auf die Persönlichkeitsentwicklung auswirken können, und zugleich von dem »Spaß an der Sache« getragen werden.

Werden erlebnispädagogische Methoden in einem therapeutischen Rahmen und unter Berücksichtigung der autismusspezifischen Besonderheiten genutzt, können sie ein wertvoller Baustein im Rahmen eines multimodalen Therapiemodells sein (Rittmann 2011).

Das Schlusswort bedient sich der Worte von Max Frisch, der die Bedeutung von realen Erfahrungen für die Persönlichkeitsentwicklung auf den Punkt bringt:

»Es heißt, dass wir Erfahrungen machen. Aber die Erfahrungen machen uns!«

Literatur

Deffner, C. (2009): Klettern macht stark! Förderung der kindlichen Selbstkonzeptentwicklung durch Klettern. In: Motorik; 3: 159–64. http://www.carmendeffner.de/pdf/klettern-macht-stark.pdf (Zugriffsdatum: 08.12.2015).

Einwanger, J. (2015): Erlebnispädagogik. In Kowald, A.-C. & Zajetz, A. K. (Hrsg.): Therapeutisches Klettern: Anwendungsfelder in Psychotherapie und Pädagogik. Schattauer, Stuttgart

Gilsdorf, R. (2004): Von der Erlebnispädagogik zur Erlebnistherapie. Perspektiven erfahrungsorientierten Lernens auf der Grundlage systemischer und prozessdirektiver Ansätze. EHP, Bergisch Gladbach

Häußler, A. (2005): Der TEACCH Ansatz zur Förderung von Menschen mit Autismus: Einführung in Theorie und Praxis. BORGMANN MEDIA, Dortmund

Häußler, A., Happel, C., Tuckermann, A., Altgassen, M. & Adl-Amini, K. (2003): SOKO Autismus: Gruppenangebote zur Förderung Sozialer Kompetenzen bei Menschen mit Autismus – Erfahrungsbericht und Praxishilfen. verlag modernes lernen, Dortmund

Heckmair, B. & Michl, W. (2012): erleben und lernen. Einführung in die Erlebnispädagogik. 7. aktualisierte Auflage. Reinhardt, München

Hofferer, M. & Royer, S. (2000): Klettern mit Kindern mit Problemverhalten. Praktische Anwendung in der kommunikationspädagogisch-kinderpsychotherapeutischen Behandlung. http://bidok.uibk.ac.at/library/hofferer-klettern.html?hls=klettern (Zugriffsdatum: 08.12.2015).

Hüther, G.: Sich bewegen … Sich bewegen lernen heißt für's Leben lernen! Die erfahrungsabhängige Verankerung sensomotorischer Repräsentanzen und Metakompetenzen während der Hirnentwicklung. http://www.gerald-huether.de/populaer/veroeffentlichungen-von-gerald-huether/texte/sich-bewegen-gerald-huether/index.php (Zugriffsdatum: 08.12.2015)

Kowald, A.-C. (2015): Erfahrungslernen und Erlebnistherapie. In: Kowald, A.-C. & Zajetz, A. K. (Hrsg.): Therapeutisches Klettern: Anwendungsfelder in Psychotherapie und Pädagogik. Schattauer, Stuttgart

Lovric, L. (2015): Neurowissenschaftliche Implikationen therapeutischen Kletterns. In: Kowald, A.-C. & Zajetz, A. K. (Hrsg.): Therapeutisches Klettern: Anwendungsfelder in Psychotherapie und Pädagogik. Schattauer, Stuttgart

Ludewig, A. (2017): Nutzen und Möglichkeiten von Psychologischer Fallbegleitung in Autismusförderzentren. In: Rittmann, B. & Rickert-Bolg, W. (Hrsg.): Autismus-Therapie in der Praxis. Kohlhammer, Stuttgart

Müller, C. (2017): Vom Methodenstreit zum Passungsgedanken: Zur Notwendigkeit von Methodenkombinationen in der Frühförderung von Kindern mit Autismus-Spektrum-Störung. In: Rittmann, B. & Rickert-Bolg, W. (Hrsg.): Autismus-Therapie in der Praxis. Kohlhammer, Stuttgart

Rittmann, B. (2011): Das Multimodale Therapiemodell in der Autismustherapie am Beispiel des Hamburger Autismus Instituts. In: Inklusion von Menschen mit Autismus (Bundesverband autismus Deutschland e. V.). von Loeper, Karlsruhe

Senninger, T. (2012): Abenteuer leiten – in Abenteuer lernen, 6. Auflage. Ökotopia, Münster

Tanczos, D. & Zajetz, A. (2015): Ausbildung, Sicherheit und rechtliche Fragen. In Kowald, A.-C. & Zajetz, A. K. (Hrsg.): Therapeutisches Klettern: Anwendungsfelder in Psychotherapie und Pädagogik. Schattauer, Stuttgart

Bewegung und Ausdruck in der Autismus-Therapie

Brit Wilczek

Bewegungs- und Ausdruckstherapie in der Autismus-Arbeit – persönliche Wurzeln und Anfänge

25 Jahre ist es her, dass ich als junge, frisch ausgebildete Tanztherapeutin mein Anerkennungspraktikum am Hamburger Autismus Institut antrat.

Dass Bewegungs- und Ausdruckstherapie – ursprünglich auch Tanztherapie genannt – einen fruchtbaren Ansatz für die gezielte und störungsspezifische Therapie autistischer Menschen bietet, hatte ich bereits während meiner Ausbildung am Langen-Institut in Monheim erfahren: Während ich selbst, gemeinsam mit einer Kollegin, im Rahmen unseres »Schulpraktikums« bereits mit einer kleinen Gruppe Erwachsener in der Pflege- und Lebensgemeinschaft Wuppertal arbeitete, wurde uns im Unterricht auch ein Film über die Pionierarbeit von Janet Adler gezeigt – »Looking for Me« (1968, s. Website von Janet Adler, http://www.disciplineofauthenticmovement.com). Sie hatte bereits in den 60er Jahren mit autistischen Kindern und Jugendlichen gearbeitet. Ihre Ansätze und Beobachtungen zeugten von einem tiefen Verständnis des besonderen Erlebens dieser Kinder – und einer entsprechenden Herangehensweise.

Beides – sowohl die Erfahrungen, die mir die Teilnehmer unserer kleinen »Tanzgruppe«, bestehend aus vier Erwachsenen mit Autismus, vermittelten, als auch die Einblicke in Janet Adlers Arbeit – hatte mich sehr beeindruckt und inspiriert. Und so konnte ich mir gut vorstellen, mein Anerkennungsjahr am Hamburger Autismus Institut zu absolvieren.

Erst dort jedoch lernte ich, in welchem Maße und vor allem in welcher Weise die Bewegungs- und Ausdruckstherapie Möglichkeiten bietet, mit Menschen auf dem Autismus-Spektrum zu arbeiten – und zwar in allen Altersstufen und bei Ausprägungen des gesamten Spektrums. Dies lernte ich in allererster Linie von den Kindern, Jugendlichen und Erwachsenen selbst, mit denen ich dort bereits während des Praktikums arbeiten durfte – und von all den anderen jungen und erwachsenen Klienten, denen ich seither in meiner Arbeit und auch außerhalb begegnet bin.

Das Hamburger Autismus Institut mit dem sehr erfahrenen und unterstützenden Team, mit den vielfältigen Räumlichkeiten und Möglichkeiten und dem Ansatz der Differenziellen Beziehungstherapie bot mir für die ersten, so entscheidenden Erfahrungen einen idealen Rahmen.

Denn es gab keinerlei feste Vorgaben hinsichtlich Zielen oder darauf basierenden Erwartungen an meine Arbeit – außer dieser: mich ganz individuell auf meinen jeweiligen Klienten einzulassen und so erst einmal einen Zugang zu ihm zu finden bzw. eine Basis für einen positiv erlebten Kontakt und eine tragende therapeutische Beziehung herzustellen. Eine solche ganz eigene, persönliche Beziehung bildet die Basis für jegliche weitere

Entwicklung des Betroffenen. Diese Prämisse stellt im Kern die Grundidee der Differenziellen Beziehungstherapie dar, die damals von Hartmut Janetzke am Hamburger Autismus Institut vertreten und dort in vielfältiger Weise verwirklicht wurde.

Und dieser Ansatz entsprach sehr auch den Prinzipien der Bewegungs- und Ausdruckstherapie, die von ihrem Grundverständnis her sowohl klientenzentriert als auch prozessorientiert denkt und vorgeht. So mag sich in einer Sitzung ein Thema zeigen, welches jedoch nicht von vorneherein vom Therapeuten festgelegt ist, sondern sich aus der Situation ergibt und auch im Laufe des Prozesses – d. h. auch im Laufe einer Sitzung – immer noch wandeln und weiterentwickeln oder auch komplett ändern kann.

Was das bedeutet – und welche Bedeutung hierfür Offenheit, Neugier und vor allem auch Präsenz seitens des Therapeuten haben –, wurde mir schon während der ersten Wochen meines Praktikums von meinen Klienten geradezu systematisch beigebracht: Was auch immer ich mir an Angeboten aus dem reichhaltigen Pool an »tanztherapeutischen« Interventionsmöglichkeiten für eine Sitzung überlegt hatte, ich konnte sicher sein, dass mein Klient genau darauf überhaupt nicht ansprach. Ja, bildlich gesprochen gingen sofort die Schotten herunter, wenn er auch nur spürte, dass ich mit einem Plan in die Sitzung gekommen war – mit einer bestimmten Musik etwa oder gar einer Idee, wie man sich dazu bewegen könnte.

Denn wer einen Plan hat, der hat auch eine Erwartung – und wenn es auch nur die Hoffnung ist, dass der Plan den Klienten erreicht und ihn womöglich sogar freut ... Erwartungen erzeugen eine Spannung, die durchaus spürbar ist; und die, so wurde mir sehr bald klar, den Blick verstellt für das Individuum, den einzigartigen Menschen, den ich vor mir habe in seinem Sein in genau diesem Moment. Derart »blind« ist es unmöglich, einen Zugang zu finden. Die Kinder, aber letztlich auch noch die Jugendlichen und Erwachsenen, mit denen ich arbeitete, ließen sich so also nicht erreichen.

Sie erwarteten von mir umgekehrt nichts. Sie kamen in die Sitzung, sie registrierten, dass ich anwesend war – und reagierten auf diese meine Anwesenheit auf unterschiedliche Weise: Einige zeigten sich beunruhigt, als fürchteten sie Stress; einige warteten einfach ab, was ich wohl tun, wie ich mich verhalten würde. Die meisten aber machten einfach »ihr Ding« – und damit ein einzigartiges Angebot: Sie waren einfach da, zeigten sich mit ihren Interessen, mit ihrem Fokus, mit ihren Zielen – unverstellt und unverfälscht durch etwaige Rücksichtnahme auf vermutete Regeln oder Erwartungen.

Wenngleich mir von den Kollegen sorgsam nur Klienten zugewiesen worden waren, die an sich Interesse an Musik und Spaß an Bewegung hatten, blieb vor solch einem Hintergrund jedes vorgeplante Angebot meinerseits vergeblich: Kam ich mit einer Idee und entsprechendem Material, zeigte sich keinerlei Interesse an Musik oder gar Bewegung im Kontext von Musik. Alles mögliche andere schien interessant und spannend, nur nicht die mitgebrachte Musik, das Instrument oder gemeinsame Bewegung ...

Es machte also keinen Sinn, mit einem Plan oder gar einem Ziel in eine Sitzung zu gehen. Die Reaktion – Rückzug, Unruhe, verstärkte Konzentration oder gar Fixierung auf irgendein anderes Thema oder Objekt – kam jeweils so spontan und verlässlich, dass ich bald davon absah. Ich erkannte, dass ich anders herangehen musste, wenn überhaupt eine sinnvolle und fruchtbare Arbeit möglich werden sollte.

Tatsächlich würde ich diese Zeit im Rückblick als intensives Training im Loslassen, ja, als Übung in Offenheit und authentischer Präsenz beschreiben. Denn nur das blieb übrig und wurde für mich zum Schlüssel für die gesamte weitere Arbeit.

Kam ich völlig offen und – soweit möglich – erwartungsfrei in die Sitzung und hatte vielleicht nur »vorsichtshalber« und eher beiläufig einen Recorder und Musikmedien oder auch ein Instrument bereit, dann wurde oft spontan das Interesse daran geweckt, es wurde Musik gehört, auf ganz eigene Weise getanzt oder andere Angebote genutzt – und eben auch meine Präsenz, auf unterschiedlichste Weise, ob ganz direkt oder indirekt.

Das Repertoire der Bewegungs- und Ausdruckstherapie in der Autismus-Arbeit – Chancen und Effekte

Was aber blieb angesichts dieser Erfahrungen übrig von allem, was ich aus meiner Ausbildung in »Bewegungs- und Ausdruckstherapie« und auch aus meiner Vor-Erfahrung und Ausbildung als Ausdruckstänzerin mitbrachte? Was blieb von dem Pool an Angeboten und Themen, wenn ich doch scheinbar nichts davon gezielt und aktiv einbringen konnte?

Nun, genau genommen blieb mir davon nichts und zugleich alles. Denn was mir damals klarer wurde denn je, waren die essenziellen Elemente von Bewegung und Ausdruck – und damit auch die der Bewegungs- und Ausdruckstherapie – als Schlüssel zu neuen Erfahrungen und damit zur Entwicklung. Die wichtigsten dieser Elemente möchte ich hier versuchen darzustellen, wobei es in diesem Rahmen freilich nur möglich sein wird, ein paar Grundideen und dazu jeweils einige Eindrücke zu vermitteln.

Als *wesentliche und wertvolle Grundelemente* stellten sich die folgenden Aspekte heraus:

- der Körper als Zuhause und Instrument, als Medium zur Wahrnehmung und zum Selbstausdruck,
- Spannung und Entspannung – wahrnehmen und selbst darauf Einfluss nehmen,
- Krafteinsatz – Kraft wahrnehmen bei sich und seitens des anderen, sie selbst bewusst einsetzen, dosieren und regulieren,
- der Raum – der persönliche Raum, der allgemeine Raum, Nähe und Distanz,
- die Zeit – verschiedene Tempi und zeitliche Sequenzen,
- Rhythmen – eigene Rhythmen, gemeinsame Rhythmen, Wechselwirkungen und Zusammenspiel,
- Bewegungsfluss – freier Fluss und gebundener Fluss in der Bewegung.

All diese Elemente wurden mir zum Schlüssel in der Arbeit. Sie alle stehen jederzeit zur Verfügung, sind immer in irgendeiner Weise präsent, können wahrgenommen, aufgegriffen, miteinander geteilt und in der Interaktion eingesetzt werden – völlig unabhängig von der verbalen und nonverbalen Ausdrucksfähigkeit der Beteiligten, ob im 1:1-Kontakt oder in der Gruppe.

Gemeinsam bieten sie einen reichen Pool an Themen und Angeboten – so reichhaltig dass es stets eine Vielfalt von Aspekten gibt, die in jedem Moment, in jeder Situation, in jeder Therapie-Sitzung zur Verfügung stehen. Es geht dann nur noch darum, sie zu erkennen und aufzugreifen und letztlich in allen erdenklichen Variationen damit zu spielen …

Erschließung des individuellen Bewegungsrepertoires

Ein Ziel der Bewegungs- und Ausdruckstherapie, ja bereits des Modernen Ausdruckstanzes nach Rudolf von Laban (Laban et al. 1984/2003), war und ist es, dass sich der

Mensch sein gesamtes Bewegungsrepertoire erschließen, es in allen seinen Aspekten erfahren und in jeder Situation seines Lebens ausschöpfen kann.

Wer sein gesamtes Repertoire zur Verfügung hat, so glaubte bereits Laban, der wird ein ausgeglichener Mensch sein. Er wird sich ganz fühlen, im Gleichgewicht und in der Lage, auf jede Situation, jede Herausforderung in seinem Leben in stimmiger Weise zu reagieren.

In der Bewegung – sei es auf dem Trampolin oder auf der Schaukel, in der Hängematte oder im Bällebad oder auch in der gemeinsamen Bewegung mit oder ohne Musik – macht der Mensch Erfahrungen, und zwar auf allen Ebenen bzw. in allen Aspekten zugleich. Dabei sind Körper, Geist und Seele ganz von selbst in jedem Augenblick beteiligt.

Alleine schon die konkrete körperliche Aktivität an sich bietet dabei viele Chancen zu vielfältigen neuen Erfahrungen: Sinneserfahrungen – taktile/haptische und propriozeptive Wahrnehmungen, Gleichgewichtserfahrungen, verbunden mit visuellen und auditiven Eindrücken – Erfahrungen in der Koordination von Bewegung, Kontakterfahrungen und schließlich Erfahrungen des Zusammenspiels aller dieser Aspekte gemeinsam.

Verbesserung der Selbstwahrnehmung und des eigenen Körperbildes durch konkrete körperliche und ganzheitliche Erfahrungen in Bewegung

Durch Besonderheiten in der Wahrnehmungsverarbeitung, die sehr oft auch die sensorische Oberflächensensibilität sowie die Tiefensensibilität betreffen, haben viele Menschen auf dem Autismus-Spektrum Schwierigkeiten, ihren Körper und darüber auch sich selbst wahrzunehmen. So ist es von Anfang an schwer für sie, ein vollständiges, in sich stimmiges Körperbild zu entwickeln. Das hat zum einen Auswirkungen auf die Koordinationsfähigkeit – denn wie soll gesteuert werden, was nicht oder nur vage bzw. lückenhaft oder verzerrt wahrgenommen wird?

Zum anderen erschwert diese Lückenhaftigkeit oder Verzerrung in der physischen Selbstwahrnehmung die Entwicklung eines vollständigen, in sich stimmigen Selbstbildes auch auf der psychischen Ebene. Dies spiegelt sich in Beschreibungen von Menschen mit Asperger-Syndrom wieder – Beispiel: »Ich bestehe eigentlich nur aus Kopf. Mein Körper ist mir fremd. – Und schon alleine deshalb fühle ich mich permanent unsicher.« Jedoch zeigt sich dieses Problem auch sehr anschaulich und unmittelbar in Bildern oder anderen Darstellungen von Menschen mit ASS, die des verbalen Ausdrucks so nicht mächtig sind.

Hier können Angebote zur Sensorischen Integration hilfreich sein – jedoch eben auch Erfahrungen mit dem Körper in verschiedensten Bewegungsaktivitäten und -qualitäten, welche jeweils begleitet, kommentiert, imitiert, gespiegelt werden.

Der Mensch erlebt sich dabei selbst in Bewegung und Ruhe. Er macht Erfahrungen damit, wie er seinen Körper bewegen kann, welche Spielräume seine einzelnen Gelenke bieten, welchen Raum er insgesamt einnehmen und ausfüllen kann, auf welch unterschiedliche Weisen er sich im Raum fortbewegen kann, wie der Körper Balance hält, welches Spektrum an Tempi ihm zur Verfügung steht, welche Kraft er hat, wie er sie gezielt und koordiniert einsetzen und steuern kann usw.

Wird der Mensch dabei gespiegelt, bzw. wird die Bewegung von einem Gegenüber aufgegriffen und mitgemacht, so hat er zugleich die Möglichkeit, simultan zum Körpererleben auch noch zu *sehen*, wie das, was er tut, von außen aussieht, und kann dabei wichtige Informationen darüber sammeln, wie er in seiner Haltung und Bewegung wirkt – Informationen, die das Selbstbild auf wertvolle Weise ergänzen. Durch die Gleichzeitigkeit der Körpererfahrung mit dem »Spiegelbild« können diese Informationen auch neuronal verknüpft und so assoziiert gespeichert werden.

Auf diese Weise werden nicht nur wesentliche neue Erfahrungen mit dem eigenen Körper als Zuhause und Instrument gemacht, sondern letztlich auch zur Entwicklung eines vollständigeren und stimmigen Körper- und Selbstbildes beigetragen, welches wiederum die Basis für viele andere Entwicklungsbereiche darstellt.

Selbstwahrnehmung ist die Grundlage für Selbstbewusstsein und die Entwicklung der eigenen Identität. Zugleich bietet all dies jedoch auch die Ausgangsbasis für die Wahrnehmung und Verarbeitung von Ausdrucksverhalten und sozialen Signalen der menschlichen Umwelt.

Beispiele für Angebote zum Bewegungserleben:

- Gemeinsames Gehen, Stehen, Sitzen, Drehen, Springen, Hüpfen, Schaukeln usw.
- Trampolin, Hängematte, Schaukel, Schaukelpferd als Medien, die zum Erproben neuer Bewegungsvarianten anregen.
- Tanzen – nach der Fasson des Klienten und davon ausgehend in Variationen.
- Warm-up-Übungen, d. h. klare Vorgaben zu bestimmten ganz einfachen Haltungen und Bewegungen. Beispiel: Stehen – Arme hochstrecken und dann wieder hängenlassen – Sich-klein-machen – und wieder ausbreiten in die Höhe und in die Breite – um die eigene Achse drehen – Arme ausschütteln usw.
- Klar vorgegebene, einfache Anregungen zu Bewegungssequenzen, die eine individuelle Exploration und darin das Erleben neuer Haltungen und Bewegungen ermöglichen. Beispiel: »Steh einfach da, wie es dir bequem ist. Dann streck dich lang nach oben und schau wie weit du reichen kannst – und lass wieder los.« – »Wie kommst du aus dem Sitzen zum Stehen? – Probiere verschiedene Möglichkeiten aus.« Alternativ können solche Anregungen auch nonverbal gegeben werden – einfach durch eigene entsprechende Bewegung des Therapeuten. Ist bereits eine gute Kontaktbasis gewachsen und das Interesse des Klienten am gemeinsamen Tun geweckt, geschieht gar nicht selten eine spontane Imitation, manchmal unmittelbar, manchmal zeitlich verzögert.

Beispiel: Ein Mitglied unserer Tanzgruppe am Hamburger Autismus Institut nahm während der ersten Wochen nicht direkt im Kreis der Gruppe teil. Das wäre ihm zu nah, zu intensiv gewesen. Er kam aber jede Woche – und saß dann im Nebenraum auf der Schaukel, währen wir gemeinsam Warm-Up-Übungen machten, verschiedene Bewegungsspiele ausprobierten und frei tanzten. Dass er trotz der notwendigen Distanz voll und ganz dabei war und genau alles mitbekam zeigte sich daran, dass er in der jeweils folgenden Therapiesitzung bei einem Kollegen all das genau berichtete und vormachte, »was wir am Dienstag beim Tanzen gemacht haben.«

Verbesserung der sozialen Wahrnehmung

Gemeinsame Bewegungsaktivitäten geben zugleich die Gelegenheit, andere Menschen in ihrer Haltung und ihrer Bewegung parallel zur eigenen wahrzunehmen. Entdeckt der Klient, dass sein Gegenüber bzw. der Mensch in seinem Umfeld dasselbe tut wie er selbst, dass er die eigene Bewegungssequenz oder Bewegungsqualität aufgreift und mitmacht oder spiegelt, ist in aller Regel die Aufmerksamkeit geweckt. Es kann ein Wechselspiel entstehen, in dem das Kind (bzw. auch der Jugendliche oder Erwachsene) spielerisch, aber bewusst agiert und dabei ebenso bewusst beobachtet, was der andere tut.

Nicht selten beginnt hier ein Spiel von Führen und Folgen, von Erproben und Beobachten, von Spiegelung und Reaktion aufeinander. Ist das Interesse am anderen – und an seiner Bewegung und Haltung – erst einmal geweckt, wird die Förderung der Interaktion leichter und es kann ganz allmählich und wie von selbst eine Wechselseitigkeit entstehen.

Darüber hinaus kann der Klient, wie oben erwähnt, Eindrücke davon sammeln, wie das, was er selbst erlebt, im Körperausdruck des anderen aussieht. Während er wahrnimmt, wie es sich anfühlt, aufrecht oder gebeugt zu stehen, wie sich schnelle Bewegungen der Füße anfühlen, ein Flattern, ein Schaukeln, ein Verdrehen des Körpers usw., wird zugleich der andere dabei beobachtet und ein Eindruck davon gewonnen (und auch gespeichert), wie derjenige in dieser Haltung oder Bewegung aussieht und wirkt. Es entstehen ganz von selbst Assoziationen, welches Erleben und welches Gefühl mit welcher Bewegung oder Haltung und mit welchem Ausdruck einhergeht – und umgekehrt.

So bietet gerade die Gemeinsamkeit bzw. ein Wechselspiel in der Bewegung eine Chance, innere und äußere Wahrnehmungen fruchtbar miteinander zu verknüpfen und so die soziale Wahrnehmungs- und Deutungsfähigkeit zu verbessern.

All dies ist möglich unter völligem Verzicht auf Sprache, kann jedoch zugleich durch Sprache, d.h. durch die verbale Benennung der Situation und des jeweiligen Ausdrucks, ergänzt werden.

Möglichkeiten zu solchen Erfahrungen, die das Bewusstsein für die eigene Bewegung gleichermaßen fördern wie die Wahrnehmung der Mitmenschen in ihrem emotionalen und sozialen Ausdruck, bieten folgende tanztherapeutische Angebote:

- Übernahme von Bewegungssequenzen oder Stereotypien des Klienten: Der Therapeut beobachtet den Klienten genau in seiner Bewegung, greift dessen Körperspannung, Krafteinsatz, Tempo, Bewegungsqualität und -ablauf auf und übernimmt all dies selbst begleitend.
- Spiegeln im eigentlichen Sinne im 1:1-Kontakt von Therapeut und Klient: Therapeut und Klient stehen/sitzen einander gegenüber. Der Therapeut beobachtet genau die Bewegung des Klienten und versucht, ihn so genau wie möglich zu spiegeln. (Achtung: Umgekehrt ist dies für viele Menschen mit Autismus schwierig, da sie die Erfahrung der Spiegelung so noch nicht kennen. Sie selbst haben meist die Tendenz, eine Bewegung zunächst bewusst zu beobachten, zu analysieren und dann bewusst gesteuert genau zu imitieren. Dabei bewegen sie sich dann nicht spiegelbildlich, sondern die jeweils gleichen Körperteile der gleichen Körperhälfte wie ihr Vorbild.)
- Chace-Kreis (nach Marian Chace; Chaiklin 1975): Eine Gruppe bildet einen Kreis und bewegt sich in einem Grundrhythmus und einfachen Bewegungsablauf zu Musik. Dann tritt einer ein paar Schritte vorwärts in den Kreis und macht eine ganz kurze, einfache Bewegungssequenz vor, die dann von allen gemeinsam aufgegriffen und mitgemacht wird. Der Protagonist tritt zurück an seinen Platz. Dann tritt der Nächste vor usw.
- Spiegeln als Zweier-Übung von Partnern in einer Gruppe: So wie beim Spiegeln von Therapeut und Klient. Dabei ist wichtig zu klären, wer zuerst die Rolle des Akteurs und wer die Rolle des Spiegelbildes übernimmt und wann gewechselt wird.
- Aufgabe: Bewusste Beobachtung des Therapeuten oder eines anderen Gruppenmitgliedes in der Bewegung nach bestimmten ausdrücklichen Vorgaben. Beispiel: »Achte darauf, ob ich fest oder wackelig stehe, ob ich locker oder angespannt bin, ob ich viel

oder wenig Kraft einsetze, ob ich mein Ziel direkt ansteuere, ob mein Oberkörper aufrecht ist oder nicht …«

Selbstausdruck und Selbstwirksamkeit

Ein weiterer Bereich, in dem viele Menschen mit Autismus kaum oder nur wenige Erfahrungen sammeln können ist die eigene unmittelbare Wirkung auf andere Menschen. Solange sie kaum überhaupt auf den anderen achten (können) und Mitmenschen nicht als Informationsquellen erleben, werden sie die oft subtilen spontanen Reaktionen der anderen auf ihr eigenes (Ausdrucks-)Verhalten gar nicht als solche wahrnehmen. Selbstwirksamkeit erleben sie im Kontakt mit der physikalischen und evtl. mit der technischen Welt – da hier die »Reaktionen« der jeweiligen Objekte meist eindeutig, verlässlich und wiederholbar sind. Wenn ich einen Ball fallen lasse, weiß ich mit Sicherheit, dass er fallen wird. Wenn ich herausgefunden habe, wie ein Lichtschalter funktioniert, weiß ich mit sehr hoher Sicherheit, dass das Licht an oder ausgehend wird, wenn ich den Schalter betätige. Menschen sind da in ihrem Verhalten komplexer und letztlich unberechenbar.

Solange jedoch ohnehin keine verlässliche Regelhaftigkeit im Verhalten der Mitmenschen erkannt wird, können auch keine impliziten Regeln erkannt und befolgt werden. Wenn ich ohnehin nie weiß, welches Verhalten der anderen sich auf mein eigenes bezieht, dann macht auch Interaktion keinen Sinn. Sinnvolle Kommunikation kann so nicht zustande kommen.

Die Bewegungs- und Ausdruckstherapie kann genau hier ansetzen, indem sie einen Rahmen bietet und jeweils ganz reduzierte, klare und eindeutige Angebote macht. Der Klient kann, wie oben geschildert, verschiedene Aspekte des Bewegungsausdrucks selbst erproben und deren Wirkung am anderen beobachten. Er kann sodann in ein Wechselspiel eintreten, in dem er selbst bestimmte Vorgaben oder Angebote macht, auf die er dann eine klar bezogene Reaktion bekommt. Dabei kann er die Reaktion des anderen seinem eigenen Angebot zuordnen – und Selbstwirksamkeit erleben.

All dies geschieht in vielfältiger Weise spielerisch bzw. experimentell – und wird meiner Erfahrung nach von Klienten aller Altersstufen meist begeistert aufgegriffen.

Angebote zur Förderung von Selbstausdruck und Selbstwirksamkeit:

- Führen und Folgen: Klient und Therapeut gehen im Kreis in einem Abstand, sodass sie einander gut sehen können. Der Klient variiert Tempo, Gangart, Haltung, zusätzliche Bewegungen (z. B. Arme ausbreiten), Richtung und letztlich auch Bodenwege abweichend vom Kreis und der Therapeut greift diese auf (Gruppenvariante: Polonaise). Der Klient wird dabei aufgefordert, darauf zu achten, ob der Therapeut (oder die anderen) auch alles richtig gesehen haben und »richtig« nachmachen.
- Verbales Führen oder Führen über andere Impulse: Der Therapeut stellt sich zunächst als funktionierendes Objekt zur Verfügung, das sich auf verbale Anweisung oder andere Vorgaben wie Gesang, Plappern, Trommeln, Rascheln oder Musik, die der Klient macht, auf vielfältige Weise bewegt. Dabei werden möglichst das Tempo sowie die Qualität und Intensität der Vorgabe aufgegriffen und in entsprechende Bewegungen umgesetzt. Nach und nach können dann auch die Rollen getauscht werden. Wichtig ist, dass der Klient zunächst die Vorgaben machen darf und die Erfahrung macht, dass diese unmittelbar wahrgenommen, aufgegriffen und umgesetzt werden. Dabei sollte allerdings stets die Authentizität gewahrt bleiben und Grenzen rückgemeldet werden: »So schnell schaff ich das nicht.« – »Jetzt bin ich erschöpft und brauche eine Pause.«

Beispiel: Ein etwa elfjähriger Junge, der einen extrem starken Bewegungsdrang zeigte und auch beinahe ständig sprach, d. h. fabulierte, erzählte, mit Sprache und deren Klang spielte, war fasziniert von der Möglichkeit, mich erst mittels einer Orgel, aber dann auch mit Hilfe rhythmischen Trampolin-Springens oder Hände-Klatschens in Bewegung setzen und auch wieder stoppen zu können. Er probierte dies in allen möglichen Varianten aus – und war dann auch bereit, sich umgekehrt von mir und meinen Vorgaben in seiner Bewegung dirigieren zu lassen. In beiden Rollen vergaß er zeitweise völlig das Fabulieren und erreichte jeweils ein hohes Maß an Konzentration.

- Dirigieren oder »Zurechtbiegen«: Der Therapeut oder ein anderes Gruppenmitglied stellt oder setzt sich gut sichtbar in die Mitte des Raumes, evtl. in einer offensichtlich seltsamen Haltung. Der Klient (bzw. einer oder mehrere aus der Gruppe) darf nun verbal oder auch durch direkte Korrektur den Betreffenden in eine »gute«, d. h. stabile, entspannte und ausgeglichene Haltung bringen.
- Bewegungsdialoge: Einer gibt eine Bewegung vor, der andere greift diese auf und »antwortet« dann mit einer, die ihm dazu einfällt, worauf der Erste diese wiederum aufgreift und darauf auf seine Weise antwortet. Dies geht übrigens auch mit Hilfe eines Instruments (Trommel, Xylophon o. Ä.)

Förderung der Wechselseitigkeit in der Interaktion – und Erschließung von Quellen des Kontaktes für Menschen mit Autismus

Die oben beschriebenen Erfahrungen in einem erwartungsfreien, am Klienten orientierten Kontakt und einer daraus entstehenden Interaktion tragen entscheidend dazu bei, dass dieser den Kontakt zu einem anderen Menschen als angenehm erlebt und dass er darüber eine auch für ihn interessante und gelingende Interaktion für möglich hält. Nicht selten zeigt sich ab dem Moment einer ersten gelingenden Wechselseitigkeit im Kontakt, welch ein großes Bedürfnis hiernach in wirklich jedem Menschen schlummert.

Ich selbst war und bin immer wieder beeindruckt, mit welcher Ausdauer meine Klienten auf solche Momente der gemeinsamen Präsenz, des Teilens, des gelingenden Austausches warten. Wie viel sie auf ihre Weise anbieten. Wie viel Frustration sie tatsächlich auszuhalten bereit sind, bis sie in ihrem individuellen Sein, in ihrem jeweiligen Angebot und ihrem Bedürfnis gesehen werden und über gemeinsames Tun und Wechselseitigkeit ein vertrauensvoller und tragender Rapport entsteht.

Beispiel: Mit einem 12-jährigen Jungen, der keinen verbalen Ausdruck zur Verfügung hatte, arbeitete ich auf diese Weise vornehmlich mit der Stimme. Wir saßen stets in einigem Abstand voneinander – denn ich konnte beobachten, dass er in dieser Entfernung entspannter und aufmerksamer sein konnte. Er saß still da. Hin und wieder gab er aus eigenem Impuls ein Summen von sich, welches ich jeweils aufgriff und dann leicht in der Tonhöhe und auch in der Intensität variierte. Er lauschte aufmerksam, wartete stets das Ende meines Tones ab, ließ ihn nachklingen und gab dann wiederum einen Ton von sich – manchmal den gleichen, manchmal eine leichte Abwandlung. So konnte es eine ganze Sitzung lang hin- und hergehen. Es schien ihm nie langweilig zu werden, denn er war immer entspannt und zugleich konzentriert dabei. Wie wichtig ihm dieses unser Wechselspiel tatsächlich war, wurde mir allerdings erst bewusst, als ich ihm eines Tages ankündigen musste, dass es einen Therapeutenwechsel geben würde – und er nach einer kurzen Phase der Stille in heftigste Unruhe, Schreien und Autoaggression ausbrach. Als er sich schließlich beruhigen ließ, saß er still an mich angelehnt neben mir auf dem Trampolin. Und wir verbrachten den Rest unserer Sitzung mit Summen …

Verbesserung der nonverbalen Kommunikation und Kontaktgestaltung

Aus den obigen Beschreibungen ergibt sich ein weiterer Effekt bzw. eine weitere Chance zur Weiterentwicklung: Durch die vielfältigen Erfahrungen in der bewussten und z. T. auch gezielten Beobachtung eines oder mehrerer Mitmenschen in ihrer Bewegung und dem damit verknüpften Empfinden bzw. Ausdruck wird die Fähigkeit zur Erkennung und Deutung emotionalen Ausdrucks sowie sozialer Signale gefördert.

Zugleich wird erfahrungsgemäß die Fähigkeit zum nonverbalen Ausdruck im sozialen Miteinander verbessert – teilweise bewusst gesteuert, teilweise sogar spontan und weitgehend unbewusst. Mit einem breiteren Bewegungs- und Ausdrucksrepertoire und einer verbesserten Fähigkeit zur Wahrnehmung und Deutung des Ausdrucksverhaltens anderer Menschen kann die Kontaktgestaltung zunehmend besser gelingen. Zugleich wird es für den Therapeuten und andere Bezugspersonen leichter, hierfür in der jeweiligen Situation Anleitungen und notwendige Informationen zu vermitteln. Es ist so etwas wie eine gemeinsame Sprache entstanden, die man nutzen und auf die man sich in der Begleitung und Förderung beziehen kann.

Beispiel: Diese überaus erfreulichen Effekte konnte ich vor einigen Jahren in der Arbeit mit einer Gruppe junger Erwachsener beobachten. Einige von ihnen hatte ich für einige Wochen in Einzelsitzungen und dann auch in einer Kleingruppe begleitet und ihnen unterschiedlichste Angebote zu den o. g. Aspekten gemacht. Für mich – und auch für meine Kollegen, die sie als Teilnehmer in einer berufsvorbereitenden Maßnahme unterrichteten – war es überraschend und erfreulich zu sehen, wie unmittelbar die neuen Erfahrungen sich auch im Alltag bemerkbar machten. Die jungen Leute begannen gezielter auf das Ausdrucksverhalten ihrer Mitmenschen zu achten. Ihr eigener Kommentar dazu war, dass sie »ja nun endlich wissen, worauf man überhaupt achten muss, was relevant ist und was welche Haltung bedeutet.« Dabei waren sie oft selbst erstaunt, wie viel sie bei ihren Gruppenmitgliedern beobachten und erkennen konnten. So erkannten sie z. B. an Haltung, Blickrichtung, Tempo, Körperspannung usw., wohin ein anderer gehen wollte, ob er dabei entschlossen seinem Ziel zustrebte oder ob er unsicher oder lustlos wirkte. Zugleich veränderte sich bei einigen von ihnen signifikant und nachhaltig die eigene Körperhaltung und -Spannung und damit interessanterweise auch ihre Haltung sich selbst, ihren Mitmenschen und ihrer eigenen Zukunft gegenüber. Sie hatten buchstäblich und offensichtlich Selbstbewusstsein erlangt und erlebten sich als selbst-wirksam und auf ganz neue Weise kompetent.

Positive Effekte auf die Gesamtentwicklung und das Wohlbefinden

Anhand der vielfältigen Erfahrungen mit sich selbst und anderen wird durch Erfahrungen in Bewegung und Ausdruck – quasi »ganz nebenbei« und wie von selbst – die Grundlage gelegt für Entwicklungen in so wichtigen Problembereichen des Autismus wie z. B.

- Selbstwahrnehmung und Entwicklung eines stimmigen Selbstbildes,
- Selbstakzeptanz und Selbstvertrauen,
- Ermutigung und Befähigung zum Selbstausdruck,
- positives Erleben von menschlicher Präsenz und Sozialkontakt,
- Reziprozität im Kontakt und Motivation zur Interaktion und Kommunikation,
- grundlegende (Er-)Kenntnisse in der sozialen Wahrnehmung,
- Erweiterung des sozialen Verhaltensrepertoires.

Dabei können alle Beteiligten zugleich wohltuende Erfahrungen machen im Sinne von erwartungsfreiem Kontakt, Gemeinsamkeit und gelingender Interaktion und Kommunikation – Erfahrungen also, die das oft quälende Erleben von »Anders-Sein«, Isolation und Scheitern an unerfüllbaren Erwartungen lindern und neue Wege eröffnen können.

So kann neue Hoffnung auf positive Veränderungen entstehen – und damit Motivation auch in vielen anderen Lebensbereichen.

Literatur

Argyle, M. (1979): Körpersprache und Kommunikation. Junfermann-Verlag, Paderborn

Attwood, T. (2008): Ein ganzes Leben mit dem Asperger-Syndrom. Alle Fragen – alle Antworten. Trias, Stuttgart

Bauer, J. (2005): Warum ich fühle, was Du fühlst: Intuitive Kommunikation und das Geheimnis der Spiegelneurone. Hoffmann und Kampe, Hamburg

Chaiklin, H. (1975): Marian Chace: Her Papers. American Dance Therapy Association, Columbia, Maryland

Janetzke, H. (1994): Stichwort Autismus. Heyne, München

Janetzke, H. (1991): Leitlinien therapeutischer Arbeit. In: Tagungsbericht, 7. Bundestagung des Bundesverbandes »Hilfe für das autistische Kind« (heute »Autismus Deutschland e. V.«), 15.–17. Februar 1991 in Düsseldorf

Kalish-Weiss, B. (1988): In: Dance-Movement-Therapy, A Healing Art. Reston, Virginia

Keysers, C. (2011): Unser empathisches Gehirn. Bertelsmann, München

Laban, R. von, L. Ullmann & K. Vial (1984/2003): Der Moderne Ausdruckstanz in der Erziehung – Eine Einführung in die kreativ tänzerische Bewegung als Mittel zur Entfaltung der Persönlichkeit. Heinrichshofen's Verlag, Wilhelmshaven

Mahler, M. S. (1980): Die psychische Geburt des Menschen. S. Fischer, Frankfurt a. M.

Rizzolatti, G. (2008): »Empathie und Spiegelneurone. Die biologische Basis des Mitgefühls«. Suhrkamp Verlag, Frankfurt am Main

Schoop, T. (1981): Komm und tanz mit mir. Verlag Musikhaus Pan AG, Zürich

Watzlawik, P. (1974): Menschliche Kommunikation. Verlag Hans Huber, Hogrefe AG, Bern

Wing, J. K. (Hrsg.) (1991): Frühkindlicher Autismus – Elternratgeber. Beltz Verlag, Weinheim u. Basel

Musiktherapie zur Unterstützung der »Schlüsselfähigkeiten« bei autistischen Kindern und Jugendlichen – ein Bericht aus der Praxis

Renate Wahrmund

Im folgenden Artikel möchte ich meine Erfahrungen bezüglich der Möglichkeiten musiktherapeutischer Interventionen erläutern, im Kontext zu den im STeP-Programm (Bernard-Opitz 2005) thematisierten »Schlüsselfähigkeiten« als Zielvorgaben in der Therapie. Dabei wird besonderes Augenmerk auf die Förderung und Entwicklung sozialer und emotionaler Fähigkeiten gelegt.

Es wird beschrieben, wie beim klientenzentrierten Ansatz durch die musikalische Resonanz wesentliche Faktoren der Beziehungsgestaltung und Kommunikation sowohl in Einzel- als auch in der Gruppentherapie hergestellt und gefördert werden können. Fallbeispiele aus den eigenen praktischen Erfahrungen sollen die Thematik verdeutlichen.

Es wird dargestellt, wie Erfahrungen mit klientenzentrierter Musiktherapie und ein entsprechendes Selbstverständnis kooperativ mit Erkenntnissen aus der Verhaltenstherapie mit autistischen Kindern und Jugendlichen (im Folgenden allgemein »Kinder« genannt) eingesetzt werden können.

Die Grundhaltung als Musiktherapeutin ist auf Resonanz und Akzeptanz ausgerichtet. Daher kann mit dem Medium Musik insbesondere mit den Anteilen von Klang, Rhythmus und Takt zunächst einmal eine Atmosphäre des Angenommen-Seins geschaffen und damit ein Beziehungsangebot gestaltet werden, das von Neugier, Freude und Spaß geprägt ist. Musikalische Interventionen dienen dazu, ein nonverbales Angebot zu machen, das direkt emotional wirken und so für beide Beteiligten einen Sinn-Zusammenhang herstellen kann, ohne dass dieser verbal gedeutet und verstanden werden muss.

Gleichzeitig kann die Einbeziehung musikalischer Elemente wesentlich dazu beitragen, die im Folgenden beschriebenen Ziele (nach dem STeP-Programm, Bernhard-Opitz) zu verfolgen.

Die Namen in den von mir genannten Fallbeispielen wurden von mir geändert.

Schlüsselziele und deren Umsetzung im therapeutischen Kontext

Im Folgenden werde ich so genannte »Schlüsselziele« in Anlehnung an das STEP-Curriculum von V. Bernhard-Opitz beschreiben (Verbesserung der Aufmerksamkeit, Imitation, Kommunikation, soziale Interaktion/ Spiel- und Sozialverhalten), die ich mit Zielen aus der Konzeption des Autismus-Therapiezentrums Bersenbrück ergänzt habe: Kooperation, Erweiterung des Interessensspektrums und der Aktivitäten, Förderung der Wahrnehmung, Förderung der Grob- und Feinmotorik, Förderung der Ich-Funktionen, exekutive Fähigkeiten.

Verbesserung der Aufmerksamkeit

Musik hat einen hohen Aufforderungscharakter, den ich für den therapeutischen Prozess nutze. Die Reaktion der Kinder weist sehr schnell auf bestimmte Vorlieben hin. Das Anbieten der entsprechenden Klänge erhöht die Aufmerksamkeit zunächst für dieses akustische Geschehen, später wird eine Generalisierung angestrebt.

Das Gegenüber wird als Auslöser musikalischer Ereignisse und so als möglicher Interaktionspartner wahrgenommen:

> Mika zum Beispiel ist schnell abgelenkt durch die Vielzahl visueller Reize, wenn er in das Therapiezentrum kommt. Der musikalisch gestaltete Beginn trägt dazu bei, dass er sich besser auf das Miteinander mit mir fokussieren und in der Therapiesituation »ankommen« kann.

Kurze musikalische »Zwischenspiele« können zur Entspannung und zum Abbau stressbedingter Aufmerksamkeitsdefizite beitragen:

> Bei Lilly trägt das gemeinsame Klavierspiel als »Pause« meist dazu bei, dass sie wieder aufnahmefähig ist und sich der nächsten Aufgabe zuwenden kann.
>
> Beim Klavierspiel bestimmt sie Inhalt und Form, zurzeit entstehen dabei kurze musikalische Sequenzen, die sie »Das Monster kommt – eine Sternenmusik« nennt. Damit zeigt sie schon ein hohes Maß an Abstraktionsfähigkeit und Fantasie – und die bei autistischen Menschen so häufig zu beobachtenden gegensätzlichen Extreme (»Schwarz-weiß-Denken«). Danach kann sie sich wieder den – durch mich und damit fremdbestimmten – kognitiv ausgerichteten Aufgaben widmen (siehe z. B. ▸ Abschnitte Kommunikation, Soziale Interaktion und Förderung der Wahrnehmung).

Imitation

Vielen autistischen Kindern fehlt die grundsätzliche Fähigkeit bzw. die Motivation, Handlungen oder Äußerungen des Gegenübers nachzuahmen. Musikalische Aktionen können in einer spielerischen Form diese Fähigkeit anbahnen.

Oft kann ich in der Therapie eine direkte Imitation zunächst nur mit physischer Hilfe (Prompts) erreichen: Ich gebe einen Rhythmus vor, der dann gemeinsam mit dem Kind nachgespielt wird. Später reduziere ich diese Hilfen (tagesformabhängig) immer mehr und rege das Kind an, selbst aktiv Klänge zu erzeugen.

Anfangs spielt häufig die »spiegelnde Funktion« meiner musikalischen Antwort eine beziehungsgebende und -gestaltende Rolle, ähnlich dem Baby-Talk. Daraus können sich Nachahmung durch das Kind und Klang-Dialoge entwickeln, ohne dass diesen im sprachlichen Sinne eine Bedeutung gegeben werden muss. Dabei spielt auch der Einsatz meiner Stimme – im Sinne von Klangerzeugung, noch nicht im Sinn einer sprachlichen Bedeutung – eine wesentliche Rolle:

> Lena kann Bewegungen, die mit Liedern verbunden sind, sehr genau nachahmen; so kann sie z. B. im richtigen Moment sich »bücken/strecken/rundum dreh'n«, wenn ich die entsprechenden Textstellen des Liedes »1, 2, 3 im Sauseschritt« singe. Wenn sie später einen von mir gespielten kurzen Trommelrhythmus nachspielt, sind dabei erste Ansätze von Nachahmung im interaktiven Sinn zu erkennen, vor allem die Bereitschaft, sich auf mich als Partner einzulassen (siehe auch ▸ Kooperation).
>
> Lars fällt es schwer, sich auf mich als Gegenüber zu konzentrieren. Bei Sequen-

zen, in denen wir ganz konkret üben »Ich trommle vor, du trommelst nach« – auch mit wechselnden Rollen – ist er gefordert, sich auf das Miteinander einzulassen und mich wahrzunehmen. Es bereitet ihm Freude, diese Übung auch mit der Stimme auszuprobieren: Beim »Beat-Boxen« ahmt er stimmlich Percussion-Instrumente nach; außerdem experimentiert er mit der tiefen Stimme : »wie ein alter Mann« oder: wie klingt die Stimme, wenn man böse, albern oder traurig sein ausdrücken möchte.

Jonas gestaltet das von ihm sehr geschätzte Werk »Peter und der Wolf« von S. Prokofjew mit eigenen Mitteln selbst. Stöcke und Rohre werden zu den entsprechenden Instrumenten umfunktioniert, die er dann mit der Stimme nachahmt und damit die Melodien der einzelnen Passagen genau wiedergibt. Er ist allerdings noch nicht in der Lage, diese Fähigkeit in einen musikalischen Dialog mit mir einzubringen.

Kooperation

Mit Hilfe von Musikinstrumente und Klängen kann ich Bewegungen, Stimmungen oder Töne des Kindes aufnehmen und darauf »antworten«, indem ich zunächst dem Kind in seinen Intentionen folge. Ziel ist es z. B., einen dynamischen Wechsel zwischen Sequenzen zu erreichen, in denen das Kind die Kontrolle hat, und solchen, in denen ich die Initiative ergreife. Im musikalischen Prozess sind die entsprechenden Übergänge schnell und spontan zu gestalten:

Bei Lena ist die Bereitschaft, sich auf fremdbestimmte Aufgaben einzulassen, stark eingeschränkt, unter anderem weil sie schnell irritiert ist, wenn sie die Aufgabe oder das Verhalten ihres Gegenübers nicht versteht. Daher ist es bei ihr wichtig, immer wieder auch auf musikalisch Be-

kanntes zurückzukommen, um ihr Sicherheit zu bieten. Dann ist sie – oft nur für kurze Zeit – bereit, auch Neues auszuprobieren.

Kommunikation

Das Spiel mit Klängen kann als vorsprachliches Phänomen das Dialogverhalten des Kindes fördern. Ich biete mich als Interaktionspartnerin an, das Kind »antwortet«, ohne dass wir beide uns im sprachlichen Kontext auf die Bedeutung ihres Tuns verständigen müssen. Klänge zeigen unmittelbar ein »Ich bin da – hörst du mich«. Wie das Kleinkind in ersten Dialogen kann das Kind musikalische Antworten erleben (»Ich höre dich, hier bin ich«). Lautäußerungen können als Teil der »Musik« eine Bedeutung bekommen und auf diese Weise einen Kontext erhalten, bevor sie das Kind ganz bewusst einsetzt, um entsprechende »Antworten« zu provozieren.

So wird ein »Safe Place« geschaffen, in dem es möglich ist, zunächst sich selbst und dann den anderen als interagierende Personen wahrzunehmen. Musikalische Aktionen finden wie Sprache in einem zeitlichen Ablauf statt, wobei hier zunächst eine Gleichzeitigkeit der beiden Interaktionspartner möglich ist. Sprachliche Barrieren, die z. B. durch mangelnde entsprechende exekutive Fähigkeiten entstehen, können hier kompensiert werden:

Wenn ich Lenas spontan geäußerten Laute imitiere, wird sie aufmerksam und wiederholt häufig bewusst dieselben Laute: der Anfang eines kleinen Dialoges.

Später können komplexere musikalische Dialoge entstehen: So eignen sich Klänge auch zum Mitteilen von Gefühlen und Stimmungen; abwechselndes Spielen kann den Charakter von Frage-Antwort-Dialogen bekommen und der Sprachanbahnung dienen.

Es können auch musikalische Rollenspiele entstehen, wie bei dem beschriebenen Spiel mit Jonas zu »Peter und der Wolf«, bei dem Jonas z. B. den Part des Wolfs mit dem entsprechenden musikalischen Motiv übernimmt und ich den der Ente oder von Peter.

> Der nur wenige Wörter sprechende Mika benennt die gewünschten Aktionen mit kurzen Stichworten wie einem fragenden »Grade-Schief?« oder »Gitarre?« und nutzt den Anlass, sich mir mitzuteilen.

> Das in musikalischen Gruppenspielen geübte Zuhören führte besonders in der Mittwochsgruppe zu vermehrter Achtsamkeit füreinander auch in verbalen Interaktionen. In der gleichen Gruppe war zu beobachten, dass Dilara, die über einen stark eingeschränkten Wortschatz verfügt, die Spielanweisungen für die Musik erstaunlich gut verstehen und einfühlsam umsetzen konnte.

Soziale Interaktion

Fähigkeiten der sozialen Interaktion beginnen bei der Wahrnehmung des Gegenübers. Musikalisch ausgedrückt bedeutet dies zu Beginn: ich mache mit Klängen auf mich aufmerksam, mit denen ich auf meine Wahrnehmung des Kindes reagiere. So entsteht das Angebot eines gemeinsamen Fokus. Es kann schon in dieser Phase zu einer musikalischen Interaktion kommen, wenn das Kind auf diese Impulse »antwortet«. Später können in diesen Interaktionen Fähigkeiten wie Abwarten-Können (zuhören), angemessene Resonanz (konstruktive Gestaltung der Interaktion, Impulskontrolle) und Reagieren auf das Gegenüber geübt werden. Aufbauend können direkte Angebote zu den folgenden Themen besonders in der Gruppe zur Erweiterung sozialer Fähigkeiten beitragen: z. B. »Frage-Antwort«-Sequenzen, Einhaltung von »Spiel-Regeln«, »Dirigierspiele«, musikalische Rollenspiele, Ausdruck von Befindlichkeit:

> In der Mittwochsgruppe mit Dilara, Selin und Fabian fallen beim verbalen Austausch deutliche Schwächen auf (z. B. mangelnde verbale Fähigkeiten, Hemmungen, sich mitzuteilen, unterschiedliches kognitives Niveau). In der Frage-Antwort-Improvisation wurden Verständnis für den Spielablauf, Einfühlsamkeit und Vielfalt emotionaler Ausdrucksfähigkeit erstaunlich deutlich. Alle konnten im musikalischen Zusammenspiel sehr gut zuhören, was im Gespräch noch nicht gelingt.

Erweiterung des Interessenspektrums und der Aktivitäten

Bei vielen autistischen Kindern ist der Aktionsradius stark eingeschränkt. Oft wird auch ein Mangel an Motivation zum explorierenden Spielverhalten beobachtet. Ich habe mehrfach erlebt, dass durch den hohen Aufforderungscharakter von Klängen rigide oder stereotype Verhaltensweisen zumindest kurz unterbrochen werden können. Beim aktiven Produzieren von Klängen können sich die Kinder als selbstwirksam erleben. Als wiederkehrende Elemente können diese gemeinsamen Aktionen Sicherheit und Struktur bieten:

> Clara ist ein autistisches, mehrfach behindertes Mädchen, das sich häufig damit beschäftigt, sich mit den Händen an den Kopf zu klopfen. Besonders bei gemeinsam gestalteten Liedern wie dem Begrüßungslied oder dem Bewegungslied »Das ist grade, das ist schief« kann sie mit Hilfe von physischen Prompts die Stereotypie unterbrechen und zulassen, dass ich ihre Hände beim Ausführen der entsprechenden Bewegungen unterstütze. Dabei schaut sie mich aufmerksam an und über-

nimmt zunehmend spürbar auch eine aktivere Rolle (z. B. beim Klatschen oder beim Verdecken der Augen). Der Aufforderung »Gib mir deine Hände« kommt sie mittlerweile schon verlässlich und ohne Hilfe nach.

Ebenso zeigt sie inzwischen ein deutliches Interesse für das gemeinsame Erzeugen von Gitarrenklängen und für die kleine Klangschale.

Bei Lars geht es darum, eine Alternative zu von ihm bevorzugten elektronischen Medien zu finden; beim gemeinsamen Trommeln kann er sich als selbstwirksam und kraftvoll erleben und ein eigenes Tempo finden; in der gemeinsamen Improvisation erfährt er kommunikative Impulse.

Förderung der Wahrnehmung

Häufig werden bei autistischen Kindern Probleme mit der Selektion von Sinneseindrücken diagnostiziert.

Gezielt angebotene Klänge können den Fokus auf die auditive Wahrnehmung lenken und entsprechende Fähigkeiten fördern: Richtungshören, genaues Hinhören, Differenzierung (z. B. laut/leise, schnell/langsam, hoch/tief):

Mika liegt gern in der Hängematte und fordert ein, dass ich ihn dort »suchen« soll. Diese Suche gestalte ich durch bewusst langsame Bewegung durch den Raum, während ich diverse Klänge mit den hier zu findenden Gegenständen produziere (Ratschen an der Heizung, Klopfen am Stuhl, Stampfen auf dem Boden etc.).

Clara verfolgt sehr genau mit den Augen, wohin ich mich mit der Klangschale bewege (es fällt ihr in anderen Situationen schwer, ihren Blick entsprechend zu fokussieren).

Förderung der Grob- und Feinmotorik

Probleme der exekutiven Fähigkeiten zeigen sich auch beim Erzeugen von Klängen.

Es liegt nahe, dass auch Fähigkeiten der Grob- und Feinmotorik, der motorischen Koordination und der Kraftdosierung gefördert werden, sobald das Kind beginnt, Klänge bewusst entstehen zu lassen. Dabei geht es auch wesentlich um Impulskontrolle und die Fähigkeit, zeitnah zu reagieren. Motorische Imitation führt zu einer besseren Beherrschung des Instruments.

Bei der Gestaltung des Themas »Peter und der Wolf« (mit Hilfe der CD) gelangen Jonas hier ganz wesentliche Fertigkeiten: Seine Unsicherheiten bezüglich der Koordination spielten eine untergeordnete Rolle, er führte einen bizarren Tanz des schließlich gefangenen Wolfes auf. Es gelang ihm, einen eigenen Gestaltungsplan im Sinne einer bewussten Choreographie der gesamten Geschichte (einschließlich imitierter Musikinstrumente, s. o.) zu entwickeln.

So konnte er in der Therapiesituation Bewegungsunruhe und -unsicherheit kompensieren und seine starke Impulsivität kanalisieren. Meine Rolle als unterstützende – und anerkennende – Beobachterin oder auch Mitspielerin war dabei ebenso wichtig wie die Tatsache, dass ich die vielen gewünschten Wiederholungen als wesentlichen Beitrag zum notwendigen Lerneffekt deutete und mit Spannung die nächste »Performance« verfolgte.

Förderung der Ich-Funktionen

Im gemeinsamen musikalischen Spiel kann die Wahrnehmung von sich als selbst-wirksam Handelndem verbessert werden. Für das Kind bedeutet dies: »Ich bin es, der spielt, ich kann mich ausdrücken, ich nehme mein Gegenüber wahr«. Wichtige Funktionen wie Affektregulierung und Impulskontrolle, Empathie und Theory of Mind können im Spiel mit Klängen erweitert werden.

Ich-stärkend wirksam ist es auch generell, eine Wahl zu haben und kreative Ausdrucksmöglichkeiten für sich zu entdecken.

Für mich bedeutet dies, mich ebenfalls als eigenständig handelnde Person zu zeigen, die z. B. einen deutlichen Kontrapunkt darstellt (wie bei Lilly, die gern den Part des »Monsters« am Klavier übernimmt, während ich für den »Sternenhimmel« zuständig bin und umgekehrt). Bei anderen Kindern ist es wichtig, den von ihnen gefundenen Ausdruck und damit das Selbst-Bewusstsein der Kinder zu stärken, indem ich ihr Spiel spiegele und so meine Zustimmung und Anerkennung signalisiere. Bei Kindern, die bezüglich der Auswahl überfordert sind, kann ich z. B. zwei Klänge oder Aktionen zur Auswahl stellen.

> In der Donnerstagsgruppe mit drei 8- bis 9-jährigen Jungen gehört es zum Abschiedsritual, dass jedes Kind, wenn es im Lied genannt wird, den anderen seine eigene Klangerfindung vorstellt (hier: mit Körperinstrumenten wie Klatschen, Schnipsen, Stampfen, Geräusche mit dem Mund machen). Beliebt sind hier auch musikalische Spiele mit selbst gewählten Musikinstrumenten, bei denen jeweils ein Kind zum »Dirigenten« wird und damit eine wichtige Funktion für den Ablauf der Improvisation bekommt; die anderen müssen sich dem fremdbestimmten Ablauf anpassen und eigene Impulse regulieren.

Exekutive Fähigkeiten

Mentale Fähigkeiten der Selbstregulation (wie Initiative, Impulskontrolle, Handlungsplanung, Setzen von Prioritäten) können auch in musikalischen Prozessen unterstützt werden.

Musik kann z. B. zur Entspannung und Selbstregulierung bei Stresssituationen beitragen, wir können damit Übergänge und den zeitlichen Ablauf (hier: der Therapiestunde) gestalten, Wiederholungen ermöglichen Wiedererkennen und Sicherheit:

> In der Therapie mit Petra (eine schon erwachsene junge Frau mit frühkindlichem Autismus) wird durch die von ihr gewünschten Lieder die Stunde klar strukturiert. Die Verabredung »Wenn wir das zweite Mal ›Meine Tante aus Marokko‹ gesungen haben, dann gehen wir ans Klavier« ermöglicht es Petra, den für sie schwierigen Schritt zum nächsten Handlungspunkt zu gehen.

> Jonas neigt in Überforderungssituationen dazu, mit Dingen um sich zu werfen, und lässt sich dann nur schwer davon abbringen. Die Ablenkung auf das kognitiv und emotional sicher zu bewältigende Thema »Peter und der Wolf« unterbricht die Stresssituation, sodass wir danach, wenn er sich wieder entspannt hat, auf die ursprüngliche Aufgabe zurückkommen können, die seinen tagesformabhängigen Möglichkeiten angepasst werden: z. B. auf Bildkarten dargestellte Ereignisse in die richtige Reihenfolge bringen, Erkennen von Zusammenhängen zwischen zwei Abbildungen u. Ä.

> Clara kann mit dem gezielten Griff auf die Trommel oder die Gitarre ihr Interesse daran zeigen. Wenn sie mir nach der entsprechenden verbalen Aufforderung die Hände gibt und mich anschaut, weiß ich, dass sie bereit ist, den Tanz mit mir zu beginnen.

Methodische Aspekte

Im Anschluss an die Darstellung der Ziele und deren Umsetzung, wird im Folgenden beschrieben, welche methodischen Mittel im Rahmen musiktherapeutischer Interventionen zur Verfügung stehen.

Einsatz von Liedern

Lieder bieten die Möglichkeit von

- Strukturgebung/Sicherheit,
- Imitation (z. B. von gleichbleibenden Bewegungsmustern wie bei den Liedern »Gradeschief«, »… komm tanz mit mir«),
- Kooperation (Ablauf, Tempo, Vorgabe durch die Therapeutin),
- Verwendung von Sprache im (noch) nichtkommunikativen Kontext (Bedeutung des Textes irrelevant),
- Aufnehmen von Stimmungen, u. a. mit dem Einsatz von spontan gefundenen Situationsliedern (z. B. entsprechende Variationen eines Liedes, Petra).

Musikinstrumente

Für verschiedene Improvisationsformen kann aus einem Angebot qualitativ hochwertiger, verschiedenartiger Musikinstrumente ausgewählt werden. Sie haben jeweils einen eigenen Charakter, sind in der Mehrheit leicht zu spielen und können daher ganz gezielt von mir oder den Kindern ausgewählt werden. Dazu gehören Percussion-Instrumente (Handtrommeln, Rasseln, Becken, Glocken, Klangschalen, Schellenkränze u. a.), Melodieinstrumente (angefangen von Klangstäben bis Xylophon/Glockenspiel), diverse Trommeln (Djemben, Congas), Saiten-Instrumente (Kantele, Psalter, Gitarre), Blasinstrumente (Flöten, Kazoos), Klavier, außergewöhnliche Klänge wie Bass-Klangstab, Kalimba, Boomwackers.

CDs/andere Medien

Außerdem kommen immer wieder CDs und andere elektronische Medien zum Einsatz.

Das Beispiel von Jonas habe ich beschrieben (Thema »Peter und der Wolf«). In der Gruppe haben wir mit einer Tanz-CD Stopp-Tanz-Spiele durchgeführt. Bestimmte Lieder einer CD können als Verstärker genutzt werden. Gemeinsames Hören einer CD kann ermöglichen, einen gemeinsamen Fokus herzustellen und etwas über die Hörgewohnheiten der Klienten zu erfahren. Die Reproduzierbarkeit bestimmter Musikwünsche kann Sicherheit bieten und zu Regulationszwecken eingesetzt werden (z. B. als Entspannungsmusik).

> Durch entsprechende Erfahrungen in der Therapie haben wir herausgefunden, dass es Lena – besonders im Kindergarten – sehr viel besser gelingt, sich in Stresssituationen zu regulieren, wenn sie die gewohnte CD mit Kinderliedern hört. Inzwischen helfen sie ihr auch bei zu viel akustischen Außenreizen: Sie hört die Musik über Kopfhörer und kann dann z. B. Wartezeiten oder Übergänge, z. B. zum Spielen auf dem Spielplatz, besser bewältigen.

> In der zweiten Donnerstagsgruppe stellen sich die Jugendlichen gegenseitig Musikvideos auf dem PC vor und teilen damit ihre Interessen mit, sodass sich darüber ein Gesprächsthema ergeben kann.

Zusammenfassung der Themen der Klienten

Zur besseren Übersicht wird im Folgenden stichwortartig zusammengefasst, welche Themen und Ziele bei den oben beschriebenen Klienten im Vordergrund stehen:

Lena: Sprachanbahnung, Rhythmus und Melodie, verlässlicher Ablauf in der – musikalischen – Struktur der Stunden, Beruhigung durch Lieder, Imitation z. B. beim Trommeln, Sicherheit durch Hören von Kinderliedern in Stresssituationen.

Petra: Interaktion, Teilhabe, Zulassen von Variationen, Sicherheit gebende Struktur, Lieder können Stimmung ausdrücken, exekutive Hemmungen werden überwunden, Klavierspiel: Selbstwirksamkeit, Ehrgeiz, eine Wahl haben.

Lars: Spannungsabbau, Verbesserung der Aufmerksamkeit, Imitationsfähigkeit (Trommeln), Akzeptanz von Regeln, Verbesserung der Exekutivfunktionen, Selbstregulation (z. B. Lautstärke, Kraftdosierung, schnell/langsam; Stopp-Spiele), auch Kleingruppe: soziale Fähigkeiten.

Jonas: Rollenspiel »Peter und der Wolf«, Aufnehmen des Spezialinteresses für bestimmte Musikinstrumente (z. Zt. Blasinstrumente), Handlungsplan; Nachahmung (Vorspielen, Nachspielen auch auf Trommeln); Kontakt, gemeinsamer Fokus, Spannungsabbau, Verstärker, Ablenker, Regulation bei Stress, musikalische »Dialoge«.

Mika: Verbesserung der Eigeninitiative (z. B. Gitarrenspiel, Wunsch nach bestimmten Interaktionen), Struktur der Stunden durch Lieder geordnet, Anlass für Kommunikation: Wünschen bestimmter Interaktionen; Förderung der auditiven Wahrnehmung: Fokus auf Klänge und Geräusche, Dialoge mit Lauten, Förderung der Grob- und Feinmotorik; Handlungsplan z. B. bei Liedablauf: erst … dann …, Musik als Verstärker (z. B. Musikwürfel, Wackelball).

Leon: Musik gibt Möglichkeit für Ausdruck von Fantasie und Erarbeiten eines Handlungsplans (Vertonen selbst erfundener Geschichten), gemeinsamer Fokus; Verbesserung motorischer Fähigkeiten, Ausgleich motorischer Defizite: Würdigung dessen, was möglich ist (in Abhängigkeit der durch Hemiplegie eingeschränkten Handlungsfähigkeit); Verbesserung des Selbstbewusstseins durch Anerkennung: Fokus auf dem Ziel gelingender Interaktion; Einsatz von musikalischen Aktionen als Verstärker.

Clara: Kontakt über die Stimme: Aufnehmen und »Antwort« (ähnlich dem »Baby-Talk«) ihrer Lautäußerungen; Alternative zu stereotypen Verhaltensweisen bieten: selbst aktiv Klänge erzeugen; Bewegung durch Musik (schaukeln, »tanzen«); Verstärkung von Aufmerksamkeit und Richtungshören durch Klänge im Raum; Imitation von Klängen mit entsprechender Hilfe; Beruhigung durch Singen und Gitarrenspiel.

Lilly: Positives Beziehungsangebot beim Klavierspiel, ohne Wettbewerb; Ausdrucksmöglichkeit von zwei extremen Polen (»Monster/Sternenmusik«), Stressabbau durch musikalische Pausen, kurze Dialoge über kleine gesungene, selbst erfundene Melodien als Zeichen für beginnendes Vertrauen.

Gruppen zur Förderung sozial-emotionaler Kompetenzen: Gruppenidentität durch gemeinsames Begrüßungslied (mit jeweils »Solo-Geräusch« bei Nennung des jeweiligen Namens: »So klinge ich«); Imitation, Verbesserung der kommunikativen und sozialen Fähigkeiten (durch Führen-Folgen-Dirigier-Spiele); Fantasie und Kreativität: Die Kinder entwickeln Ideen zum weiteren Einsatz der Klänge.

Schlussbemerkungen

Das breite Spektrum der Erscheinungsformen von ASS erfordert in der Therapie einen flexiblen Einsatz von miteinander korrespondierenden Methoden. Ich kann über musiktherapeutische Interventionen, neben dem Einsatz anderer autismusspezifischer Methoden nach ABA-VB, PECS oder TEACCH in Abhängigkeit von der Indikation, den Bedürfnissen und Fähigkeiten der Klienten entsprechende Impulse geben.

Dazu hat Sebastian (11 Jahre, frühkindlicher Autismus) das letzte Wort: »In meinem Kopf gibt es Millionen Gleise. Du sollst mir helfen, die richtigen Weichen zu finden.«

Literatur

Bernard-Opitz, V. (2014): Kinder mit Autismus-Spektrum-Störungen, Kohlhammer, Stuttgart

Teil III
Autismus und frühe Interventionen

Vom Methodenstreit zum Passungsgedanken: Zur Notwendigkeit von Methodenkombinationen in der Frühtherapie von Kindern mit Autismus-Spektrum-Störung

Christina Müller

Fallvignette

Tim ist 4 Jahre alt, als eine autismusspezifische Frühtherapie in einem Autismus-Therapiezentrum bei ihm aufgenommen wird. Zuvor war bei ihm eine Autismus-Spektrum-Störung (ASS) in Verbindung mit einer schweren allgemeinen Entwicklungsverzögerung in einem Sozialpädiatrischen Zentrum festgestellt worden.

Tim ist ein ruhiger Junge, der noch nicht zuverlässig auf Ansprache reagiert und sich oft in eine »eigene Welt« zurückzieht. Er beschäftigt sich in erster Linie mit Effektspielzeug und interessiert sich besonders für Autos und Züge. Spaß hat er auch an Kitzel- und Tobespielen mit seinen Eltern; wenn diese das Spiel unterbrechen oder beenden, wendet er sich ab und bemüht sich noch nicht um eine Wiederholung des Spiels. Tim spricht noch nicht und versucht überwiegend, sich seine Wünsche selbstständig zu erfüllen. Wenn ihm dies nicht gelingt, wartet er ab oder führt seine Eltern an der Hand zum gewünschten Objekt. Tim reagiert noch nicht auf Aufforderungen oder Signalwörter, und er lautiert nur wenig spontan.

Wie sieht die autismusspezifische Frühtherapie bei Tim aus?

- Die Therapeutin gestaltet unterschiedliche Situationen, die Tim motivieren sollen, Wünsche zu entwickeln und mit ihr in Kontakt zu treten. Dies sind vor allem Kitzel-, Sing- und Bewegungsspiele und Situationen, in denen Tim Hilfe benötigt (z. B. beim Betätigen eines Musikkreisels).
- Die Therapeutin achtet in den Therapiestunden auf eine leicht zu erkennende, wiederkehrende Struktur, die Tim Sicherheit vermittelt und es ihm ermöglicht, Erwartungshaltungen aufzubauen. Jede Therapiestunde enthält auch eine kleine Pause in der Küche und einen Toilettengang.
- Die Therapeutin baut die Spiele, die Tim Spaß machen, allmählich zu Interaktionsroutinen mit einem festen Ablauf aus. Tim wird darin unterstützt, Freude am gemeinsamen Handeln zu erleben und sich aktiv an den Spielen zu beteiligen. Ferner wird mit ihm geübt, Wünsche mit einfachen Mitteln (z. B. Blickkontakt, Entgegenstrecken der Hände) mitzuteilen.
- In Übungssituationen am Tisch übt Tim, kognitive Probleme zu lösen (z. B. Puzzleteile zusammensetzen, Objekte richtig zuordnen, Objekte nach Kategorien sortieren) und einfache sprachliche Aufforderungen umzusetzen.
- Die Therapeutin verwendet eine vereinfachte Sprache und setzt verschiedene visuelle Signale (Gesten, Bildkarten) ein.
- Die Eltern werden in Gesprächen und bei Hausbesuchen darin beraten, Interaktionsspiele mit Tim aufzubauen und diese entwicklungsförderlich zu gestalten. Ferner werden sie darin angeleitet,

> den Gebrauch einfacher kommunikativer Mittel mit Tim zu trainieren. Die visuellen Hilfen, die in der Therapie genutzt werden, werden zuhause eingeführt.

Bei der Gestaltung der Therapiesituationen nutzt Tims Therapeutin Methoden aus verschiedenen Förderansätzen, die in der wissenschaftlichen Fachliteratur zur Frühtherapie bei ASS diskutiert und erforscht werden. Diese Ansätze oder »Therapieschulen« weisen unterschiedliche Stärken und Schwächen auf (Überblick bei Müller 2013) und sollen im Folgenden kurz vorgestellt werden.

Überblick über wissenschaftlich fundierte Förderansätze in der Frühtherapiebei ASS

Verhaltenstherapeutische Ansätze

Kurzbeschreibung

Verhaltenstherapeutische Ansätze in der Frühtherapie bei Kindern mit ASS basieren überwiegend auf den lerntheoretischen Prinzipien des operanten Konditionierens (Skinner 1957). Kompetenzen, die das Kind aufbauen soll, werden in Teilfertigkeiten (Zielverhalten) zergliedert, die im Rahmen häufiger Lerndurchgänge trainiert werden. Dabei nimmt die Therapeutin (oder ein Elternteil) gezielt auf die vorauslaufenden und nachfolgenden Bedingungen des angestrebten Zielverhaltens Einfluss: Zu diesen Bedingungen gehören bestimmte Hinweisreize und Hilfestellungen (Prompts), wie z. B. verbale Aufforderungen, Gesten oder Handführung. Mit zunehmenden Lernfortschritten des Kindes werden diese Prompts allmählich ausgeschlichen (Fading). Erwünschtes Verhalten wird mit positiven Konsequenzen (Verstärker) belohnt; wird ein unerwünschtes oder »falsches« Verhalten gezeigt, erfolgt i. d. R. keine (positive) Konsequenz (Löschung/Extinktion) (für einen Überblick über verhaltenstherapeutische Techniken s. z B. Feineis-Matthews & Schlitt 2009).

Lerntheoretische Prinzipien sind erstmals von Lovaas und seinen Mitarbeitern bei Kindern mit ASS angewendet worden (Lovaas 1981, 1987). Lovaas entwickelte das sog. »Discrete Trial Teaching«, bei dem Teilfertigkeiten in sich häufig wiederholenden Lerndurchgängen mit klaren Instruktionen und unmittelbar folgenden Konsequenzen (meistens externe Verstärker) trainiert werden. Das diskrete Lernformat zeichnet sich dadurch aus, dass die Erwachsene die Lernsituation in hohem Maße kontrolliert (Erwachsenenzentrierung). Das Lernen findet zumeist in einer reizarmen Umgebung außerhalb von Alltagssituationen statt, um Störreize zu minimieren und die Lernbedingungen optimal beeinflussen zu können.

> Klassisch-verhaltenstherapeutische Interventionen bei Tim:
> In Übungssituationen am Tisch übt Tim, konkrete Objekte (z. B. Teller vs. Becher) zu kategorisieren und zu Symbolen (Bildkarten) zuzuordnen. Außerdem übt er, verbale Aufforderungen (»Gib mir Auto!« vs. »Gib mir Ball!«) der richtigen Bedeutung zuzuordnen. Tim erhält intensive Hilfestellungen, z. B. indem die Therapeutin auf das korrekte Kategorisierungskörbchen zeigt oder dieses näher an

ihn heranrückt. Diese Hilfestellungen werden allmählich ausgeschlichen. Richtige Lösungen werden mit Lob und einem Gummibärchen belohnt.

In den vergangenen Jahrzehnten ist das von Lovaas entwickelte (klassisch-verhaltenstherapeutische) Basisparadigma stetig weiterentwickelt und erweitert worden (Überblick z. B. bei Bernard-Opitz 2009). Dabei wurden auch vermehrt Lernformate entwickelt, die eine größere Nähe zum natürlichen Lernen aufweisen (naturalistisch-verhaltenstherapeutische Ansätze, auch als moderne Applied Behavior Analysis – ABA bezeichnet, z. B. bei Landa 2007).

In naturalistisch-verhaltenstherapeutischen Förderprogrammen werden die lerntheoretischen Prinzipien in natürlichen Lebenskontexten angewendet (z. B. in alltäglichen Eltern-Kind-Interaktionen). Die Interventionen orientieren sich stark an der Motivation des Kindes, und es werden überwiegend »natürliche« Verstärker verwendet, die in engem Zusammenhang mit den Interessen des Kindes stehen (vgl. auch Werner & Buchenau-Schlömer 2015). Die Lernsituationen sind stärker kindzentriert: Lerndurchgänge beginnen i. d. R. mit einer Initiative des Kindes; die Erwachsene folgt dem Impuls des Kindes und beantwortet diesen mit einem Prompt, der ein definiertes Zielverhalten erleichtern soll; erfolgt dieses Verhalten, wird das Kind verstärkt.

> Naturalistisch-verhaltenstherapeutische Interventionen bei Tim:
> Tim hat großen Spaß daran, mit seiner Therapeutin das Singspiel »Auf der grünen Wiese steht ein Karussell« zu spielen. Am Ende des Spiels wird Tim dabei durch die Luft gewirbelt (er »fährt Karussell«). Die Therapeutin lässt Tims Hände anschließend los, fragt »Nochmal Karussell fahren?« und schaut ihn auffordernd an (Prompts). Sobald Tim der Therapeutin seine Hände entgegenstreckt (Zielverhalten), verstärkt sie dieses Verhalten durch die Wiederholung der Spielroutine. Im Verlauf der Therapie steigert die Therapeutin die Anforderungen, indem sie eine größere körperliche Distanz herstellt, die Tim überwinden muss. Später erwartet sie von Tim, dass er seine Geste mit Blickkontakt koordiniert (fortgeschritteneres Zielverhalten).

Stärken und Schwächen

Eine Stärke verhaltenstherapeutischer Ansätze besteht darin, dass sie ein sehr intensives, eindeutiges und konsistentes Vorgehen in der Förderung der Kinder ermöglichen, da die Lernbedingungen vom Erwachsenen kontrolliert werden. Besonders ausgeprägt ist diese Erwachsenenzentrierung, wenn ein klassisch-verhaltenstherapeutisches Vorgehen gewählt wird.

Eine starke Erwachsenenzentrierung in der Interaktion wird von manchen Fachleuten (z. B. Rogers 2006; Rittmann 2014) jedoch auch kritisch gesehen: Ein klassisch-verhaltenstherapeutisches Setting sei ein für die Kindesentwicklung atypisches Lernsetting, in dem der Erwachsene die Initiative ergreift und Instruktionen gibt und das Kind reagiert; die Motivation der Kinder sei in solchen Situationen stark darauf ausgerichtet, äußere Verstärker zu erreichen, und weniger darauf, eigene, soziale Bedürfnisse zu verfolgen. Diese Interaktionsform verstärke die sozialen Kerndefizite autistischer Kinder (mangelnde soziale Orientierung, eingeschränkte gemeinsame Aufmerksamkeit, schwacher sozialer und emotionaler Austausch) eher, als dass es diese mildern würde.

Erwachsenenzentrierte Fördersituationen haben somit Vor- und Nachteile, die zudem je nach Förderziel unterschiedlich stark ins Gewicht fallen. So kann eine hohe Erwachsenenzentrierung ungeeignet sein, wenn es um die Förderung von gemeinsamer Aufmerksamkeit und spontaner Kommunikation geht. Wird dagegen die Fähigkeit zur Kategorisierung von Objekten oder das selbstständige Anziehen trainiert, werden häufige Lerndurchgänge, klare Instruktionen und konsistente Reaktionen auf das Verhalten des Kindes für den Lernerfolg zentral sein.

Bislang gibt es erst wenige methodisch hochwertige Evaluationsstudien im Bereich der Frühtherapie bei Kindern mit ASS. Die vorhandenen Studien weisen aber in ihrer Gesamtheit darauf hin, dass verhaltenstherapeutische Interventionen grundsätzlich sehr wirksam sind, um deutliche Verbesserungen in verschiedenen Entwicklungsbereichen zu erreichen (Überblicke z. B. bei Weinmann, Schwarzbach, Begemann, Roll, Vauth, Willich & Greiner 2009; Reichow & Wolery 2009).

Allerdings beziehen sich die positiven Ergebnisse vieler Studien in der Regel auf die Gesamtgruppe der untersuchten Kinder. Innerhalb der Gesamtgruppe variieren die Therapieerfolge zumeist erheblich, und es werden immer wieder Kinder beschrieben, die auch unter intensiver verhaltenstherapeutischer Förderung wenig oder gar nicht profitiert haben (z. B. Magiati, Charman & Howlin 2007).

Ein weiteres Problem besteht darin, dass die meisten verhaltenstherapeutischen Interventionsprogramme in universitären Forschungskontexten – zumeist im anglo-amerikanischen Raum – und überwiegend bei Kindern aus der weißen Mittelschicht evaluiert worden sind. Es werden daher Studien benötigt, die untersuchen, wie effektiv diese Programme in kommunalen Versorgungskontexten und bei anderen Bevölkerungsgruppen sind (Lord, Wagner, Rogers, Szatmari, Aman, Charman et al. 2005). Auch fehlen noch Studien, die überprüfen, ob sich die vorliegenden Studienergebnisse auf die Arbeit in deutschen Autismus-Therapiezentren übertragen lassen (s. auch Weinmann et al. 2009).

Erstmals wird derzeit an der Universität Frankfurt unter der Leitung von Christine Freitag ein verhaltenstherapeutisches Frühtherapieprogramm (*Frankfurter Frühinterventionsprogramm – FFIP*) unter den in Deutschland üblichen Förderbedingungen (2 Stunden Therapie in der Woche im Therapiezentrum und unter enger Einbeziehung der Bezugspersonen) erprobt und evaluiert. Die Ergebnisse einer ersten Pilotstudie deuten darauf hin, dass auch unter diesen Bedingungen mit einem verhaltenstherapeutischen Vorgehen deutliche Entwicklungsfortschritte bei Kindern mit ASS erreicht werden können (Freitag, Feineis-Matthews, Valerian, Teufel & Wilker 2012; Kitzerow, Wilker, Teufel, Soll, Schneider, Westerwald et al. 2014).

Sozial-pragmatische Ansätze

Kurzbeschreibung

Sozial-pragmatische Förderansätze orientieren sich sowohl bei der Auswahl der Förderziele als auch bei den eingesetzten Methoden am typischen Entwicklungsverlauf und an aktuellen Modellen der frühen Sozial- und Kommunikationsentwicklung (Rogers 2006). Sie werden daher häufig auch als entwicklungspsychologische oder interaktionsorientierte Ansätze bezeichnet (z. B. bei Landa 2007).

Diese Ansätze basieren auf Forschungsarbeiten aus den 1970er und 1980er Jahren, die gezeigt haben, dass der vorsprachliche soziale Austausch zwischen Kind und Bezugsperson von zentraler Bedeutung ist, damit höhere Funktionen (v. a. Sprache) aufgebaut werden können (z. B. Bates 1979; Bruner 1983). Es konnte gezeigt werden, dass bestimmte sozial-kognitive Schlüsselfähigkeiten (v. a. soziale Orientierung, Imitation, gemeinsame Freude, geteilte Aufmerksamkeit und Turn-taking-Verhalten) eine zentrale Rolle in der frühen Kindesentwicklung spielen. Diese Erkenntnisse führten zu einer neuen Sichtweise auf die typische Kommunikationsentwicklung; diese Sichtweise wird auch als »sozial-pragmatische Revolution« bezeichnet (Rogers 2006). Anfang des neuen Jahrtausends konnten diese Schlüsselfähigkeiten dann auch bei sehr jungen Kindern mit ASS untersucht werden (z. B. Wetherby, Watt, Morgan & Shumway 2007), und viele Forscherinnen halten die frühen sozial-kognitiven Schwächen der Kinder inzwischen für die Kerndefizite des Störungsbildes (Überblick bei Müller 2013). Die »sozial-pragmatische Revolution« (Rogers 2006) im Verständnis der typischen (Sprach-)Entwicklung *und* das Wissen um die besonderen sozial-kognitiven Schwächen autistischer Kinder haben dazu geführt, dass sozial-pragmatische Förderansätze entwickelt wurden.

Sozial-pragmatische Interventionen zielen darauf ab, ein breites Spektrum an sozial-kognitiven Schlüsselkompetenzen zu fördern, die für eine lebendige soziale Kommunikation zwischen Kind und Bezugsperson notwendig sind (Rogers 2006). Die Therapie erfolgt im Rahmen von natürlichen, für das Kind bedeutsamen Interaktionen; die Erwachsene folgt den Interessen und Impulsen des Kindes und beantwortet diese entwicklungsförderlich.

Anders als naturalistisch-verhaltenstherapeutische Förderansätze sind sozial-pragmatische Förderansätze weniger auf das Training von einzelnen Verhaltensweisen ausgerichtet und stärker auf den Aufbau von Schlüsselkompetenzen, die diesen Verhaltensweisen zugrunde liegen. Auch wird die Interaktion stärker von Impulsen des Kindes gesteuert, sodass sozial-pragmatische Ansätze eine ausgeprägtere Kindzentrierung aufweisen. Es wird zudem besonders darauf geachtet, dass die Kinder bei allen Interaktionen eine positive affektive Beteiligung zeigen.

Folgende Förderprinzipien und Techniken werden bei sozial-pragmatischen Förderansätzen eingesetzt (Rogers & Dawson 2010; Doil 2012):

- Nutzung von Lernanlässen, die im Verlauf einer natürlichen Interaktion spontan entstehen und für das Kind bedeutsam sind,
- Gestaltung emotional reichhaltiger Interaktionen zwischen Kind und Bezugsperson, die häufige Episoden von wechselseitiger Bezugnahme ermöglichen,
- Ritualisierung von Interaktionen,
- Responsives Beantworten der emotionalen und kommunikativen Signale des Kindes,
- Orientierung am Aufmerksamkeitsfokus des Kindes und angepasster Sprachinput (Motherese, Sprachlehrstrategien),
- Gewähren zusätzlicher Hilfen und Kontextinformationen (z. B. durch Gebärden) in komplexen sozialen Situationen (anstatt einer Vereinfachung der Situationen).

Sozial-pragmatische Interventionen bei Tim:

- Die Therapeutin beobachtet, dass Tim bei Interaktionen, die mit intensiven Körperreizen einhergehen, besonders viel Spaß hat. Sie baut diese Interaktionen daher allmählich zu Interaktionsroutinen aus (z. B. gemeinsames Hüpfen auf dem Trampolin oder das o. g. Bewegungsspiel »Auf der grünen Wiese steht ein Karussel«), die einen wiederkehrenden Ablauf haben (Ritualisierung). Momente, in denen Kind und Therapeutin einen gemeinsamen Aufmerksamkeitsfokus haben oder Freude teilen, werden von der Therapeutin durch eine besonders ausdrucksstarke Mimik und eine Intensivierung der Körperreize hervorgehoben.
- Die Therapeutin beantwortet Tims Signale feinfühlig, z. B. indem sie seine beginnende Müdigkeit beim Hüpfen verbalisiert und darauf konsistent reagiert (»Oh, Tim ist müde. Genug gehüpft! Hüpfen ist fertig!«).
- Beim Spiel mit einem Hallmikrophon produzieren Tim und die Therapeutin abwechselnd Geräusche und Laute.

Tim erfreut sich dabei an den Effekten, die sein Lautieren in das Mikrophon nach sich zieht. Die Therapeutin spiegelt seine Laute und fordert ihn auf, ihre Laute zu imitieren. Die abwechselnden Lautproduktionen werden so allmählich zu »Plapperdialogen« ausgebaut.
- Die Therapeutin verwendet eine vereinfachte, leicht verlangsamte Sprechweise, betont die Inhaltswörter ihrer Äußerungen besonders und wiederholt wichtige Signalwörter immer wieder.

Im deutschsprachigen Raum sind systematische Therapieprogramme mit sozial-pragmatischer Orientierung noch selten, obwohl die praktische Arbeit in den Autismus-Therapiezentren häufig entwicklungspsychologisch beeinflusst ist und stark interaktionsorientiert erfolgt. Die *Aufmerksamkeits-Interaktions-Therapie (AIT)* von Hartmann (1986) lässt sich sozial-pragmatischen Förderansätzen zuordnen, ebenso der *musiktherapeutische Ansatz* von Schumacher (1994).

Stärken und Schwächen

Die Stärke dieser Ansätze besteht darin, dass ihre theoretische Basis eine gute Übereinstimmung mit dem aktuellen Forschungsstand zur sozial-kognitiven und kommunikativen Entwicklung bei neurotypischen Kindern sowie zu den Kerndefiziten von Kindern mit ASS aufweist.

Allerdings liegen nur wenige empirische Studien zur Wirksamkeit rein sozial-pragmatischer Interventionsansätze bei Kindern mit ASS vor; zudem sind die vorliegenden Ergebnisse nicht durchgängig positiv. Viele ältere Studien, die zur Evaluation von sozial-pragmatischen Förderprogrammen durchgeführt wurden, weisen gravierende methodische Schwächen auf (problematische Erfolgsmaße, fehlende Kontrollgruppen, mangelnde Verblindung; Überblick bei Müller 2013).

In jüngster Zeit sind verschiedene sozialpragmatisch orientierte Elterntrainingsprogramme entwickelt und mit methodisch anspruchsvolleren Untersuchungsdesigns evaluiert worden. In diesen Programmen werden die Eltern darin geschult, entwicklungsförderliche Interaktionen mit ihren Kindern aufzubauen. Erste Studien zur Wirksamkeit solcher Programme führten zunächst zu enttäuschenden Ergebnissen (Oosterling, Visser, Swinkels, Rommelse, Donders, Woudenberg et al. 2010; Green, Charman, McConachie, Aldred, Slonims, Howlin et al. 2010). In neueren Studien konnten dagegen für Teilgruppen der untersuchten Kinder positive Effekte gefunden werden: Kinder, die zu Beginn der Intervention einen sehr niedrigen Sprachentwicklungsstand (< 12 Mon.) hatten (Siller, Hutman & Sigman 2013) oder die durch ein besonders geringes Interesse an Objekten aufgefallen waren (Carter, Messinger, Stone, Celimli, Nahmias & Yoder 2011), profitierten davon, wenn ihre Eltern an einem sozial-pragmatisch ausgerichteten Elterntraining teilgenommen hatten.

An der Klinik für Kinder- und Jugendpsychiatrie Augsburg ist unter der Leitung von Michele Noterdaeme erstmals auch ein deutschsprachiges Elterngruppentraining zur Verbesserung von Sprache und Kommunikation bei jungen Kindern mit ASS entwickelt und erprobt worden, das *Training Autismus Sprache Kommunikation (TASK;* Fröhlich, Noterdaeme, Jooss & Buschmann 2013). In einer Pilotstudie konnten moderate Effekte des Trainings auf die soziale Kommunikation zwischen Eltern und ihren Kindern mit ASS aufgezeigt werden (Gruber, Fröhlich & Noterdaeme 2014).

Es lässt sich zusammenfassen, dass die empirische Datenlage zur Wirksamkeit sozial-pragmatischer Ansätze noch unzureichend und nur teilweise positiv ist. In zukünftigen Forschungsarbeiten wird insbesondere zu überprüfen sein, ob sich sozial-pragmatische Förderansätze u. U. für bestimmte Zielgruppen von Kindern innerhalb des Autismus-Spektrums bzw. für bestimmte Eltern besonders eignen. Auch könnten diese Ansätze für bestimmte Förderziele geeigneter sein als für andere Fragestellungen. So vermutet z. B. Paul (2007), dass sozial-pragmatische Förderansätze besonders effektiv sind, um Imitation und gemeinsame Aufmerksamkeit zu fördern und die Häufigkeit kommunikativer Versuche zu erhöhen.

Vielversprechend scheinen auch neuere Programme zu sein, die auf den Aufbau früher sozial-kognitiver und kommunikativer Schlüsselkompetenzen fokussieren und dabei sozial-pragmatische und verhaltenstherapeutische Förderstrategien kombinieren (s. u.).

Visuelle Methoden (Unterstützte Kommunikation)

Für die Förderung kommunikativer Fähigkeiten werden bei jungen Kindern mit ASS häufig auch visuelle Methoden eingesetzt und so die visuellen Stärken vieler Kinder mit ASS genutzt.

Picture Exchange Communication System (PECS)

Kurzbeschreibung. Das *PECS*-Programm ist von Bondy und Frost (1994) für die Förderung von minimal verbalen Kindern mit ASS entwickelt worden (deutschsprachige Darstellung bei Lechmann, Diepers-Pérez, Grass & Pfeiffer 2009). Bei dieser Methode üben die Kinder, um Objekte oder Aktivitäten zu bitten, indem sie der Interaktionspartnerin Bildkarten (mit Symbolen dieser Objekte oder Aktivitäten) anreichen. Die Kinder lernen so zunächst, einer anderen Person »eine Botschaft zu geben«, und können hierbei intensiv unterstützt (»geprompted«) werden (z. B. Handführung durch eine Helferin). Darauf aufbauend werden weitere Fertigkeiten trainiert, u. a. das Anreichen der Bildkarte ohne externe Hilfen, das Anreichen der Bildkarte über größere Distanz zur Interaktionspartnerin, die Auswahl zwischen verschiedenen Bildkarten sowie die Kombination von Bildkarten zu Satzbedeutungen.

PECS-Interventionen bei Tim:
In der Pause isst Tim besonders gerne Salzstangen. Die Therapeutin übt mit ihm, dass er ihr eine Bildkarte mit einem Symbol für Salzstangen anreicht, wenn er diese haben möchte. Sobald Tim der Therapeutin die Karte gibt, erhält er im Austausch ein kleines Stück Salzstange. Anfänglich wird Tim von einer Praktikantin unterstützt, die ihm mit Handführung hilft, die Bildkarte anzureichen. Bald hat er das Prinzip verstanden und kann die Karte selbstständig geben. Später schafft er es auch, aufzustehen und die Karte zu bringen, wenn die Therapeutin weiter entfernt sitzt.

Stärken und Schwächen. Einige Studien belegen, dass *PECS* sich bei nonverbalen Kindern mit ASS positiv auf ihre sozial-kommunikativen Fähigkeiten auswirkt und Verhaltensprobleme mildern kann (Ganz & Simpson, 2004; Lerna, Esposito, Conson & Massagli, 2012). Die Methode scheint vor allem dann angezeigt zu sein, wenn die Kinder sich erst selten mit sozialer Absicht an ihre Interaktionspartner wenden (z. B. Cunningham, Schreibman, Stahmer, Koegel & Koegel 2008, zitiert nach Stahmer, Schreibman & Cunningham 2010; Yoder & Stone 2006). Evtl. profitieren Kinder, die bereits über etwas Sprache verfügen, auch für die Entwicklung ihrer lautsprachlichen Fähigkeiten von *PECS* (Gordon, Pasco, McElduff, Wade, Howlin & Charman 2011).

Lautsprachbegleitende Gebärden (LBG)

Kurzbeschreibung. Bei dieser Methode werden die bedeutungstragenden Wörter durch Gebärden begleitet (z. B. Wilken 2010). In manchen Therapien verwendet die Erwachsene selber diese Gebärden, um dem Kind das Verständnis für die Situation und für die Lautsprache zu erleichtern. In anderen Therapien wird der aktive Gebrauch der Gebärden direkt mit den Kindern geübt.

Nutzung von *LBG* bei Tim:

Die Therapeutin begleitet wichtige Signalwörter und Aufforderungen (z. B. »Fertig«, »Essen«, »Komm mit!«, »Toilette«) mit lautsprachbegleitenden Gebärden.

Stärken und Schwächen. Die Verwendung von *LBG* durch erwachsene Bezugspersonen scheint es Kindern mit ASS zu erleichtern, ihren passiven und aktiven verbalen Wortschatz auszubauen; dies gilt offenbar insbesondere für Kinder, die im Bereich der Imitation von Sprache Schwächen haben (Überblick bei Goldstein 2002). Dagegen ist umstritten, ob Kinder mit ASS davon profitieren, wenn sie selbst im aktiven Gebrauch von Gebärden trainiert werden (Rogers 2006).

Treatment and Education of Autistic and related Communication-handicapped CHildren (TEACCH)

Kurzbeschreibung

Das *TEACCH*-Programm ist ein lerntheoretisch fundiertes Förderprogramm, das besonders darauf abzielt, die (Lern-)Umgebung der Betroffenen an ihren besonderen kognitiven Informationsverarbeitungsstil anzupassen (Symalla & Feilbach 2009). Menschen mit ASS fällt es oft schwer, Einzelreize zu ordnen und ihnen Sinn zu entnehmen. Dieser Schwäche wird in diesem Programm dadurch Rechnung getragen, dass die Lernumgebung möglichst bedeutungsvoll, verständlich und vorhersehbar gestaltet wird. Eine zentrale Rolle spielen dabei die systematische Strukturierung der Umgebung (z. B. in Form von Tagesplänen, klaren räumlichen Anordnungen) sowie die Visualisierung von Informationen. In einer auf diese Weise angepassten Umgebung werden dann neue Fertigkeiten und Verhaltensweisen eingeübt (Mesibov, Shea & Schopler 2005).

TEACCH-Interventionen bei Tim:

- Tims Therapeutin kündigt Tim alle Situationsveränderungen mit einem festen Objekt an. So zeigt sie ihm z. B. einen Trinkbecher, bevor sie in die Küche gehen, oder eine Windel, bevor sie zur Toilette gehen.
- Die Arbeitssituation am Tisch wird ebenfalls nach TEACCH-Prinzipien gestaltet: Tim soll hier z. B. üben, kleine und große, verschieden farbige Teller und Becher zu kategorisieren. Um ihm dies zu erleichtern, befinden sich nur zwei Körbe auf dem Tisch, die jeweils mit einem Teller-Symbol und einem Becher-Symbol gekennzeichnet sind. Tim wird jeweils ein Objekt angereicht, und er wird aufgefordert, das Objekt in den richtigen Korb zu legen. Die Therapeutin nimmt die Teller und Becher aus einer durchsichtigen Kiste heraus, sodass Tim erkennen kann, wie viele Aufgaben noch zu lösen sind. Wenn er alle Teller und Becher zugeordnet hat, werden die befüllten Körbe in eine »Fertig-Kiste« gelegt.

Stärken und Schwächen

Elemente aus dem *TEACCH*-Ansatz haben inzwischen weltweit in der Förderung autistischer Menschen Verbreitung gefunden (Mesibov & Shea 2010; Tsang, Shek, Lam, Tang & Cheung 2007) – auch in deutschen Autismus-Therapiezentren, Schulklassen, Werkstätten und Wohngruppen für

Menschen mit ASS werden sie eingesetzt. Es scheint sich also um ein recht benutzerfreundliches Programm zu handeln, das sich gut in unterschiedliche Versorgungskontexte integrieren lässt.

In mehreren Studien konnten Fortschritte im Entwicklungsstand der untersuchten Personen mit ASS erreicht werden, nachdem diese an einem *TEACCH*-Programm teilgenommen hatten (Mesibov & Shea 2010). Meistens konnten dabei größere Verbesserungen in den kognitiven, motorischen und lebenspraktischen Kompetenzen als im sozialen und kommunikativen Bereich nachgewiesen werden (z. B. Ozonoff & Cathcart 1998; Tsang et al. 2007).

Kombination von Methoden in der Frühtherapie bei Tim: Zusammenfassung

Tims Therapeutin gestaltet in der Therapie Interaktionssituationen nach sozial-pragmatischen Förderprinzipien, um das – schwach entwickelte – soziale Lernen des Jungen zu stimulieren. Dabei wird Tim darin unterstützt, soziale Erwartungen auszubilden und basale Erfahrungen mit gemeinsamer Aufmerksamkeit, geteilter Freude und wechselseitiger Bezugnahme zu machen. Die Therapeutin trainiert ferner ausgewählte Zielverhaltensweisen – vor allem im kommunikativen und im kognitiven Bereich – mit verhaltenstherapeutischen Techniken, und zwar sowohl in erwachsenenzentrierten Übungssituationen als auch in naturalistischen Interaktionssituationen. Zur Unterstützung der kommunikativen Entwicklung von Tim verwendet sie visuelle Hilfen nach dem *PECS*-Programm und lautsprachebegleitende Gebärden. Übergänge zwischen verschiedenen Fördersettings sowie die Übungssituationen am Tisch werden nach *TEACCH*-Prinzipien strukturiert. Für manche Fördersituationen wählt die Therapeutin eine bestimmte theoretisch-methodische Ausrichtung, in anderen Situationen setzt sie verschiedene methodische Richtungen in Kombination ein (z. B. bei den oben beschriebenen Interaktionsspielen).

Methodenkombinierendes Vorgehen in Praxis und Wissenschaft

Dieses methodenkombinierende Vorgehen ist typisch für das Vorgehen, das in deutschen Autismus-Therapiezentren in der (frühen) Förderung von Kindern mit ASS realisiert wird. Dies scheint auch für die Förderpraxis im anglo-amerikanischen Raum zu gelten (Rogers & Vismara 2008; Stahmer, Collings & Palinkas 2005).

In der wissenschaftlichen Diskussion und Evaluation haben Förderprogramme mit lerntheoretischer Orientierung und solche mit sozial-pragmatischer Ausrichtung viele Jahre nebeneinander bestanden. In den letzten Jahren lässt sich jedoch eine Annäherung der Förderansätze beobachten: In verhaltenstherapeutischen Förderprogrammen werden heute überwiegend naturalistische Settings genutzt, die Interventionen finden häufig in motivierenden Interaktionssituationen statt, und bei der Auswahl der Förderziele werden verstärkt entwicklungspsychologische Erkenntnisse berücksichtigt. Zugleich entwickeln einige Vertreterinnen sozial-pragmatischer Ansätze derzeit Förderprogramme, die den Fokus darauf richten, entwicklungsförderliche Interaktionen zwischen Kind und Bezugspersonen zu etablieren, dabei aber gleichzeitig auch einzelne Zielverhaltensweisen mit verhaltenstherapeutischen Methoden trainieren (z. B. Stickles Goods, Ishijima, Chang & Kasari 2013; Rogers & Dawson 2010).

Rogers und Dawson haben ein umfassendes Frühförderprogramm (*Early Start Denver Model – ESDM*; Rogers & Dawson 2010, deutsch 2014) entwickelt, bei dem verhaltenstherapeutische und sozial-pragmatische Förderprinzipien explizit kombiniert werden (s. hierzu den Beitrag von Barbara Rittmann in diesem Buch). In den letzten Jahren sind diverse Untersuchungen publiziert worden, die eine gute Wirksamkeit des *ESDM*-Programms im Bereich der Frühintervention bei jungen Kindern mit ASS belegen (z. B. Dawson, Rogers, Munson, Smith, Winter, Greenson et al. 2009; Vivanti, Dissanayake, Zierhut, Rogers und das Victorian ASELCC Team, 2013).

Im deutschsprachigen Raum gibt es bislang kaum veröffentlichte Förderprogramme mit einer solchen kombinierten Förderausrichtung. Die Weiterentwicklung der oben erwähnten *AIT* zur *Erweiterten Aufmerksamkeits-Interaktions-Therapie* (Hartmann 2011) weist jedoch in diese Richtung: Hartmann vertritt die Position, dass neben offenen und inszenierten Interaktionssituationen (»dialogischer Weg«) auch systematische und programmorientierte Übungen (»Übungsweg«) in der Förderung autistischer Kinder notwendig sind.

Kontroverse um die Kombination von Förderansätzen

Die methodenkombinierende Förderpraxis ist jedoch nicht unumstritten. Besonders deutlich kritisiert Dillenburger (2011; s. auch Keenan, Dillenburger, Moderato & Röttgers 2010) die aus ihrer Sicht unsystematische Kombination von verschiedenen Vorgehensweisen bei der Behandlung von ASS in den meisten europäischen Autismus-Therapiezentren; dieses Vorgehen sei eklektisch und »pseudowissenschaftlich«. Eine unterschiedliche theoretische Basis verschiedener Interventionen könne zu Widersprüchen im Förderangebot führen. Außerdem sei es für Therapeutinnen nicht zu leisten, alle potenziell möglichen Therapiemethoden gleichermaßen kompetent zu beherrschen. Schließlich weist Dillenburger auch darauf hin, dass es keinerlei empirische Belege für die Wirksamkeit von – wie sie es nennt – eklektischen Methodenkombinationen gebe.

Doch ist ein methodenkombinierendes Förderangebot gleichzusetzen mit einem willkürlichen, unsystematischen, eklektischen Vorgehen? Dem widersprechen z. B. Stahmer et al. (2010) in ihrem Artikel »Toward a technology of treatment individualization for young children with autism spectrum disorders«: Sie halten es angesichts der großen Heterogenität innerhalb des Autismus-Spektrums für notwendig, Interventionen für junge Kinder mit ASS stark zu individualisieren und hierfür Methoden mit ganz unterschiedlicher theoretischer Ausrichtung einzusetzen. Die Autorinnen fordern aber auch, dass die verschiedenen Methoden in *systematischer* Weise kombiniert werden:

> … a specific, systematic method of combining strategies may be needed to ensure that interventions remain effective when combined in an attempt to individualize for a particular child and family (Stahmer et al. 2010, S. 231).

Förderprogramme, die unterschiedliche Methoden in systematischer Weise kombinieren, sollten aus Sicht von Stahmer et al. nicht als eklektisch bezeichnet werden.

Förderansätze und -methoden systematisch kombinieren: Aber wie?

Wie kann eine bewusste und systematische Kombination von Fördermethoden gelingen?

Autismus-Spektrum-Störungen sind im Kern Entwicklungsstörungen, die früh einsetzen und basale Kompetenzen betreffen. Es bietet sich daher an, den Förderprozess anhand der Entwicklungsaufgaben, die das einzelne Kind aktuell zu bewältigen hat, zu strukturieren und Methoden aus verschiedenen Ansätzen im Hinblick auf die individuell relevanten Förderziele zu kombinieren.

Das *ESDM*-Programm enthält ein solches Curriculum mit aufeinander aufbauenden Förderzielen, die mit dem Kind Schritt für Schritt erarbeitet werden. Auf der Grundlage eines »Assessments« werden Förderziele in unterschiedlichen Entwicklungsbereichen für das jeweilige Kind formuliert. Die Ziele werden dann mit Förderstrategien aus der Verhaltenstherapie und aus einem sozial-pragmatischen Förderprogramm (*Denver Model*) verfolgt. Darüber hinaus enthält das *ESDM* einen Entscheidungsbaum, der es dem Therapeuten erlaubt, die Förderstrategien zu verändern, wenn das Kind keine Fortschritte macht. Das *ESDM* sieht also ein methodenkombinierendes Vorgehen vor, das die Methodenauswahl auf drei Ebenen systematisiert:

- durch ein gut definiertes Spektrum an Förderstrategien, deren theoretischer Hintergrund explizit beschrieben wird,
- durch die Ausrichtung der unterschiedlichen Förderstrategien auf kleinschrittige Förderziele,
- durch einen Entscheidungsbaum, der eine Veränderung des methodischen Vorgehens steuert, wenn Fortschritte ausbleiben.

Ähnliche Systematisierungsprinzipien finden sich auch im *Konzept der entwicklungsorientierten Sprachdiagnostik und -förderung*, das Aktas, Asbrock, Doil und Müller (2012) für die Förderung von Kommunikation und Sprache bei Kindern mit Geistiger Behinderung entwickelt haben (zur Anwendung bei Kindern mit ASS s. Müller 2012, 2013). Im Zentrum dieses Konzepts steht ein Passungsgedanke: Fördermethoden sind nicht »per se« wirksam oder unwirksam, sondern ihr Erfolg hängt davon ab, ob sie zu den Voraussetzungen des Kindes (Entwicklungsstand, Besonderheiten in der Informationsverarbeitung) passen. Um eine gelungene Passung zu erreichen, wird der aktuelle kommunikativ-sprachliche Entwicklungsstand des Kindes in ein Entwicklungsstufenmodell eingeordnet, und es werden dann die relevanten Förderziele aus einer »Zone der nächsten Entwicklung« abgeleitet (Aktas 2012a, b). Die Fördermethoden werden aus einem Methodenkontinuum ausgewählt, das Fördermethoden zwischen den Extrempolen

»Kindzentrierung« und »Erwachsenenzentrierung« beschreibt (Doil 2012).

Ferner wird in diesem Konzept vorgeschlagen, jedes Förderziel zu Beginn einer Förderung parallel in *mehreren* Fördersituationen zu verfolgen, die sich in ihrer methodischen Ausrichtung *unterscheiden* (»mehrgleisiges« Vorgehen). Es lässt sich dann beobachten, ob das Kind eher von einer kindzentrierten oder erwachsenenzentrierten Intervention profitiert oder von einer Mischform (hybrid). Ein solches vergleichendes Vorgehen bei jedem einzelnen Kind wird auch bei Stahmer et al. (2010) empfohlen.

Fazit und Ausblick

Die zentralen Förderansätze, die für die Förderung junger Kinder mit ASS aktuell diskutiert werden, weisen unterschiedliche Stärken und Schwächen auf. Manche Ansätze scheinen für bestimmte Entwicklungsziele oder in bestimmten Phasen der Entwicklung geeigneter zu sein als für andere Ziele bzw. Phasen. Ferner profitieren unterschiedliche Kinder mit ASS auch unterschiedlich gut von verschiedenen Förderansätzen. Die Suche nach dem »besten Förderansatz« bei ASS scheint daher wenig sinnvoll zu sein. Stattdessen ist es notwendig, Methoden und Techniken aus einem breiten Spektrum von Ansätzen auszuwählen und passgenau auf die Förderbedürfnisse des jeweiligen Kindes anzupassen.

Um diese Auswahl bewusst und gezielt zu treffen und verschiedene Methoden in systematischer Weise miteinander zu kombinieren, benötigen Therapeutinnen Auswahlkriterien: Hilfreich sind hier *Entwicklungsmodelle* oder *Curricula*, die es ermöglichen, verschiedene Interventionen mit unterschiedlichem theoretischen Hintergrund auf die relevanten Förderziele auszurichten. Des Weiteren werden gut definierte »*Methodenkoffer*« benötigt, die sich je nach Entwicklungsbereich durchaus unterscheiden können. Ein bewusster Umgang mit dem jeweiligen »Methodenkoffer« erleichtert es dem Therapeuten auch, das eigene Vorgehen zu verändern, wenn die erwarteten Entwicklungsfortschritte ausbleiben. Schließlich brauchen Therapeutinnen *Wissen über therapierelevante Merkmale* auf Seiten des Kindes (und ggf. auch der Familie): Welches Kind mit welchen Merkmalen profitiert in welchem Entwicklungsbereich von welchem therapeutischen Vorgehen?

In den Autismus-Therapiezentren werden solche Entwicklungsmodelle und bereichsspezifischen »Methodenkoffer« für die Förderplanung genutzt. Auch verfügen die Therapeuten-Teams in den Förderzentren zumeist über ein großes Erfahrungswissen darüber, welche Förderstrategien für welche Kinder geeigneter sind als andere. Dennoch ist es notwendig, Kriterien und Hilfsmittel für die Methodenwahl weiterzuentwickeln, um schneller zu wirksamen »Methoden-Kind-Passungen« zu kommen und die Wirksamkeit von Autismus-Therapien für junge Kinder mit ASS weiter zu verbessern. Benötigt werden insbesondere:

- verbesserte, praxistaugliche Fördercurricula,
- ökonomisch einsetzbare diagnostische Instrumente zur Erfassung des individuellen Förderbedarfs,
- verbesserte Beschreibungen von Gemeinsamkeiten und Unterschieden zwischen unterschiedlichen Fördermethoden,
- ein verbessertes Wissen darüber, welche Kinder am besten von welchen Förder-

strategien profitieren (s. auch Döringer 2014).

Hierfür sind vermehrte Forschungsanstrengungen und eine engere Kooperation zwischen Interventionsforschung und Förderpraxis notwendig.

Aber auch wenn es gelingt, die Frühtherapie von Kindern mit ASS stärker zu systematisieren und zu empirisch besser abgesicherten Förderempfehlungen zu kommen, ist eine vollständige Standardisierung des Vorgehens weder möglich noch wünschenswert. Die Entwicklungsprofile, Begleitprobleme und Persönlichkeiten junger Kinder mit ASS sind extrem heterogen, und auch die Bedingungen, unter denen die Kinder aufwachsen, unterscheiden sich sehr. Damit Therapien passgenau auf die (Förder-)Bedürfnisse eines Kindes und seiner Familie zugeschnitten werden können, werden Therapeutinnen auch zukünftig gefordert bleiben, kreativ mit den Methoden zu »jonglieren« und diese für jedes Kind anders »mit Leben zu füllen«. Auch gilt es, stets selbstkritisch zu überprüfen, ob das Kind und die Familie von den gewählten Förderstrategien profitieren oder ob nach einem anderen Weg gesucht werden muss.

Literatur

Aktas, M. (2012a): Leitfaden für eine theoriegeleitete Diagnostik. In: M. Aktas (Hrsg.): Entwicklungsorientierte Sprachdiagnostik und -förderung bei Kindern mit geistiger Behinderung. Theorie und Praxis (S. 48–80). Elsevier, München

Aktas, M. (2012b): Sprachentwicklung: Theoretische Grundlagen. In: M. Aktas (Hrsg.): Entwicklungsorientierte Sprachdiagnostik und -förderung bei Kindern mit geistiger Behinderung. Theorie und Praxis (S. 7–46). Elsevier, München

Aktas, M., Asbrock, D., Doil, H. & Müller, C. (2012): Einleitung: Entwicklungsorientiertes Arbeiten bei Kindern mit geistiger Behinderung – ein Überblick. In: M. Aktas (Hrsg.): Entwicklungsorientierte Sprachdiagnostik und -förderung bei Kindern mit geistiger Behinderung. Theorie und Praxis (S. 3–5). Elsevier, München

Bates, E. (Ed.) (with the collaboration of Benigni, L., Bretherton, I., Camaioni, L. & Volterra, V.) (1979): The emergence of symbols. Cognition and communication in infancy (pp. 33–68). Academic Press, New York

Bernard-Opitz, V. (2009): Applied Behavior Analysis (ABA) / Autismusspezifische Verhaltenstherapie (AVT). In: S. Bölte (Hrsg.), Autismus: Spektrum, Ursachen, Diagnostik, Intervention, Perspektiven (S. 242–259). Hans Huber, Bern

Bondy, A. S. & Frost, L. A. (1994): The Picture Exchange Communication System. Focus on Autism and other Developmental Disabilities, 9, 1–19

Bruner, J. (1983): Child's Talk. Norton, New York

Carter, A. S., Messinger, D. S., Stone, W. L., Celimli, S., Nahmias, A. S. & Yoder, P. (2011): A randomized controlled trial of Hanen's ›More than words‹ in toddlers with early autism symptoms. Journal of Child Psychology and Psychiatry, 52, 741–752

Cunningham, A. B., Schreibman, L., Stahmer, A. C., Koegel, R. L. & Koegel, L. K. (2008): Individualization of treatment for young children with autism: a randomized comparison of verbal and pictorial communication systems. Paper presented at the 7th Annual International Meering for Autism Research, London, England. May, 2008. (zitiert nach Stahmer, A. C., Schreibman, L. & Cunningham, A. B. (2010): Toward a technology of treatment individualization for young children with autism spectrum disorders. Brain Research, 1380, 229–239.)

Dawson, G., Rogers, S., Munson, J., Smith, M., Winter, J., Greenson, J. et al. (2009): Randomized, controlled trial of an intervention for toddlers with autism: The Early Start Denver Model. Pediatrics, 125, 17–23

Dillenburger, K. (2011): The emperors's new clothes: Eclecticism in autism treatment. Research in Autism Spectrum Disorders, 5, 1119–1128

Döringer, I. (2014). Zur Diskussion der Wirksamkeit von Autismus-Therapien. autismus, 78, 13–20

Doil, H. (2012): Entwicklungsorientierte Sprach- und Kommunikationsförderung. In: M. Aktas (Hrsg.), Entwicklungsorientierte Sprachdiagnostik und -förderung bei Kindern mit geistiger Behinderung: Theorie und Praxis (S. 81–115). Elsevier, München

Feineis-Matthews, S. & Schlitt, S. (2009): Umschriebene verhaltenstherapeutische Maßnahmen. In: S. Bölte (Hrsg.): Autismus: Spektrum, Ursachen, Diagnostik, Intervention, Perspektiven (S. 229–241). Hans Huber, Bern

Freitag, C. M., Feineis-Matthews, S., Valerian, J., Teufel, K. & Wilker, Ch. (2012): The Frankfurt early intervention program FFIP for preschool aged children with autism spectrum disorder: A pilot study. Journal of Neural Transmission, 119, 1011–1021

Fröhlich, U., Noterdaeme, M., Jooss, B. & Buschmann, A. (2013): Elterntraining zur Kommunikations- und Sprachanbahnung bei Kindern mit autistischen Störungen. TASK – Training Autismus Sprache Kommunikation. Urban & Fischer bei Elsevier, München

Ganz, J. & Simpson, R. (2004): Effects on communicative requesting and speech development of the Picture Exchange Communication System in children with characteristics of autism. Journal of Autism and Developmental Disorders, 34, 395–409

Goldstein, H. (2002): Communication intervention for children with autism: A review of treatment efficacy. Journal of Autism and Developmental Disorders, 32, 373–396

Gordon, K., Pasco, G., McElduff, F., Wade, A., Howlin, P. & Charman, T. (2011): A communication-based intervention for nonverbal children with autism: What changes? Who benefits? Journal of Consulting and Clinical Psychology, 79, 447–457

Green, J., Charman, T., McConachie, H., Aldred, C., Slonims, V., Howlin, P. et al. (2010): Parent-mediated communication-focused treatment in children with autism (PACT): a randomised controlled trial. The Lancet, 375, 2152–2160

Gruber, K., Fröhlich, U. & Noterdaeme, M. (2014): Effekt eines Elterntrainingsprogramms zur sozial-kommunikativen Förderung bei Kindern mit Autismus-Spektrum-Störungen. Kindheit und Entwicklung, 23, 42–51

Hartmann, H. (1986): Aufmerksamkeits-Interaktions-Therapie mit psychotischen Kindern. Praxis der Kinderpsychologie und Kinderpsychiatrie, 35, 242–247

Hartmann, H. (unter Mitarbeit von Arndt, B., de Haen, J. & Jakobs, G.) (2011): Erweiterte Aufmerksamkeits-Interaktions-Therapie – AIT. Kleines Lehrbuch der modernen Autismus-Therapie mit dialogischem Schwerpunkt. dgvt-Verlag, Tübingen

Keenan, M., Dillenburger, K., Moderato, P. & Röttgers, H.-R. (2010): Science for sale in a free market economy: But at what price? ABA and the treatment of autism in Europe. Behavior and Social Issues, 19, 126–143

Kitzerow, J., Wilker, C., Teufel, K., Soll, S., Schneider, M., Westerwald, E. et al. (2014): Das Frankfurter Frühinterventionsprogramm (FFIP) für Vorschulkinder mit Autismus-Spektrum-Störungen (ASS). Kindheit und Entwicklung, 23, 34–41

Landa, R. (2007): Early communication development and intervention for children with autism. Mental Retardation and Developmental Disabilities Research Reviews, 13, 16–25

Lechmann, C., Diepers-Pérez, I., Grass, H. & Pfeiffer, F. (2009): Das Picture Exchange Communication System (PECS). In: S. Bölte (Hrsg.): Autismus: Spektrum, Ursachen, Diagnostik, Intervention, Perspektiven (S. 375–386). Hans Huber, Bern

Lerna, A., Esposito, D., Conson, M., Russo, L. & Massagli, A. (2012): Social-communicative effects of the Picture Exchange Communication System (PECS) in autism spectrum disorders. International Journal of Language and Communication Disorders, 47, 609–617

Lord, C., Wagner, A., Rogers, S., Szatmari, P., Aman, M., Charman, T. et al. (2005): Challenges in evaluating psychosocial interventions for autistic spectrum disorders. Journal of Autism and Developmental Disorders, 35, 695–708

Lovaas, O. I. (1981): Teaching developmentally disabled children: The me book. University Park Press, Baltimore

Lovaas, O. I. (1987): Behavioral treatment and normal education and intellectual functioning in young autistic children. Journal of Consulting and Clinical Psychology, 55, 3–9

Magiati, I., Charman, T. & Howlin, P. (2007): A two-year follow-up study of community-based early intensive behavioural intervention and specialist nursery provision for children with autism spectrum disorders. Journal of Child Psychology and Psychiatry, 48, 803–812

Mesibov, G. B. & Shea, V. (2010): The TEACCH program in the era of evidence-based practice. Journal of Autism and Developmental Disorders, 40, 570–579

Mesibov, G. B., Shea, V. & Schopler, E. (2005): The TEACCH approach to autism spectrum disorders. Kluwer, New York

Müller, C. (2012): Im Fokus: Kinder mit Autismus-Spektrum-Störung und geistiger Behinderung. In: M. Aktas (Hrsg.): Entwicklungsorientierte Sprachdiagnostik und -förderung bei Kindern mit geistiger Behinderung: Theorie und Praxis (S. 191–222). Elsevier, München

Müller, C. (2013): Entwicklungsorientierte Diagnostik und Förderung von Kommunikation und Sprache bei minimal verbalen Kindern mit Autismus-Spektrum-Störung. Dissertation im Fachbereich Linguistik und Literaturwissenschaft der Universität Bielefeld (abgerufen am 08.01.2016, von https://pub.uni-bielefeld.de/download/2687112/2687113)

Oosterling, I., Visser, J., Swinkels, S., Rommelse, N., Donders, R., Woudenberg, T. et al. (2010): Randomized controlled trial of the Focus Parent Training for toddlers with autism: 1-year outcome. Journal of Autism and Developmental Disorders, 40, 1447–1458

Ozonoff, S. & Cathcart, K. (1998): Effectiveness of a home program intervention for young children with autism. Journal of Autism and Developmental Disorders, 28, 25–32

Paul, R. (2007): Language disorders from infancy through adolescence (Third edition). Mosby Elsevier, St. Louis

Reichow, B. & Wolery, M. (2009): Comprehensive synthesis of early intensive behavioural interventions for young children with autism based on the UCLA Young Autism Project Model. Journal of Autism and Developmental Disorders, 39, 23–41

Rittmann, B. (2014): Die Bedeutung verhaltenstherapeutischer Förderung in Autismus-Therapie-Zentren. autismus, 78, 21–31.

Rogers, S. J. (2006): Evidence-based interventions for language development in young children with autism. In: T. Charman & W. Stone (Eds.): Social & Communication Development in Autism Spectrum Disorders: Early Intervention, Diagnosis, & Intervention (pp. 143–179). Guilford Press, New York

Rogers, S. J. & Dawson, G. (2010): Early Start Denver Model for Young Children with Autism. Promoting Language, Learning, and Engagement. Guilford Press, New York

Rogers, S. J. & Dawson, G. (2014): Frühintervention für Kinder mit Autismus. Das Early Start Denver Model. (Deutschsprachige Ausgabe herausgegeben von D. Holzinger). Hans Huber, Bern

Rogers, S. J. & Vismara, L. A. (2008): Evidence-based comprehensive treatments for early autism. Journal of Clinical Child and Adolescent Psychology, 37, 8–38

Schumacher, K. (1994): Musiktherapie mit autistischen Kindern: Musik-, Bewegungs-und Sprachspiele zur Integration gestörter Sinneswahrnehmung. Gustav Fischer, Stuttgart

Siller, M., Hutman, T. & Sigman, M. (2013): A parent-mediated intervention to increase responsive parental behaviors and child communication in children with ASD: A randomized clinical trial. Journal of Autism and Developmental Disorders, 43, 540–555

Skinner, B. F. (1957): Verbal Behavior. Appleton-Century-Crofts, New York

Stahmer, A. C., Collings, N. M. & Palinkas, L. A. (2005): Early intervention practices for children with autism: Descriptions from community providers. Focus on Autism and other Developmental Disabilities, 20, 66–79

Stahmer, A. C., Schreibman, L. & Cunningham, A. B. (2010): Toward a technology of treatment individualization for young children with autism spectrum disorders. Brain Research, 1380, 229–239

Stickles Goods, K., Ishijima, E., Chang, Y-C. & Kasari, C. (2009): Preschool based JASPER intervention in minimally verbal children with autism: Pilot RCT. Journal of Autism and Developmental Disorders, 43, 1050–1056

Symalla, R. & Feilbach, T. (2009): Der TEACCH-Ansatz. In: S. Bölte (Hrsg.): Autismus: Spektrum, Ursachen, Diagnostik, Intervention, Perspektiven (S. 273–287). Hans Huber, Bern

Tsang, S. K. M., Shek, D. T. L., Lam, L. L., Tang, L. Y. & Cheung, P. M. P. (2007): Brief report: Application of the TEACCH program on Chinese pre-school children with autism – does culture make a difference? Journal of Autism and Developmental Disorders, 37, 390–396

Vivanti, G., Dissanayake, Ch., Zierhut, C., Rogers, S. J. & Victorian ASELCC Team (2013): Brief Report: Predictors of outcomes in the Early Start Denver Model delivered in a group setting. Journal of Autism and Developmental Disorders, 43, 1717–1724

Weinmann, St., Schwarzbach, Ch., Begemann, M., Roll, St., Vauth, Ch, Willich, St. N. & Greiner, W. (2009): Verhaltens- und fertigkeitenbasierte Frühinterventionen bei Kindern mit Autismus. Schriftenreihe Health Technology Assessment (HTA) in der Bundesrepublik Deutschland. Deutsches Institut für Medizinische Dokumentation und Information (DIMDI). (abgerufen am 06.02.2016, von http://portal.dimdi.de/de/hta/hta_berichte/hta248_bericht_de.pdf)

Werner, N. & Buchenau-Schlömer, J. (2015): ABA und Autismus – ein Blick auf Kernkriterien und professionelle Standards der Angewandten Verhaltensanalyse. autismus, 80, 28–33

Wetherby, A. M., Watt, N., Morgan, L. & Shumway, St. (2007): Social communication profiles of children with autism spectrum disorders late in the second year of life. Journal of Autism and Developmental Disorders, 37, 960–975

Wilken, E. (2010): Sprachförderung bei Kindern mit Down-Syndrom: Mit ausführlicher Darstellung des GuK-Systems (11. Auflage). Kohlhammer, Stuttgart

Yoder, P. & Stone, W. L. (2006): Randomized comparison of two communication interventions for preschoolers with autism spectrum disorder. Journal of Consulting and Clinical Psychology, 74, 426–435

Familienorientierte Frühtherapie – Ein Praxisbericht

Susanne Lamaye

Die »Familienorientierte Frühtherapie« gehört seit ca. 6 Jahren zum Angebot des Autismus-Therapieinstituts Langen für Familien mit jungen Kindern mit einer Autismus-Spektrum-Störung. Es stellt eine Ergänzung zu den bestehenden Angeboten des Autismus-Therapieinstituts Langen dar und richtet sich im Besonderen an Familien mit Klein- und Vorschulkindern. Auch dieses Angebot orientiert sich, wie alle Angebote des Therapieinstitutes, an einer wertschätzenden ganzheitlichen und systemischen Grundhaltung. Grundlage des Angebotes ist die Konzeption des Autismus-Therapieinstitutes, die entwicklungspsychologische, bindungs- und beziehungsorientierte, systemische und verhaltensorientierte Ansätze integriert.

Die Kolleginnen des Autismus-Therapieinstituts Langen haben auf der theoretischen Basis systemischer Konzepte, der Multifamilientherapie (Asen 2009), verschiedener beziehungs- und interaktionsbasierter Therapieansätze, einer entwicklungspsychologisch orientierten Sichtweise und der Videointeraktionsmethode »Marte Meo« (Aarts 2009) ein Konzept für die Unterstützung der Familien entwickelt. Die »Familienorientierte Frühtherapie« beinhaltet verschiedene Säulen, die, abgestimmt auf die Wünsche und Bedürfnisse der Familien, in zum Teil individualisierter Form vermittelt und mit den Familien erarbeitet werden.

Während der Erprobung und Weiterentwicklung des Konzeptes haben sich die Psychoedukation, die Vermittlung von Handlungsoptionen im Alltag sowie der Austausch in der Elterngruppe als tragende Säulen erwiesen. Um die Inhalte, die sich als wirksam und sinnvoll erwiesen haben zu sichern und festzuhalten, haben wir eine Modulform entwickelt. Diese Strukturierung erlaubt uns, auch institutsintern, ein gemeinsames Vorgehen. Modulhaft sind dabei hauptsächlich die Gestaltung der Gruppenstunden und die Inhalte der Psychoedukation. Der Einzelkontakt mit den Eltern bleibt individualisiert und abgestimmt auf die Erfordernisse und Wünsche, die sich durch die Entwicklung des Kindes ergeben. Dies ermöglicht, sich gut auf das Tempo der Eltern einstellen zu können und so den Verarbeitungsprozess der Behinderung und den Entwicklungsprozess des Kindes und der Familie zu begleiten.

Wenn möglich, versuchen wir, den Start der Elterngruppe mit dem Start der Videoberatung nach Marte Meo zu koordinieren, so dass die Informationen optimal aufeinander abgestimmt werden können.

Zurzeit bieten wir für die Treffen der Elterngruppen 6 Termine à 2 Stunden an, vormittags oder am frühen Abend, wahlweise 4 Termine à 3 Stunden samstags vormittags. Im Jahresverlauf bieten wir 3 bis 4 Elterngruppen an unterschiedlichen Standorten bzw. in den unterschiedlichen Regionalstellen des Autismus-Therapieinstitutes Langen an. Diese unterschiedlichen Angebote ermöglichen es einer Vielzahl von Eltern, auch Berufstätigen, teilzunehmen.

Psychoedukation

Die Psychoedukation beinhaltet die Informationen und Auseinandersetzung über und mit Autismus im Allgemeinen und speziell in Bezug auf das eigene Kind. Was ist das »Autistische« an meinem Kind? Welche Symptome und Auffälligkeiten zeichnen mein Kind aus? Wie kann ich z. B. sein stereotypes Verhalten verstehen? Wie kann ich darauf reagieren? Wie geht es nach dem Kindergarten weiter? Als besonders wichtig haben sich hier die Informationen herauskristallisiert, die sich auf unterschiedliche Entwicklungsalter in den verschiedenen Entwicklungsbereichen beziehen. Damit die Eltern das Verhalten und die Entwicklungsmöglichkeiten ihres Kindes verstehen und richtig einschätzen können, ist es notwendig, dass sie etwas über grundlegende Entwicklungsschritte und mögliche Abweichungen bei einem autistischen Kind wissen.

Das Wissen über Autismus wird sowohl in Einzelgesprächen als auch in der Elterngruppe vermittelt. Die unterschiedlichen Module setzen verschiedene Schwerpunkte. Die Grundinformationen werden in der Gruppe gegeben bzw. gemeinsam erarbeitet und in Einzel-Elterngesprächen individualisiert und vertieft. Hierbei können die Eltern die Brücke zwischen den allgemeinen Informationen und der individuellen Ausprägung bei ihrem Kind schlagen.

Das erste Modul steht unter dem Thema »Kennenlernen«. Es geht dabei in erster Linie darum, dass sich die Familien untereinander bekannt machen, und dass die Eltern die Möglichkeit bekommen, ihre dringendsten und brennendsten Themen zu benennen und einen Überblick über die folgende Therapiezeit bekommen. Die Eltern gestalten mit mitgebrachten Bildern aller Familienmitglieder, eigenen Kommentaren und Zeitungsausschnitten ein Familienposter, welches dann in der Gruppe vorgestellt wird. Dies ermöglicht einen regen und lebendigen Austausch, die Familien rücken meist sehr schnell zusammen und erleben ein Wiederfinden eigener Themen bei den anderen Familien.

Das zweite Modul beschäftigt sich in einem ersten Schritt mit den Verhaltensweisen der autistischen Kinder und wie diese sich in den Hauptdiagnosekriterien wiederfinden. Die Verhaltensweisen werden den Bereichen der sozialen Interaktion, Kommunikation, den Stereotypien und auch den Besonderheiten in der Wahrnehmung zugeordnet, so dass die Eltern sich ein Bild von der Entwicklung ihres Kindes und seiner Zuordnung zum Autismusspektrum machen können. Im offenen Gesprächskreis, der Bestandteil aller Module ist, erfolgt ein Austausch über die bisher gemachten Erfahrungen mit ersten Interventionen nach der Marte-Meo-Methode, es werden Fragen geklärt und Themen, die die Familien einbringen, besprochen.

Nachdem die Eltern bereits einige Erfahrungen mit den Elementen der Marte-Meo-Methode gemacht haben, wird im dritten Modul noch einmal sehr konkret, an »Beobachtungsschnipseln« aus anonymen Videoaufzeichnungen gemeinsam erarbeitet und vertieft, wie die Eltern Spielsituationen verbal unterstützen und z. B. die MM-Elemente »benennen« oder »der Initiative des Kindes folgen« einsetzen können. Weiteres Thema sind die Wahrnehmungsbesonderheiten der autistischen Kinder. Durch kurze Filmsequenzen und Selbsterfahrungsmomente werden Reizüberflutung, Reizfilterschwäche oder die Bevorzugung bestimmter Sinnesreize verdeutlicht und für die Eltern erfahrbar gemacht.

Erfahrungsgemäß ist dies ein besonders eindrücklicher Moment für die Eltern, da sie hier auf einer für sie meist neuen Ebene erfahren, wie ihre Kinder die Welt erleben.

Häufig führt dies zu einer tiefen Betroffenheit, aber auch zu einem tieferen Verständnis für die Verhaltensbesonderheiten ihrer Kinder.

Um die Erfahrungen aus der Elterngruppe im Alltag zu festigen, bekommen die Eltern eine Beobachtungsaufgabe für zu Hause: Wie reagiert mein Kind auf »Warten - Folgen – Benennen« (Aarts 2009)? Im täglichen Spiel sollen die Eltern ihre Beobachtungen machen und notieren, so dass sie in der folgenden Gruppenstunde besprochen werden können.

Die Module vier und fünf schließlich widmen sich den Themen Kommunikation, Perspektivenübernahme und den Besonderheiten des Spiels bei autistischen Kindern.

Auch hier wird anhand konkreter Beispiel aus dem Lebensalltag der Familien überlegt, wie eine gute Entwicklungsunterstützung der Eltern aussehen kann. Was ist für das Herstellen einer gemeinsamen Aufmerksamkeit wichtig? Was ist wichtig, damit das Kind in Interaktion und Kommunikation treten kann, und welche Form der Unterstützung braucht es dazu? Die Eltern erarbeiten die Themen in Kleingruppen und haben somit die Möglichkeit, an eigene Erfahrungen anzuknüpfen. Es erfolgt ein Austausch über weitere Erfahrungen mit der Marte-Meo-Methode und der dazu gehörenden Entwicklung einer kommunikations-bzw. interaktionsförderlichen Grundhaltung: »Wahrnehmen, warten, folgen, benennen« (Aarts 2009).

Das letzte Modul gibt einen Ausblick, wie die Schulbildung gestaltet werden kann, welche Optionen es für Arbeit und Wohnen geben kann und welche weiteren Unterstützungsmöglichkeiten (Teilhabeassistenz, familienentlastender Dienst, zusätzliche Therapieangebote wie Ergotherapie, Logopädie, Physiotherapie ...) vorhanden und sinnvoll sind. Ein Austausch der Eltern untereinander zu Themen, die gerade aktuell sind, bekommt auch hier wieder seinen Platz.

Abschließend wir geklärt, ob Eltern weiterhin den Austausch in der Gruppe möchten. Manchmal entstehen Elterngruppen, die sich selbst organisiert weiterhin z. B. einmal monatlich treffen.

Hilfe und konkrete Handlungsoptionen für den Alltag

Um den Eltern möglichst konkrete und auf ihre Bedürfnisse und ihre Ausgangslage passende Hilfestellung geben zu können, haben wir uns für die Beratung mit der Marte-Meo-Methode entschieden. Die konkrete, wertschätzende, an »die eigene Kraft« (Sirringhaus & Sirringhaus-Bünder 2009) anknüpfende Methode erscheint uns hier besonders wirksam, um Eltern in ihrer Kompetenz und der Erfahrung ihrer Selbstwirksamkeit im Umgang mit ihrem autistischen Kind zu unterstützen. Marte Meo wurde in den späten 70er Jahren von Maria Aarts entwickelt, aus der Arbeit mit autistischen Kindern heraus. Die entscheidenden Interventionen finden durch die Videoanalysen von Alltagssituationen und deren Auswertung nach bestimmten Kommunikationskriterien statt.

Diese Methode, die jede Information mit einem Videobild bzw. -ausschnitt kombiniert, ist besonders geeignet, um den Eltern zu vermitteln, welche positiven Unterstützungselemente sie schon anwenden und welche Unterstützungselemente ihr Kind braucht, um einen nächsten Entwicklungsschritt vollziehen zu können. Dies eignet sich durch die bildhafte Unterstützung und die Prägnanz auch für Familien, die eingeschränkte Kompetenzen in der deutschen Sprache haben.

Ausgehend von der Diagnose, dem Alter des Kindes, den Lebensumständen der Familie und nicht zuletzt den Wünschen der Eltern, besprechen wir schon im Erstgespräch einen möglichen Therapiestart, erklären unseren therapeutischen Ansatz und unser Konzept.

Als Nächstes werden, ausgehend von einer Videoanalyse des kindlichen Entwicklungsstandes und einer Interaktionsanalyse des kommunikativen Verhaltens zwischen Eltern und Kind, gelingende Interaktionen aufgezeigt und entwicklungsförderliche Unterstützungsmöglichkeiten mit den Eltern besprochen und von diesen ausprobiert. Den Eltern werden die Fähigkeiten gezeigt, die das Kind bereits entwickelt hat. Dabei steht die sozioemotionale Entwicklung im Vordergrund, aber auch motorische oder sprachliche Fähigkeiten werden aufgezeigt. Anhand dieser Videos wird sehr deutlich, dass die Entwicklung in den verschiedenen Entwicklungsbereichen unterschiedlich weit fortgeschritten ist. Gleichzeitig ermöglicht dieses Vorgehen oftmals einen neuen Blick der Eltern auf ihr Kind, der wieder mehr die Ressourcen und das bereits Erreichte in den Vordergrund stellt. Den Eltern wird vermittelt, welche positiven Unterstützungsmomente sie ihrem Kind bereits geben und warum dies so wichtig für die Entwicklung ihres Kindes ist. Häufig sind die Eltern überrascht, dass sie bereits viele positive Dinge tun.

»*Noch nie hat mir jemand eine Stunde lang gesagt, dass ich gut mit meinem Kind umgehen kann.*« (Frau H. nach dem ersten Marte-Meo-Review)

Danach wird mit den Eltern besprochen, welche Entwicklung sie sich für ihr Kind wünschen und auf welchem Wege dies zu erreichen ist. Oftmals ist es in der Beratungsarbeit notwendig, deutlich zu machen, dass zum Erreichen eines Entwicklungsziels viele kleine Zwischenziele angesteuert werden müssen. So kommt vor dem Erlernen der Sprache zunächst das Herstellen der gemeinsamen Aufmerksamkeit, das Erkennen, mit seinen Lauten etwas bewirken zu können, oder das Erkennen des Zusammenhangs von der Sprechmelodie der Eltern und der Befindlichkeit des Kindes.

Anhand dieser Vorüberlegung bekommen die Eltern nun konkrete Handlungsvorschläge für den Umgang mit ihrem Kind im Alltag, die sie ausprobieren und für sich entdecken können und sollen.

»*Ich wusste gar nicht, dass ich so viel richtig mache.*« (Frau M. nach dem ersten Review)

Durch ein immer fortwährendes Besprechen der Entwicklungsschritte, Aufnehmen von Videos, Analysieren der sich verändernden Situation und den sich daraus ergebenden Veränderungen der Handlungsoptionen können sich so Therapeuten und Eltern den erwünschten Zielen langsam gemeinsam nähern.

Die Eltern bleiben wichtigste Entwicklungspartner für ihr Kind.

Übergeordnete Themen, wie das Verarbeiten der Behinderung und die Fähigkeit der Eltern, Entwicklungsschritte und Entwicklungsmöglichkeiten realistisch einschätzen zu können, sind natürlich auch Teil des gesamten Therapieprozesses. Gerade hier kann auch die »dritte Säule«, die Elterngruppe, hilfreich sein. Andererseits bleiben auch die individuellen Gespräche ein weiterer Schwerpunkt.

»*Ich wusste gar nicht, dass das so wichtig für mein Kind ist.*« (Frau K. nach dem ersten Review mit Hinweis auf das »Benennen der eigenen Handlungen«)

Elterngruppe

In Anlehnung an Prinzipien der Multifamilientherapie werden die gruppentherapeutischen Wirkfaktoren, z. B. die Erkenntnis, dass auch andere Familien betroffen sind, das Annehmen konstruktiver Kritik und gegenseitiger Unterstützung genutzt (Asen 2012). Bei der Zusammenstellung der Elterngruppen versuchen wir, Familien mit Kindern zusammenzuführen, die ein ähnliches Alter und ein vergleichbares Entwicklungsprofil aufweisen. Dies hat sich als hilfreich erwiesen, da dann die Eltern gut von den Erfahrungen anderer Familien bei der Bewältigung von Alltagsproblemen profitieren können. Gerade bei alltagsrelevanten Themen wie Schlafen, Essen, Toilettentraining ist der Erfahrungsschatz, der sich in der Elterngruppe findet, gut zu nutzen und wird von den Eltern gerne angefragt. Nach oftmals zu Beginn starken Bedenken gegen die Elterngruppe, einer Scheu sich zu zeigen, verkehrt sich diese Haltung meist nach dem ersten Treffen ins Gegenteil und die Eltern erleben es als hilfreich und entlastend, andere betroffene Familien kennen zu lernen. Auch bei Familien mit anderssprachlicher und -kultureller Herkunft ist die Elterngruppe oft der erste Weg aus einer Isolation, die sich durch die Behinderung des Kindes ergeben hat. Ein Austausch in der Muttersprache hilft den Eltern besonders gut, zu verstehen und das »Anderssein« ihres Kindes zu verarbeiten. Daraus entstehende Kontakte und Gespräche bleiben oft auch über das Ende der Elterngruppe hinaus bestehen.

Wir erleben diesen Austausch für die Eltern als sehr wichtig. Jedes Elternteil kann seine Fragen stellen, kann seine Kompetenzen bei bestimmten Fragen anderer einbringen und sich als Teil einer Gruppe erleben, die ähnliche Erfahrungen und Schwierigkeiten hat.

Fazit

Nach mehreren Jahren der Weiterentwicklung und Erprobung der »Familienorientierten Frühtherapie« haben wir immer wieder sehr positive Rückmeldungen von den Eltern erhalten. Durch das Arbeiten mit konkreten Inhalten fühlen sich die Eltern handlungsfähig und immer mehr in der Lage, ihr Kind in seiner Entwicklung zu unterstützen. Durch die positiven Rückmeldungen, ihren Umgang mit dem Kind betreffend, erleben sie sich oft nach langer Zeit zum ersten Mal als kompetent und fähig, die schwierige Aufgabe zu bewältigen, ein autistisches Kind in seiner Entwicklung zu unterstützen und es zu erziehen.

Auch dieses Konzept wird evaluiert und weiterentwickelt, abgeglichen mit den Erfahrungen, die die Familien und wir damit machen. Uns erscheint es ein wichtiger Meilenstein auf dem Weg dahin, Eltern als kompetente Erziehungspartner in die Entwicklungsunterstützung ihrer autistischen Kinder einzubeziehen und somit bestmöglich deren Weiterentwicklung zu unterstützen.

Literatur

Aarts, M. (2009): Ein Handbuch. Marte Meo International

Asen, E. (2012): Praxis der Multifamilientherapie. Carl Auer Verlag, Heidelberg

Bünder, P., Sirringhaus-Bünder, A. & Helfer, A. (2009): Lehrbuch der Marte Meo Methode, Vandenhoek und Ruprecht, Göttingen

Konzeption FOFT des Autismus-Therapieinstituts Langen (2013), Langen

Das Early Start Denver Model (ESDM) – eine neue Methode bereichert die Frühinterventionskonzepte unserer Autismus-Therapiezentren

Barbara Rittmann unter Mitwirkung von Irmgard Döringer und Wolfgang Rickert-Bolg

Beim *10. Autism-Europe International Congress in Budapest* (2013) wurde das in den USA evaluierte Frühtherapieprogramm Early Denver Start Model (ESDM) das erste Mal einem breiten Fachpublikum vorgestellt und stieß auf ein großes Interesse. Das Programm wurde von Sally Rogers und Geraldine Dawson sowie weiteren Mitarbeitern über insgesamt 25 Jahre für Kinder im Autismusspektrum in den USA an drei Zentren (Denver, Seattle und Sacramento) entwickelt. Im Gegensatz zum Vorläufermodell, dem »Denver Model« (Rogers & Pennington 2001), das für Vorschulkinder und für Gruppensettings entworfen wurde, richtet sich das ESDM an Kinder im Alter zwischen einem und fünf Jahren und ist vorrangig für Einzeltherapiesettings konzipiert (Rogers & Dawson 2010, deutschsprachige Ausgabe 2014).

Das ESDM integriert die bislang als eher gegensätzlich wahrgenommenen entwicklungspsychologischen und lerntheoretischen Konzepte der Autismusförderung zu einem interaktionsfokussierten Therapieansatz. Ziel des ESDM ist es, das Kind im Autismusspektrum intrinsisch (»von innen heraus«) zu motivieren, sich aus eigenem Interesse und selbstinitiiert anderen Menschen zuzuwenden. Dies wird als wichtige Schlüsselkompetenz für alles weitere kindliche Lernen angesehen. Das Interesse an anderen Menschen wird dann der Motor für die Erfahrung, soziale Beziehungen als belohnend wahrzunehmen. Durch die positive emotionale Involviertheit und die damit einhergehende übende Erfahrung wächst allmählich die interaktionale Kompetenz der Kinder. Erste Ergebnisse bildgebender Verfahren zeigen, dass durch die beziehungsorientierte Verhaltensformung die neuronale Entwicklung der Kinder positiv beeinflusst wird, sodass das kindliche Gehirn mehr gesunde neurotypische Strukturen ausbildet. Das ESDM wurde in erster Linie für einzeltherapeutische Settings entwickelt. Für Gruppensettings (v. a. Kindergarten) existieren jedoch auch bereits Erfahrungen und Leitlinien. Die Umsetzung des ESDM erfolgt durch interdisziplinäre Teams (Mediziner, Psychologen, Sprachtherapeuten etc.). Der kürzlich auf Deutsch erschienene Elternratgeber (Rogers, Dawson & Vismara 2016) komplettiert das Vorgehen.

In Europa findet dieses Programm derzeit in Linz (Konventhospital Linz, Barmherzige Brüder) in einer weitgehend manualgetreuen Form Anwendung und wird zurzeit evaluiert. Allerdings ist die Frequenz der Therapieeinheiten dort deutlich geringer als in der US-Evaluationsstudie (Originalstudie USA: 20 Std./Woche, adaptierte Studie in Linz: durchschnittlich 5 Std./Woche). Erste Forschungsergebnisse zeigen, dass trotz einer reduzierten Interventionsfrequenz die Wirksamkeit des ESDM nachgewiesen werden kann (Holzinger & Laister 2016). In Deutschland werden Elemente dieser Methode in verschiedenen Autismus-Therapiezentren – ebenfalls den hiesigen Bedingungen angepasst – zurzeit erprobt.

Frühe Diagnose – frühe Förderung

Die Autorinnen des ESDM empfehlen eine wöchentliche Einzeltherapiefrequenz von 20 Stunden und mit den Interventionen bei Kindern im Autismusspektrum zwischen ein und drei Jahren zu beginnen. Die Therapie sollte dann bei den Kindern bis zu einem Alter von fünf Jahren fortgesetzt werden. Die Voraussetzungen an den Entwicklungsstand der Kinder sind sehr gering. Als Faustregel gilt, »dass das ESDM für solche Kinder geeignet ist, die Interesse an Gegenständen zeigen und in der Lage sind, einfache Mittel-Zweck-Handlung durchzuführen, wie etwa einen Gegenstand in einen anderen hineinzustecken …« (Rogers & Dawson 2014, S. 62). Für Kinder ab sechs Jahren halten sie das Therapiemodell für nicht mehr zweckmäßig, da die Inhalte und der interaktive Stil des Programms nicht mehr der Altersgruppe entsprechen.

Man mag das junge Eingangsalter als sehr früh bezüglich der Diagnosestellung ansehen, gleichwohl gibt die Wissenschaft diesem Vorgehen Recht. Die aktuellen, streng evidenzbasierten S3-Diagnostik-Leitlinien (AWMF 2016) definieren das Alter, in dem die Diagnose einer Autismus-Spektrum-Störung idealerweise gestellt werden sollte, auf ein Lebensalter von vor zwei Jahren (18–24 Monate). »Diese Studien zeigen klar, dass eine frühe Diagnose vor dem Alter von zwei Jahren innerhalb des Autismus-Spektrums stabil bleibt und dass ein relativ hoher prozentualer Anteil von Kindern mit Entwicklungsauffälligkeiten vor dem Alter von zwei Jahren nach einem bis zwei Jahren auch eine Diagnose aus dem Autismus-Spektrum erhält« (AWMF 2016, S. 178). Das erscheint für Praktiker durchaus nachvollziehbar, zeigt sich doch die autistische Störung in diesem Alter bereits in allen Symptomkategorien und wird vom Kind noch wenig ausgeglichen. Das tatsächliche durchschnittliche Diagnosealter für Autismus liegt in Deutschland jedoch weitaus höher: für Frühkindlichen Autismus bei über 7 Jahren (USA: 4 Jahre), für das Asperger-Syndrom bei über 9 Jahren (USA: etwas über 7 Jahre) (AWMF 2016). Das neu eingeführte Toddler-Modul im ADOS 2 (Poustka et al. 2015) erlaubt seit kurzem eine Diagnose ab einem Alter von 12 Monaten. Für die wenigen Kinder, die bereits vor dem 18. Lebensmonat einer Autismusdiagnostik zugeführt werden, empfiehlt sich zunächst eine Verdachtsdiagnose, die nach einem Jahr überprüft wird. Sollte in diesem frühen Alter bereits eine autismusspezifische Intervention nach dem ESDM einsetzen, werden diese Kinder aller Erfahrung nach von einer interaktionsfokussierten Förderung profitieren, da sie ja in jedem Fall deutliche Auffälligkeiten in diesem Bereich aufweisen.

Eine frühe Diagnose macht eine früh einsetzende Therapie möglich. Auch hierzu die aktuellen S3-Diagnostik-Leitlinien: »Wie einleitend dargestellt, liegt in Deutschland das Diagnosealter deutlich höher als in den USA. Es gibt lange Wartezeiten für Diagnostiktermine in spezialisierten Stellen/Einrichtungen. Des Weiteren gibt es auch zusätzliche Wartezeiten für ein adäquates Therapieangebot. Aus diesem Grund ist für Deutschland weiterhin zu fordern, dass eine möglichst frühe Diagnostik etabliert wird« (AWMF 2016, S. 177). Seit langer Zeit weist die moderne Hirnforschung wie auch die Autismus-Therapieforschung auf die besonders gute frühe Beeinflussbarkeit des jungen Gehirns durch pädagogische und therapeutische Förderung hin. In diesem Alter kann eine gezielte Therapie das kindliche Gehirn so stimulieren, dass neue neuronale Strukturen gebildet werden und damit in ursächlicher Weise auf die Genese der Störung Einfluss genommen wird. Ein früher, intensiver

Therapieeinstieg bietet eine kaum zu ersetzende Weichenstellung für die gesamte Entwicklung des Menschen im Autismusspektrum. Auch wenn wir nicht von einer Heilung durch eine intensive Frühtherapie ausgehen, weisen neue Forschungsergebnisse auf ausgezeichnete Erfolge des ESDM hin. In einer 2-jährigen randomisierten kontrollierten Studie wurde die höhere Wirksamkeit des ESDM gegenüber einem weniger spezifischen ambulanten Angebot und der häufig zitierten ABA-Förderung nach Lovaas (2003) nachgewiesen (signifikante Unterschiede hinsichtlich IQ und Sprachentwicklung). Das ESDM konnte weitere Vorteile dokumentieren: »… Des Weiteren wurden, im Vergleich zur Lovaas-Methode … größere und weitreichendere Veränderungen als in der Lovaas-Gruppe festgestellt. Auch zeigte sich eine Milderung der für Autismus charakteristischen Kernsymptomatik (basierend auf einem klinischen Assessment nach Ablauf der 2-jährigen Therapiephase), wobei diese Verbesserung als Folge einer im Vergleich zu den anderen beiden Studien wesentlich geringeren Therapieintensität erzielt wurde« (Rogers & Dawson 2014).

Durch die frühe Einflussnahme verbesserten sich die Schlüsselkompetenzen der autistischen Kinder in beeindruckendem Maße. Zu lernen, dass es wichtig ist, Menschen ins Gesicht zu schauen, auf ihre Mimik, ihre Stimme und ihre Körpersprache zu achten, ist eine der wichtigsten Grundlagen für weiteres kindliches Lernen.

Situation der Eltern junger Kinder nach einer Autismusdiagnose

Erfahrungen mit Eltern junger Kinder in den bundesweiten Autismus-Therapiezentren zeigen, dass die die Belastung in dieser Phase besonders groß ist. Für die Eltern geht der Diagnosestellung meist eine Phase starker Verunsicherung bzgl. des eigenen Erziehungsverhaltens voraus. Ihr Gefühl »Etwas stimmt mit meinem Kinde nicht« wird unter Umständen von den medizinischen Fachkräften nicht ernst genommen und so entstehen nicht selten Zweifel an der eigenen Erziehungskompetenz. Die Autismusdiagnose wird dann einerseits als Entlastung (»Endlich wissen wir, was mit unserem Kind los ist!«), andererseits aber auch als große Herausforderung mit der Gefahr der Traumatisierung und den damit einhergehenden Begleiterscheinungen wie psychischer Dekompensation (psychische Erkrankungen eines Elternteils, häufig die Mutter) bzw. Verleugnung oder Abspaltung (Infragestellung, Nicht-Akzeptanz der Diagnose) empfunden. Für die betroffenen Familien verändert sich ihre Zukunftsperspektive dramatisch und es entstehen viele Fragen sowie das Verlangen, keine Zeit verlieren und »nun etwas tun« zu wollen.

Eine intensive Frühintervention ist somit besonders auf die Bedarfe dieser Familien abgestimmt, trägt der hohen Belastung der Eltern mit Kindern im Autismusbereich in dieser Lebensphase Rechnung und unterstützt sie in ihrem Wunsch, ihr Kind bestmöglich zu fördern. Das Ziel ist, den Eltern ein ausbalanciertes Maß konstruktive Förder- und Entlastungsstrategien anzubieten sowie ein entwicklungsförderndes Elternverhalten im Alltag und eine stabile emotionale Bindung zwischen Eltern und Kind zu unterstützen. Der intensive Einstieg einer Frühtherapieintervention bewirkt gleich zu Beginn deutlich wahrnehmbare Veränderungen im Verhalten der Kinder, wodurch wiederum eine hohe Therapiemotivation und Compliance (Mitarbeitsbereitschaft) der Eltern erreicht werden kann. Alle Autismus-Frühinterventionen wie auch das ESDM achten auf eine gute Übertragbarkeit in das familiäre und erweiterte Umfeld. Neben psychoedukativen Hilfestellungen (Aufklärung über Autismus-Spektrum-Störung, Verhaltensanleitung) werden auch Hilfestellungen bzgl. individueller Verhaltensmuster gegeben, die den Eltern die Umsetzung förderlichen Erziehungsverhaltens schwer machen.

Durch die frühe Weichenstellung und den besseren Outcome wird versucht, den Therapiebedarf im späteren Kindesalter zu reduzieren.

Neuropsychologische Grundlagen des ESDM

Dem ESDM liegt ein komplexes neuropsychologisches Modell zur Erklärung des Autismus zugrunde, die auch langjährige Praktiker auf diesem Gebiet überzeugt. Es nimmt die neurotypische Entwicklung eines Kleinkindes als Bezugspunkt und bestimmt die Entwicklungsziele eines Kleinkindes mit Autismus auf dieser Grundlage. Dementsprechend wird ein besonderer Fokus auf die Entwicklungsbereiche Interaktion und Kommunikation gesetzt.

Ein neurotypisch entwickeltes Baby ist schon direkt nach seiner Geburt ein auf soziale Signale orientiertes Wesen. Neugeborene zeigen eine Präferenz für Gesichter im Gegensatz zu anderen komplexen visuellen Reizen. Bereits wenige Minuten nach der Geburt imitieren sie – quasi automatisch – dargebotene expressive Gesichtsausdrücke, wie beispielsweise einen aufgerissenen Mund. Diese soziale Ausrichtung behalten die Babys und Kleinkinder im Laufe ihrer weiteren Entwicklung bei. Babys mit drei Monaten scheinen schon eine gewisse Sensitivität für die gemeinsame Aufmerksamkeit zu haben, beispielsweise eine gemeinsame Blickrichtung zu verfolgen. Mit 6 bis 7 Monaten identifizieren sie irritierende emotionale Signale. Sie reagieren unterschiedlich auf nicht zueinander passende visuelle und auditive emotionale Informationen, beispielsweise ein glückliches Gesicht mit einer unglücklichen Stimme versus ein glückliches Gesicht mit einer ärgerlichen Stimme (Rogers & Dawson 2014). Mit einem Jahr reagieren Kinder sofort hochirritiert und fangen schnell an zu weinen, wenn ihnen das freundliche, zugewandte mütterliche Gesicht auch nur für kurze Zeit entzogen wird (»Still-Face-Experiment«, Brisch 2009).

Diese kurze Zusammenfassung der frühen Entwicklung neurotypisch entwickelter Kinder verdeutlicht, wie bezogen und angewiesen ein Kind üblicherweise auf die sozialen Signale seiner Bezugspersonen ist. Die Grundlage im Gehirn des Kindes ist ein gut funktionierendes neuronales »soziales Netzwerk« (Rogers & Dawson 2014, S. 24). Dazu gehört der Temporallappen (mit Gyrus fusiformis und Sulcus temporalis superior), die Amygdala und Teile des präfrontalen Cortex. Der Grad der Konnektivität (Verbindungsdichte) dieser Teile des Hirns beeinflusst die Fähigkeit, soziale Reize angemessen zu verarbeiten. Das sozial-kommunikative neuronale Netzwerk ist aktiv, wenn soziale Informationen aufgenommen, Emotionen verarbeitet und soziale Informationen erkannt und interpretiert werden, zum Beispiel Gesichtsausdrücke. Die Amygdala, als wichtiger Teil des limbischen Systems, ist daran beteiligt, die verschiedenen Reize – positive oder negative bzw. wichtige oder unwichtige – zu bewerten und ihnen Bedeutung zu geben. Diese Bewertung ist zur Orientierung des Kindes essenziell wichtig. Dadurch gelingt es ihm, sich auf die bedeutungsvollen Dinge der Umgebung zu konzentrieren (wie z. B. andere Menschen) und die unwichtigen (wie z. B. die Lamellen der Deckenlampe) auszufiltern (Rogers & Dawson 2014).

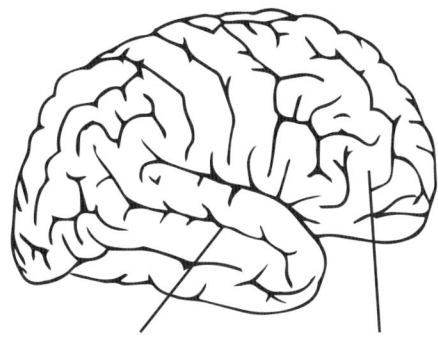 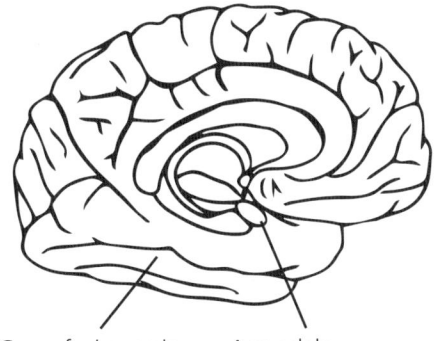

Sulcus temporalis superior (Biologische Bewegung, Blickrichtung) Präfrontaler Kortex (Soziale Kognition) Gyrus fusimormis (Gesichtserkennung) Amygdala (Emotionserkennung)

Abb. 1: Die sozialen Schaltkreise des Gehirns (nach Rogers und Dawson 2014, S. 24)

Die Ergebnisse der Hirnforschung bei Autismus deuten darauf hin, dass der Prozess der Entwicklung neuronaler Netzwerke fehlerhaft ist und im Ergebnis eine herabgesetzte Aktivierung der beschriebenen Hirnareale und eine mangelhafte Konnektivität vorliegt. Gesichter werden nicht bevorzugt wahrgenommen, was sich in der Inaktivität des für die Gesichterverarbeitung zuständigen Gyrus fusiformis zeigt. Die mangelhafte Konnektivität zwischen den unterschiedlichen Teilen des Gehirns zeigt sich in der Schwierigkeit des Kindes, komplexe Verhaltensweisen auszuführen, besonders, wenn weiter voneinander entfernte Gehirnregionen beteiligt sind. Eine so alltägliche Situation wie der Wunsch des neurotypischen Kleinkindes, den Vater durch eine Zeigegeste für einen vorbeifahrenden Müllwagen zu interessieren, erfordert ein gut abgestimmtes Zusammenspiel verschiedener Gehirnareale. Zudem müssen visuelle Wahrnehmung (das Schauen zum Fahrzeug), Aufmerksamkeit (wechselnd mit der Aufmerksamkeit vom Fahrzeug zum Elternteil) und motorisches Verhalten (Augen- und Handkoordination), Emotion (Ausdruck von Freude oder Interesse) in einer koordinierten Art und Weise ablaufen. Ein Fehlen der neurotypischen Gehirnkonnektivität wird einen starken Effekt auf die Entwicklung dieser komplexen Fähigkeiten haben.

Kinder mit Autismus weisen ein fundamentales Defizit der sozialen Motivation auf (Dawson 2008). Hauptgrund dafür ist das Fehlen der Empfänglichkeit für soziale Belohnung. Dieses Fehlen resultiert aus der Unfähigkeit des jungen Kindes, eine normale Präferenz und Aufmerksamkeit für soziale Informationen zu entwickeln, besonders bezogen auf andere Menschen mit ihren Gesichtern, Stimmen, (Körper-)Gesten und ihren sprachlichen Ausdruck. Das Belohnungszentrum des Gehirns, der Nucleus Accumbens, wird nicht bei geteilter Freude oder Lob aktiviert, sondern reagiert bei selbststimulierenden Verhaltensweisen wie dem Manipulieren von Lichtschaltern oder Türgriffen. In der Frühtherapie geht es darum, durch spezifische Methoden die Sensitivität für soziale Reize zu erhöhen und dadurch die Empfänglichkeit für soziale Belohnung zu erweitern, was wiederum erneut die soziale Aufmerksamkeit und Motivation für soziale Interaktion beim Kind erhöht.

Diese Verhaltensveränderungen bewirken tiefreichende Veränderungen im Gehirn. Bildgebende Verfahren liefern deutliche Hinweise dafür, dass ein interaktionsbasiertes Programm anderen rein lerntheoretischen Programmen überlegen ist. Areale, die an der Gesichtswahrnehmung beteiligt sind, sind nach der Behandlung nicht nur aktiver, sondern weisen sogar ähnliche Muster auf wie bei neurotypischen Vierjährigen (Rogers & Dawson 2014).

Aufbau des ESDM

Das ESDM verbindet in sehr strukturierter Weise verhaltenstherapeutisch ausgerichtete Vorgehensweisen mit interaktionsbasierten Ansätzen wie Relationship Development Intervention (RDI) und Floortime (DIR). Zum Intensivprogramm mit 20 Wochenstunden Förderung für die Kinder gehören noch zusätzlich 5 Beratungsstunden für die Eltern. Dabei ist es ein ganzheitlich ausgerichtetes Förderkonzept, das alle Entwicklungsdomänen einbezieht, die für die Entwicklung eines Kindes mit Autismus wichtig sind: Rezeptive Kommunikation (Sprachverständnis), Expressive Kommunikation (aktive Sprache), Soziale Interaktion, Imitation, Kognition, Spielverhalten, Joint Attention – Geteilte Aufmerksamkeit, Fein- und Grobmotorik, Verhalten und Selbständigkeit.

Zusätzlich zu dem umfassenden Behandlungsansatz und der Evidenz besticht das ESDM durch ein gut strukturiertes Gesamtkonzept, das mit Hilfe umfangreicher Checklisten und Vorschlägen zum Therapiematerial seinen Einsatz für die praktische Anwendung erleichtert.

Assessment, Checklisten, Datenblatt und Zielformulierungen

Zu Beginn einer Förderung nach dem ESDM steht zunächst die Erhebung des Entwicklungsstandes des Kindes, das Assessment. Anhand gut strukturierter, auf vier Leistungsstufen (12–18/18–24/24–36/36–48 Monaten) abgestimmte Checklisten für bis zu 11 Entwicklungsdomänen (s. o.) wird der Entwicklungsstand des Kindes erhoben. Man entscheidet sich zu Beginn zunächst für eine Entwicklungsstufe, es können aber auch je nach Entwicklungsdomäne unterschiedliche Leistungsstufen zugrunde gelegt werden. Während des Assessments wird der beobachtete Entwicklungsstand alle ca. 5 bis 10 Minuten notiert. Das Assessment stützt sich zum einen auf die von den Fachkräften des ESDM durchgeführten Beobachtungen und zum anderen auf die der Eltern bzw. weiterer Bezugspersonen (z. B. pädagogische Kräfte im Kindergarten). Aufgrund dieser Erhebung ergeben sich Fähigkeiten, die schon verlässlich (konsistent) vorhanden sind, andere werden nur teilweise (partiell) gezeigt. Aus den nur partiell vorhandenen Fähigkeiten des Kindes ergeben sich dann die Förderziele. Diese Checklisten werden zur Verlaufskontrolle der Behandlung nach jeweils 12 Wochen erneut eingesetzt und sind von zentraler Bedeutung für die Evaluation der Behandlungsergebnisse.

Für die Förderplanung entwickelt man nun anhand des Assessments durch die Checklisten konkret beschriebene Förderziele, die in einem Datenblatt festgehalten stetig modifiziert werden. Dabei bestimmt man pro

ESDM-Checkliste Leistungsstufe 1

ATZ-Osnabrück

Rezeptive Kommunikation

	Rezeptive Kommunikation	ATZ	Eltern	Andere Code	Beschreibung
1	Kind lokalisiert Herkunft von Lauten und Geräuschen, indem es sich nach deren Quellen umsieht.				Kind zeigt, dass es ein Geräusch bewusst wahrnimmt, indem es Blick und Kopf der Geräuschquelle zuwendet.
2	Blickt bei spielerischen Lauten auf (Prusten, Pfeifen).				Zeigt, dass es ein Geräusch bewusst wahrnimmt, indem es aktiver wird, Blick und Kopf wendet und die Person ansieht.
3	Reagiert auf Stimme, indem es sich nach der betreffenden Person umdreht.				Zeigt, dass es stimmliche Äußerungen bewusst wahrnimmt, indem es Blick und Kopf wendet und die Person ansieht.
4	Blickt auf Abbildungen in Bilderbüchern, auf die ein Erwachsener zeigt.				Kind folgt der Zeigegeste des Erwachsenen mit seinem Blick und/oder einer Geste (z. B. Berühren einer Abbildung).
5	Folgt einer proximalen Zeigegeste (Zielobjekt im Nahbereich), um Gegenstände in Behälter zu geben, ein Puzzleteil an den richtigen Ort etc.				Reagiert auf eine proximale Zeigegeste, indem es in die angezeigte Richtung blickt und den Gegenstand dorthin legt.
6	Blickt auf einen Gegenstand, der ihm mit den Worten „Schau, Bezeichnung" gezeigt wird				Wendet Blick und Kopf in Richtung des genannten Gegenstandes.

1 Rezeptive Kommunikation   Kind _____ Datum _____

Quelle: Rogers Dawson: Frühintervention für Kinder mit Autismus. Bern 2014
Bearbeitet von: Rickert-Bolg Schwetje 2016

Abb. 2: Checkliste »Rezeptive Kommunikation«, Leistungsstufe 1 (nach Rogers & Dawson 2014, S. 293 und 319, in der Überarbeitung von Rickert-Bolg & Schwetje 2016; mit freundlicher Genehmigung von Hogrefe)

Entwicklungsdomäne aufgrund der inkonsistent gezeigten Fähigkeiten zwei bis drei Entwicklungsziele, sodass für ein Kind und alle Entwicklungsdomänen ca. 20 Entwicklungsziele zusammenkommen, die auf einem Datenblatt notiert werden. Zum Erreichen der Ziele werden kleinere Teillernschritte benannt, die sich an verhaltens- und entwicklungspsychologischen Grundlagen, wie der Entwicklung von Blickkontakt und gemeinsamer Aufmerksamkeit, orientieren. Verfolgt man z. B. die Förderung der expressiven Kommunikation, können folgende Lernschritte sinnvoll sein:

»Lernschritte:

- Nimmt gelegentlich Blickkontakt auf, um eine soziale Interaktion fortzusetzen
- Nimmt wiederholt und konsistent Kontakt auf, um eine soziale Interaktion fortzusetzen
- Richtet gelegentlich Blickkontakt mit Lächeln an den Interaktionspartner, um eine soziale Interaktion fortzusetzen
- Richtet wiederholt und konsistent Blickkontakt mit Lächeln an den Interaktionspartner um eine soziale Interaktion fortzusetzen
- Richtet Blickkontakt und Lächeln abwechselnd an den Interaktionspartner und Gegenstand, und zwar zumindest dreimal während einer Aktivität
- Wechselt Blickkontakt und Lächeln während zwei oder drei objektbezogene Spiele mit zumindest zwei Interaktionspartnern, und zumindest dreimal während einer Aktivität« (Rogers & Dawson 2014, S. 120)

Interventionen nach dem ESDM

Räume und Materialien

Für die Interventionen sollte man einen eher reizarmen, gleichwohl freundlich eingerichteten Raum wählen. Arbeitet man in einem großen Raum, sollte es verschiedene Raumzonen für unterschiedliche Aktivitäten geben: für Begrüßung bzw. Verabschiedung (»Hallo-Stuhl«, Garderobenhaken, Schuhmatte), für Tischaktivitäten, Bewegungsspiele und Buchsituationen (Sitz-Sack) etc. Stehen mehrere kleinere Räume zur Verfügung, ist es sinnvoll für verschiedene Aktivitäten unterschiedliche Räume zu wählen.

Die Spielmaterialien sollten sich in geschlossenen Schränken befinden. Einzelne Materialien kann man in verschließbare, transparente Gefäße tun (verschließbare Beutel, Schachteln, Gläser), die vom Erwachsenen geöffnet werden müssen. Höher gelegene Regalbretter eignen sich zur Präsentation von Spielmaterialien, damit das Kind eine natürliche Notwendigkeit erlebt, auf die begehrten Gegenstände zeigen zu müssen bzw. sich gestisch oder sprachlich ausdrücken muss, um auswählen zu können. Sucht man zur Snackpause einen normal hohen Tisch auf, sollte selbstverständlich ein kindgerechter Hochstuhl vorhanden sein.

Inhaltliches Vorgehen

In der Anfangsphase einer Therapie nach dem ESDM geht es darum, für das Kind ein möglichst attraktiver Interaktionspartner zu werden und das Kind positiv emotional in gemeinsame Handlungen einzubeziehen. Die beim Kind entstehende Freude am gemeinsamen Tun ist die Grundlage für den Erfolg aller weiteren Aktivitäten. Durch die beim Kind geweckte intrinsische Motivation werden tiefe Bereiche des »sozialen neuronalen Netzwerks« im kindlichen Gehirn aktiviert und weiter voneinander entfernte Bereiche des Gehirns miteinander verbunden (s. o.). Die Hypothese der Autoren des ESDM ist, dass dadurch eine nachhaltige Veränderung zur neurotypischen Entwicklung des kindlichen Gehirns stattfindet.

Sensorische soziale Routinen

In der darauffolgenden Phase wird das gemeinsame Spiel kontinuierlich weiter ausgearbeitet. Es entsteht mit der Zeit ein pädagogisch aufgewerteter strukturierter Handlungsablauf, in dem dem Kind ca. alle 10 Sekunden eine freudvolle Intervention angeboten wird. Besonders bei sehr jungen Kindern (bis ca. 3 Jahren) stehen die sensorischen sozialen Routinen im Mittelpunkt. Das sind von Bewegung begleitete Kinderreime, Lieder, Sing- und Bewegungsspiele. Sie gehen immer mit einem vom Kind als lustvoll erlebten Körperkontakt einher, indem sich das Kind bspw. im Raum bewegt (»Flugzeug«) bzw. auf dem Schoß »gehopst«, gehalten und aufgefangen (»Hoppe-Hoppe-Reiter«) oder sensorisch stimuliert wird (»Kommt ein Mann die Treppe rauf«). Diese Aktivitäten fördern die *dyadische* Interaktion zwischen zwei Spielpartnern, in deren Zentrum das geteilte gemeinsame Interesse an der Aktivität steht. Der immer gleiche, fast rhythmische Ablauf der Aktivitäten übt eine Art Sog auf das Kind auf, die erwartete Aktivität immer wieder erleben zu wollen. Diese Erwartungshaltung macht es der Bezugsperson allmählich möglich, die vom Kind ersehnte Aktivität etwas hinauszuzögern und damit das Kind in einer produktiven Weise zu irritieren. Dies führt in der Regel dazu, dass die Kinder beginnen, Blickkontakt aufzunehmen, der natürlich von der Bezugsperson mit dem erneuten Aufnehmen der geliebten Aktivität beantwortet und damit verstärkt wird. Die sensorischen sozialen Routinen lassen sich beispielsweise mit Hilfe von Fingerspielen (»Der Daumen schüttelt die Pflaumen«) ebenfalls gut für einfache Imitationsübungen nutzen. Sollte es hierbei notwendig sein, dem Kind Hilfestellungen (Prompts) zu geben, ist es wichtig, diese möglichst rasch wieder abzubauen, damit es die Prompts nicht als Teil der Aktivität erlebt und passiv bleibt.

Objektbezogene Aktivitäten

Objektbezogene Aktivitäten hingegen fördern die *triadische* Interaktion, indem für das Kind interessante Spielmedien wie z. B. Seifenblasen einbezogen werden. Ziel ist es hier beispielsweise, zu üben, den Blick zwischen dem Spielpartner und dem Spielobjekt hin und her wechseln zu lassen, ein Verhalten, das für die spätere soziale Orientierung von grundlegender Wichtigkeit ist, von Kindern im Autismusbereich gleichwohl kaum spontan gezeigt wird. Bei solchen Aktivitäten lernt das Kind außerdem, Dinge herzugeben, zu teilen, herzuzeigen, auf etwas hinzuzeigen, sich abzuwechseln und den Interaktionspartner anzulächeln. Um diese triadische Interaktion auch beim Buchvorlesen für das Kind zu einem interessanten Lernfeld zu machen, wird im Rahmen des ESDM auf die Position des Vorlesers geachtet. Er (der das Buch ausreichend kennen sollte) sitzt dem Kind vis-a-vis oder im 90°-Winkel gegenüber, das Kind hat das Buch vor sich. Während des Vorlesens, Benennens und Zeigens (durch die Bezugsperson oder das Kind) ist das Gesicht der Bezugsperson mit ihrer ausdrucksstarken Mimik für das Kind gut sichtbar. So wird es dem Kind leicht gemacht, mit seinem Blick zwischen dem Objekt (Buch) und der Bezugsperson hin- und herzuwechseln.

Beispielhaft: Förderung der Kommunikation und Zeigefähigkeit

Um das Kind in seiner expressiven, verbalen Kommunikation und zu fördern, wird der

Äußerungsfreude bzw. -häufigkeit eindeutig der Vorrang gegeben vor sprachlicher Korrektheit. Der Interaktionspartner geht feinfühlig auf die lautmalerischen Angebote des Kindes ein und nimmt sie zum Ausgangspunkt weiterer Kommunikationsförderung. Lautiert ein junges Kind etwa wiederholt »ba«, wird seine Bezugsperson Aktivitäten bzw. Gegenstände auswählen und benennen, die das »Ba« des Kindes aufnehmen und variieren, wie zum Beispiel »Ball«, »baden« oder »Banane«, aber auch ein ausdrucksvolles »Bah!« für etwas Ekelhaftes. Alle sprachlichen Angebote werden handlungsbegleitend und damit bedeutungsvoll sowie in einer sehr betonten, ausdrucksstarken, emphatischen Weise dargeboten. Vor allem der Gefühlsinhalt (z. B. Freude) wird »groß gemacht«, um das Gefühlszentrum, das limbische System, im Gehirn des Kindes zu aktivieren, weil dadurch Lerninhalte besser verankert und erinnert werden.

Die Zeigefähigkeit (Hinzeigen mit dem isolierten Zeigefinger auf einen Gegenstand im Sinne von »Schau mal, was ich sehe. Siehst du das auch?«) ist bei einem sich neurotypisch entwickelnden Kind in der Regel im Alter von ca. einem Jahr sicher vorhanden. Kinder aus dem Autismusspektrum verfügen häufig über keine Ansätze von Zeigefähigkeit, da es ihnen nicht bedeutsam erscheint, eine gemeinsame Aufmerksamkeit mit ihrer Bezugsperson herzustellen. Die Zeigefähigkeit zu fördern ist ein wichtiger Baustein bei der Entwicklung der triadischen Interaktion (s. o.). Hierfür bedient sich das ESDM einiger bemerkenswerter Methoden und Strategien. So werden für das Kind interessante Gegenstände mit roten Punkten beklebt und die Kinder mit Hilfestellungen unterstützt, diesen Punkt zu berühren, wenn es den Gegenstand haben will. Eine andere Strategie ist, verschiedene interessante Gegenstände in eine transparente, gut verschlossene Box zu legen und das Kind zu fragen, welchen Gegenstand es haben will, was ein Hinzeigen auf die Stelle der Box, hinter der sich der Gegenstand befindet, provoziert. Weiterhin kann man Spielmedien gut sichtbar, aber nicht vom Kind erreichbar präsentieren (z. B. auf einem hohen Bord). Die Geste des Zeigens wird vom Interaktionspartner ausdrucksstark und verbal emphatisch verstärkt angeboten und das Kind wird anfangs bei der Imitation durch konkrete Hilfestellung unterstützt. Bei allen geschilderten Vorgehensweisen wird darauf geachtet, dass die Prompts rasch wieder abgebaut werden.

Snackpausen und Einräumsituationen als natürliche Interventionssituationen

Snackpausen und Einräumsituationen werden ebenfalls in die Therapiestunden eingebaut. Während der Snackpausen ist es leicht, begehrte Nahrungsmittel als natürliche Verstärker einzubauen und in die Interaktion Möglichkeiten der gestischen, mimischen und lautsprachlichen Imitation einzubauen: ein ausdrucksvoll mit den Lippen geformtes »Mjamm, mjamm, mjamm« oder mit der Handhaltung unterstrichenes »Bah!« für Speisen, die nicht gemocht werden. Einräumsituationen wiederum schaffen einen natürlichen Übergang zwischen den Aktivitäten – und Übergangssituationen fallen Kindern im Autismusbereich in der Regel sehr schwer. Dadurch wir das Konzept der Zukunft eingeführt: »Was wollen wir danach machen?«. Beim Einräumen übt man feinmotorische Fähigkeiten (Behälter öffnen, Dinge reinsortieren) und lernt Kategorien zu bilden (Gleiches zu Gleichem). Der Interaktionspartner wird die Situation nutzen, um die Gegenstände zu benennen, und trägt dadurch zur Erweiterung des Wortschatzes bei. Schließlich gibt er beiden Spielpartnern die Möglichkeiten des Resümierens: »Was haben wir bislang gespielt?«.

Überblickshalber lässt sich das Vorgehen und die Haltung des Interaktionspartners im Rahmen des ESDM folgendermaßen zusammenfassen:

- Das Interesse des Kindes signalisiert den Beginn einer Aktivität.
- Der Interaktionspartner hebt wichtige Aspekte der Aktivität durch Signalwörter und einen positiven Gefühlsausdruck hervor und folgt der Initiative des Kindes in die Aktivität.
- Der Interaktionspartner gestaltet die Aktivität interessant und reziprok (Initiierung abwechselnder Handlungen, Imitation der Handlung des Kindes, Einführen interessanter Effekte); dadurch wird die Aufmerksamkeit und Motivation des Kindes für die Gegenstände und Aktivitäten aufrechterhalten.
- Das Thema des Spieles entwickelt sich durch die Interaktion beider Spielpartner.
- Der Interaktionspartner erweitert und variiert die Aktivität sowie das Thema, verlängert die Aufmerksamkeit und Motivation des Kindes und führt es an neue Fertigkeiten heran.
- Der Interaktionspartner flicht Zielvokabeln in die Aktivität mit ein, entwickelt betont symbolische soziale Aktivitäten (z. B. das Füttern des Teddys während der Snackpause) und hält die reziproken sozialen Aktivitäten aufrecht.
- Ein positives Gefühl durchdringt die Erfahrung des Kindes und des Interaktionspartners.
- Kommunikative Handlungen des Kindes (verbal, nonverbal) kommen häufig vor und erfüllen unterschiedliche pragmatische Funktion (Bitte/Aufforderung, Kommentar, Aufrechterhaltung der Interaktion, Protest, Teilen von Emotionen etc.).

Vermittlung der Frühinterventionstechniken an die Eltern

Die frühe, intensive Förderung der Kinder im Autismusbereich durch spezialisierte Fachleute ist von großer Bedeutung. Mindestens ebenso wichtig ist die Vermittlung der Interventionsleitlinien durch diese Spezialisten an die jeweiligen Eltern. Hier entstehen mit den Kindern in ihrer wachen Zeit die meisten Interaktionsmöglichkeiten, die es zu nutzen gilt. Das Vorgehen des ESDM, die vorgeschlagenen Aktivitäten, die empfohlene Haltung der Erwachsenen – alles ist dazu geeignet, im Alltag der Kinder eingesetzt werden zu können. Den Eltern wird das notwendige Wissen in drei verschiedenen Settings vermittelt: durch Hospitationen während der Therapieeinheiten, durch psychoedukative Elterngruppen und in Einzelberatungssituationen.

Das von den Anwendern in Linz im Rahmen des ESDM entwickelten Elterntraining erstreckt sich beispielsweise über sieben Module (14-tägig, 60–90 Minuten) mit aufgeteilt in die Inhalte: Kennenlernen; Kommunikation und soziale Interaktion (1+2); mit der Diagnose leben; Familientreff; Familienalltag und Selbstständigkeit; Übergang in die Schule. Wichtige Handlungsstrategien für Eltern werden in eingängige »Slogans« zusammengefasst, wie zum Beispiel für die zentralen Inhalte Kommunikation und soziale Interaktion:

1. Weniger ist mehr! (die ideale Lernumgebung schaffen)
2. Misch dich ein – bring Spaß hinein!
3. Schau her! – Zeig hin!
4. Im Spiel lern ich viel!
5. Mach's mir nach!

Komplettiert werden die Vermittlungsmöglichkeiten durch den Elternratgeber aus der ESDM-Autorengruppe (Rogers, Dawson &

Vismara 2016), der die Prinzipien des ESDM gut erklärt und viele Tipps für die Umsetzung im häuslichen Rahmen gibt. Die Leitgedanken werden anschaulich erklärt und den Eltern über Checklisten, Tabellen etc. viele Anregungen für alltagstaugliche Interaktionssituationen gegeben (z. B. Essensituationen, Baden, An- und Ausziehen etc.).

Dabei werden im Wesentlichen gemäß der Ziele des ESDM folgende Grundprinzipien vermittelt:

- Wie können Eltern die Aufmerksamkeit ihres Kindes erregen? (Bedeutung von sozialer Aufmerksamkeit; Wie können Eltern sie fördern?)
- Spaß beim Spielen haben! (Bedeutung von sensorisch-sozialen Routinen; Wie können Eltern den »Spaßquotienten« erhöhen?)
- Wechselseitige Interaktionen entwickeln (Bedeutung des Abwechselns;
    Was können Eltern tun, damit ihr Kind das Abwechseln besser lernt?)
- Die Bedeutung nonverbaler Kommunikation (Warum Körpersprache so wichtig ist; Wie können Eltern die nonverbale Kommunikation ihres Kindes erweitern und ihm helfen, sie bei anderen besser zu verstehen?)
- Die Bedeutung der Imitation (Warum ist sie wichtig? Was kann man tun, um dem Kind das Nachahmen beizubringen?)
- Gemeinsame Aufmerksamkeit fördern (Was Eltern tun können, um die Fähigkeit ihres Kindes zu gemeinsam Aufmerksamkeit zu verbessern.)
- Die Wichtigkeit eines abwechslungsreichen Spiels (Bedeutung für das Lernen; Wie kann man das Eltern-Kind-Spiel mit Spielsachen abwechslungsreicher flexibler und lehrreicher gestalten? Wie können Eltern ihr Kind unterstützen, eigenständig zu spielen?)
- Die Bedeutung des symbolischen Spiels (Wichtigkeit der Fantasie und des So-tun-als-ob-Spiels; Wie kann man die Fertigkeiten des Kindes hier verbessern?)
- Sprachentwicklung (Was können Eltern tun, um das expressive Sprechen und die Sprache ihres Kindes zu fördern? Was kann man tun, damit ihr Kind Sprache leichter versteht?)
- Vermittlung von einigen wichtigen Grundprinzipien des Lernens (angewandte Verhaltensanalyse; ABC-Prinzip)

(Rogers, Dawson & Vismara 2016)

Diskussion zur Adaption des ESDM an die Bedingungen der bundesdeutschen Autismus-Therapiezentren

Das komplette ESDM manualisiert zu übernehmen wird unter den derzeitigen Bedingungen in der Regel nicht umzusetzen sein. Vor allem die Rahmenbedingungen lassen sich nicht übertragen. Die Kosten für die hohe Anzahl der wöchentlichen Therapieeinheiten (im amerikanischen Original: 20 Einheiten, in der Linzer Adaption 5 Einheiten) werden von vielen Kostenträgern der Eingliederungshilfe in Deutschland nicht übernommen. Wäre eine wöchentliche Anzahl von 4 bis 6 Therapieeinheiten in der Frühintervention von Kindern im Autismusbereich sicher wünschenswert, wissen wir aus Erfahrung, dass auch mit einer etwas geringeren Anzahl von Interventionseinheiten Erfolge zu erzielen sind.

Auch ist die Multiprofessionalität der Teams der Autismus-Therapiezentren anders strukturiert. Sie ist weitgefächert, was die nicht medizinischen Professionen angeht, beispielsweise Psychologen, (Sozial-)Pädagogen, Heilpädagogen etc. Bzgl. des medizinischen Know-hows ist man gewohnt, mit den entsprechenden Spezialpraxen vernetzt zu arbeiten.

Die inhaltliche Ausrichtung und Arbeitsweise des ESDM weist jedoch deutliche Parallelen zur Arbeitsweise unserer Autismus-Therapiezentren auf. Es könnte also darum gehen, die eigene Arbeitsweise mit den Impulsen des ESDM weiterzuentwickeln. Hier ist vor allem an die konkreten Techniken zur Förderung der Interaktionsfähigkeit zu denken (Aufmerksamkeitslenkung, Imitation, Zeigefähigkeit, verbale und nonverbale Kommunikation). Eine Verknüpfung erscheint naheliegend, da die therapeutisch-ethische Grundhaltung des ESDM-Ansatzes mit den Leitgedanken der multimodalen Therapiekonzepte der Autismus-Therapiezentren, der ganzheitlichen und beziehungsorientierten Förderung, im Wesentlichen übereinstimmt (Rickert-Bolg 2016).

Der aktuell auf Deutsch erschienene Elternratgeber zum ESDM (Rogers, Dawson & Vismara 2016) gibt viele interessante Impulse für die Elternarbeit in der Frühtherapie und ließe sich mit den in Deutschland verbreiteten Methoden, wie der videogestützten Beratungsmethode MarteMeo (Bünder 2009) sehr gut kombinieren. Videoaufnahmen (während der Anleitungsphasen in der Therapie sowie in häuslichen Situationen) dienen einerseits der Selbstreflexion der Eltern und gewährleisten andererseits den therapeutischen Fachkräften eine realistische Einschätzung interaktioneller Problematiken im familiären Kontext. Der MarteMeo-Methode liegt wie dem ESDM ein entwicklungspsychologisches Konzept zugrunde. Die Methode zeichnet sich zudem dadurch aus, dass durch das Herausgreifen kurzer, gut gelungener Interaktionssequenzen von Eltern-Kind-Videos das förderliche Elternverhalten verstärkt wird. Dieses Vorgehen ist geeignet, die Beratung der Eltern noch stärker zu konkretisieren und zu intensivieren.

Ein wichtiger Impuls für die Arbeit der Autismus-Therapiezentren könnte die ausgeprägte Zielorientierung auf der Basis der ESDM-eigenen Checklisten sein. Diese Listen füllen die Lücke an geeigneten Instrumenten der autismusspezifischen Frühförderdiagnostik im deutschsprachigen Raum. Sie erlauben eine systematische Planung und Überprüfung der Therapieziele und -wirkungen, stellen allerdings hohe Anforderungen an die Praktiker bzgl. Einarbeitung, zeitgleichem Beobachten und Ausfüllen sowie allgemeinem Zeitaufwand. Wie bei allen neuen Methoden wird sich die Aneignung der geforderten Vorgehensweisen allmählich vollziehen.

Der große Vorteil der bundesdeutschen Autismus-Therapiezentren ist die hohe autismusspezifische Fachlichkeit der Mitarbeiter. Das im Manual des ESDM beschriebene kleinschrittige Vorgehen bei der Benennung der einzelnen Lernteilschritte zur Erreichung eines bestimmten Zielverhaltens beim Kind brauchen diese Therapeuten nicht neu zu lernen. Es gehört zu ihrem fachlichen Repertoire.

Vermutlich wird die Einordnung der Bedeutung der Unterstützten Kommunikation (UK), z. B. durch Bildkarten, in der Frühintervention von den Autismus-Therapiezentren anders vorgenommen als von den Autoren des ESDM. Die amerikanischen Autoren raten vom jeglichen Einsatz von UK ab, weil sie in dem jungen Alter der Kinder zunächst ausschließlich die verbale Kommunikation fördern wollen. Falls das im Einzelfall nicht oder nicht ausreichend zum Erfolg führen würde, empfehlen sie, im späteren Alter (ab 4–6 Jahren) die sprachersetzende UK einzusetzen. Hinsichtlich der direkten Sprachförderung lässt sich diese Haltung nachvollziehen, besonders bei sehr jungen Kindern. Die UK wird jedoch nicht nur zur Sprachförderung eingesetzt. Im Sinne des TEACCH-Prinzips (Häußler 2000) kommt ihr eine wichtige weitere Bedeutung zu. Durch eine Leiste mit

Bildkarten, die verschiedene Aktivitäten darstellen, erhält das Kind beispielsweise einen Überblick über eine Zeitspanne (bspw. eine Interventionseinheit/einen Kindergartentag/ einen Spielnachmittag zu Hause). Dadurch erkennt das Kind, was auf es zukommt, erhält Hilfen für die Bewältigung der für es so schwierigen Übergänge, kann auch Wünsche zu »Verhandlungen« anmelden (bspw. zwei Aktivitäten in der Reihenfolge zu tauschen) und lernt nicht zuletzt das Umgehen mit symbolischen Darstellungen. Diese wichtige Strukturierungs- und Visualisierungshilfe sollte man auch jungen Kindern mit Autismus nicht vorenthalten. Sie hat sich vor allem als bedeutsame Hilfestellung im häuslichen Umfeld und im Kindergarten erwiesen.

Auch bezüglich der Altersbeschränkung des ESDM auf maximal vier bis fünf Jahre zeichnet sich eine andere Einschätzung der Autismus-Therapiezentren ab. Für die Kinder im Autismusbereich, die eine deutliche kognitive Einschränkung aufweisen, sind viele der Förderziele und -methoden des ESDM auch über das vierte Lebensjahr hinaus sinnvoll. Hier wäre es dann aber sicherlich notwendig, zum Teil andere Materialien und vermehrt Methoden aus der UK einzubeziehen.

Bei dem Einsatz einer so hochstrukturierten Methode mit hoher Systematisierung und Zielorientiertheit wie dem ESDM wird die Herausforderung darin bestehen, gleichzeitig die individuellen Besonderheiten der Kinder und ihrer Eltern ausreichend zu beachten. Die Erfahrungen mit manchen verhaltenstherapeutischen Intensivverfahren oder dem SMART-Konzept (Wikipedia 2016) im Jugendhilfebereich zeigen die große Gefahr, sich allzu sehr auf für den Klienten wenig relevante, aber gut messbare Entwicklungsaspekte zu konzentrieren. Es wird auf die Erfahrung und die Fachlichkeit der Therapeuten in den Autismus-Therapiezentren ankommen, diese unterschiedlichen Bedarfe in einer ausgeglichenen Balance zu halten.

Literatur

AWMF online: Langfassung der Leitlinie Autismus-Spektrum-Störungen im Kindes-, Jugend- und Erwachsenenalter, Teil 1: Diagnostik; http://www.awmf.org/leitlinien/detail/ll/028-018.html; 26.11.2016

Brisch, K.-H. (2009): Bindungsstörungen. Von der Bindungstheorie zur Therapie. Klett-Cotta, Stuttgart

Bünder, P. et.al. (2009): Lehrbuch der Marte-Meo-Methode. Entwicklungsförderung mit Videounterstützung. Vandenhoek & Ruprecht, Göttingen

Dawson, G. (2008): Early behavior intervention, brain plasticity, and the prevention of autism spektrum disorders. Development and Psychopathology 20(III), 775–803

Döringer, I. (2017): Zur Diskussion der Wirksamkeit von Autismus-Therapien. In: Rittmann, B. & Rickert-Bolg, W. (Hrsg.): Autismus-Therapie in der Praxis (S. 285–294). Kohlhammer, Stuttgart

Häußler, A. (2000): Strukturierung als Hilfe zum Verstehen und Handeln: Die Förderung von Menschen mit Autismus nach dem Vorbild des TEACCH Ansatzes. Lernen konkret, 4, 21–25

Holzinger, D. & Laister, D. (2016): Tagungsunterlagen zum ESDM Workshop in Offenbach.

Holzinger, D. et. al. (2016): Tagungsunterlagen zum ESDM Workshop in Offenbach

Poustka, L., Rühl, D., Feineis-Matthews, S., Poustka, F., Hartung, M. & Bölte, S. (2015): ADOS 2 – Diagnostische Beobachtungsskala für autistische Störungen 2. Hans Huber Verlag, Bern

Rickert-Bolg, W. (2017): Ethische Grundlagen der Autismus-Therapie. In: Rittmann, B. & Rickert-Bolg, W. (Hrsg.): Autismus-Therapie in der Praxis (S. 28–31). Kohlhammer, Stuttgart

Rickert-Bolg, W. & Schwetje, B. (2016): Überarbeitung der Checklisten des ESDM nach

Rogers, S. u. Dawson, G. 2014: interne Arbeitsmaterialien des ATZ Osnabrück

Rittmann, B. (2017): Die Bedeutung verhaltenstherapeutischer Förderung in den Autismus-Therapiezentren. In: Rittmann, B. & Rickert-Bolg, W. (Hrsg.): Autismus-Therapie in der Praxis (S. 58–70). Kohlhammer, Stuttgart

Rogers, S. J. & Dawson, G. (2014): Frühintervention für Kinder mit Autismus. Das Early Start Denver Model. Herausgegeben von Daniel Holzinger. Hogrefe vormals Hans Huber Verlag, Bern

Rogers, S. J., Dawson, G. & Vismara, L. A. (2016): Frühe Förderung für Ihr Kind mit Autismus – das Early Start Denver Model in der Praxis. Junfermann Verlag, Paderborn

Rogers, S. J. & Pennington, B. F. (2001): A theoretical approach to the deficits in infantile autism. Development and Psychopathology, 3, 137–162

Wikipedia: SMART: Spezifisch, Messbar, Aktuell, Realistisch, Terminiert - siehe dazu: https://de.wikipedia.org/wiki/SMART_(Projektmanagement); 04.12.2016

Teil IV
Autismus und Familie

Elternschaft von Kindern mit Autismus-Spektrum-Störung
Innere Hürden, Herausforderungen und Bewältigungsmöglichkeiten

Oliver Eberhardt

Der hier vorliegende Text befasst sich damit, wie Eltern sich innerlich auf die Betreuung und Erziehung eines Kindes aus dem Autismus-Spektrum einstellen. Das Augenmerk liegt darauf, welche inneren Herausforderungen die Eltern hierbei bewältigen müssen.

Es existiert eine Vielfalt von Erscheinungsformen der Autismus-Spektrum-Störung, denn das kognitive Funktionsniveau und die Ausprägung der autismusspezifischen Einschränkungen und Fähigkeiten sind sehr unterschiedlich. Oft hat das Kind andere Interessen und Schwierigkeiten als seine Altersgenossen. Natürlich haben sie auch ähnliche Schwierigkeiten wie Gleichaltrige, jedoch sind diese dann viel stärker ausgeprägt, wie z. B. der Rückzug in der Pubertät. Deshalb beschäftigen sich Eltern von autistischen Kindern überwiegend mit anderen Erziehungsfragen als Eltern von Gleichaltrigen.

Während es zur Elternarbeit in Familien mit psychisch kranken oder geistig behinderten Kindern zahlreiche Veröffentlichungen gibt, finden wir dazu im Bereich Autismus nur wenig. Dies hat einen geschichtlichen Grund, der bis heute zu wirken scheint.

Die Beschreibung von Bruno Bettelheim (1967), der die Eltern als kühl darstellte, löste bei ihnen zunächst einen Schock und dann Widerstand aus. Die Verwendung der Bezeichnung »Kühlschrankmütter« ist allen, die sich schon länger mit Autismus befasst haben, ein Begriff. Es entstand ein Konflikt, bei dem sich viele Eltern autistischer Kinder von Bruno Bettelheim indirekt durch starke Bilder regelrecht bedroht fühlten (Everard 1980; Blohm 1983, S. 97). In vielen Fachbüchern zu Autismus distanzieren sich die Autoren ausdrücklich von der Sichtweise Bettelheims (z. B. Bölte 2009, S. 24).

Die weitreichenden Folgen des Konfliktes sind, dass in der Autismus-Literatur die Elternarbeit nur verkürzt vorkommt, meist in Form von Elterntrainings und Aufklärung über die Diagnose. Obschon die Autismus-Experten Bettelheims Behauptung zurückweisen, behandeln sie die Eltern in ihren Fachbüchern dennoch wie Menschen ohne psychisches Innenleben.

Eltern bringen unterschiedliche Temperamente und Fähigkeiten mit, sich auf das autistische Kind einzustellen und die enorme innerliche Umstellung zu bewältigen. Viele Eltern leisten hier sehr Beeindruckendes, wobei sie auch immer wieder an ihre persönlichen Grenzen kommen.

Hier sollen folgende zentrale Fragen behandelt werden: Wie verarbeiten Eltern, dass sie ein autistisches Kind haben? Wie gelingt es Eltern, sich innerlich auf ihr besonderes Kind einzustellen und eine Bindung zu entwickeln? Welche Schwierigkeiten können bei der Ausübung der Elternschaft auftreten?

David Oppenheim et al. untersuchten die Bindung von Kindern mit der Diagnose aus dem Autismus-Spektrum mit dem »Fremde-Situations-Test«. Die Einfühlsamkeit der Mutter und ihre Fähigkeit zur Verarbeitung der Diagnose ihres Kindes sind die entscheidenden Merkmale, welche die Entwicklung der Bindung der autistischen Kinder an ihre Mutter beeinflussen. Diese richtungsweisende Untersuchung zeigt auf, dass es Mütter mit sehr unterschiedlichen Fähigkeiten gibt, sich auf das autistische Kind einzustellen (Oppenheim et al. 2011, S. 203 ff.).

Wie wachsen Eltern in ihre Elternschaft hinein

Die Beschäftigung mit der Vorstellung, selbst einmal Vater oder Mutter zu sein

Das Thema, später einmal selbst Kinder haben zu können, beschäftigt uns schon in unserer Kindheit. In vielen Rollenspielen bei Kindern ab dem 2. Lebensjahr kommt das Vater-Mutter-Kind-Spiel vor. Viele Mädchen beginnen sich mit ihren Müttern zu identifizieren, indem sie eine Puppe auf den Arm nehmen. Im Rollenspiel zeigt sich das Bedürfnis von Kindern, selbst einmal die führende und wissende Person zu sein, die anderen etwas beibringt und jemand anderen umsorgen und beschützen kann. Erste Anlagen können also in frühen Identifikationsprozessen mit der eigenen Mutter entstehen, die noch zahlreiche Wandlungen, besonders in der Pubertät, erfahren (Brazelton et al. 1991, S. 19 ff.).

Erwachsene, die einen Kinderwunsch haben, verbinden mit der Vorstellung, ein Kind zu haben, meist ein angenehmes Bild. Die Geburt eines Kindes wird von vielen Frauen als Beweis für ihre körperliche Gesundheit und ihre damit verbundenen spezifischen Möglichkeiten als Frau angesehen. Ihr Körper ist zu all dem im Stande, wofür er von der Natur aus angelegt ist. Dies ist jedoch für viele Frauen so selbstverständlich, dass sie erst darüber nachdenken, wenn sie selbst oder jemand aus dem näheren Umfeld in diesem Prozess beeinträchtigt ist. Für Frauen kann es belastend sein, wenn sie aus organischen Gründen kein Kind bekommen können oder dies nur schwer möglich ist.

Der Wunsch, ein Kind einmal besonders gut zu verstehen, da man es von Geburt an kennt und eine besondere Bedeutung für dieses Kind erlangt, ist ein Bedürfnis von vielen Eltern. Wie gut Eltern ihr Kind und seine Beweggründe verstehen, hat eine große Bedeutung für Eltern und ihr Selbstwertgefühl und ihr Selbstbild. Auch von Seiten der Gesellschaft bestehen Ansprüche, dass die Eltern wissen, was mit ihrem Kind los ist. Dies wiederum verstärkt die Ansprüche der Eltern an sich selbst.

Eltern wollen sich in ihren Kindern wiederfinden. Hier sollen Züge der eigenen Person, jedoch auch der eigenen Familie wiedergefunden werden. Hierzu zählen das äußere Erscheinungsbild, sowie das Temperament oder Vorlieben und Werte.

Eltern sind meistens in ihrem Leben schon so weit fortgeschritten, dass sie sich in festgelegten Bahnen befinden. Die äußeren Beschränkungen, die eine Familie mit sich bringt, verstärkt diese Tendenz, die eingeschlagene Richtung weiter zu verfolgen und auf diesem Weg seinen Erfolg zu suchen. Für Eltern, die gerade dabei sind, sich immer weiter festzulegen, weckt das Kind, dem noch viele Möglichkeiten offenstehen, Fantasien, was aus ihm einmal werden könnte. Oft werden hierbei eigene Wünsche mobilisiert, die von eigenen, nicht ausgelebten Potenzialen oder aber von eigenen Schwächen herrühren (a. a. O., S. 23 f.).

Die Eltern eines autistischen Kindes müssen schon sehr früh von diesen Wünschen Abstand nehmen.

Während der Schwangerschaft erlebt die Mutter sehr starke physische Veränderungen, indem ihr Körper die Versorgung für den sich entwickelnden Fötus übernimmt. Zeitgleich beginnen sich die meisten Mütter innerlich auf ihren Säugling einzustellen und sie entwickeln Vorstellungen, wie das Kind später einmal sein könnte, wie sie selbst als Mutter einmal sein möchte und wie sie als Familie zusammenleben wollen. Zwischen dem 4. und 7. Monat nehmen diese Fantasien bei den Müttern zu, denn hier spürt die

Mutter den Säugling, der von innen gegen den Bauch tritt. Schon dieser Tritt wird von den Müttern sehr unterschiedlich interpretiert. »Der möchte wohl schon raus und kann es nicht abwarten« oder »Der wird immer lebendig bei Musik, die mag er wohl besonders gerne.« Durch die Fantasien stellen sich die Mütter innerlich schon auf das zur Welt kommende Kind und auf den Modus des Mutterseins ein. Zum Ende der Schwangerschaft nehmen die oben beschriebenen Fantasien bei den meisten Müttern ab, vermutlich um sich besser auf das real zur Welt kommende Kind einstellen zu können (Stern et al. 2002, S. 37 ff.).

Die Geburt

Die Geburt ist für Mutter und Kind nicht nur physisch, sondern auch psychisch eine extreme Erfahrung. Hier ist die Mutter überwiegend dem körperlich biologisch dominierten Geburtsvorgang ausgesetzt, der mit dem Willen wenig beeinflussbar ist. Die extremen Schmerzen sowie die begleitenden Ängste, ob sie selbst die Geburt aushält und überlebt sowie ob ihr Kind überlebt, tauchen häufig bei Müttern auf. In dieser Situation, in der die Mütter so ausgeliefert sind, richtet sich große Hoffnung auf die Ärzte, Hebammen und Krankenschwestern (a. a. O., S. 63 ff.).

Kommt es zu Komplikationen bei der Geburt und wird im Laufe der Entwicklung eine Verzögerung beim Kind festgestellt, fragen sich viele Eltern, ob hier eine entscheidende Schädigung des Kindes passiert ist und ob diese hätte verhindert werden können.

Das erschwerte Hineinwachsen in die Elternrolle

Das Kind ist nach der Geburt für viele Eltern zunächst einmal faszinierend und bei den meisten Eltern entwickelt sich sehr schnell eine starke Zuneigung zum Kind. Gleichzeitig ist es noch fremd und sie müssen erst noch herausfinden, wie sie es anfassen können, was es als angenehm empfindet, wogegen es sich sträubt und wie sein Temperament ist. Wie gelingt es ihnen und ihrem Kind gut zusammenzuarbeiten? Hier richten die Eltern ihre ganze Wahrnehmung auf das Kind aus, um es möglichst genau kennenzulernen und eine enge Bindung zum Kind aufzubauen (a. a. O.).

Oft ist dieser Prozess, sich als kompetente Eltern gegenüber ihrem Säugling zu fühlen, bei Eltern von autistischen Kindern erschwert. Wie ich aus Erzählungen erfuhr, waren die Säuglinge häufig äußerst irritierbar oder sehr selbstgenügsam, jedoch wenig reaktiv (siehe auch Bölte 2009, S. 76 f.). Sehr irritierbare Säuglinge, die meist viel schreien, nähren bei den Eltern eher die Selbstzweifel, ihr Kind ausreichend gut zu verstehen. Es ist oft sehr schwer, einen festen Schlaf-Wachrhythmus zu etablieren. Die besonders ruhigen und unkomplizierten Kinder können bei Eltern Zweifel auslösen, ob sie persönlich wichtig für das Kind sind. Einige Eltern hatten schon sehr früh das Gefühl, ihre Kinder sähen sie zwar, nähmen sie jedoch als Mutter oder Vater nicht richtig wahr.

Bei vielen dieser Eltern-Kind-Paare ist die Phase des intensiven »Sich-Anschauens«, des sich »In-den-Augen-des-anderen-Verlierens« reduziert oder bleibt fast ganz aus. Gerade das Interesse des Säuglings am Gesicht, insbesondere an den Augen der Mutter, sowie das Erforschen ihrer Gesichtszüge, gibt der Mutter das Gefühl, bedeutend für ihn zu werden. Die Reaktion des Säuglings auf ihre sich veränderte Mimik gibt der Mutter ein grundlegendes Gefühl von Selbstwirksamkeit. Zudem stellt sich eine Vertrautheit zwischen Mutter und Kind ein, da die Mutter langsam erfährt, wie sehr sie ihr Kind stimulieren kann, wie sie ihr Kind überraschen oder beruhigen kann. Gerade dieser Prozess ist vermutlich bei vielen Eltern-Kind-Paaren mit einem autistischen Kind nicht so stark ausgeprägt und hinterlässt bei einigen Eltern

Zweifel, wie sehr sie sich vom Kind gesehen fühlen. Diese Eltern spüren, dass ihr Kind nicht in der Lage ist, sich so sehr mit ihnen zu identifizieren. Dies wiederum kann die Identifikation der Eltern mit ihrem Kind erschweren.

Ein Sonderfall sind Kinder, die zu früh geboren werden. Sie müssen in den ersten Wochen in einem Brutkasten, angeschlossen an viele intensivmedizinische Gerätschaften, aufwachsen. Für Eltern bedeutet dies, dass sie sich in der ersten Zeit als nicht bedeutsam für das Überleben ihres Kindes erleben. Stattdessen ist das Kind auf die Versorgung durch Ärzte und Krankenschwestern angewiesen. Selbst wenn die Eltern zum Kind Kontakt aufnehmen können, erleben sie sich gegenüber den Krankenschwestern als unsicher und vielleicht auch als unbeholfen, wie sie mit dem besonders empfindlichen Kind richtig umgehen können. Eine erste Verunsicherung der Eltern, da sie sich gegenüber ihrem Kind als nicht wirksam und hilfreich erleben, kann entstehen (Stern et al. 2002, S. 204 ff.). Berücksichtigen wir noch, dass in dieser Zeit, in der die Eltern so wenig Einfluss auf das Gedeihen ihres Kindes haben, untergründig bei vielen Eltern die Befürchtung besteht, ihr Kind könnte nicht überleben. Diese Eltern befinden sich in einer emotionalen Extremsituation. Das gleichzeitige Auftauchen von Ohnmachtsgefühlen und Ängsten um das Überleben ihres Kindes ist emotional sehr belastend und kann bei einigen dieser Eltern immer wieder im Laufe der Entwicklung des Kindes auftauchen.

Besonders intensiv erfuhr ich diese Ängste bei einigen Eltern, die ihr Kind zum ersten Mal bei einer Ferienfahrt speziell für Kinder mit Handicap mitfahren ließen. Da genau hier die Eltern die Kontrolle abgaben, kamen intensive Ängste auf. Die Sorgen der Eltern zeigten sich bereits vor der Reise in zahlreichen Telefonaten mit mir als damaligem Leiter und während der Reise, indem sie täglich mit den Betreuern oder ihren Kindern telefonierten. Nach der Ferienfahrt sagten sie mir, dass sie sich nicht hatten erholen können und froh seien, ihr Kind wieder gesund bei sich zu haben. Bei einem Teil dieser Eltern war ein grundlegendes Vertrauen in die anderen schwer beschädigt und frühere Ängste tauchten wieder auf.

Für Eltern ist in den ersten Lebensjahren die Nahrungsaufnahme und das körperliche Gedeihen ihres Kindes eine zentrale Aufgabe. Gerade bei Kindern, die hochsensibel und leicht irritierbar sind, ist dies ein oft sehr schwieriges Unterfangen, da die Aufmerksamkeitsspanne des Kindes verkürzt oder instabil ist.

Eine Mutter erzählte, dass ihre sehr zarte Tochter im Säuglingsalter anstatt der vom Arzt vorgeschriebenen Menge von 210 ml trotz ihrer großen Anstrengung nur 75 ml getrunken habe. Sie hätte alles versucht, damit ihre Tochter mehr trank, da bei einem weiteren Gewichtsstillstand ein Klinikaufenthalt drohte. Um dies zu verhindern, vergrößerte die Mutter das Loch des Saugers und versuchte immer wieder, ob ihre Tochter nicht doch ein Schluck trinken würde. Die Mutter hatte sich große Sorgen um das Gedeihen ihrer Tochter gemacht, wobei sie sich ohne Einfluss fühlte. Immer wieder tauchten diese Gefühle in späteren Lebensphasen bei der Mutter gegenüber ihrer Tochter auf.

Haben Eltern trotz aller Schwierigkeiten einen Weg gefunden, lässt das autistische Kind ihnen in ihrem Handeln oft nur einen sehr geringen Spielraum. Eltern berichteten, dass ihr Kind nur ein bestimmtes Glas Babynahrung einer bestimmten Marke mit einem bestimmten Löffel nur von einer Seite aus angereicht gegessen habe. Unschwer zu erkennen ist, dass dies Folgen für die Beziehung von Eltern zu ihrem Kind und für das Selbstbild der Eltern haben kann. Manchmal setzte sich ein solches Muster fort und die Eltern bekommen das anhaltende Gefühl, sich sehr einschränken und anpassen zu müssen, um mit ihrem Kind harmonisch zusammenleben zu können.

Ein anderes Muster, das häufig bei Eltern auftaucht, ist das Gefühl, ihr Kind immer anregen zu müssen, da von ihm aus so wenig Initiative kommt. Vermutlich vermissen diese Eltern, selbst einmal von dem Kind zu einem Spiel verführt worden zu sein. Dies mag sich zunächst etwas banal anhören und manche Eltern werden denken, ob sie oder das Kind die Initiative ergreifen, sei doch eigentlich egal. Wenn Eltern von ihrem Kind durch ein Lächeln oder eine Geste oder mit Worten zum Spielen verführt werden, zeigt dies, dass sie als Mutter oder als Vater für das Kind so interessant sind, dass es von sich aus ohne Not einen engen vertrauensvollen Kontakt zu ihnen sucht. Für viele Eltern ist es wichtig, nicht nur aufgrund ihrer Elternfunktion, des Schutzes und der Versorgung für ihr Kind bedeutsam zu sein, sondern auch aufgrund ihrer Persönlichkeit.

Verarbeitung der Diagnose

Die Übermittlung der Diagnose einer autistischen Störung wird von Eltern aufgrund des eingangs beschriebenen sehr weit gefassten Spektrums sehr unterschiedlich verarbeitet. Der Zeitpunkt, wann bei ihrem Kind die Diagnose gestellt wird, spielt eine entscheidende Rolle für die Verarbeitung. Vorwiegend bei Eltern sehr junger Kinder kann diese Diagnose eine Enttäuschung ihrer bis dahin meist unbewussten Wünsche und Vorstellungen hervorrufen, denn die bisher vorgestellten Entwicklungsmöglichkeiten ihres Kindes sehen plötzlich anders aus. »Wer erfährt, welche Schwierigkeiten sein Kind haben wird, kann sich dieses Baby nicht mehr als Vorschüler, als Jugendlichen, als Erwachsenen, als Vater oder Mutter oder als jemanden vorstellen, der im Alter für einen sorgt« (Stern et al. 2002, S. 193). »Man verliert in einem solchen Augenblick nicht nur sein ideales Baby, sondern auch, und das ist wichtiger, die Freiheit, sich die Zukunft des Babys und der Familie vorzustellen« (a. a. O., S. 194).

Erika Schuchardt zeigt mit ihrem Modell der Verarbeitungsspirale einen Versuch auf, wie Eltern die Diagnose einer Behinderung verarbeiten. Die erste Phase ist die Ungewissheit, in der sich die Eltern fragen, was mit ihrem Kind los ist. Nach der Verkündung und Annahme der Diagnose erfolgt die zweite Phase, die der Gewissheit, in der die rationale Seite in den Eltern sagt »Ja, mein Kind ist autistisch« und die emotionale Seite sagt »Aber das kann doch nicht sein.« Die dritte Phase, die der Aggressionen, ist von Fragen geprägt: »Weshalb ist ausgerechnet mein Kind davon betroffen?«, »Weshalb hat es mich als Mutter oder uns als Familie so getroffen?« Gerade die Phase der Aggression sei die schwierigste Phase, da diese in eine tiefe Krise führen kann, in der die Sinnhaftigkeit des eigenen Lebens infrage gestellt wird. In der vierten Phase, die Schuchardt die Phase der Verhandlung nennt, kommen bei den Eltern Gedanken hoch: »Wenn mein Kind eine autistische Störung hat, dann muss sie doch behandelbar, heilbar sein oder zumindest abgemildert werden können.« Hier beginnt die intensive Suche nach den erfolgversprechendsten Behandlungsmethoden. Die fünfte Phase ist die der Depression, bei der die Frage »Wozu das alles?« im Mittelpunkt steht. Hier setzt Trauer über das gewünschte gesunde Kind, was nicht gekommen ist, ein und ebenso wird betrauert, was in Zukunft vermutlich noch aufgegeben werden muss. Die sechste Phase ist die Phase der Annahme, in der das innere Augenmerk der Eltern darauf liegt, was von ihren Hoffnungen noch vorhanden ist und wie sie damit umgehen können. Daraus entwickelt sich die siebte Phase, die der Aktivität. Zentrale Beweggründe sind hier: »Was kann ich tun, damit wir es besser haben?« Die achte Phase der Solidarität zeigt sich unter anderem in dem Zusammenschluss von Eltern in Selbsthilfegruppen, wie bei Autismus beispielsweise in den regionalen Vereinen des Bundesverbands Autismus Deutschland, die auf lokaler und überregionaler Ebene für die Gleichstellung von Menschen mit Autismus eintreten (Schuchardt 1994, S. 29 ff.).

Schuchardts Phasenmodell ist sehr flexibel, indem die Reihenfolge der Phasen variieren kann und auch mehrere Phasen gleichzeitig auftreten können. Das Modell berücksichtigt jedoch nicht, dass Eltern mit einer eigenen familiären Geschichte und bereits vorhandenen moralischen Einstellungen in die Situation kommen. Ferner haben Eltern unterschiedliche Temperamente und psychische Fähigkeiten (Hackenberg 2008, S. 59 ff.). Problematisch sei das von außen kommende Annahmepostulat anzusehen, das Eltern quasi verpflichtet, die Behinderung annehmen zu müssen. Die Ambivalenz unterschiedlicher Gefühle gegenüber dem Kind müsse für Eltern zulässig sein (a. a. O., S. 61).

Oft löst die Diagnose negative Gefühle bei den Eltern aus, die sich bis hin zu einer Krise entwickeln können. Viele Eltern wollen es zunächst nicht wahrhaben, dass ihr Kind eine Behinderung hat (a. a. O., S. 44 ff.). Es werden Beweise gesucht, weshalb ihr Kind doch nicht autistisch sein könne. Oft würde es doch lächeln und sie dabei anschauen, hörte ich von einer Familie. Eine Familie sah die Schuld am Misslingen von Freundschaften oft mehr bei den anderen und weniger bei ihrem Sohn.

Andere Eltern von Kindern im Schulalter zeigen sich zunächst sehr erleichtert, wenn ihnen die Diagnose mitgeteilt wird, da sie nun wissen, was mit ihrem Sohn oder ihrer Tochter los ist, und das lange Suchen nach den Ursachen und einer treffenden Diagnose nun ein Ende hat. Endlich haben sie eine Erklärung für das oft seltsame Verhalten ihrer Kinder und die Eltern fühlen sich entlastet, da sie in der Vergangenheit oft befremdlich von Außenstehenden angeschaut wurden, wenn ihr Kind mal wieder aus der Rolle gefallen ist.

Die Schuld für das seltsame Verhalten ihres Kindes, welche ihnen die anderen mit ihren Blicken zuschrieben oder mit offenen Anfeindungen entgegengebracht haben, erweist sich als ungerechtfertigt.

Erschwerend für die Verarbeitung der Diagnose kommt für die Eltern von autistischen Kindern hinzu, dass die Prognose wie die Entwicklungsmöglichkeiten des Kindes oft unklar sind. Durch die Darstellung der Medien, welche gerne die extremen Entwicklungsmöglichkeiten aufzeigen – das Genie oder das abgekapselte, schwer erreichbare, zwanghafte Kind mit Autismus –, werden bei den Eltern Hoffnungen und Ängste gleichermaßen geschürt.

Durch die Diagnose sind die Eltern nun plötzlich Eltern eines autistischen Kindes, das heißt, sie müssen diese Tatsache in ihr Selbstbild integrieren. Sie haben sich selbst z. B. als liebevolle und selbstständige Mütter und beruflich aktive und familienorientierte Väter das Leben anders vorgestellt. Nun ist klar: Die autistischen Besonderheiten ihres Kindes können sie in ihren vorgestellten Möglichkeiten einschränken und oft werden sie auf Hilfe und Unterstützung angewiesen sein. Die Energie und der Zeitaufwand, den die Eltern für ihr Kind mit Autismus dauerhaft einsetzen müssen, sind wesentlich höher. Eigene Bedürfnisse müssen meistens stärker und länger als bei neurotypischen Kindern zurückgestellt werden. Viele Eltern müssen ihr Leben ganz auf das autistische Kind einstellen. Dies führt bei den meisten Eltern zu Enttäuschung und Erschöpfung, denn oft müssen sie persönliche Lebenspläne einschränken oder ganz verwerfen. Ferner gehören sie jetzt der Randgruppe der Eltern mit einem autistischen Kind an.

Bei manchen Eltern tauchen erstaunlicherweise keine Gefühle von Enttäuschung und Wut über ihre Situation auf. Manche von ihnen neigen dazu, das besondere Kind zu idealisieren. Sie stellen ihre eigenen Bedürfnisse sowie die der anderen Familienmitglieder zurück. Einige Eltern wehren ihre Enttäuschung und ihre Wut über die Situation und das Kind ab, zum Teil vermutlich auch, weil von ihnen gesellschaftlich im besonderem Maße Geduld und rücksichtsvolles Verhalten erwartet wird.

Sich auf das besondere Kind einstellen und Hürden überwinden

Als eine Mutter ihren 5-jährigen Sohn von der Therapie abholte, zeigte sie gegenüber ihrem Sohn mit frühkindlichem Autismus deutlich ihren Wunsch, begrüßt und als emotional wichtige Bindungsperson wahrgenommen zu werden. Im Wartebereich sitzend zeigt sie eine freudig hoffnungsvolle Haltung. Ihre ganze Aufmerksamkeit war auf ihren zurückkommenden Sohn ausgerichtet und sie verfolgte ihn und seine Aufmerksamkeitsausrichtung genau. Allmählich versuchte sie ihren näherkommenden Sohn durch das Rufen seines Namens und mit Gesten auf sich aufmerksam zu machen. Ohne sie anzuschauen, ging er an ihr vorbei zu einer Türe und untersuchte diese intensiv. Der Mutter war die Enttäuschung deutlich anzumerken, da sie trotz ihrer Bemühungen von ihrem Sohn nicht beachtet wurde. Diese Kränkung erschwerte es ihr, sich auf seine Welt der Türen und Schlösser einzulassen.

Für einige Eltern ist es schwierig, sich auf die oft sehr ungewöhnlichen Interessen und Vorlieben ihrer Kinder einzustellen. Gerade das besonders intensive Interesse an für andere meist bedeutungslosen Gegenständen und Sachverhalten ist oft schwer nachzuvollziehen. Den Wunsch von Eltern, ihre Kinder mögen doch altersgemäßen Spielen nachgehen, höre ich in Elterngesprächen immer wieder. In der Arbeit mit den Eltern ist es jedoch wichtig, den Eltern zu vermitteln, wie entwicklungsfördernd es ist, sich auf die Perspektive des Kindes einzulassen.

Besondere Herausforderungen in der Erziehung

Eine besondere Herausforderung, vor der Eltern von Kindern mit einer autistischen Störung stehen, ist, dass das kognitive und das emotionale Entwicklungsalter der Kinder meist weit auseinanderklafft. Das bedeutet für die Eltern, dass sie immer das momentane emotionale Entwicklungsalter des Kindes und die situativen Schwankungen berücksichtigen müssen.

Wie erziehe ich mein autistisches Kind denn richtig?

Oft ist es die fehlende Vergleichbarkeit mit Gleichaltrigen, die bei den Eltern zu schlechterer Orientierung und Verunsicherung führt. Übliche Anforderungen an das Kind oder den Jugendlichen, wie z. B. »Wann ist das Kind in der Lage, alleine den Schulweg zu bewältigen?«, weichen oft erheblich von den Fähigkeiten der Gleichaltrigen ab. Viele Anforderungen sind stärker an den Möglichkeiten des einzelnen Kindes orientiert, das heißt, sie sind individuell von den Eltern nach bestem Wissen und Gewissen entwickelt worden. Oft verbindet dieses enge, auf das Kind abgestimmte Vorgehen die Eltern stärker mit ihrer Erziehungshaltung. Von anderen gut gemeinte Erziehungsratschläge werden deshalb oft als verletzend erlebt.

Ängste beschämt zu werden

Ängste, in der Erziehung etwas falsch zu machen, tauchen bei vielen Eltern auf. Bei Eltern von Kindern mit Autismus sind sie jedoch häufiger, da sie ihre Erziehungsmaßnahmen sehr persönlich entwickelt haben. Kinder mit einer autistischen Störung ziehen oft durch ihr auffälliges und manchmal unangemessenes Verhalten die Aufmerksamkeit der anderen auf sich und ihre Eltern. Meistens ist dies den Eltern unangenehm, denn sie fühlen ihre Erziehung durch die Blicke der anderen in Frage gestellt, wollen und können sich jedoch nicht in jeder Situation für ihr wohlüberlegtes Verhalten rechtfertigen. Mit dieser sehr belastenden und äußerst schwierigen Situation gehen Eltern sehr unterschiedlich um. Während es für einige Eltern so unangenehm ist, dass sie es vermeiden, sich mit ihren Kindern in der Öffentlichkeit zu zeigen, um den Blicken der anderen nicht ausgesetzt zu sein, gehen andere in die Offensive.

> *Die Mutter eines 5-jährigen, sehr leicht irritierbaren Jungen berichtete, dass ihr Sohn ununterbrochen schrie, als er an Masern erkrankt war. Er ließ sich nicht mehr von ihr beruhigen. Er schrie und schrie und schrie. Als die Polizei, die von den Nachbarn angerufen wurde, klingelte und sich nach der Situation erkundigte, war die Mutter zunächst erschrocken. Jedoch schilderte sie dem Polizisten die Situation: Die Familie hätte einen behinderten Sohn, der von ihnen trotz all ihrer Bemühungen nicht mehr zu beruhigen sei. Sie schlug dem Polizisten vor, er könne versuchen, ihren Sohn zu beruhigen.*

Verbundenheit und Individuation

Eltern haben eine meist unbewusste Erwartungshaltung, wie ihr Kind einmal aussehen möge und wie es sich verhalten werde. Uns werden diese Erwartungshaltungen erst bewusst, wenn sie grob verletzt werden. Eltern erwarten nicht, dass ihr Kind z. B. mit elf Fingern auf die Welt kommt. Genau so erwarten sie nicht, dass ihr Kind andere später einmal in der Begrüßungssituation ignorieren wird. Unsere Erwartungshaltung, wie sich das Kind gegenüber uns verhalten möge, ist für uns nicht leicht zugänglich, da wir unser implizites Beziehungswissen in der frühen Kindheit erworben haben und laufend verbessern, wobei dieser Prozess nur zum geringeren Teil ins Bewusstsein gelangt. Deshalb ist es für uns meistens selbstverständlich, dass wir nicht Gesagtes wie Mimik und Körpersprache lesen und verstehen können.

Lässt sich ihr Kind von Beginn an nur schwer verstehen und beeinflussen, verunsichert dies die Eltern. Ihre Selbstwirksamkeit als Eltern ist belastet und prägt ihr Selbstbild von sich als Eltern ganz spezifisch.

Eltern werden durch eine sehr reduzierte Mimik des Säuglings emotional wenig angesprochen. Infolgedessen bleiben einige Eltern in ihren mimischen Ausdrucksfähigkeiten hinter ihren Möglichkeiten und die sonst recht lustvolle Kommunikation zwischen Eltern und Säugling gestaltet sich weniger lebhaft. Starke gemeinsame emotionale Erlebnisse dieser Art bleiben oft aus und hinterlassen eine Lücke.

Vielen Eltern gelingt es durch langes Forschen, die oft spärlichen Signale des Kindes mit einer autistischen Störung zu deuten und kleine körperliche Veränderungen in der Körperhaltung richtig zu interpretieren. Diese Eltern erkennen die Zustandsveränderungen ihres Kindes früher als es selbst – und das oft bis ins Erwachsenenalter. Auf dieser

Ebene entwickeln Eltern oft unter großer innerer Anstrengung eine sehr enge Verbundenheit und ein starkes Verantwortungsgefühl für ihr Kind. Sie fragen sich, inwieweit es zu verantworten ist, ihr Kind trotz der für sie erkennbaren Gefahren alleine zu lassen.

Entwicklung von Autonomie

Sich von einem so verletzlichen und oft nicht wehrhaften autistischen Kind zu trennen, ist oft eine Herausforderung für Eltern, gerade wenn die Kinder die Ereignisse und Konflikte nicht oder nur begrenzt schildern können. Oft erkennen die Kinder und Jugendlichen nicht ihre eigenen Anteile am Konfliktgeschehen. Besonders wenn Eltern sich sehr engagiert haben, um die Verbindung zu ihrem autistischen Kind herzustellen, fällt es schwer, den Kindern Eigenständigkeit zuzumuten, denn oft kommt der Impuls der Kinder nicht oder deutlich schwächer, etwas selbst tun zu wollen. Gerade diesen Kindern etwas zuzutrauen ist oft für manche Eltern schwierig, da sie etwas aufgeben mussten um diese Verbundenheit zu erreichen. Wenn sie ihr Kind gegen dessen Willen wegschicken, tauchen bei vielen Eltern Zweifel auf, ob sie herzlos seien oder ihr Kind nun überfordern würden.

Deutlich wird es, wie schwierig dieser Prozess bei einem autistischen Kind sein kann, wenn ein übliches Bild vom Individuationsprozess verwendet wird. Das Kind geht alleine in den Wald, um dann stolz zurückzukehren und den Eltern seine Funde zu zeigen. Das Zutrauen in das Kind zu entwickeln, dass es seine eigenen Ängste steuern, Gefahren erkennen und bewältigen sowie die Orientierung behalten kann, fällt Eltern von Kindern, die damit ihre Schwierigkeiten haben, besonders schwer. Für das Kind beinhaltet dies, den inneren Wunsch zu haben, zurückzukehren und an die Beziehung wiederanzuknüpfen, sowie das Verlangen, über die Erlebnisse im Wald zu berichten. Beim Aufzählen dieser Anforderungen ist deutlich, dass die Kinder oft nur mit Unterstützung der Eltern autonome Schritte bewältigen können. Eltern müssen hier zunächst aktiver sein, um Vertrauen aufbauen zu können und sich in einer späteren Phase zurücknehmen zu können.

Vorpubertät und Pubertät

In dieser Phase steht die Entwicklung des Vertrauens von den Eltern zu ihrem Kind im Mittelpunkt. Das Kind entscheidet zunehmend selbst, ob es Erlebnisse für sich behalten oder diese mit ihren Eltern teilen möchte. Manche Kinder im mittleren Alter ziehen sich von ihren Eltern sehr stark zurück. Sie ertragen ihre Eltern und deren Worte kaum, während sie mit einigen Gleichaltrigen oft ganz gut auskommen. Dies ist für die Eltern oft schwer verständlich, da sie sich oft sehr für das Kind eingesetzt haben. Sie möchten an dem Leben ihrer Kinder teilhaben und fühlen sich radikal ausgeschlossen. Ferner verschwindet das bei Kindern mit Autismus ohnehin schon sehr reduzierte Bedürfnis, ihren Eltern etwas zu erzählen und somit im Nachhinein zu teilen, fast ganz. Dies kann intensive Gefühle bei den Eltern auslösen, wie Ohnmacht, Wut oder das Gefühl, bedeutungslos für das Kind zu sein. Es ist für die meisten Eltern sehr belastend, wenn sie von ihrem Kind über längere Zeit als störend empfunden werden.

Schicksal oder Herausforderung?

Wie weit passen sich die Eltern dem Kind/dem Jugendlichen mit einer autistischen Störung an und wie weit kann sich das Kind/der Jugendliche an die Bedürfnisse der Familie anpassen?

Hier liegt eine zentrale Frage, die für das Familienklima von entscheidender Bedeutung ist. Gelingt es der Familie trotz Einschränkungen und eventuellen Belastungen, die das Kind mit einer autistischen Störung mit sich bringt, eine unter diesen Umständen bestmögliche Situation für alle Familienmitglieder zu finden?

Können die Eltern diese Aufgabe als Herausforderung annehmen, gelingt es ihnen vermutlich häufiger, immer wieder nach einer bestmöglichen Situation für alle Familienmitglieder zu suchen. Hier kann eher ein Familienklima entstehen, in dem die Belastung der einzelnen Familienmitglieder anerkannt und sich gegenseitig unterstützt wird.

Gelingt ihnen dies nicht, empfinden die Eltern die familiäre Situation eher als Schicksalsschlag, an dem sie wenig ändern können. Viele Eltern werden immer wieder zwischen diesen Positionen hin- und herpendeln. Haben Eltern jedoch immer häufiger das Gefühl, das Zusammenleben mit ihrem autistischen Kind sei ein unveränderlicher Schicksalsschlag, kommt es zu einem für alle sehr stark belastenden Familienklima, das oft von gegenseitigen Vorhaltungen und Vereinzelung geprägt ist (Hackenberg 2008, S. 101 ff.).

Schlussbemerkung

Ziel meiner Darstellung war es, die komplexen inneren Prozesse aufzuzeigen, welche Eltern auf sehr unterschiedliche Weise bewältigen müssen, um in ihre Elternrolle möglichst gut hineinzufinden. Gerade den Prozess zu erfassen und zu verstehen, wie die Eltern mit ihrem besonderen Kind trotz der Hürden eine gute tragfähige Bindung entwickeln können, ist für eine fundierte Elternarbeit unverzichtbar. Dieser Text soll die Weiterentwicklung und Differenzierung der Elternarbeit, in der das Verständnis für die inneren Prozesse der Eltern steht, anregen.

Literatur

Bettelheim, B. (1983): Die Geburt des Selbst. Fischer, Frankfurt am Main

Blohm, H. (1983): Die Erwartung der Familien. In: Bundesverband Hilfe für das autistische Kind: Kongreßbericht: Autismus Europa 1983. Selbstverlag, Hamburg

Bölte, S. (2009): Autismus: Spektrum, Ursachen, Diagnostik, Intervention, Perspektiven. Hans Huber, Bern

Brazelton, T. B. & Cramer, B. G. (1990): Die frühe Bindung: Die erste Beziehung zwischen dem Baby und seinen Eltern. Klett-Cotta, Stuttgart

Everard, P. (1980): Das Aufgabengebiet eines Elternverbandes. In: Bundesverband Hilfe für das autistische Kind: Autismus Europa 1980. Selbstverlag, Hamburg

Greenspan, S. I. & Wieder, S. (2001): Mein Kind lernt anders: Ein Handbuch für förderbedürftige Kinder. Walter-Verlag, Düsseldorf

Hackenberg, W. (2008): Geschwister von Menschen mit Behinderung: Entwicklung, Risiken, Chancen. Ernst Reinhardt Verlag, München

Krause, P. M. (2002): Gesprächspsychotherapie und Beratung mit Eltern behinderter Kinder. Ernst Reinhardt Verlag, München

Oppenheim, D., Koren-Karie, N., Yirmiya, N. & Dolev, S. (2011): Welchen Einfluss haben die Einfühlsamkeit der Mütter und ihre Fähigkeit zur Verarbeitung der Diagnose auf die Bindungssicherheit autistisch gestörter Kinder? In: Brisch, K. H. (Hrsg.): Bindung und frühe Störung der Entwicklung (S 203–222). Klett-Cotta, Stuttgart

Schuchardt, E. (1994): Leben mit unserem autistischen Mitmenschen. Als Eltern, als Geschwister, Freunde, Nachbarn und Fachleute. In: 8. Bundestagung des Bundesverbandes Hilfe für das autistische Kind, Vereinigung zur Förderung autistischer Menschen e. V. (Hrsg.): Autismus und Familie (S. 29–45). Reha-Verlag, Bonn

Stern, D. N. (1993): Die Lebenserfahrung des Säuglings. Klett-Cotta, Stuttgart

Stern, D. N., Bruschweiler-Stern, N. & Freeland, A. (2002): Geburt einer Mutter: Die Erfahrung, die das Leben einer Frau für immer verändern. Piper, München, Piper

Stern, D. N. et al. (2012): Veränderungsprozesse: Ein integratives Paradigma. Brandes & Apsel, Frankfurt a. M.

Multifamilientherapie für Asperger-Betroffene und deren Familien

Anas Nashef

Die Mehrfamilientherapie (MFT) ist eine spezielle und vorwiegend systemisch basierte Therapieform, die seit den 80ern vor allem tagesklinisch in Großbritannien eine besondere Weiterentwicklung erfahren hat und in deren Rahmen mehrere Familien mit einem gemeinsamen Fokus simultane Therapiearbeit leisten. Diese Arbeit umfasst verschiedene schulenübergreifende Techniken und nähert ihre therapeutischen Ziele mithilfe spezifischer und allgemeiner gruppentherapeutischer Wirkfaktoren an, wie etwa Modell-Lernen, Rollenspiel, Reflecting Team (Asen & Scholz 2009, S. 50), mentalisierungsfördernder Intervention (Asen & Fonagy 2010), gegenseitiger Unterstützung und der Erkenntnis, dass Leid keine isolierte Erfahrung ist (Asen & Scholz 2009, S. 18).

Herrschte in der Planungsphase des hier vorgestellten Projekts eine gewisse Skepsis hinsichtlich dessen Indikation bei Kindern und Jugendlichen mit einem Asperger-Syndrom vor, vor allem wissend um den kommunikativen und reizreichen Charakter eines Gruppensettings sowie die fehlenden Erfahrungen mit der MFT bei dieser Betroffenengruppe, so sprach trotzdem vieles für diesen Therapieansatz (vgl. auch Spierling & Mohr 2014):

- MFT ermöglicht ein Aufbrechen aus der gesellschaftlichen Isolation, in der sich auch diese Familien befinden, sowie die Bildung von Netzwerken.
- MFT ermöglicht – durch den Austausch mit anderen betroffenen Familien und durch das erlebte Nicht-Alleinsein mit den spezifischen Problemen und Belastungen – Solidarität untereinander.
- MFT ermöglicht ein problem- oder störungsbezogenes Voneinander-Lernen und damit ein Wieder-Erstarken von Selbstwirksamkeit, da eigene Erfahrungen anderen zur Verfügung gestellt werden und Familien sich wieder als kompetent erleben können.
- MFT ermöglicht allen Familienmitgliedern die Wahrnehmung ihrer spezifischen »Betroffenheit«; da verschiedene Untergruppen (Geschwistergruppe, Betroffenen-Gruppe, Elterngruppe, Müttergruppe, Vätergruppe) gebildet werden, können sich daraus auch intrafamiliäre Lernmöglichkeiten für alle Familienmitglieder – und dies in verschiedenen Kontexten – ergeben.
- MFT schafft Hoffnung auf Veränderung, ein in besonderem Maße brisantes Thema bei Familien mit einem Kind mit einer persistierenden tiefgreifenden Entwicklungsstörung wie der des Asperger-Syndroms. Die Erfahrungswerte der unterschiedlichen Familien bieten sowohl aufgrund der differierenden Lösungsstrategien der einzelnen Familien als auch im Zusammenhang mit dem sich unterscheidenden Alter der Betroffenen und deren Geschwister eine besondere Möglichkeit, Veränderungen als reale Chance zu begreifen.

Teilnehmende und Struktur

Die MFT wurde mit sechs Familien begonnen (vgl. Nashef 2015; Nashef & Mohr 2015), eine Familie brach die Teilnahme ab, eine andere kam ab der zweiten Sitzung dazu. Außer der letztgenannten Familie handelte es sich um eine geschlossene Gruppe, die über sieben Sitzungen im Zeitraum von fünf Monaten für jeweils drei Zeitstunden tagte, wobei die ersten vier Sitzungen im Abstand von jeweils zwei bis drei Wochen abgehalten wurden. Die Altersspanne der Betroffenen lag zwischen 7 und 18 Jahren (▶ Tab. 1). Die Gruppe wurde von einer Therapeutin und einem Therapeuten begleitet, welche die Familien aus Diagnostik- und Therapiekontexten mehrheitlich kannten.

Tab. 1: Die MFT-Teilnehmenden

Familie	Alter (Betroffene mit AS)	Teilnahme Vater	Teilnahme Mutter	Geschwister (Alter)	Sonstiges
1.	18	Ja	Ja	1 (26)	-
2.	8	Ja	Ja	-	-
3.	7	Nein	Ja	1 (2)	-
4.	16	Nein	Ja	-	-
5.	10	Ja	Ja	1 (16)	-
6.	12	Ja	Ja	2 (2; 7)	Einstieg in der 2. Sitzung
7.	12	Ja	Ja	1 (10)	Teilnahme abgebrochen
	7	5	7	6	

Im Vorfeld der Therapiesitzungen fanden Vorbereitungsgespräche mit den einzelnen Familien statt, im Rahmen derer die Ziele der jeweiligen Familie und deren Mitglieder fokussiert wurden und eine Einschätzung der intrafamiliären Beziehungs-Qualitäten anhand des »subjektiven Familienbilds« (SFB) (Mattejat & Scholz 1994) von den einzelnen Familienmitgliedern abgegeben wurde. Das SFB ist ein subjektives Verfahren, das die realen und idealen Familienbeziehungen aus der Sicht der einzelnen Familienmitglieder abbildet und somit Vergleiche auf mehreren Ebenen möglich macht. Dieses Instrument wurde den Familien ebenso nach Ende des MFT-Projekts vorgelegt, um Prä-Post-Vergleiche zu ermöglichen. Ebenfalls fanden Abschlussgespräche mit den einzelnen Familien statt.

Gruppentherapieprozess

Als Gesamtmodell lassen sich die Sitzungen in drei übergeordnete Phasen unterteilen:

- Phase I: Erwärmungsphase,
- Phase II: Intensive Arbeitsphase,
- Phase III: Abschlussphase und Integration.

Erwärmungsphase

Diese initiale Phase beinhaltete die ersten zwei Sitzungen, welche die Festlegung der Gruppenregeln, das Kennenlernen, das Sammeln von Themen und die Psychoedukation umfassten. Zu den – visualisierten – Gruppenregeln sind im Sinne der MFT die Verantwortlichkeit der Eltern für ihre Kinder (Asen & Scholz 2009, S. 24) und die – in Anbetracht der Gefahr der Reizüberflutung – bei den Betroffenen selbstverständlich eingeräumte Möglichkeit, die jeweilige Sitzung jederzeit zu verlassen, zu unterstreichen. Um den therapeutischen Zugang zu den jüngeren Kindern zu erleichtern, wurden spielerische, handlungsorientierte, bewegungsbetonte und künstlerische Aktivitäten herangezogen wie das »Familienwappen« (ebd., S. 107 f.) oder soziometrische Übungen. Die psychoedukative Arbeit fand vor allem in Form von Untergruppenaktivitäten (Betroffenen-, Geschwister-, Väter- und Müttergruppe) mit der Fragestellung »Was bedeutet Asperger für mich?« sowie mit der Familienübung »Lebensfluss« (ebd., S. 133) und entsprechender Reflexion in der Großgruppe statt. Zentral war in den Schilderungen der nicht betroffenen Familienmitglieder das Gewinnbringende und Beeindruckende an den syndromimmanenten Besonderheiten ihrer Kinder/Geschwister (»Mein Bruder kann schneller denken als reden«; »Er weiß so viel«).

In dieser sowie den folgenden Phasen ließen sich eine besondere Verantwortlichkeit der Familien für die verschiedenen Kinder (nicht nur die eigenen), eine Selbstverständlichkeit der Akzeptanz, ein unerwartet hohes Durchhaltevermögen der Betroffenen und ein stark kommunikativer Austausch der Mütter beobachten. Im psychoedukativen Zusammenhang zeigte sich schnell, dass die jeweilige Familie wehrhaft sein und zusammenhalten muss. Die von den einzelnen Betroffenen artikulierten Empfindungen stießen auf breite Zustimmung seitens der anderen Betroffenen (z. B. »Ich liebe Dunkelheit und Ruhe«). Auch die Geschwisterposition kam zur Sprache: Hier wird vom Helfersyndrom, vom Sich-benachteiligt-Fühlen und vom Fehlen emotionaler Nähe bei ihren betroffenen Geschwistern berichtet.

Der »Lebensfluss« schien in Anbetracht der unterschiedlichen Entwicklungsphasen der teilnehmenden Betroffenen besonders geeignet. Die Familien standen an unterschiedlichen Punkten dieses Flusses und konnten aus ihren jeweiligen Blickwinkeln bereits beschrittene, aber auch noch nicht beschrittene Wege sehen. Tenor dabei war »Die Umwelt ist der Feind« und »Geholfen haben die, die uns verstanden haben«. In diesem Kontext war das Thema »Schule« besonders präsent. Diese Phase endete somit mit einer gewissen Schwere: Feindlichkeit der Umwelt und Opferhaltung. An dieser Stelle war es von besonderer Bedeutung, eine Lösungs- und Ressourcenorientiertheit zu forcieren: Was können wir tun, damit sich etwas verändert? Wie lässt sich das Asperger-Dasein nach außen transportieren und verständlich machen? Welche Strategien lassen sich für eine gute Zusammenarbeit mit pädagogischen Einrichtungen von den Familien selbst entwickeln?

Intensive Arbeitsphase

Die intensive Arbeitsphase schloss die von den Teilnehmenden vorgebrachten Themenvorschläge ein: Schule, Konflikte im häuslichen Umfeld, »Hürden des Alltags«, Freundschaften und Auswirkungen auf die Partnerschaft.

Traumschule

Im Sinne einer ressourcen- und lösungsorientierten Arbeitsausrichtung bot sich nach dem passiven Ende der ersten MFT-Phase das erstvorgeschlagene und stark präsente Thema »Schule« an. Hier konnten die Teilnehmenden in Gruppen (Erwachsene, Jugendliche und Kinder) ihre persönliche Traumschule skizzieren. Ein deutlicher Unterschied zeigte sich in dieser Arbeit zwischen Betroffenen und Nicht-Betroffenen: Während das Schutzthema für Betroffene zentral war, spielte dieses für Nicht-Betroffene keine Rolle: »Aber ich habe Freunde!«. Diese thematisch fokussierte Auseinandersetzung ging mit der Aktivierung vorhandener Ressourcen im Sinne von »Betroffene selbst müssen aufklären« einher und mündete in konkrete Pläne einer Gesprächsteilnahme durch ältere Betroffene bei Gesprächen in Schulen. Damit übereinstimmend zentriert die Vorstellung Betroffener hinsichtlich der Traumschule die Notwendigkeit, dass Schulen über qualifiziertes Personal verfügen sollten, das sich auf ihre Anliegen, Sorgen, Besonderheiten mit größerem Verständnis einlassen kann.

> Der 18-jährige Paul (Name geändert) bot spontan an, die verschriftlichten Ergebnisse/Träume der Betroffenen-Gruppe in der großen Runde vorzustellen. Paul beeindruckte mit einer besonderen Präzision bei der Wiedergabe der von den verschiedenen Teilnehmenden benannten Elemente einer Traumschule: Er konnte sagen, von welchem Teilnehmenden welches Element stammt, sowie die Hintergründe der jeweiligen Benennung so schildern, wie diese vom jeweiligen Teilnehmenden erläutert wurde. Neben der bereits geschilderten Qualifizierung des Schulpersonals wurden folgende Träume wiedergegeben: Eine Schule mit Rückzugsräumen, individuellen Zeugnissen, zu bewältigenden Hausaufgaben, mit einer Vertrauensperson und mit klaren Strukturen.

Konflikte im häuslichen Umfeld

Auch die Gruppenintervention hinsichtlich herausfordernder Konflikte im häuslichen Umfeld konnte lösungsorientierte Zugänge fördern. Die Vorstellung der visualisierten Wohnungen und Häuser der einzelnen Familien und der Wohnbereiche, »wo es am meisten knallt«, ermöglichte gegenseitige konkrete Präventionsanregungen, welche mit großer Offenheit angenommen wurden.

> Die Mitglieder der 6. Familie visualisieren deutlich eingegrenzte Eskalationsorte im eigenen Haus, wo Konflikte vor allem zwischen den Geschwisterkindern entstehen: vor dem Zimmer des 12-jährigen Betroffenen Markus (Name geändert) und in einem Gartenbereich, wo er seine Modelle baut. Rasch liefert der 18-jährige Betroffene Paul (Name geändert) Lösungsvorschläge: Warum habe Markus keinen Schlüssel für sein Zimmer? Warum wird der Gartenbereich von Markus nicht mit einfachen Mitteln eingezäunt? Sowohl Markus als auch seine Eltern gehen auf diese Vorschläge ein. Markus ist sichtlich erfreut und vor allem zeigt er sich sehr interessiert und aufmerksam.

Die Reflexion von Wut und Aggression – ohne die Zentrierung Betroffener – anhand der »Eskalations-Deeskalations-Skala« machte alltägliche Konfliktpotenziale und deren Entstehungszusammenhänge evident. Die genannte Skala gibt das Entspannungs-Anspannungs-Niveau des Einzelnen an und somit die visualisierte Entfernung von einem maximalen Erregungszustand, welcher dann auch hirnorganisch bedingt die sozioemotionale Zugänglichkeit kaum möglich macht. Sowohl bei den Betroffenen als auch bei deren Eltern zeigt sich eine Prädilektion in Richtung eines andauernd mittleren Erregungsniveaus, sodass Entspannungszustände eher die Ausnahme bilden. Dass dies bei Betroffenen der Fall ist, wundert angesichts alltäglicher sozioemotionaler und kommunikativer Herausforderungen nicht. Das mittlere Erregungsniveau der Eltern ist auf deren besondere Situation mit einem besonderen Kind zurückzuführen. So berichtete die Mutter des 18-jährigen Betroffenen: »Jahrelang haben wir unser Kind zur Schule gebracht und haben dann auf der Arbeit oder Zuhause gewartet, dass die Schule uns anruft, dass wir ihn wieder abholen müssen«. Die therapeutische Intervention fokussierte sich sowohl auf die gegenseitige Ermittlung vorhandener Entspannungszustände als auch auf die Herbeiführung von den allgemeinen Erregungszuständen entgegenwirkenden Aktivitäten.

> Die Mutter eines 7-jährigen Betroffenen, die ein besonders hohes Erregungsniveau angab, berichtete von ihrer Familiensituation, in der der Vater des Kindes nur an den Wochenenden zuhause ist. Ihre Anspannung würde jedoch in Zeiten der Anwesenheit des Kindsvaters zurückgehen, sodass der Abstand bis zum »Knallen« größer wird. Andere anwesende Familien trösten sie und geben ihr die Rückmeldung, dass sie diese Daueranspannung mit ihr teilen. Darüber hinaus werden Fragen in Richtung der Ausweitung der Anwesenheitszeiten des Vaters und der Selbstfürsorge der Mutter gestellt. Eine andere Mutter, welche die Mutter des 7-Jährigen persönlich kennt, richtet persönliche Worte im Sinne einer Lösungsorientiertheit an diese.

Mit den jüngeren Kindern wurden die Wutgefühle mit Hilfe der »Pepsi-Cola-Übung« und des Malens von Körperumrissen mit der entsprechenden Lokalisierung der Gefühle-Orte veranschaulicht. Ähnlich wie bei einer geschüttelten Cola-Flasche stellt sich die Frage, was die eigenen Gefühle zum »Überlaufen« bringt. Die Übung erwies sich angesichts ihres metaphorischen Gehaltes als schwierig für die jüngeren Betroffenen. Nichtsdestotrotz ließen sich die eigenen Gefühle lokalisieren und individuelle Lösungsstrategien zur Sprache bringen.

»Hürden des Alltags«

Im Anschluss an die Symbolisierung der »Hürden des Alltags« mit Bauklötzen und die kritische Veranschaulichung des Umgangs damit wurden die »Hürden« der einzelnen Familien in Bezug auf ihre Kinder in einer Familienaktion gezeichnet und durch die gesamte Gruppe mit konkreten Anregungen reflektiert.

> Große Bauklötze werden als eine hürdensymbolisierende Mauer mitten im Raum aufgestellt. Die Teilnehmenden stellen psychodramatisch vor, wie sie mit solch einer Hürde zurechtkämen. Sofort steht der 12-jährige Betroffene Markus auf und zeigt, wie man um eine zu hohe Hürde herumgehen kann. Die Mutter des 18-jährigen Betroffenen, die sich v.a. im Laufe der Schullaufbahn ihres Sohnes mit vielen Hürden konfrontiert sah, zeigt sich erschüttert: »Ich bin nie auf diese Idee gekommen; ich habe immer gegen den Beton gehämmert«.

Entsprechend zeichneten sich die Anregungen der Teilnehmenden zu den verschiedenen familienspezifischen Hürden durch eine hohe Kreativität im Sinne von »Um-die-Hürden-herum-Lösungen« aus. Die Betroffenen waren hierbei in besonderem Maße aktiv beteiligt und machten eigene Vorschläge zum Umgang mit spezifischen Hürden ihrer Mitbetroffenen.

> Die Eltern des 12-jährigen Markus beklagen sich, während alle Teilnehmenden um die Familie herumstehen, über die mangelnde Beachtung der Körperhygiene ihres Sohnes, der die Notwendigkeit von Körperhygiene nicht sehe und sich dafür auch nicht interessiere. Viele Teilnehmende stellen der Familie zunächst ein paar Fragen und scheinen diese Klage der Eltern konkreter verstehen zu wollen. Als die Eltern von der Weigerung ihres Sohnes, seine Socken zu wechseln, berichten, entwickelt sich ein Gespräch – auch mit anderen betroffenen Kindern und Jugendlichen – über die Hintergründe dieser Haltung von Markus, die unter seiner aktiven Teilnahme langsam deutlich wird: Frische Socken seien immer kalt und somit unangenehm. Ein Teilnehmer schlägt spontan vor, die frischen Socken vor dem Auswechseln auf die Heizung zu legen. Markus ist sichtlich erfreut über diesen Vorschlag, mit dem er sich auch einverstanden zeigt.

Während sich die »Hürden des Alltags« aus der Elternperspektive auf Verhaltensbesonderheiten ihrer Kinder (z. B. Desinteresse für Körperhygiene, ritualisierte Verhaltensweisen und »dickköpfig sein«) sowie eigene Sorgen hinsichtlich schulischer/beruflicher Gegenwart und Perspektiven beziehen, umfassen die von den Betroffenen genannten Hürden Themen wie Kontakte mit anderen und konkrete Störungen im häuslichen und schulischen Alltag. Im Mittelpunkt der »Hürden des Alltags« der Geschwisterkinder standen Konflikte mit ihren betroffenen Geschwistern und die Bewahrung/Verteidigung der eigenen Position und der Privatsphäre.

Freundschaft und Auswirkung auf die Partnerschaft

Die Teilung in zwei Gruppen (Eltern, Kinder und Jugendliche) in der letzten Gruppensitzung dieser Phase und die Bearbeitung zweier unterschiedlicher Themen (Freundschaften und Partnerschaft) erwiesen sich im Nachhinein als kontraindiziert. So ist auch zu hinterfragen, ob das Thema Partnerschaft im Rahmen einer MFT zu behandeln ist, schließlich geht es hierbei um ein elternspezifisches Thema, auch wenn es hierbei mitunter um die Auswirkung eines Kindes mit dem Asperger-Syndrom auf die Partnerschaft geht. Nichtsdestotrotz schien das Thema Partnerschaft von besonderer Brisanz zu sein, was sich in der regen und gefühlsbetonten Diskussion zeigte. Auch an dieser Stelle der Betroffenheit war die gegenseitige Unterstützung nicht zu übersehen.

Die Auseinandersetzung mit dem Thema Freundschaft stellte sich in der ausschließlich Kinder-und-Jugendliche-Gruppe als kaum ergiebig heraus und wäre sicherlich in der großen Gruppe mit den zusätzlichen Möglichkeiten eines Außeninputs durch die Eltern angemessener. Vor allem böte die MFT einen in hohem Maße geeigneten und indizierten Rahmen für die Behandlung dieses Themas im Sinne eines generationsübergreifenden Narrativs. Unter dem nicht vorhergesehenen Umstand fehlender nicht betroffener Geschwister stellte die szenische Darbietung des Themas durch überwiegend Betroffene eine kaum zu bewältigende Herausforderung dar. Wie der 18-jährige Betroffene Paul zu Recht unterstrich: »Wie soll ich ein Thema vorstellen, das ich selber noch nicht kenne?«

Abschlussphase und Integration

Mit dem Thema des letzten Treffens »Zukunft« sind sowohl die Zukunft der jeweiligen Familie als auch die Zukunft der MFT-

Gruppe inbegriffen. Hinsichtlich der Gruppe wurde vereinbart, dass diese in Form einer Selbsthilfegruppe ohne therapeutische Begleitung fortgeführt wird.

Die Zukunft jeder Familie wurde psychodramatisch mit einer »Zukunftsreise« thematisiert. Jede Familie lief hierbei entlang einer Zeitlinie von der Gegenwart bis in 10 Jahren und begleitete den gemeinsamen Lauf mit einem Bericht über die Zukunftsvorstellungen der einzelnen Familienmitglieder.

Die 16-jährige Lena (Name geändert) ist stark zurückhaltend, sie äußert sich kontextunabhängig in sozialen Situationen nicht. Obgleich solche Situationen für sie eine große Herausforderung darstellen und manchmal für sie auch kaum zu ertragen sind, verhält sie sich sehr angepasst und versucht mit aller Kraft diese Momente auszuhalten. Sowohl die soziale Situation an sich als auch die Lautstärke scheinen eine große Belastung für sie darzustellen. Um sie nicht in den Fokus zu nehmen, wurde im Verlauf der Gruppenarbeit eine allgemeine Abstimmung hinsichtlich der Lautstärke initiiert. Das Abstimmungsergebnis wurde in der Gruppe kommuniziert und zeigte, dass mehrere Teilnehmende die Gruppenarbeit als sehr laut empfanden. Entsprechend wurden von der Gruppe Interventionsmaßnahmen installiert, welche jedem und jeder ermöglichen, diesbezügliche Signale an die Gruppe zu senden.

Insgesamt verließ Lena trotz ihrer sichtbaren Belastung während der ersten Sitzungen der MFT ihren Platz nicht. Lena erlebte jedoch, wie der 18-jährige Paul die Gruppe in Belastungssituationen für wenige Minuten verließ. Diese Strategie von Paul erlebte sie, wie die gesamte Gruppe auch, als Normalität. Lena konnte – dank dieser Normalität – nach wenigen Sitzungen die Gruppe spontan für eine kurze Zeit verlassen. Dies wiederholte sie in den nächsten Sitzungen. Das Wissen um diese Möglichkeit und deren Normalität schien sehr entlastend auf Lena zu wirken, sodass sie in den letzten zwei Sitzungen eigeninitiiert in der Gruppe sprach und die »Zukunftsreise« selbst sprachlich begleitete.

Abschließend verabschiedeten sich die Familien mit einem jeweils mit Wünschen von allen anderen Familien gefüllten »Abschiedskoffer«. Auch im Rahmen dieser abschließenden Phase, welche mitunter die Integration des bisher Erlebten darstellt, zeigte sich die durchaus gelungene Mentalisierungs- und somit Beziehungsförderung (vgl. Allen & Fonagy 2009; Euler & Schulz-Venrath 2014).

Narrative Ergebnisse

Im Anschluss an die Gruppenarbeit wurden Reflexionsgespräche mit den einzelnen Familien geführt; die zentralen Aussagen der Familienmitglieder sind in Tabelle 2 zusammengefasst.

Am Beispiel der 5. Familie lässt sich eine deutliche Übereinstimmung zwischen den Eindrücken im Verlauf der Gruppenarbeit, der oben aufgeführten Narration und den Ergebnissen der empirischen Erhebung mit dem SFB konstatieren.

Tab. 2: Narrative Erhebung

Familie	Familienmitglied	Positives Erleben	Negatives Erleben
1.	Mutter	Mehr Verständnis seitens des Ehemanns für den Sohn; stolz (»so viel verkehrt haben wir nicht gemacht«); die anderen Familien sind ein Spiegel, den wir »draußen« nicht haben	-
	Vater	Stolz auf den eigenen Sohn	-
	AS (18)	Stärkeres Selbstwertgefühl, die Gruppe war gefühlt klein, Verständnis	-
2.	Mutter	Teilnahme der Väter; die Möglichkeit, die Entwicklung bei älteren Betroffenen zu sehen	War anstrengend für den Sohn; wäre er älter, hätte er mehr mitgenommen
	Vater	Austausch zwischen Vätern; die besondere Erfahrung und rührende Faszination der Begegnung mit einem 18-Jährigen mit AS (auch im Sinne der zukünftigen Perspektiven des eigenen Sohnes)	-
	AS (8)	-	Von einem anderen geärgert; zu wenig Spiel
3.	Mutter	Praxisbezogene Vernetzung (Babysitting durch die Schwester eines Betroffenen)	-
	AS (7)	Das Spiel mit anderen Kindern (namentlich werden nur solche mit AS benannt)	-
4.	Mutter	Einbezug der Eltern; erleichternd, dass andere es schwerer haben	Kein weiteres Mädchen in der Gruppe
	AS (16)	Die Pausen; mit kleineren Kindern gespielt; mehr Selbstbewusstsein	-
5.	Mutter	Sohn hat vergleichsweise lange durchgehalten; Empathie seitens der Gruppenmitglieder	Teilweise zu laut für den Sohn
	Vater	Von der Ehefrau positiv überrascht: »aus sich rausgekommen«;	Teilweise überfordernd für den Sohn
	AS (10)	-	»gruppig«
	Geschwister	Besser vorbereitet auf die Zukunft; selbstbewusster	-
6.	Mutter	Verhältnis Vater-Kind besser	Keine Veränderung des Verhältnisses zwischen den Brüdern
	Vater	Vergleich mit anderen in verschiedenen Entwicklungsphasen (Jüngere: wie das eigene Kind früher; Ältere: Hoffnung); Austausch mit Vätern	-
	AS (12)	Ältere mit AS kennenlernen	Die verlorene Zeit freitags nachmittags

Tab. 2: Narrative Erhebung – Fortsetzung

Familie	Familienmitglied	Positives Erleben	Negatives Erleben
7.	Teilnahme abgebrochen	-	-

Die 5. Familie ist der Therapeutin und dem Therapeuten durch den 12-jährigen Sohn aus Diagnostik- und Behandlungskontexten bekannt. Soziale Zusammenhänge stellen für den Sohn eine kaum zu bewältigende Herausforderung dar und gehen mit erheblichen psychischen Belastungen für ihn einher. So zeigen sich über lange Zeit deutliche Schwierigkeiten im Schulkontext. Zu erwarten war deshalb, dass allein der Rahmen eines Gruppensettings für ihn eine große Herausforderung verkörpert. So lässt sich seine Haltung im MFT-Rahmen als zurückhaltend bis ablehnend beschreiben. In den Pausen suchte er deshalb gerne Orte auf, in denen ein gewisser Schutz vor Außenreizen gewährleistet wird, wie etwa zwischen großen Bauklötzen. Auch benötigte er des Öfteren längere Pausen. Die im abschließenden narrativen Gespräch von ihm geäußerte Wortneuschöpfung »gruppig« als Beschreibung für seine Empfindungen während der Gruppenarbeit weist somit eine besondere Kohärenz mit den gemachten Erfahrungen auf und ist zwar als kurze, aber in hohem Maße kreative Beschreibung seiner Gefühlswelt zu begreifen. Nichtsdestotrotz lässt sich bezogen auf den Sohn zusammenfassend postulieren, dass er in der Gruppensituation eine relative Zugänglichkeit bewies. So wurden die benötigten Pausen im MFT-Verlauf kürzer und er zeigte eine zunehmende punktuelle Bereitschaft zur aktiven Teilnahme am Gruppengeschehen.

Ebenfalls die Auskunft der 16-jährigen Schwester über das Gefühl eines zunehmenden Selbstbewusstseins im Umgang mit ihrem Bruder und eines Vorbereitet-Seins für die Zukunft ist von einer besonderen Bedeutung und stimmt mit den Außeneindrücken überein. Sie beschreibt explizit eine zunehmende Sicherheit im Umgang mit ihrem Bruder. Vor allem diese Entwicklung bei der 16-jährigen Schwester wird gleichermaßen durch die Ergebnisse des SFB bestätigt.

Fazit

Zusammenfassend lassen sich in Verbindung mit dem beschriebenen Projekt deutliche positive Effekte identifizieren, welche dem Geist der Multifamilienarbeit entspringen: Stärkung der geschwisterlichen Position; Ressourcenaktivierung und vor allem die mögliche Aktivierung nicht zur Geltung kommender Potenziale von Betroffenen; Zunahme des Verständnisses und der Akzeptanz seitens der Väter im Sinne einer stärker mentalisierenden Haltung; interfamiliäre Erfahrung von Unterstützung, Spiegelung und Korrektur; Stärkung des Austausches zwischen den Vätern; Erfahrung von Normalität statt Isolation und Veränderungsdruck; Stärkung intrafamiliären Verständnisses durch familiäre Subkontexte; Aktivierung und Steigerung der Vernetzungsmöglichkeiten; Stärkung des Selbstwertgefühls bei Betroffenen; Ermöglichung von Vorbildfunktionen betroffener Jugendlicher für jüngere Betroffene.

Zur initialen Skepsis hinsichtlich der Eignung dieser Arbeitsform mit Asperger-Betroffenen ist Folgendes hervorzuheben: Ein Gruppengeschehen stellt bekanntlich aufgrund syndromimmanenter psychischer Besonderheiten eine besondere Herausforderung für Menschen mit dem Asperger-Syndrom dar, so auch das MFT-Setting. Der Umgang der einzelnen Betroffenen mit dieser Herausforderung war in Abhängigkeit von der psychischen Entwicklung recht unterschiedlich (z. B. eine maladaptive In-die-eigene-Welt-abtauchen-Strategie oder eine adaptive regulierende Auszeit-nehmen-Strategie). Dennoch: Durch das Vorbild älterer Betroffener wurde ein Lernprozess in Gang gesetzt, in dessen Rahmen zunehmend adaptive Strategien eingesetzt wurden (so wurden im weiteren Verlauf das Durchhalten-Müssen und das Sich-Abkapseln durch eine Auszeit-Strategie ersetzt).

Die verstehende Haltung relativierte die herausfordernde Gruppensituation und ermöglichte eine überraschende Selbstentfaltung der einzelnen Betroffenen, v. a. der Jugendlichen, wie etwa die aktive verbale und nonverbale Teilnahme der 16-Jährigen Lena in den letzten zwei Sitzungen und die Anwendung vorhandener und in der Regel wenig benutzter kognitiver Ressourcen durch den 18-Jährigen Paul, der seine überdurchschnittliche Gedächtnisleistung bei der Zusammenfassung der Wünsche der Teilnehmende (Traumschule) einsetzte.

Die erlebte Möglichkeit des nicht selten für unmöglich Gehaltenen im Sinne der Teilnahme von Kindern und Jugendlichen mit Asperger-Syndrom an einem reizreichen Gruppensetting demonstriert unverkennbar die Hoffnung und die reale Chance auf Veränderung. Die politisch veranlasste Inklusion im Bildungssystem ist somit eine machbare Wirklichkeit (vgl. Linke 2014; Nashef 2015) und wirkt der Isolation der Schüler mit Asperger-Syndrom entgegen. Mit den Worten des 18-jährigen Paul: »Wir (Asperger) sind was wert und Alleinsein macht wertlos.«

Literatur

Allen, J. G. & Fonagy, P. (2009; Hrsg.): Mentalisierungsgestützte Therapie. Klett-Cotta, Stuttgart

Asen, E. & Fonagy, P. (2010): Mentalisierungsbasierte Familientherapie. Psychotherapie im Dialog 11, 239–243

Asen, E. & Scholz, M. (2009): Praxis der Multifamilientherapie. Carl-Auer-Verlag, Heidelberg. 2. Aufl., 2012

Euler, S. & Schulz-Venrath, U. (2014): Mentalisierungsbasierte Therapie (MBT) – Mentalisieren als Grundlage wirksamer Psychotherapien. Psychotherapie in Dialog, 3/2014, 40–43

Linke, D. (2014): Eine Asperger-Autistin berichtet: Inklusion hat mich gerettet. Frankfurter Allgemeine Zeitung, Feuilleton, 24.08.2014

Mattejat, F. & Scholz M. (1994): Das subjektive Familienbild (SFB): Leipzig-Marburger-Familienbild. Hogrefe, Göttingen

Nashef, A. (2015): Multifamilientherapie für Asperger-Betroffene und deren Familien. Zeitschrift für systemische Therapie und Beratung, 2/15:77–84

Nashef, A. (2015): Inklusion als Chance ... für alle! Ein nicht nur autismusspezifisches Schulungsprogramm für Lehrkräfte. Behindertenpädagogik, 2/15. 206–215

Nashef, A. & Mohr, L. (2015): Eine »gruppige« Erfahrung – Multifamilientherapie mit Asperger Betroffenen und deren Familien. Autismus-Zeitschrift, 80/15, 34–42

Spierling, K. H. & Mohr, L. (2014): Multifamilientherapie in der stationären Diabetesbehandlung. Diabetologie und Stoffwechsel, 9 (06), 391–395

Systemisches Elterncoaching und Gewaltfreier Widerstand – angewandte Praxis in einem Autismus-Therapiezentrum

Kathrin Mack

Herkunft des Ansatzes des Systemischen Elterncoachings

Der Psychologe und Professor Haim Omer (Tel Aviv/Israel) entwickelte in den 90er Jahren das Konzept der Elterlichen Präsenz und stellte dies 1999 erstmals in Deutschland am IF Weinheim, Institut für Systemische Ausbildung und Entwicklung, vor. In seinem Konzept nutzte er das Gedankengut und die Grundhaltungen aus dem »Gewaltlosen Widerstand« nach Mahatma Gandhi. Die mit dem deutschen Psychologen und Psychotherapeuten Arist von Schlippe verfassten Bücher und die zahlreichen Weinheimer Tagungen stießen in Europa auf große Resonanz. Im Jahr 2011 trafen sich Repräsentanten aus etlichen europäischen Ländern mit den israelischen Kollegen in London, um auf internationalem Niveau Erfahrungen mit dem Gewaltlosen Widerstand, mit Elterlicher und Professioneller Präsenz und Neuer Autorität auszutauschen und Vorgehensweisen beim Elterncoaching abzustimmen. Es entstand das internationale Forum für gewaltlosen Widerstand NVRP.

Das Konzept des Elterncoachings, das nun seit mehr als 15 Jahren als eigenständiges Curriculum für Fachleute am IF Weinheim angeboten wird, hat sich vor allem im Bereich der Familienhilfe als äußerst wirksames Angebot für Eltern in familiären Krisensituationen etabliert, in denen sie mit gewalttätigen und (selbst-)destruktiven Verhaltensweisen ihrer Kinder konfrontiert sind. Mittlerweile wurde dieses Konzept auf verschiedene Arbeitsbereiche ausgeweitet, es gibt gute Erfahrungen u. a. in der Umsetzung in Schulen, der stationären wie ambulanten Jugendhilfe, in Elterngruppen und Kommunen (Stadtteilprojekten) sowie im Kontext von Firmen (vgl. www.if-weinheim.de).

Konzept des Gewaltlosen Widerstands (GLW)

Ausgehend von Ghandis politischem Gedanken hat Haim Omer in Zusammenarbeit mit Arist von Schlippe ein Modell entwickelt, mit dessen Hilfe es den Eltern möglich ist, Eskalationen mit ihren Kindern zu vermeiden, ohne dabei auf eine konfrontative Positionierung zu verzichten. Die Eltern erhalten damit die Möglichkeit, den destruktiven Verhaltensweisen ihres Kindes effektiv und entschlossen gegenüberzutreten (vgl. Omer 2002, S. 57). Folgende Ziele verfolgt der Ansatz für die Eltern:

- Aktiver Ausstieg aus typischen Eskalationsmustern und damit aus dem Machtkampf,

- Verzicht auf psychische, physische und verbale Gewalt,
- Wiederherstellung der Beziehung zum Kind (anstatt »Niederlage des Kindes«),
- bewusste Unterscheidung zwischen dem Kind/Jugendlichen als Person und seinem Verhalten,
- Wiederherstellung von Präsenz und einer sog. »Neuen Autorität«,
- Wahrnehmung eigener Handlungsüberzeugung und Selbstwirksamkeit,
- Erleben von Selbstkontrolle,
- Herstellung von Verbindung und Kontakt zum Kind,
- Wahrnehmung und Nutzen eines Netzwerkes,
- Wahrnehmung eigener Handlungskompetenz.

Das Systemische Elterncoaching versteht sich grundsätzlich als zielgerichtete, zeitbegrenzte Unterstützung von Eltern oder anderen Beteiligten bei der kompetenten Bewältigung ihrer Fürsorge für Kinder und Jugendliche. Die Fachleute bedienen sich bei der Unterstützung eines großen Methodenkoffers, der auf unterschiedlichen Handlungsebenen zum Einsatz kommt. Dabei zielt das Konzept zwar zunächst auf die Eltern und deren elterliche Fürsorge, ist aber vom Grundgedanken und auch bereits in der Praxis erprobt, auf jede weitere Person oder Institution, die sich destruktiven Verhaltensweisen gegenüber sieht, übertragbar.

Handlungsebenen »Neuer Autorität« und Methoden des Systemischen Elterncoachings

Der Begriff der »Neuen Autorität« wurde durch Prof. Haim Omer geprägt und verdeutlicht damit die Notwendigkeit, eine zeitgerechtere Definition von Autorität vornehmen sowie Autoritätspersonen Methoden an die Hand geben zu müssen, gewünschte Verhaltensweisen benennen und auch wertschätzend einzufordern zu können. Darüber hinaus macht der Begriff der »Neuen Autorität« vor allem auf dem Hintergrund der gesellschaftlichen Veränderungen darauf aufmerksam, dass es nach dem Durchlaufen der Phasen der sog. »alten Autorität« (grob: Erziehung durch Einfordern von Gehorsam), aber auch der antiautoritären Bewegung eine neue Haltung »der gesunden Mitte« einzunehmen gilt. Diese sog. »Neue Autorität« (basierend auf dem Prinzip des GLWs) zielt damit vornehmlich auf die Fokussierung der menschlichen Beziehung ab, ohne dabei auf die Einhaltung von gesetzten Regeln und Erwartungen verzichten zu müssen. Wie bereits angedeutet, werden nach dem Konzept des systemischen Elterncoachings sehr unterschiedliche Methoden angewendet, die auf sechs Handlungsebenen zum Tragen kommen:

Protest/Haltung	*Selbstkontrolle*
Körbemodell	Suche nach Deeskalationsmöglichkeiten
Klare Ansagen	Knöpfe-Übung
Ankündigung	Verzögerte Reaktionen
Sit-in oder andere Präsenz verstärkende Maßnahme	»Schmiede das Eisen, wenn es kalt ist«
Eigene Werte und Grenzen verdeutlichen	

Netzwerk	Transparenz/Öffentlichkeit
Telefonkette	Aufsuchen von Orten, Überschreiten von bisher geduldeten Tabus
Suche nach Unterstützern für jeweils die Eltern und die Kinder	
Beziehungsgesten	**Wiedergutmachung**
Aktive und positive Gestaltung	symbolische Geste, wieder etwas Gutes zu tun
Elternrolle, z. B. gemeinsame Zeiten/Aktionen	»Ehre wiederherstellen«
Loben (unabhängig vom Verhalten)	
Feedback an Kind	

Fallbeispiel aus dem ATZ Bersenbrück

Da die Autismus-Therapiezentren ihre Priorität auf die individuelle Unterstützung legen und damit erfolgreich multimodale Konzepte verfolgen, versteht sich die Einflechtung einzelner Methoden des Elterncoachings in die therapeutische Arbeit als sehr sinnvoll und bereichernd, wie das folgende Fallbeispiel aus dem ATZ Bersenbrück zeigen soll:

Der Klient M. und seine Familie befanden sich zum Zeitpunkt des Einsatzes des GLWs bereits seit 1,5 Jahren innerhalb der heilpädagogisch-therapeutischen Maßnahme. Das Familiensystem des Klienten ist in einem Genogramm dargestellt, das der Abbildung 1 entnommen werden kann. Die Eltern waren zu Beginn des Jahres 2013 mit der für den damals 10-jährigen M. gestellten Diagnose Asperger-Syndrom auf das ATZ Bersenbrück zugekommen – mit dem Wunsch nach einer fachspezifischen Begleitung im häuslichen und schulischen Bereich. Schwerpunktmäßig hatte die Unterstützung in diesem Fall bisher im Einzelsetting gelegen, wo mit M. an den für Autismus typischen Themen wie soziale und emotionale Kompetenz gearbeitet wurde. Infolge von immer wieder auftauchenden Schwierigkeiten im häuslichen oder schulischen Umfeld zeigte sich eine enge Vernetzung der zuständigen Therapeutin mit der Schule und den Eltern als sinnvoll, um mit M. geschilderte Vorfälle nachträglich zu besprechen und mit ihm Strategien zu erarbeiten, die ihm helfen können, z. B. Konfliktsituationen (Umgang mit Ärger, Strategien zur Impulskontrolle) zukünftig anders anzugehen. Dabei spielte die Transparenz der therapeutischen Arbeitsinhalte mit M. und die Absprache mit den Eltern und Schule bei der Umsetzung von neuen Verhaltensweisen eine entscheidende Rolle. Dazu fanden regelmäßig Haus- oder Schulbesuche statt, in denen gemeinsam mit Eltern oder Lehrkräften nach hilfreichen Umgangsstrategien mit M. gesucht wurde, um seinen Besonderheiten gerecht zu werden.

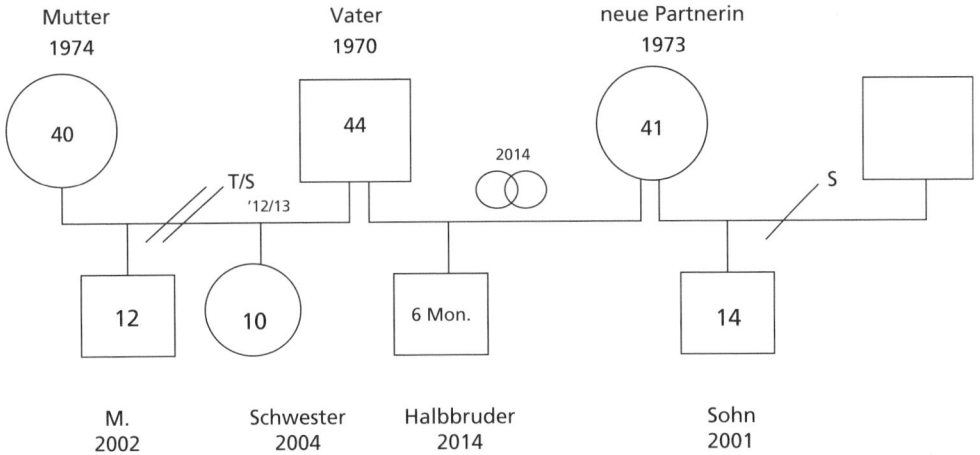

- Diagnose: Asperger-Syndrom (F 84.5)
- Besucht Förderschule (Schwerpunkt: sozial-emotional), 5. Klasse; 3 zuständige LehrerInnen
- Seit 5 Jahren an der Schule, bis 2012 keine besonderen Auffälligkeiten in Schule
- Lebt seit Trennung der Eltern 2012 mit Schwester bei der Mutter

Abb. 1: Genogramm

Beratungsanlass und Auftrag

Zu Beginn des Jahres 2014 kam es in der Schule gehäuft zu aggressiven Ausbrüchen von M. in Form von Verweigerung von Aufforderungen, Provozieren, Schubsen, Schlagen anderer Mitschüler oder Zerstören von Gegenständen. Der Klassenlehrer informierte die zuständige Therapeutin per Mail oder Telefon über derartige Zwischenfälle mit der Fragestellung einer adäquaten Umgangsweise mit diesen Auffälligkeiten. In mehreren Fällen kam es zu dieser Zeit sogar dazu, dass M. aus der Schule abgeholt werden musste, da er für den Tag »nicht mehr tragbar« und eine Gefahr für andere Kinder gewesen sei.

Beratungsverlauf

Während des Beratungsverlaufs kam es zu folgenden Interventionen:

Erstes Krisengespräch: Januar 2014 mit Eltern, Lehrer und ATZ:

a) Austausch über Ursachen/Zusammenhänge, bisherige Lösungsstrategien und deren Effektivität.

b) Vereinbarte Interventionen: Angebote zum Spannungsabbau, Herstellen von Rückzugsmöglichkeiten, Reflektion der Krisen in Schule und Therapie mit M., Positive Verstärkung (Einsatz eines Verstärkerplans), Aufrechterhalten von negativen Konsequenzen (Ausschluss von Schulausflügen), da als effektiv erlebt.

c) Absprache einer genaueren Verhaltensanalyse: (zirkuläre) Fragestellungen zur Einschätzung des kindlichen Verhaltens und dessen Zusammenhänge und Analyse des Verhaltens anderer Betroffener (vor, während und nach der Krise), Beobachtung von Ausnahmen und Entnahme der darin enthaltenden Lösungsansätze.

Zweites Krisengespräch: März 2014 mit Eltern, Lehrer und ATZ:

a) Gemeinsame Auswertung der Analyse der obigen Beobachtungsphase und Suche nach weiteren Lösungsideen (in dieser Zeit hatte sich das aggressive Verhalten von M. gesteigert).

b) Hypothesenbildung: Die häusliche Situation beim Vater gestaltete sich in dieser Zeit so, dass die Geburt des gemeinsamen Kindes mit der neuen Partnerin näherrückte und sich damit die Hypothese verhärtete, dass M.s Unruhe und erhöhte Anspannung und damit die geringere Impulskontrolle in diesem Zusammenhang stehen müsse.

c) Vereinbarte Interventionen: Erhöhung von Ruhe- und Rückzugszeiten, Veränderung des Lehrplans (verkürzte Schulzeiten) und damit reduzierter Anspruch, was kognitive Leistungen angeht, Verstärkung von Beziehungsgesten und positive Verstärkung, vermehrte Angebote zum Spannungsabbau, reduzierter Einsatz von negativen Konsequenzen sowie noch engere Absprachen zwischen Zuhause und Schule (z. B. über die Verfassung, wie es M. morgens geht, was für Vorfälle es evtl. in der Schule gab).

M.s Eltern und die Therapeutin gingen in bestmöglichen Austausch mit M. über die anstehende Veränderung in der häuslichen Situation und ließen ihm Raum für seine Emotionen und Themen.

Trotz aller Bemühungen meldeten die zuständigen Lehrkräfte nach zwei Monaten an, dass sie erneut an ihre Grenze geraten seien. Es erfolgte zunächst ein Beratungsgespräch, in dem deutlich wurde, dass die Lehrer M.s auffällige Verhaltensweisen mit den bisher überlegten Strategien nicht mehr auffangen konnten. Sie würden sich große Sorgen um das Wohlergehen anderer Schüler machen, zumal M. einmalig in großem Ärger bereits auch einen Lehrer angegriffen habe. Weiterhin seien viele Wutausbrüche »kaum vorhersehbar« und damit »unberechenbar«. Darüber hinaus stand die Klassenfahrt an, an der M. gerne teilnehmen wollte. Bis zu diesem Zeitpunkt hatte die Therapeutin weder die Ideen zum Gewaltlosen Widerstand noch die Bezeichnung des Ansatzes Systemisches Elterncoaching in die Beratung eingebracht. Trotz Überlegungen zu weiteren Interventionen, wie eine noch detailliertere Beobachtungsphase mit schriftlicher Dokumentation der Situationen, blieb der Klassenlehrer letztlich bei seiner Annahme, dass »nichts mehr ginge«, »sie alles ausprobiert« hätten und auch eine konkretere Beobachtungsphase personell nicht leistbar sei.

Die Idee eines »Vertrages« wurde von Seiten der Lehrkräfte als »letzte Möglichkeit« eingebracht. Mit dem Vertrag (zwischen Schule, Eltern, ATZ und M.) wolle der Lehrer M. vor allem für die Zeit der Klassenfahrt und der nachfolgenden Unterrichtszeit in verbindlicher Form deutlich machen, welches Verhalten für ihn nicht mehr tragbar sei und welche Konsequenzen das Nichteinhalten von Verabredungen zu gewünschtem Verhalten habe. Es kam zu der Absprache, dass gemeinsam mit M. der Vertrag besprochen und unterzeichnet werden sollte. Im Vorhinein wurde über M.s Teilnahme am Gespräch diskutiert; letztlich waren sich alle einig, dass dieser durchaus emotional in der Lage sei, sich der Situation zu stellen – zumal wir ihm anmerkten, dass er unsere wohlwollende Haltung verstand.

Drittes Krisengespräch: Mai 2014 – mit Beteiligung von M.:

- Anlass des Gesprächs war zum einen, M. die Zusammenarbeit aller Beziehungssysteme Schule-Eltern-ATZ im Sinne eines Netzwerkes deutlich zu machen. Zum anderen sollte M. vermittelt werden, dass alle Betroffenen seine bisherigen aggressiven Verhaltensweisen nicht mehr tragen werden. Der Klassenlehrer hatte den Vertrag vorbereitet mit dem Ziel, diesen mit M. zusammen durchzugehen, Lösungsideen zu sammeln und von allen unterschreiben zu lassen. M. stand in dem Gespräch verständlicherweise unter hoher Anspannung und konnte im Verlauf des Gesprächs immer weniger passend reagieren, da er emotional sehr mitgenommen war. Als M. nur noch »rumalberte« und meinte, es sei doch »alles super« und er doch sowieso der »Klassenliebling«, »er könne machen, was er wolle«, und zusammenhanglose Sätze sprach, schickten die Lehrkräfte ihn für eine Pause aus dem Raum. Der Klassenlehrer stellte nun erneut die Frage nach einer guten Lösungsstrategie, da ihm die im Vertrag stehenden Inhalte doch nicht als ausreichend erschienen.

Intervention nach dem Prinzip des Gewaltlosen Widerstands

Der »Vertrag« und die Ankündigung

An diesem Punkt brachte die Therapeutin erstmals die Möglichkeit von Interventionen nach den Prinzipien des Gewaltlosen Widerstands und Neuer Autorität ein und stellte der Runde kurz die Methoden der »Ankündigung«, »Präsenz verstärkende Maßnahmen/Öffentlichkeit herstellen« sowie »Wiedergutmachung« vor, die sie in diesem Fall als angebracht empfand.

Die Lehrer zeigten sich offen für derartige Überlegungen, den Eltern ggf. mehr Präsenz in der Schule zu geben, und auch die Eltern freundeten sich schnell mit dieser »ungewöhnlichen« Idee an. Sie überlegten zudem, wer sich aus dem familiären Umfeld zur Unterstützung gewinnen ließe. Als der Klassenlehrer alles auf dem Blatt vermerkt hatte, erklärte sich der Vater bereit, M. wieder zurück in die Runde zu holen und stellvertretend unsere Idee mitzuteilen. Er vermittelte M. im Sinne einer »Ankündigung«, dass alle Anwesenden sein aggressives Verhalten nicht mehr hinnehmen werden und daher der Abschluss eines Vertrags helfen solle, zukünftig anders miteinander umzugehen. Der Vater las nach diesen ersten Worten die erweiterte Version des Vertrags vor. M. schien nach der Pause wieder recht zugänglich und hörte aufmerksam zu. An dem Punkt, in dem es darum ging, dass die Eltern bei Auffälligkeiten Präsenz in der Schule zeigen würden, konnte bei M. ein letztes Mal in diesem Gespräch innere Aufruhr beobachtet werden, indem er diesen Teil des Vertrags ärgerlich als »Erpressung« verurteilte. Da sein Ärger jedoch ins Leere lief, ließ er bald von seinem Protest ab, verstummte und ließ sich auch den Rest des Vertrags vorlesen. Das überarbeitete Skript wurde von allen Beteiligten unterschrieben, auch M. setzte zögerlich seine Unterschrift unter den Text.

Verlauf

Die eingesetzten Methoden haben im weiteren Verlauf eine bemerkenswerte Veränderung im Verhalten von M. bewirkt. Nach dem letzten Krisengespräch konnte bei M. bereits in den darauffolgenden Tagen eine deutliche Entspannung beobachtet werden. Offensichtlich ist es den Beteiligten gelungen, M. glaubhaft zu vermitteln, dass eine Wertschätzung seiner Person nie in Frage stand, dass aber eine konsequente Haltung bezüglich seines destruktiven Verhaltens absolut notwendig war. Folgende Aspekte waren also entsprechend des Ideenguts des GLWs höchstwahrscheinlich

---

Vertrag

zwischen

M.
Vater
Mutter
Therapeutin (ATZ)
Schule

M. darf für sich „Auszeiten" nutzen, wenn er Entspannung braucht. In dieser Zeit kann er malen, bauen oder nach Absprache anderen Tätigkeiten nachgehen. Vor Beginn der „Auszeit" meldet er sich mit Begründung ab. Sobald er sich erholt hat, kommt er zurück in die Lerngruppe. Die „Auszeit" kann auch von einem Erwachsenen beendet werden.
M. darf entsprechend der abgesprochenen Regeln Körperkontakt aufnehmen (siehe Schulvertrag). Wenn andere den Kontakt nicht wünschen („Stopp", „Nein") und dies äußern, muss der Kontakt sofort beendet werden. Erwachsene können den Kontakt beenden.

> **Niemand darf geschlagen, getreten, beleidigt oder in irgendeiner anderen Art und Weise belästigt oder angegriffen werden.**
> Wenn diese Regel nicht eingehalten wird, werden M.s Eltern informiert. Sie kommen dann in die Schule und werden ihn während der Schulzeit begleiten. Es können auch andere Personen aus M.s Familie diese Aufgabe übernehmen.
> Wenn trotzdem eine Person durch M. geschädigt wird, muss er dies durch ein Geschenk o. Ä. wieder gut machen.

In Situationen, in denen M. nicht weiß, wie er reagieren soll, kann er sich bei Erwachsenen Hilfe holen.

Unterschriften:

Abb. 2: Der Vertrag

ausschlaggebend für M.s Verhaltensänderung:

- Gemeinsame »Front«: Netzwerkarbeit (Schule-Eltern-ATZ),
- Klare, ruhige Formulierung der Werte der Erwachsenen,
- die erfolgreiche Vermittlung einer wertschätzenden und bedingungslosen Beziehung zu M. (»Wir bleiben an deiner Seite, auch wenn es schwierig wird«),
- die schrifliche Ankündigung klarer Konsequenzen wie Erhöhung der Präsenz und Wiedergutmachungsgesten.

Vor allem die Ankündigung einer Erhöhung der Präsenz der Eltern im Klassenraum, schien M. sehr nachdenklich gestimmt zu haben. Gegenüber der Therapeutin gab er im weiteren Verlauf zu, dass ihm diese Vorstellung sehr unangenehm sei, da dies sein Ansehen innerhalb der Klassengemeinschaft doch sehr in Mitleidenschaft ziehe würde. Er wolle auf keinen Fall seine Mutter »im Nacken« sitzen haben und sich daher bemühen, nicht wieder aufzufallen.

M. hat die damalige Klassenfahrt mit kleineren Ausfällen gut gemeistert und auch längerfristig keine nennenswerten aggressiven Verhaltensweisen mehr gezeigt. Die Lehrkräfte entschieden sich bei kleinen Vorfällen lediglich für den Einsatz der Wiedergutmachungsgesten, die jedoch in ihrer Anzahl gering blieben.

Fazit

Die Etablierung entsprechender Methoden, was präsenzverstärkende Maßnahmen und Wiedergutmachung angeht, kann also abschließend als sehr passend für diesen Fall bezeichnet werden. Zu welchem Zeitpunkt die Therapeutin die angesprochenen Methoden am besten einbringen sollte, blieb für sie im Beratungsverlauf für einige Zeit offen. Zudem galt die Frage, ob die Methoden des GLWs bei Kindern/Jugendlichen mit ASS, bei denen häufig eine grundsätzliche Problematik in der Impulskontrolle existiert, überhaupt greifen können. (Kann verstärkte Präsenz somit tatsächlich zu einer Regulierung von Emotionen beitragen, die bei Kindern mit ASS grundsätzlich ein Problem darstellen?)

Wie sich in der Retrospektive zeigt, konnte eine grundsätzliche Offenheit des Systems für neue, eher »unkonventionelle« Methoden erst dann entstehen, als nach wiederholten Anstrengungen eine wiederkehrende Hilf- und Ideenlosigkeit im weiteren Umgang mit M.s auffälligem Verhalten zu spüren war. Unserem Klienten selbst verhalf allein die unangenehme Vorstellung einer Präsenz durch die Eltern in der Schule zu einer hinreichend hohen Motivation, sein Verhalten zu regulieren.

Die anfangs bestehenden Zweifel der Therapeutin, inwiefern die elterliche Präsenz innerhalb der Schule auch hinderlich oder unpassend sein könnte, wurden im Beratungsverlauf ausgeräumt. Offensichtlich überwiegen die Chancen eines solchen Vorgehens, wenn es Lehrkräften und Eltern gelingt, sich ohne Rivalität als Netzwerk gegenüber dem Kind zu zeigen, die jeweils eigene Präsenz wiederherzustellen und damit die destruktiven Verhaltensweisen des Kindes deutlich zu reduzieren.

Literatur

Omer, H. & Von Schlippe, A.: Autorität ohne Gewalt, Coaching für Eltern von Kindern mit Verhaltensproblemen – Elterliche Präsenz als systemisches Konzept. Vandenhoeck & Ruprecht, Göttingen (8. Aufl.)

Von Schlippe, A. & Grabbe, Michael (Hrsg.) (2012): Werkstattbuch Elterncoaching, Elterliche Präsenz und gewaltloser Widerstand. Vandenhoeck & Ruprecht, Göttingen (3. Aufl.)

Weitere Informationen unter:
http://if-weinheim.de/ausbildungen/ausbildung-systemisches-elterncoaching.html

Teil V
Autismus und Schule

Hand in Hand für eine gute Beschulung – die einrichtungsübergreifende Zusammenarbeit in Zeiten der Inklusion

Irmgard Herold

In den letzten 25 Jahren ist die wohnortnahe und inklusive Beschulung von Kindern mit Autismus im westlichen Rheinland-Pfalz deutlich vorangeschritten. Zu Beginn meiner Tätigkeit als Autismus-Therapeutin vor 25 Jahren besuchten fast alle Klienten des Autismus-Therapiezentrums Trier eine Förderschule. Heute ist der Anteil der Kinder im schulpflichtigen Alter, die eine Förderschule besuchen, auf ein Drittel des Klientels gesunken. Häufig sind dies Kinder/Jugendliche mit zusätzlichen kognitiven, wahrnehmungsbedingten und/oder motorischen Beeinträchtigungen. Förderschulen sind in der Regel eher als allgemeinbildende Schulen auf die individuelle Unterstützung bei der Grundversorgung und der Bewältigung des Schulalltages ausgerichtet. Die Erfahrung hat jedoch gezeigt, dass manche Schüler mit Autismus in Förderschulen mitunter unterfordert werden, ihr mögliches Leistungsniveau nicht erreichen und/oder mit zusätzlichen Verhaltensauffälligkeiten reagieren. Auch Theunissen (2015) schreibt, dass die Zahl derjenigen mit einer zusätzlichen kognitiven Beeinträchtigung wesentlich geringer ist, als bisher angenommen.

Eine Beschulung aller Schüler mit und ohne Beeinträchtigungen in einer wohnortnahen Schule, wie dies schon von Reformpädagogen (Feuser 1995) in den 80er Jahren des vergangenen Jahrhunderts gefordert wurde, wäre gerade auch im Hinblick auf die UN-Konvention über die Rechte von Menschen mit Behinderungen zwar wünschenswert, scheitert aber in der Realität häufig an der fehlenden personellen, räumlichen und sachlichen Ausstattung der Schulen. Britta Schirmer (2010) betont darüber hinaus, dass es zwar autistische Kinder gibt, die von integrativer Beschulung sehr profitieren, aber auch andere, die von den Bedingungen, unter denen schulische Integration derzeit meist erfolgt, erheblich überfordert werden. Kinder mit Autismus stoßen im Schulsystem häufig an ihre Grenzen und sind z. B. in größeren Klassen durch ihre Wahrnehmungsverarbeitungsstörungen nicht in der Lage, angemessen am Unterricht teilzunehmen.

Zwei Drittel der Klienten des Autismus-Therapiezentrums Trier im schulpflichtigen Alter besuchen heute allgemeinbildende Schulen. Dies liegt zum einen an dem in den letzten zehn Jahren deutlich gestiegenen Anteil von Klienten mit hochfunktionalem Autismus/Asperger-Syndrom, zum anderen sind die schulischen Bedingungen verbessert worden: Lehrkräfte haben heute u. a. einen deutlich höheren Wissensstand zum Thema Autismus, die Schülerzahlen pro Klasse wurden reduziert, Individualisierung und Differenzierung werden immer stärker berücksichtigt, teilweise unterrichten Lehrerteams häufig in Schwerpunktschulen (gemeinsamer Unterricht von Schülern mit und ohne Beeinträchtigung) und der Einsatz von Schulbegleitern wird immer selbstverständlicher.

Die autismusspezifische, therapeutische Unterstützung von Kindern mit Autismus, deren Eltern, Lehrpersonen und Schulbegleitern durch Therapeuten der Autismus-Therapiezentren trägt dazu bei, dass deutlich mehr Kinder die Schule erfolgreich besuchen können. Auch die Zusammenarbeit der Therapeuten mit den Beratern für Integration/ Inklusion – Schwerpunkt Autismus ist häufig erforderlich, um die schulische Teilhabe zu sichern.

Wichtige Aspekte in der Zusammenarbeit mit Schulen

Autismus-Therapie wird definiert als eine Komplextherapie mit dem Menschen mit Autismus und dessen Umfeld unter Einschluss verschiedener Professionen und Methoden. Dies beinhaltet auch die Zusammenarbeit und den Austausch mit den Personen, die für die Erziehung des Kindes mit Autismus verantwortlich sind. Neben den Eltern sind dies im Schulalter in der Regel die Lehrkräfte und gegebenenfalls die Schulbegleiter. Hier stellt sich die Frage, welche Hilfen Kinder mit Autismus für eine gelingende schulische Teilhabe benötigen und wie Therapeuten von Autismus-Therapiezentren diese unterstützen können.

Lehrer zeigen nach Theunissen (2015) »häufig ein mangelndes Verständnis und unzureichende Sensibilität in Bezug auf die speziellen Bedürfnisse bzw. Besonderheiten von autistischen Kindern oder Jugendlichen«, auch die »Besonderheiten beim Lernen« und »die individuellen Stärken als Anknüpfungspunkt für schulisches Lernen« würden häufig nur unzureichend berücksichtigt. Auf der anderen Seite sind autistische Kinder im Unterricht »schwer zugänglich«, haben Schwierigkeiten, sich einzuordnen und lösen durch ihre Verhaltensweisen Irritationen aus.

Stellungnahmen zur Beschulung/Notwendigkeit der Schulbegleitung der Therapeuten des Autismus-Therapiezentrums geben zwar einen ersten Einblick in die Erfordernisse der Beschulung, eine einrichtungsübergreifende Zusammenarbeit ist jedoch häufig unabdingbar, um die erfolgreiche schulische Teilhabe autistischer Kinder/Jugendlicher zu gewährleisten.

Informationsweitergabe

Erste Aufgabe für die Therapeuten ist die Weitergabe von Informationen zu den individuellen autismusspezifischen Besonderheiten des Kindes. Typisch sind z. B. Besonderheiten in den Bereichen der Semantik (Erkennen von Bedeutungen), der Verwendung der Sprache im sozialen Kontext, der Theory of Mind, dem Umgang mit Regeln, ein oft anderes Lernverhalten, Probleme mit der Aufmerksamkeit, dem Arbeitsgedächtnis, der Orientierung, dem Umgang mit Veränderungen, der sozialen Interaktion, der Handlungsorganisation – kurz den meisten typischen autismusspezifischen Schwierigkeiten, die letztendlich zur Diagnose einer Autismus-Spektrum-Störung führen. Das von autistischen Menschen häufig benannte Motto: »Kennst du *eine* Person mit Autismus, so kennst du *eine* Person mit Autismus« ist auch hier zu berücksichtigen (Netzwerk Entresol 2016). Allgemein können zwar spezifische Auffälligkeiten von Menschen mit Autismus benannt und auch in Fortbildungen erlernt werden, sie sind jedoch in ihrer individuellen Ausprägung höchst unterschiedlich.

Verständnis von autismusspezifischen Verhaltensweisen

Das Verständnis der Komplexität der individuellen Besonderheiten im Wahrnehmen, Lernen, Denken und Handeln ist die Grundlage dafür, dass das Kind nach seinen Fähigkeiten und Bedürfnissen gefördert werden kann. Die Lehrkräfte brauchen dementsprechende Informationen, die sie von den Eltern, aber insbesondere auch von den Therapeuten erhalten. »Übliche Begleiter haben eine übliche Ausbildung, in der man lernt, wie man außergewöhnlichen Kindern hilft. Für die Hilfe braucht man normalerweise außergewöhnliche Mittel. Bei autistischen Kindern wirkt diese Strategie aber nicht, sie sind außer-gewöhnlich außergewöhnlich (Gilberg & Peeters 1995, eigene Übersetzung). Das heißt, übliche Erziehungsmethoden, wie sie Lehrkräfte in ihrer Ausbildung gelernt haben, funktionieren bei Menschen mit Autismus oft nicht so, wie Lehrkräfte dies, auch bei Kindern mit Förderbedarf, gewohnt sind. Spezialisierte Zentren mit der entsprechenden Ausbildung und Erfahrung im Bereich Autismus können Schulen dazu beraten, wie sie Schüler mit Autismus angemessen fördern.

Ein Beispiel aus der Praxis: Der Lehrer benutzt die Metapher »Du hast ein Brett vor dem Kopf« für das Nichtverstehen eines Zusammenhangs, das autistische Kind legt den Kopf auf den Tisch, damit es »ein Brett vor dem Kopf hat«. Der Lehrer fühlt sich provoziert, weil er nicht nachvollziehen kann, dass das Kind ein wortwörtliches Verständnis hat, die Bedeutung der Metapher noch nicht gelernt hat und diese nicht angemessen verstehen kann. Die Erklärung des Therapeuten hilft dem Lehrer, das Verhalten autismusspezifisch zu interpretieren und entsprechend zu reagieren, und die Übung von Metaphern in der Therapie hilft dem Kind, diese in Zukunft besser zu verstehen.

Nutzung von unterstützter Kommunikation

Gerade bei wenig oder nicht sprechenden Schülern mit Autismus ist die Erarbeitung einheitlicher Kommunikationssysteme bzw. falls diese schon eingeführt sind, die entsprechende Vermittlung an die Lehrkräfte von großer Bedeutung. Kommunikation mit Hilfe von Gebärden, die Nutzung von Maßnahmen aus der Unterstützten Kommunikation oder Kommunikationssysteme wie z. B. PECS sind den Lehrkräften in der Regel bekannt. In ihrer individuellen Handhabe/Ausgestaltung und Fortführung aber sind ein enger Austausch zwischen Lehrkräften und Therapeuten, die Vermittlung von entsprechendem Wissen und das Einüben von neuen Inhalten in der Therapie und der Transfer in die Schule erforderlich. Ein Beispiel aus der Praxis: Eine frühere nicht sprechende Klientin besuchte die Förderschule für ganzheitliche Entwicklung. Nach Vermittlung entsprechender Kommunikationsmöglichkeiten aus der Unterstützten Kommunikation konnte sie ihre hohe kognitive Leistungsfähigkeit zeigen und absolviert heute erfolgreich ein Universitätsstudium.

Lernhilfen

Kinder/Jugendliche mit Autismus lernen meist in ihrer eigenen Art und Weise. Oft zeigen sie in bestimmten Bereichen überdurchschnittliche Fähigkeiten, während sie gleichzeitig in anderen große Schwierigkeiten haben. Häufig benötigen sie spezifische Zugangsweisen und individuelle Lernhilfen, um erfolgreich lernen zu können und Zusammenhänge besser zu verstehen. Die autismusspezifische Strukturierung von Lernsituationen und Materialien ist häufig hilfreich. So können z. B. visualisierte Regeln und die Visualisierung von Abläufen dazu beitragen, dass ein Kind mit Autismus eine schulische Aufgabe besser bewältigen kann. Die gemeinsame Entwicklung von passenden Ideen zur Verbesserung der Lernsituation und deren Erprobung zunächst in der Therapiesituation vor dem anschließenden Transfer in die Schule führt in der Regel zu einer deutlich verbesserten Lernfähigkeit. Auch hier ein einfaches Beispiel aus der Praxis: Auf einem Mathe-Arbeitsblatt sind 15 Aufgaben untereinander aufgereiht. Das autistische Kind ist aufgrund seiner Reizfilterschwäche überfordert und kann die Aufgaben nicht der Reihe nach lösen. Ein Auseinanderschneiden des Aufgabenblattes und eine einzelne Präsentation der Aufgaben führen dazu, dass das Kind die Aufgaben angemessen bearbeiten und lösen kann.

Autistische Kinder haben häufig spezifische Interessen. Diese sind besonders in der Primarstufe häufig das Mittel der Wahl, um die Motivation des Kindes zur Teilnahme am Unterricht zu erhöhen. Auch hier ist eine enge Zusammenarbeit zwischen Lehrkräften und Therapeuten hilfreich, um Themen zu erkennen und Spezialinteressen zu nutzen, aber nicht zum einzigen Motivator für das Kind werden zu lassen.

Schwierige Situationen im Schulalltag

Insbesondere Krisensituationen führen zu einer Gefährdung der schulischen Teilhabe im bedeutsamen Ausmaß. Eine enge Zusammenarbeit aller Beteiligten ist hier unabdingbar. Die Ursachen für die krisenhafte Entwicklung sollten erörtert und Lösungsmöglichkeiten gemeinsam gefunden werden. Durch ein Nachbereiten des erlebten Schulalltages und eine Vorbereitung auf mögliche auftretende Schwierigkeiten in der Schule während der Therapie können krisenhafte Situationen häufig vermieden werden. Die tragfähige Beziehung zwischen Therapeut und Klient hilft in schwierigen und belasteten Situationen zwischen Lehrkräften, dem autistischem Kind/Jugendlichen und dessen Eltern zu vermitteln.

Auch der Umgang mit herausfordernden Verhaltensweisen (provokantes, aggressives, autoaggressives Verhalten) erfordert häufig eine spezifische individuelle Beratung der Lehrkräfte durch die Therapeuten. Auch hier ein Beispiel aus der Praxis: Ein Schüler mit Autismus beißt sich beim Thema »Getreide« im Sachunterricht wiederholt in die Hände, kann dieses Verhalten auf Nachfrage der Lehrerin aber nicht erklären. Erst in der vertrauten Therapiesituation ist es ihm möglich zu berichten, dass es für ihn aufgrund seiner taktilen Überempfindlichkeit in der Ergotherapie höchst unangenehm war in ein so genanntes »Getreidebad« zu greifen. Diese Missempfindung hatte er in der Unterrichtssituation wieder deutlich gespürt. Mit Hilfe des Therapeuten und einer autismusspezifisch angepassten verhaltenstherapeutischen Intervention kann er das Thema Getreide bearbeiten und im Unterricht damit umgehen.

Das Wissen über die individuellen Wahrnehmungsauffälligkeiten des Kindes/Jugendlichen mit Autismus erschließt sich den Lehrkräften häufig nicht augenscheinlich. Darüber hinaus erlaubt ihr begrenztes Zeitfenster für den/die einzelne/n Schüler/in häufig kein näheres Eingehen auf diese Besonderheiten. Auch hier sind Information und Beratung in der Zusammenarbeit mit den Therapeuten nötig, um Krisensituationen zu vermeiden und durch entsprechende Interventionen die negativen Wahrnehmungserlebnisse und die damit verbundenen Ängste und Irritationen zu reduzieren. Häufig benötigen autistische Kinder/Jugendliche aufgrund ihrer autistischen Wahrnehmungsverarbeitung spezielle Rahmenbedingungen, z. B. Rückzugsmöglichkeiten bei Überforderung durch das Zusammensein mit vielen Personen und der häufig damit verbundenen Reizüberflutung durch laute Geräusche, oder spezifische Nachteilsausgleiche, wie z. B. mehr Zeit bei der Bearbeitung von Aufgaben aufgrund hoher Ablenkbarkeit.

Soziale Interaktion

Der Schulalltag bedeutet für Kinder/Jugendliche mit Autismus ein ständiges Auseinandersetzen und Interagieren mit anderen Personen. Aufgrund der Schwierigkeiten, soziale Situationen wahrzunehmen, zu interpretieren und angemessen darauf zu reagieren, entstehen in der Interaktion mit Mitschülern und Lehrkräften häufig Missverständnisse, Geschehnisse werden auf unerwartete Weise interpretiert und viele Reaktionen sind für die Mitschüler nicht nachvollziehbar. Ein Beispiel aus der Praxis: Das autistische Kind wird beim Reingehen nach der Pause von einem anderen Kind aus Versehen angerempelt und schlägt das andere Kind, weil es »angegriffen« wurde. Im therapeutischen Setting können solche Situationen aufgegriffen und bearbeitet werden. Im Austausch mit den Lehrkräften kann überlegt werden, wie sich solche Situationen möglichst vermeiden lassen.

Durch sogenannte »Klassenaufklärungen« werden die Mitschüler für das Thema »Anderssein« sensibilisiert und lernen die Besonderheiten ihres autistischen Mitschülers zu akzeptieren und wertzuschätzen. Durch die Anwesenheit von Therapeuten eines Autismus-Therapiezentrums bekommen diese Unterrichtseinheiten einen eigenen Stellenwert und werden nach den bisherigen Erfahrungen von den Schülern gut angenommen. Ein Beispiel aus der Praxis: Um die häufige Reiz-Überflutung autistischer Kinder durch verschiedene Geräuschquellen und die Schwierigkeiten bei deren Differenzierung nachvollziehen zu können, wurde mit den Mitschülern das folgende Experiment durchgeführt: Ein Schüler steht in einem Kreis von 6 Schülern, die gleichzeitig unterschiedliche Texte vorlesen und soll dies auf sich wirken lassen bzw. versuchen einen Text zu verstehen. Nach der Durchführung konnten die Mitschüler deutlich besser verstehen, warum das autistische Kind gleichzeitig das draußen vorbeifahrende Auto, die Schritte auf dem Flur vor der Klasse, die sich flüsternd unterhaltenden Schüler in der 2. und 4. Reihe hinter ihm und die Aufgabenstellung der Lehrerin hört und deshalb die Aufgabenstellung nicht verstehen kann. Ein schöner Nebeneffekt war, dass die Kinder, die vorher oft sehr laut waren, sich nun untereinander ermahnten, leiser zu sein.

Zusammenarbeit mit Schulbegleitern

Die autismusspezifische Beratung der Schulbegleiter ist ein weiteres wichtiges Feld der therapeutischen Arbeit. Häufig werden in der Schulbegleitung Menschen eingesetzt, die kein oder wenig Wissen über Autismus mitbringen. Die Vermittlung von Wissen über Autismus und der Austausch über die autismusspezifischen, individuellen Besonderheiten des jeweiligen Kindes mit den Therapeuten ermöglicht es den Schulbegleitern, ein Verständnis für das Kind zu entwickeln und besser mit seinen individuellen Besonderheiten umzugehen. Gemeinsam werden individuelle Lernhilfen entwickelt, schwierige Situationen/Verhaltensweisen besprochen und Lösungen entwickelt.

Im Autismus-Therapiezentrum Trier findet ein Mal monatlich eine Gruppenberatung für Schulbegleiter statt. In dieser Gruppenberatung tauschen sich die Schulbegleiter in Kleingruppen über ihre Arbeit aus, lernen spezifische Methoden und reflektieren ihre Arbeit und ihre Arbeitsbelastung.

Zusammenarbeit mit den Beratern für Integration/Inklusion – Schwerpunkt Autismus

Seit 2009 sind Berater für Integration/ Inklusion – Schwerpunkt Autismus in Rheinland-Pfalz etabliert und die Einrichtung dieser »Fachberatung Autismus«, die für alle Schularten der Primarstufe und Sekundarstufe zuständig ist, hat den Besuch von Kindern und Jugendlichen mit Autismus an allgemeinbildenden Schulen deutlich gefördert. Die speziell geschulten und in der Regel sonderpädagogisch ausgebildeten Lehrer können von Schulen über die Schulaufsicht bei Vorliegen einer Autismus-Diagnose angefordert werden. Sie geben Informationen über Autismus-Spektrum-Störungen und deren Auswirkungen im Unterricht und Schulalltag an die Lehrkräfte, Teams, Schulleitungen und alle Beteiligten im Bildungsprozess weiter. In Abstimmung mit der Schulaufsicht beraten sie zur Einschulung, zur Schullaufbahn und zu Schulwechseln. Sie erstellen Gutachten und sind in Krisensituationen Ansprechpartner.

In der Regel hospitieren sie zunächst im Unterricht und beraten anschließend im Hinblick auf die Belange der Schüler mit Autismus. Insbesondere die Themen Nachteilsausgleich, Leistungsbeurteilung, Lern- und Förderpläne, spezifischer Unterstützungsbedarf, methodisch-didaktische Fragestellungen und Schaffung förderlicher Bedingungen im Unterricht bilden dabei inhaltliche Schwerpunkte.

Ein wichtiger Bereich der Arbeit der Fachberatung Autismus besteht in der Netzwerkarbeit und Kooperation mit allen an der Förderung beteiligten Personen. In der Region Trier besteht ein enger Austausch zwischen den Fachberatern und den Therapeuten des Autismus-Therapiezentrums. Da den Fachberatern deutlich weniger Zeit pro Kind/Jugendlichem zur Verfügung steht als den Therapeuten und diese die Klienten und deren familiären Rahmen in der Regel besser kennen, ist die Zusammenarbeit auch für die Arbeit der Fachberaterinnen wichtig, z. B. als Hilfestellung für die Beratung der Lehrkräfte oder bezüglich der Bestimmung eines Nachteilsausgleiches. Eine gemeinsame Aufgabe besteht in der Ermittlung der Lernausgangslage, hierbei wird gemeinsam mit allen Beteiligten überlegt, welche Schule für ein Kind die passende ist, und die Eltern werden bezüglich der möglichen Schullaufbahn beraten. In »Runden Tischen«, oft vom Jugendamt initiiert, um den Hilfebedarf zu ermitteln, werden in der Regel gemeinsam Lösungen für die individuellen Besonderheiten eines Kindes mit Autismus erarbeitet. Die Weitergabe von Informationen zum Störungsbild Autismus in Bezug auf den jeweiligen Einzelfall gehört sowohl zu den Aufgaben der Fachberatung als auch zu den Aufgaben der Autismustherapeuten. In der Praxis hat sich gezeigt, dass die gemeinsame Durchführung von Elternabenden, Klassenaufklärungsgesprächen und besonders die Zusammenarbeit in Krisen deutlich zur Verbesserung der schulischen Teilhabe beitragen.

»Schule ist ein besonders wegweisender Lebensbereich, und für Kinder oft der erste Schritt in den Ernst des Lebens. Leider ist für nicht wenige autistische Menschen der Schulbesuch eine Qual. Unter günstigen Bedingungen kann Schule aber auch als bereichernd erlebt werden und zur langfristigen positiven Persönlichkeitsentwicklung beitragen« (Schuster 2011). Die Teilhabe von autistischen Kindern und Jugendlichen an Erziehung und Bildung ist abhängig von der aktiven Kooperation aller Beteiligten. Autismus-Therapiezentren leisten hierzu durch die Zusammenarbeit und den Austausch mit Schulen sowie deren Beratung einen wertvollen Beitrag.

Literatur

Autismus Deutschland: Leitlinien zur inklusiven Beschulung von Schülern mit AUTISMUS-SPEKTRUM-STÖRUNG (2013) http://www.autismus.de/fileadmin/RECHT_UND_GESELLSCHAFT/Leitlinien_des_Bundesverbandes_autismus_Deutschland_e.V._zur_inklusiven_Beschulung_von_Schuelern_mit_AUTISMU-SPEKTRUM-STÖRUNG.pdf

Bildungsserver Rheinland-Pfalz: Autismus, http://inklusion.bildung-rp.de/informationen-fuer-schulen/schule-und-behinderung/autismus.html

Feuser, G. (1995): Behinderte Kinder und Jugendliche. Wiss. Buchges., Darmstadt

Gilberg, C. & Peeters, T. (1995): Autisme, medisch en educatief. Opleidingscentrum Autisme, Antwerpen

Netzwerk Entresol (Hrsg.) (2016): Autismus – Zu einer klinischen und kulturellen Diagnose. Verlag sphères, Zürich

Schirmer, B. (2010): Schulratgeber Autismus-Spektrum-Störungen. Reinhardt-Verlag, München

Schuster, N. (2011): Schüler mit Autismus-Spektrum-Störungen. Kohlhammer, Stuttgart

Theunissen, G. (2015): Schule und Autismus. behinderte menschen, 1/2015

Kooperation von Autismus-Therapiezentren mit Beratungsstellen der Schulen

Maike Lohmann

Als Mitarbeiterin der Beratungsstelle für die schulische Bildung von Kindern und Jugendlichen mit autistischem Verhalten (BIS-Autismus) gebe ich im Folgenden einen kurzen Einblick über die Kooperation zwischen mir als regionaler Beraterin in der BIS-Autismus sowie den Autismus-Therapiezentren in meiner Region. Die BIS-Autismus ist beim Institut für Qualitätsentwicklung an Schulen Schleswig-Holsteins (IQSH) angesiedelt. Hier ist sie Teil der Beratungsstelle Inklusive Schule (BIS). Sie unterstützt bei schulischen Problemen im Kontext autistischen Verhaltens in allen Formen und Stufen des öffentlichen Schulsystems.

»Das Team der BIS-Autismus setzt sich aus Lehrkräften unterschiedlicher sonderpädagogischer Fachrichtungen zusammen.

Das Angebot der BIS-Autismus richtet sich an alle Schulen des Landes und an alle mit der Förderung und Unterstützung des Schülers/der Schülerin beteiligten Personen (Netzwerk). Die Angebote sind insgesamt darauf ausgerichtet, gemeinsam mit Netzwerkpartnern förderliche Bedingungen für einen gelingenden inklusiven Unterricht zu entwickeln.« (Flyer BIS-Autismus 2016)

»Die Unterstützung der BIS-Autismus kann von allen am Entwicklungsprozess beteiligten Personen in Anspruch genommen werden, wenn bei einer Schülerin oder einem Schüler der Verdacht auf eine Autismus-Spektrum-Störung (ASS) besteht oder bereits diagnostiziert worden ist.

Arbeitsschwerpunkte der der BIS-Autismus sind:

- fallbezogene schulische Beratung
- Teamberatung
- Schullaufbahnberatung
- Netzwerkarbeit
- Durchführung von Fortbildungsveranstaltungen und Schulentwicklungstagen

(aus: Flyer BIS-Autismus 2016)

Ich begleite Schülerinnen und Schüler vom letzten Kindergartenjahr bis zum Abitur und auch in berufsbildenden Systemen. Die meisten der von mir betreuten Schülerinnen und Schüler erhalten die ASS-Diagnose im letzten Drittel der Grundschulzeit. Nicht selten wird eine ASS bei Schülern auch erst in der weiterführenden Schule gestellt, weil sie bis dahin zwar als besonders und auch manchmal skurril wahrgenommen wurden, aber keiner der Beteiligten vermutete, dass eine ASS vorlag. Meine Beratung findet in der Regel in den jeweiligen Schulen statt. Dies betrifft Grundschulen, Gemeinschaftsschulen, Gymnasien und die Berufsschulen.

Bei meinen regelmäßig stattfindenden Besuchen an den Schulen hospitiere ich in der Regel im Unterricht und führe danach Gesprächsrunden zu den einzelnen Schülern. An den Runden nehmen seitens der Schulen die Klassenlehrkräfte, vereinzelt Fachlehrer und manchmal Stufenkoordinatoren oder Schulsozialarbeiter, die Eltern und bei älteren Schülern auch diese selbst teil. Sollte eine Schulbegleitung eingesetzt sein, ist auch diese und ggf. die fallzuständige Mitarbeiterin des Jugendamtes bei den Gesprächen dabei.

In diesen Gesprächsrunden wird besprochen, wie es dem jeweiligen Schüler derzeit in der Schule geht, welche Fortschritte im Lern- oder Sozialverhalten zu verzeichnen sind, welche Schwierigkeiten sich seit dem letzten

Besuch aufgetan haben und wie man diesen mit dem Schaffen der sogenannten »Förderlichen Bedingungen« begegnen kann.

Förderliche Bedingungen in der Schule sind u. a.:

- Das Schaffen von klaren Strukturen und Orientierungshilfen, sodass es den Schülern ermöglicht wird, sich ihr jeweiliges Umfeld zu erschließen. Dies beinhaltet den Einsatz von Ablaufplänen, Strukturierungshilfen, Piktogrammen u. Ä.,
- das Schaffen von Lernbedingungen zur Verbesserung der Aufmerksamkeitslenkung durch eine klare deutliche Ansprache, komplexe Anweisungen in kleinere Schritte zergliedern oder visuell unterstützen,
- eine eindeutige Lehrersprache durch klare Anweisungen unterstützt mit Gestik und Mimik, kurze und konkrete Sätze, verkürzte Fragen, konkretes Nachfragen,
- positive Rückmeldung von Leistungen, Handlungen, Aktionen, die der Schüler gut gemacht hat oder die im Ansatz bereits positiv sind,
- klare und eindeutige Regeln, klare Vorgaben: Wenn-dann-Angebote,
- Absprachen bei drohender oder vorhandener Reizüberflutung, das Schaffen von Auszeiten und Rückzugsmöglichkeiten,
- Minimierung spontaner Änderungen des Tagesablaufes,
- das Nutzen von besonderen Interessen des Schülers, seinen Stärken und Talenten,
- Unterstützung bei der Arbeitsplatzorganisation durch Regal- oder Ordnungssysteme, Ablaufpläne mit visuellen Hilfen, Strukturierung des Arbeitsplatzes durch Markierungen usw.,
- Umgang mit provozierenden Verhaltensweisen,
- Umgang mit Anpassungsdruck,
- die Dinge gelassen, geduldig, humorvoll und ohne Erwartungsdruck angehen.

Als sehr wünschenswert empfinde ich die Teilnahme des den Schüler betreuenden Therapeuten aus dem Autismus-Therapiezentrum (ATZ) oder von anderen therapeutisch arbeitenden Fachkräften. Die Einbindung dieser hat sich in der Praxis als sehr hilfreich erwiesen, weil die Therapeuten viele Aspekte aus ihrer Arbeit mit dem betreffenden Schüler oder aus der Elternarbeit beitragen können. Auch wenn die Therapeuten in Schleswig-Holstein durch die Arbeit der BIS-Autismus viel weniger in den Schulen tätig werden als vielleicht in anderen Bundesländern, so sind sie doch sehr wichtige Netzwerkpartner. Regelmäßig ergeben sich aus den Gesprächsrunden Themen und Problematiken, die die Unterstützung der Therapie erfordern und von den Schulen alleine nicht zu lösen sind. Hier sind insbesondere Themen aus dem personalen und sozialen Kontext zu nennen. In den Therapiestunden erarbeitete Elemente können direkt in die Schule mit einfließen.

Die Einbeziehung der Therapeuten erfordert jedoch eine gute zeitliche Planung, da die Lehrkräfte vormittags in ihren Unterricht eingebunden sind, die Therapeuten hingegen nachmittags mit den Klienten arbeiten. Daher ist es in der Praxis nicht bei jedem Besuch möglich, alle Beteiligten an einen Tisch zu bekommen. Hier sehe ich es als meine Aufgabe als zuständige BIS-Autismus-Beraterin an, vor den Gesprächen in Telefonaten oder im Mailkontakt zu sondieren, ob ein gemeinsamer Termin nur wünschenswert oder als sehr wichtig erachtet wird, sodass die Terminfindung darauf abgestellt werden muss. Parallel begleitende Telefonate zwischen mir und den Therapeuten ergänzen die Arbeit zwischen den Gesprächsterminen. Voraussetzung hierfür ist die Einverständniserklärung der Eltern zum Austausch.

Fallbezogene schulische Beratung/Teamberatung

Folgende Themen erfordern meiner Erfahrung nach die enge Einbeziehung der Autismus-Therapie:

1. Vermindertes Selbstwertgefühl im Kontext der autistischen Störung, das Wissen um die Störung und der Umgang mit dieser
2. depressive Phasen

Fallbeispiel

Aaron hat von der Gemeinschaftsschule in die 10. Klasse eines Gymnasiums gewechselt. Nach ein paar Wochen fällt es ihm immer schwerer, den Unterricht regelmäßig zu besuchen. Bis Weihnachten häufen sich die Fehlzeiten. Auch fällt er durch sein besonderes Verhalten im Unterricht auf. Da das Gymnasium bereits mehrere Schüler mit einer ASS beschult und die Lehrkräfte eine Fortbildung durch mich als Mitarbeiterin der BIS-Autismus erhalten haben, entsteht der Verdacht, dass es sich auch bei diesem Schüler um eine ASS handeln könnte. Nach einer Unterrichtshospitation und einer Gesprächsrunde mit dem Schüler bestätigt sich der Verdacht. Ich empfehle eine entsprechende Diagnostik. Der Kinder- und Jugendpsychiater stellt die Diagnose Asperger-Syndrom. Der Förderschwerpunkt Autistisches Verhalten wird vom Schulamt festgestellt.

Dem Schüler fällt die Akzeptanz der Diagnose schwer. Er besucht immer seltener den Unterricht, ist von Selbstzweifeln geplagt. Unterstützt von einer Familienhilfe über das Jugendamt finden in regelmäßigen Abständen mit der Klassenlehrkraft, dem Schüler, den Eltern und mir Gespräche statt. In den Gesprächen geht es vor allem darum, Bedingungen zu schaffen, die es dem Schüler ermöglichen, die Schule regelmäßiger zu besuchen. Er artikuliert nach wie vor das Abitur als sein Ziel. Die Schule schätzt seine Leistungsfähigkeit als dafür ausreichend ein.

Ein Nachteilsausgleich wird formuliert. Dieser ermöglicht es dem Schüler u. a., die kaum vorhandene mündliche Mitarbeit durch schriftliche Zusatzleistungen auszugleichen. Hierauf kann sich der Schüler einlassen. Auch wird besprochen, wo der günstigste Sitzplatz im Klassenraum ist und in welchen Raum er sich zurückziehen kann, wenn er Ruhe benötigt. Die verpassten Klausuren kann er nachschreiben. Trotz aller ergriffenen Maßnahmen kommt Aaron immer unregelmäßiger zur Schule. Er scheitert nach seinen Angaben am eigenen Anspruch an sich. Die Mitschüler, die sich sehr verständnisvoll verhalten, lösen Stress bei ihm aus, dem er sich nicht gewachsen fühlt.

Die mit dem Bekanntwerden der ASS-Diagnose beantragte autismusspezifische Therapie wird bewilligt und ein Platz aufgrund der Dringlichkeit schnell geschaffen. Dem Therapeuten gelingt der Zugang zu Aaron, es entwickelt sich eine für ihn fruchtbare Zusammenarbeit. An den Gesprächsrunden in der Schule nimmt der Therapeut des ATZs im Laufe des Schuljahres zweimal teil, ansonsten steht er im Austausch mit mir als BIS-Autismus-Beraterin und dem Klassenlehrer. Dieser berichtet ihm vom Stand der Entwicklung und den anstehenden Themen in der Schule. Den Rest des Schuljahres kann Aaron nach wie vor nicht regelmäßig die Schule besuchen. Diese hält jedoch ihr Angebot offen. Er kann sich stets Arbeitsmaterial im Sekretariat abholen und zu Hause bearbeiten. Dies nutzt Aaron zunehmend.

Sein psychisches Befinden stabilisiert sich dank der Therapie weiter. Hier arbeitet er an seinem Selbstverständnis als Asperger. In einem Gespräch mit allen am Prozess Beteiligten beschließt man zum Ende des Schuljahres einvernehmlich, dass Aaron die 11. Klasse wiederholen kann. Dies motiviert ihn soweit, dass er die letzten Wochen des Schuljahres wieder sehr viel regelmäßiger am Unterricht teilnimmt. Nach den Sommerferien startet er neu. Nach drei Jahren schafft er sein Abitur. Die autismusspezifische Therapie läuft während der ganzen Zeit weiter. Anfangs sehr regelmäßig und später dann in größeren Abständen.

3. Schwierigkeiten im sozialen Umgang (Mitschüler und Lehrkräfte)
4. aggressives Verhalten

Fallbeispiel

Pia hat bereits zur Einschulung die Diagnose Atypischer Autismus. Als Mitarbeiterin der BIS-Autismus habe ich Pia bereits in der Kita kennen gelernt und zu einer Gesprächsrunde mit den Erziehern und der Mutter auch die Schulleiterin der aufnehmenden Grundschule eingeladen. Gemeinsam bespricht man, wie der Start in die Schule am besten gelingen kann. Die Eltern haben eine recht kleine Grundschule für ihr Kind ausgewählt, weil sie sich dort eine etwas ruhigere Umgebung für Pia erhoffen. Autismus ist an der Schule ein neuer Förderschwerpunkt. Bisher gab es dort keine Schüler mit einer ASS. Daher kommt am Ende des auslaufenden Schuljahres das Kollegium zu einer Fortbildung durch mich zusammen, um sich auf die neue Schülerin vorzubereiten. Eine autismusspezifische Therapie startet im Frühjahr vor der Einschulung. Pia lernt hier viel über Autismus und sich im Kontext dieser Beeinträchtigung zu verstehen.

Zunächst kommt Pia gut in der Klasse an. Auf mein Anraten hin hat Pia den Klassenraum bereits vor den Sommerferien kennen gelernt und sich einen Sitzplatz aussuchen dürfen. Dies gibt ihr Sicherheit. Jedoch bereits nach ein paar Schulwochen häufen sich Vorfälle, bei denen Pia ohne erkennbaren Grund außer sich gerät, nicht mehr zu beruhigen ist, andere Kinder schlägt, mit Gegenständen wirft und daher für die Erstklässler bedrohlich wird. Diese haben Angst vor ihr und vor allem vor ihren Ausbrüchen. Eine schnell ins Leben gerufene Gesprächsrunde macht das Ausmaß der Situation deutlich. Die am Gespräch beteiligte Therapeutin des ATZs erklärt den Eltern und den Lehrkräften die Hintergründe für Pias scheinbar grundlose Ausbrüche und gibt erste Tipps zum Umgang mit diesen. Eine Schulbegleitung wird installiert. Diese tauscht sich mehrmals mit der Therapeutin aus. Die mit dem Fall betraute Sonderpädagogin entwickelt mit der Therapeutin und den Lehrkräften einen Notfallplan. In diesem ist klar festgehalten, was bei einem Ausbruch zu tun ist.

Die Therapeutin arbeitet mit Pia an den problematischen Situationen in der Schule, der Notfallplan greift und gegen Ende des zweiten Schuljahres kommt es so gut wie gar nicht mehr zu unkontrollierbaren Ausbrüchen. Pia wechselt nach der vierten Klasse auf eine Gemeinschaftsschule. Die neuen Lehrkräfte werden von der BIS-Autismus-Beraterin auf Pia vorbereitet. Vorfälle wie in der Grundschulzeit hat es nie wieder gegeben. In der neuen Schule kam der Notfallplan nicht mehr zum Einsatz.

199

Individueller Ablauf

Ziel: klare Handlungsstrategien und Absprachen im Falle eines Ausbruchs für alle Beteiligten (Schule, Schulbegleiterin und Eltern)

Name: xxx Alter: Klasse:	Startdatum:	Zusätzliche personelle Unterstützung: Schulbegleiterin
Strategien im Umgang mit xxx: – Ablaufplan bei Wut (Bilderplan) mit xxx in einer guten Lernphase deutlich machen und besprechen **(Lehrkraft und Schulbegleiterin)** – Regeln und Konsequenzen besprechen **(Lehrkraft)** **In der Wutphase:** – Ruhe bewahren (kein Bedrängen, nicht auf sie einreden) – xxx nimmt den vorher festgelegten und geübten Weg aus der Klasse **Nach der Wutphase:** – Rückkehr in die Klasse ohne Extra-Ansprache, Aufnahme von Normalität (schulisches Arbeiten ohne hohe Anforderungen) – Besprechen des Vorfalls mit xxx in einer späteren Phase (ggfs. am nächsten Tag) – Informationen an die Eltern nach Schulschluss **(Lehrkraft/Schulbegleitung)**	**Rolle der Schulbegleiterin:** – kennt den Ablaufplan – Ruhe bewahren, kein körperliches Eingreifen, kein Anschreien – begleitet xxx auf ihrem Weg nach draußen Selbst- und Fremdgefährdung verhindern – begleitet xxx auch in der Erholungsphase – begleitet xxx nach Rücksprache mit ihr in die Klasse – unterstützt xxx beim Arbeiten, ggfs. an einen ruhigen Lernort	**Rolle der Eltern:** – Eltern kennen und unterstützen den Ablaufplan und besprechen ihn ebenfalls mit xxx – Eltern informieren die Schule rechtzeitig, wenn xxx durch häusliche Situationen bereits angespannt zur Schule kommt

Zusätzliche Absprachen:

Abb. 1: Individueller Ablaufplan Teil I

- Konflikte mit Mitschülern in der Pause: Schulbegleiterin ist gerade in den Pausen, beim Reinkommen und Rausgehen besonders aufmerksam Pausenverbot, Extraarbeit, festgelegte Tischkickerzeiten

- xxx gefährdet sich durch Weglaufen/Verlassen des Schulgebäudes: Eltern werden informiert und kommen (Schulbegleitung bleibt bei xxx)

- xxx übt massive Gewalt gegen Mitschüler oder Erwachsene aus: xxx muss abgeholt werden (Schulregel, gilt für alle Schüler)

- xxx zerstört Eigentum anderer: Eltern und Schule einigen sich über eine Wiedergutmachung

Sonderabsprachen:

- bei verändertem Stundenplan (Feste, Theater …): Schule findet mit den Eltern eine individuelle Lösung

- wenn die Schulbegleiterin nicht da ist: xxx wird von den Eltern in einer Konfliktsituation abgeholt

Schulsozialarbeiterin unterstützt in Konfliktsituationen, bis die Eltern xxx abholen

Unterschriften:

Abb. 2: Individueller Ablaufplan Teil II

5. Schwierigkeiten im sozialen Umgang (Mitschüler und Lehrkräfte)
6. eingeschränkte Gesichtserkennung

Fallbeispiel

Paul wird mit der Diagnose ADHS eingeschult. Er erhält von Anfang an eine entsprechende Medikation. Der Start in die Schulzeit verläuft etwas schwierig. Paul ist recht reizoffen, benötigt eine sehr klar strukturierte Lernumgebung und ein wenig Abstand zu seinen Mitschülern.

In der Klasse ist ein bereits mit dem Asperger-Syndrom diagnostizierter Schüler. Dieser ist sehr verhaltensauffällig und fordert daher die Lehrkräfte. Auch die Toleranz der Mitschüler wird auf eine harte Probe gestellt. Der Junge kann zeitweise nur reduziert beschult werden und verbringt immer wieder auch Unterrichtsstunden mit seinem Schulbegleiter in einem Extraraum. Dort kann er arbeiten. Für diesen Schüler finden viele Gesprächsrunden mit den am Prozess Beteiligten statt. Im Laufe der Grundschulzeit gelingt es, sein Verhalten so weit zu stabilisieren, dass er am gesamten Klassenunterricht teilnehmen kann.

Die Schule erhält von mir eine Fortbildung und in den Gesprächsrunden erläutere ich immer wieder verschiedene Aspekte autistischen Denkens und Verhaltens. Ausgelöst durch dieses immer tiefergehende Verständnis für eine ASS beginnt die Klassenlehrkraft zunehmend an der ADHS-Diagnose von Paul zu zweifeln und sieht immer mehr autistische Verhaltensweisen bei ihm. Die Mutter darauf angesprochen erklärt sich sofort zu einer Diagnostik bereit. Diese ergibt zweifelsfrei ein Asperger-Syndrom zusätzlich zum ADHS. Im Rahmen der Auseinandersetzung mit der ASS entdeckt die Mutter immer mehr Parallelen zu ihrem eigenen Empfinden und Leben. Im Internet macht sie einen Test, der recht eindeutig ebenfalls auf ein Asperger-Syndrom hinweist. Infolgedessen tauscht sie sich mit Paul immer wieder intensiv über seine Schwierigkeiten im Umgang mit den Mitschülern aus. Sie kennt Einsamkeit in der Schule und Mobbingsituationen nur zu gut aus ihrer eigenen Schulzeit. Die ASS-Diagnose führt in der Klasse zu einer neuen Sichtweise auf Pauls Verhalten. Die inzwischen gut geschulten Lehrkräfte können ihm jetzt viel besser gerecht werden. Paul verlässt die Grundschule mit guten Erinnerungen an diese Zeit.

Der Wechsel zur weiterführenden Schule, in eine I-Klasse, erfolgt durch mich mit den bereits beschriebenen Vorbereitungen im voran geschilderten Fallbeispiel. Auch tauschen sich die Grundschullehrkraft und die aufnehmende Kollegin an der Gemeinschaftsschule über Paul aus. In der betreffenden Gemeinschaftsschule werden bereits mehrere Schüler mit ASS beschult, sodass die Lehrkräfte im Rahmen von deren Betreuung schon mehrere Fortbildungen erhalten haben. Ferner wird bereits zu Beginn der 5. Klasse eine autismusspezifische Therapie am ATZ begonnen.

Da Paul nach wie vor insbesondere im emotionalen und sozialen Kontext deutlich autistisches Verhalten zeigt, führe ich in der zweiten Schulwoche eine Klassenaufklärung in der neuen Klasse durch. Die Mitschüler machen kleine Experimente und werden über eine Power-Point-Präsentation mit altersentsprechenden Folien über das Asperger-Syndrom informiert. Die Power-Point-Präsentation haben Paul und seine Mutter vorher bereits angesehen und spezifische Ergänzungen eingefügt.

Das soziale Miteinander der Klasse stellt Paul auf harte Proben, er steht am Rande der Klassengemeinschaft. Durch eine erschwerte Gesichtserkennung lernt er nur sehr langsam die Namen der Mitschüler. Dies ist für diese nur schwer nachvollziehbar. In den Therapiestunden am ATZ übt Paul mit der Therapeutin diese Fähigkeit. Hier hat Paul die Gelegenheit, Situationen aus dem sozialen Miteinander mit dem Therapeuten zu reflektieren und alternative Handlungsmöglichkeiten zu entwickeln. Diese erprobt er dann in der Schule. Ferner übt der Therapeut mit ihm das Erkennen von Gesichtsausdrücken.

In den Gesprächsrunden beschließt man, Paul eine Schulbegleitung zur Seite zu stellen. Diese hat in erster Linie die Aufgabe, soziale Situationen zu »dolmetschen«. Sie soll Paul das Empfinden und Denken der Mitschüler nahebringen und diesen Pauls Art des Denkens.

Die zunächst eingesetzte Schulbegleiterin erweist sich als nicht geeignet. Es gelingt ihr nicht ausreichend, Pauls Beweggründe für sein Handeln zu verstehen und für die Mitschüler zu übersetzen. Immer wieder kommt es zu Konflikten zwischen der Schulbegleiterin und Paul, sodass diese Ende der 5. Klasse ausgetauscht wird. Die neue Schulbegleiterin kann sich sehr viel besser in Pauls Empfinden und Denken einfühlen. Er fühlt sich angenommen und die beiden entwickeln ein gutes Vertrauensverhältnis. Regelmäßig reflektieren sie mit der zuständigen Sonderpädagogin Pauls Situation in der Klasse und sein Lernverhalten. Die Sonderpädagogin ist im regelmäßigen Gespräch mit den Klassenlehrkräften, ich tausche mich mit der Therapeutin des ATZs telefonisch oder via Mail aus.

Pauls Aufmerksamkeitsschwäche begegnet die Schulbegleiterin mit regelmäßigen Erinnerungen an die Weiterarbeit und übt mit ihm das Bereitlegen des Unterrichtsmaterials zur jeweiligen Stunde sowie das Packen der Schultasche mit den für die Hausaufgaben benötigten Materialien. Im ATZ wird mit den Eltern an einer Strukturierung der Lernumgebung im häuslichen Bereich gearbeitet.

Für die Klasse wird das Buch »Schattenspringer« von Daniela Schreiter angeschafft. Dies vermittelt auf sehr adressatengerechte Weise das Thema ASS für Schüler in der Unter- und Mittelstufe.

All diese Maßnahmen konnten zwar Pauls Stellung in der Klasse halten, jedoch nicht verbessern. Ende der 7. Klasse steht er nach wie vor eher am Rande der Klasse. Das soziale Miteinander der Schüler wird von den Lehrkräften als problematisch dargestellt. Paul konnte keine Freunde finden. Einen eventuell hilfreichen Klassenwechsel lehnen die Eltern ab.

Pauls Ressource ist der Austausch mit seiner Mutter und beider mit der Therapeutin des ATZs. Zu Hause beschäftigt sich Paul viel und lange mit seinen Spezialinteressen, um sich von dem anstrengenden Schultag zu erholen. Seine Leistungen lassen einen mittleren Schulabschluss oder auch den Eintritt in die Oberstufe erwarten.

7. Schwierigkeiten bei der Handlungs- und Ablaufplanung
8. geringe Anstrengungsbereitschaft

Fallbeispiel

Jan mit der Diagnose ASS hat in der ersten Klasse große Schwierigkeiten im Leselernprozess. Misserfolgserlebnisse beim Lesen führen dazu, dass er unter dem Tisch verschwindet oder sich zwischen Heizung und Schrank versteckt. Schnell wird eine Schulbegleitung installiert, die ihn jedoch nicht so positiv wie erwartet unterstützen kann. Mit dem Ende des Schulhalbjahres wird deutlich, dass das Wiederholen der zweiten Klasse angezeigt ist. Von der einberufenen Gesprächsrunde, an der die Therapeutin des ATZs auch teilnimmt, wird diese Entscheidung befürwortet. Auch ein Wechsel der Schulbegleitung wird angeregt.

Jan kommt in der neuen Klasse zunächst gut an. Die Wiederholung des Lernstoffes gibt ihm Selbstvertrauen. Der neuen Schulbegleitung gelingt es besser, ihn beim Finden und Bereitlegen der benötigten Arbeitsmaterialien zu unterstützen. Er kann kleine Lernfortschritte im Leselernprozess machen. Nach wie vor ist aber sein Anstrengungsverhalten problematisch. Wittert er einen Misserfolg, verweigert er konsequent die Mitarbeit.

Parallel arbeitet die Therapeutin mit Paul an seiner Verweigerungshaltung bzgl. schulischer Aufgaben. Es werden mit der Mutter gut strukturierte Pläne zu Entspannungs- und Lernzeiten im häuslichen Umfeld erarbeitet und erprobt. Ein Tokensystem wird als Anregung aus der Therapie mit in die Schule integriert. Jan erhält für angemessenes Lern- bzw. Anstrengungsverhalten in der Schule und zu Hause Punkte, die sowohl mit der Klassenlehrkraft reflektiert als auch zu Hause besprochen werden. Hat er genügend Punkte gesammelt, erhält er eine vorher vereinbarte Belohnung.

Die Therapeutin erarbeitet eine Checkliste, mit der Jan lernen soll, an Aufgaben heranzugehen, und etabliert diese bei den Hausaufgaben. Später tauscht sie sich mit der Klassenlehrkraft aus, sodass die Checkliste auch in der Schule zur Anwendung kommt.

9. Irritationen im Rahmen der Pubertät
10. Krisenintervention

Fallbeispiel

Amelie wird mir im 6. Jahrgang als Verdachtsfall für eine ASS gemeldet. Sie fällt im Unterricht auf, weil sie fast permanent in den Lehrbüchern liest, jedoch selten weiß, an welcher Stelle sich die Klasse gerade befindet. Am Unterricht beteiligt sie sich nur nach Aufforderung. Ihre Art, sich zu kleiden, ist speziell und außer zu einer Mitschülerin hat sie keine Kontakte in der Schule. Diese kennt sie bereits aus dem Kindergarten. Scheinbar sucht sie den Kontakt zu anderen auch nicht. Bei Interaktionen mit Mitschülern kann sie Spaß und Ernst nur schwer unterscheiden. In einigen Fächern ist sie sehr begabt, der Klasse weit voraus. Vor dem Sportunterricht drückt sie sich mit immer neuen Ausreden. Die Hausaufgaben kann sie nicht notieren und vergisst sie daher auch oft. Auch von Klassenarbeiten wird sie scheinbar regelmäßig überrascht. Trotzdem fallen diese angemessen bis gut aus. Das Pausenklingeln überhört Amelie und so kommt sie regelmäßig zu spät in den Unterricht.

Zu Hause liest Amelie sehr viel, sie verschlingt Bücher regelrecht. Allerdings auch nachts, weil sie große Schwierigkeiten hat, ein- und durchzuschlafen.

Die Diagnose der ASS entlastet die Eltern, die sich immer über das etwas sonderbare Verhalten ihrer Tochter gewundert haben. Meine Literaturliste nehmen sie gerne an und lesen mehrere Bücher zum Thema Autismus. Bewusst lassen sie diese zu Hause offen liegen, Amelie scheint sich aber nicht dafür zu interessieren oder liest die Bücher heimlich.

Durch die Diagnose mit dem sonderpädagogischen Förderschwerpunkt und demzufolge mit einem umfangreichen Nachteilsausgleich ausgestattet sowie durch regelmäßige Lehrerberatung und Gesprächsrunden verändert sich Amelies Verhalten langsam und sie kann am Unterricht aktiver teilnehmen.

In der Pubertät kommt es dann zu einer Krise. Amelie setzt sich mit der Diagnose auseinander und benötigt dringend eine autismusspezifische Therapie, um zu verstehen, was die ASS mit ihr macht und wie sie damit umgehen kann. Der Therapeut arbeitet mit ihr intensiv an diesem Thema und nimmt wiederholt an den Gesprächsrunden teil. Gemeinsam beschließen die

WIE GEHE ICH AN EINE AUFGABE HERAN?

1. Sage mir: ICH SCHAFFE DAS!

2. Was muss ich tun?

    LESEN oder ERKLÄREN LASSEN

    ⇨ Ich ÜBERLEGE!

3. Wenn ich nicht weiter weiß:

    ⇨ ICH BRAUCHE ZEIT

    ⇨ ICH PROBIER ES NOCHMAL ANDERS AUS

    ⇨ ICH FRAGE NACH:

    - Lehrerin, Lehrer
    - Schulbegleitung
    - Mitschüler
    - Mama, Papa

    ⇨ ICH SCHAUE MIR DIE NÄCHSTE AUFGABE AN

4. ES IST NICHT SCHLIMM, WENN ICH EINE AUFGABE NICHT SCHAFFE

    ⇨ ÜBEN; nächstes Mal schaffe ich es!

Abb. 3: Checkliste: Wie gehe ich an eine Aufgabe heran?

beiden, dass ich eine Klassenaufklärung zum Thema Autismus in ihrer Klasse durchführen soll. An dieser beteiligt sich Amelie mit ihrem neu erworbenen Wissen über sich dann sehr aktiv. Inzwischen hat sie auch viele Bücher zu Autismus gelesen und kann ihre Sicht der Dinge den Mitschülern verständlich machen. Sie hat meine Power-Point-Präsentation mit ihren Eltern im Vorwege umfangreich ergänzt.

Wie in den geschilderten Beispielen deutlich wird, steht bei der fallbezogenen schulischen Beratung in erster Linie die Entwicklung sogenannter »Förderlicher Bedingungen« für den Schüler mit Autismus im Vordergrund. Meines Erachtens ist aber die ergänzende Arbeit insbesondere an personalen und sozialen oder die Orientierung und Strukturierung betreffenden Themen im therapeutischen Kontext ein wertvoller Baustein zum Gelingen im schulischen Kontext. Der Vorteil der Einbeziehung aller am Prozess Beteiligten sollte ersichtlich geworden sein.

Nachteilsausgleich

Ein weiterer Schwerpunkt meiner Beratungsarbeit ist die Unterstützung der Schulen bei der Formulierung eines Nachteilsausgleiches sowohl für den laufenden Unterricht als auch für den Ersten allgemeinbildenden Schulabschluss (ESA), den Mittleren Schulabschluss (MSA) und die Abiturprüfungen. Auch hier ist die Abstimmung mit den Therapeuten im ATZ von großer Wichtigkeit. Häufig haben sie einen wertvollen Blick auf die dem Schüler möglichen Interaktionen oder seine Belastungsgrenzen. Im therapeutischen Kontext erarbeitete Ideen und Strategien sollten in einen Nachteilsausgleich einfließen.

Das im Grundgesetz verbriefte Recht, »Niemand darf wegen seiner Behinderung benachteiligt werden« (GG Art. 3, Absatz 3, Satz 3) erhält durch das Gleichstellungsgesetz eine wichtige Konkretisierung für Schüler mit autistischem Verhalten, die ansonsten intellektuell den Zielen der jeweiligen allgemeinbildenden Schule folgen können.

Als Konsequenz daraus und in Anlehnung an die KMK-Empfehlungen (Empfehlungen zu Erziehung und Unterricht von Kindern und Jugendlichen mit autistischem Verhalten; Beschluss der KMK vom 16.6.2000) wurde zum Schuljahr 2002/03 in Schleswig-Holstein der Lehrplan sonderpädagogische Förderung eingeführt.

Folgende Erlasse und Verordnungen liegen der Gewährung des Nachteilsausgleichs in Schleswig-Holstein zu Grunde:

- *2002/03 Lehrplan sonderpädagogische Förderung in Schleswig-Holstein, Kapitel 4.8: »Förderschwerpunkt autistisches Verhalten« (http://lehrplan.lernnetz.de)*
- *ZVO – Landesverordnung über die Erteilung von Zeugnissen,*
  Noten und anderen ergänzenden Angaben in Zeugnissen, 29. April 2008, § 6 Abs. 1 und 2 (Nachteilsausgleich)

  Werden Schülerinnen und Schüler mit sonderpädagogischem Förderbedarf nach § 3 Landesverordnung über sonderpädagogische Förderung vom 20. Juli 2007 oder mit einer Behinderung nach § 2 Abs. 1 Satz 1 des Neunten Buches Sozialgesetzbuch vom 19. Juni 2001, zuletzt geändert durch Artikel 8 Abs. 2 des Gesetzes vom 18. Dezember 2007, nach den lehrplanmäßigen Anforderungen einer allgemeinbildenden oder berufsbildenden

Schule unterrichtet oder sind Schülerinnen und Schüler vorübergehend in der Teilnahme am Unterricht beeinträchtigt, hat die Schule der Beeinträchtigung angemessen Rechnung zu tragen (§ 6 Abs. 1)

Die Schule ist von Amts wegen verpflichtet, Nachteilsausgleich zu gewähren (§ 6 Abs. 2)

In der Praxis heißt dies für meine Beratung, dass jedes Mal abgeglichen wird, ob der aktuelle Nachteilsausgleich noch ausreichend ist, verändert oder ergänzt werden muss. Hier nehmen die Schulen die Beratung gerne in Anspruch. Die Unsicherheit, welche Veränderung noch einem zielgleichen Unterricht gerecht wird, ist groß. Auch helfen Formulierungsvorschläge für bestimmte Teilbereiche, den Nachteilsausgleich zu konkretisieren. In der Praxis meines Beratungsangebotes kann er jederzeit im Schuljahr den Bedürfnissen des Schülers angepasst werden.

Beispiele für oft verwendete Nachteilsausgleiche sind:

- Bei schriftlichen Arbeiten sollte zu Beginn durch Nachfragen abgesichert werden, dass x die Aufgabenstellung verstanden hat. Ggf. erhält er zusätzliche Erläuterungen. Dies gilt auch für Klassenarbeiten.
- x benötigt ggf. mehr Zeit, um Aufgaben in ihrem Kontext zu verstehen. Ihm wird daher eine verlängerte Bearbeitungszeit bei schriftlichen und mündlichen Prüfungsanforderungen eingeräumt, falls dies erforderlich ist.
- Die Leistungen von x im Sportunterricht sollten an seinen individuellen Lernfortschritten gemessen werden.

- Statt Gruppen- oder Partnerarbeit kann x auch alleine arbeiten.
- x kann seine Note für die mündliche Mitarbeit durch eine zusätzliche mündliche Einzelprüfung oder schriftliche Extraaufgaben verbessern.
- x erhält zu bearbeitende Arbeitsblätter zu einem bestimmten Themenkomplex zu Beginn der Unterrichtseinheit gesammelt in einer Mappe.
- Statt von der Tafel abzuschreiben, kann x die Tafel fotografieren.
- Zur Entspannung verbringt x die zweite große Pausen im Klassenraum.
- Sollte für x die Belastungsgrenze erreicht sein, kann er im Nebenraum/vor der Klasse alleine arbeiten.

Der Nachteilsausgleich sollte mit dem betreffenden Schüler besprochen werden. Bei älteren Schülern kann es wichtig sein, der Klasse zu erklären, warum und welchen Nachteilsausgleich der Schüler mit ASS erhält. Dies beugt Neid und Unverständnis seitens der Schüler- und Elternschaft vor.

Geht es auf die Abschlussprüfungen zu, so wird in einem speziellen Erfassungsbogen der Nachteilsausgleich für die Prüfung formuliert.

Die fortlaufende Kooperation zwischen den Lehrkräften, den Eltern, den Therapeuten des ATZs, der BIS-Autismus und ggf. weiteren am Prozess beteiligten Personen wirkt sich auf einen Schüler unmittelbar positiv aus. Diese Unterstützung lässt Schüler mit einer Autismusdiagnose die Schule trotz aller anstrengenden Einflüsse entspannter und somit auch erfolgreicher besuchen. Sie sind in ihren Klassen bis zu einem gewissen Maße integriert und können ihrem Begabungspotenzial entsprechend schulisch gefördert werden.

Literatur

Flyer BIS-A (2016): https://www.schleswig-holstein.de/DE/Landesregierung/IQSH/Arbeitsfelder/Foerderzentren/Material/Downloads/bisAutismusFlyer.pdf?__blob=publicationFile&v=6

Landesverordnung über sonderpädagogische Förderung (SoFVO): http://www.gesetze-rechtsprechung.sh.juris.de/jportal/?quelle=jlink&query=SoFVO+SH&psml=bsshoprod.psml&max=true

Lehrplan Schleswig-Holstein – Förderschwerpunkt »Erziehung und Unterricht von Schülerinnen und Schülern mit autistischen Verhaltensweisen« (1.8.2004): https://www.schleswig-holstein.de/DE/Landesregierung/IQSH/Arbeitsfelder/Foerderzentren/Material/Downloads/lpAutismusSOP.pdf?__blob=publicationFile&v=3

ZVO – Landesverordnung über die Erteilung von Zeugnissen, Noten und anderen ergänzenden Angaben in Zeugnissen 29. April 2008, § 6 Abs. 1 und 2 (Nachteilsausgleich): http://www.gesetze-rechtsprechung.sh.juris.de/jportal/?quelle=jlink&query=ZeugnV+SH&psml=bsshoprod.psml&max=true Schreiter, D. (2014): Schattenspringer. Panini, Stuttgart

Schule als »reizvolles« Lernfeld bei Autismus

Cordula Thiemann

Kinder mit Autismus in der Schule

Aufgrund der Art der Einschränkungen bei Kindern und Jugendlichen mit Autismus kommt es zu Schwierigkeiten im Bereich der Kommunikation und sozialen Interaktion, der Wahrnehmung und der Gestaltung von Handlungsabläufen. Zusätzlich fallen Schwierigkeiten bei der Interessensfokussierung im sozialen und schulischen Kontext sowie Besonderheiten im Lernverhalten auf. So sind die üblichen Lernmethoden durch Imitation und Lernen nach »Versuch und Irrtum« sowie die Möglichkeit, bereits Gelerntes in einen anderen Kontext zu transferieren, meist besonders schwierig umzusetzen. Der Unterricht ist jedoch üblicherweise genau darauf abgestimmt. Die Betroffenen können daher nicht ohne weiteres ihr Lernpotenzial nutzen, wenn nicht unterstützende Maßnahmen ergriffen werden. In wenigen Fällen ist aber auch der Unterricht schon gut auf die Situation der Kinder und Jugendlichen abgestimmt. Dennoch kommen Lehrer zeitlich leicht an ihre Grenzen, wenn sie individuelle Erklärungen und Strategien mit dem Kind besprechen müssen. Neben den normalen Problemen, die bei einem Schüler in Schulen und Klassengemeinschaften auftreten können, kommt es bei Kindern und Jugendlichen mit autistischen Verhaltensweisen – ungeachtet ihrer intellektuellen Fähigkeiten – regelmäßig zu erheblichen Missverständnissen, in jeweils unterschiedlichem Maße. Das Kind ist ferner geneigt, ein autistisches Milieu zu schaffen und damit sein Symptombild zu verstärken (Kastner-Koller & Rollett 2007). Die Folgen dieser Neigung können in vielen Fällen verhindert bzw. erheblich abgeschwächt werden, wenn autismusspezifische Methoden mit individuellem Fokus zu passenden Themen und Zeitpunkten eingesetzt werden.

Bei der Anwendung von Methoden kommen Außenstehende im Umgang mit betroffenen Kindern nicht selten in die Rolle eines Dolmetschers, um übliche soziale Selbstverständlichkeiten in die Sichtweise eines Menschen mit autistischen Verhaltensweisen zu übersetzen. Die besonderen Verhaltensweisen von Kindern mit Autismus müssen aber auch häufig der sozialen Umgebung erklärt werden, um Missverständnissen vorzubeugen. Dies gilt auch für Kinder und Jugendliche mit einer normalen und hohen Intelligenz oder mit nur teilweise vorhandenen Symptomen aus dem Autismus-Spektrum. Hier wird die Umgebung noch weniger mit autistischen Besonderheiten in der Wahrnehmung rechnen, da diese durch ein hohes Anpassungsverhalten häufig kaschiert werden. Wenn die Übersetzerrolle gut verstanden wird und viel Erfahrung in Bezug auf Details besteht, dann können häufig gute Erfolge erzielt werden, sodass der Betroffene besser in die soziale Umgebung integriert und die Teilhabe an der Gesellschaft gefördert wird.

Schüler mit Autismus können durchaus in einem entsprechend strukturierten relativ reizarmen schulischen Rahmen zurechtkommen. In der Praxis haben wir in Grundschulen und auch in weiterführenden Schulen allerdings oft die Situation, dass es sich um große und »reizvolle« Schulumgebungen handelt, die zunächst meist eine erhebliche Herausforderung für den Betroffenen darstellen. Andererseits kann das Kind mithilfe einer entsprechenden Unterstützung auch vieles für spätere Situationen im Arbeitsleben erlernen – gerade in einer Umgebung, die zunächst als Zumutung für ein autistisches Kind erscheint. Dies gilt natürlich nur, wenn es nicht komplett überfordert ist und passende Methoden und Unterstützung für die Bewältigung des Alltags an die Hand bekommt. Dieses bleibt sehr individuell zu betrachten. So werden nicht selten Kinder mit Autismus in einer kinder- und jugendpsychiatrischen Einrichtung diagnostisch eingeschätzt – insbesondere auch im Rahmen z. B. einer tagesklinischen Beschulung. Über die jeweiligen Schulämter kann ferner der Sonderpädagogische Förderbedarf in Bezug auf die jeweilige Beschulungsform eingeschätzt werden. Neben einfachen individuellen Hilfen und didaktischen Empfehlungen kann auch der Einsatz einer Schulbegleitung als sinnvoll erachtet werden. Diesbezüglich werden zur Einschätzung Lehrer mit einem Schwerpunkt zum Thema Autismus eingesetzt. Die Autismus-Therapiezentren arbeiten eng mit den Autismus-Beauftragten der Schulämter zusammen, um die Schwierigkeiten differenziert verstehen zu können und Empfehlungen für ihre jeweiligen Bereiche zu erarbeiten.

Autismus-Beauftragte in den Schulen

Eltern, Erziehungsberechtigte und Lehrer können den jeweils zuständigen Autismus-Beauftragten über das jeweilige Schulamt erfragen und sich von diesem in Bezug auf schulische Fragestellungen beraten lassen. Die Autismus-Beauftragten in der Region Südbaden hospitieren in einzelnen Fällen und geben entsprechende Empfehlungen über benötigte methodisch-didaktische Vorgehensweisen und autismusspezifische Hilfen. Die in Einzelfällen erfolgten Autismus-Aufklärungen in den jeweiligen Klassen wurden als hilfreich erlebt. Ferner werden nützliche Hinweise zu möglichen geeigneten Förderorten und individuellen Schulsettings gegeben.

Nachteilsausgleich

Jenseits der Frage nach Schulart und möglicher Unterstützung durch eine Schulbegleitung gibt es die Möglichkeit, einen Ausgleich der Einschränkungen durch die Anpassung der Form von Aufgabenstellungen und Leistungsabfragen zu gestalten. Es geht dabei nicht um bessere Bewertungen der Leistungen, sondern lediglich um den Ausgleich der konkreten Einschränkungen durch geeignete Methoden und Hinweise. Eltern und Erziehungsberechtigte können bei der jeweiligen Schule einen Antrag auf Nachteilsausgleich für ihr Kind stellen. Die jeweilige Schule entscheidet über die Form der Umsetzung.

Einsatz von Schulbegleitung

In vielen Fällen sind jedoch die Anzahl der durch die autistische Wahrnehmung entstehenden Verhaltensschwierigkeiten, Missverständnisse und Konflikte bei den Betroffenen im schulischen Alltag so hoch, dass es eine zusätzliche Schulbegleitung braucht. Ziel ist es, dass das Kind mit Autismus seinem intellektuellen Niveau entsprechend möglichst selbstständig am Unterricht teilnehmen und beschult werden kann. Es geht hier um die Abfederung von ständig auftretenden kommunikativen Schwierigkeiten und Missverständnissen mit anderen Menschen im Alltag, im Sozialleben und in der Teamarbeit sowie beim Umgang mit komplexeren Handlungsabläufen und im Lernverhalten. Dabei sollte der Fokus auf einer systematischen Verselbstständigung im Bereich des Lernverhaltens, der Arbeitsorganisation und der sozialen Integration liegen. Dieses schließt insbesondere die Berücksichtigung von personenunabhängigen Methoden ein, z. B. über Methoden nach dem TEACCH-Ansatz und/oder Social Stories und Comic Strip Conversation nach Carol Gray.

Ein Antrag auf die Unterstützung durch eine Schulbegleitung kann über die jeweiligen Kostenträger Jugend- bzw. Sozialamt von Seiten der Eltern oder der Erziehungsberechtigten gestellt werden, wenn eine entsprechende kinder- und jugendpsychiatrische Diagnose und detaillierte Hinweise zur Ausgestaltung der benötigten Hilfe vorliegen.

Berührungspunkte von Schule und Autismus-Therapiezentrum

Aufgrund der Besonderheiten der Kinder mit autistischen Verhaltensweisen und der Erfahrung in Autismus-Therapiezentren wird fallabhängig eng mit den Lehrern und Schulbegleitern zusammengearbeitet. Die Form der Zusammenarbeit kann sowohl von Seiten der Schule als auch vom Therapeuten initiiert werden. Das kann von Schulhospitationen, gemeinsamen Gesprächen mit Kind, Lehrern und/oder gemeinsam mit Eltern bis hin zur themenabhängigen Integration der Schulbegleitung in eine Therapiestunde gehen. Hierbei können gezielt Methoden transferiert und die Motivation beim Kind erarbeitet werden. Es gilt hier von Seiten der Therapeuten – schulische und familiäre Situationen auch mit teils erheblicher Auswirkung auf den jeweils anderen Bereich –, entschärfen zu helfen bzw. die Selbstständigkeitsentwicklung vor dem Hintergrund der Diagnose in allen sozialen Bereichen zu optimieren. Dies passiert, indem praktische, individuell strukturierte Methoden eingebracht und mit den Beteiligten vor- bzw. nachbereitet werden.

Damit bei Kindern und Jugendlichen mit Autismus ein möglichst hoher Transfer von Gelerntem gelingt, ist es sinnvoll, dass der zu lernende Bereich in verschiedenen Kontexten erarbeitet wird. Ein automatischer Transfer von Gelerntem aus einem Bereich in den nächsten sozialen Kontext kann autismusspezifisch nicht selbstverständlich erfolgen. Hilfreich sind dabei kontextübergreifende Erklärungen von sozialen Sachverhalten. Damit hat auch die parallele Familienarbeit einen hohen Stellenwert, da diese Verhaltensweisen des Kindes gezielt positiv beeinflussen können, insbesondere aufgrund der jahrelangen Erfahrung in ihrer Rolle als Eltern. Das setzt voraus, dass die Themen durch den Therapeuten mit Rücksicht auf die Ressourcen in der Familie und dynamisch sinnvollen Forderungszeitpunkte einer Familie ggf. parallel erarbeitet werden. Ferner kann auch eine aktive Entschärfung einer schwierigen Situation des autistischen Kindes im Unterricht helfen, wieder eine Perspektive in der Familie zu erlangen. Einige unserer Familien haben Erfahrungen mit Schulwechseln und Zeiten der Nicht-Beschulung des Kindes. Manchmal gestaltet sich die Wahlmöglichkeit vor Ort nach einer passenden Schule schwierig, da diese eingeschränkt sein kann, was das Stresspotenzial in Familien steigen lässt. So besteht insgesamt häufig eine hohe Sensibilität der Therapeuten für die Rahmenbedingungen eines Kindes mit Autismus, um therapeutisch angemessen arbeiten zu können. Dieses führt eben auch zur Notwendigkeit einer engen Zusammenarbeit mit der Schule. Selbstverständlich sind in erster Linie die Klassenlehrer die Ansprechpartner in der Schule, bei der Ausarbeitung von schulischen Aufträgen anhand von autismusspezifischen Methoden wird dann mit den Schulbegleitern aufgrund des Zeitbudgets und der detaillierten Verhaltensbeobachtungen zusammengearbeitet. Eltern fungieren nicht selten als Co-Therapeuten und haben sich teils ein hohes Wissen an autismusspezifischen Methoden angeeignet, was entsprechend berücksichtigt wird.

Gegenseitige Synergieeffekte von Schule, Therapie und Familie

Sind Familien mit der Organisation von Rahmenbedingungen um die schulische Situation stark beschäftigt, bleiben die zeitlichen Ressourcen schnell begrenzt, sodass die Eltern in solchen Zeiten therapeutisch meist nicht maximal gefordert werden können. Gezieltes und vorausschauendes Arbeiten an der Selbstständigkeit des betroffenen Kindes benötigt in vielen Fällen eher verhaltenstherapeutische und/oder visualisierende Maßnahmen, die teils je nach Kind aufwendiger sein können und in den Familien etwas Zeit erfordern. In einer Phase des Stresses sinkt die Offenheit der Familie naturgemäß für solche Methoden, sodass die Aktualisierung der Selbstständigkeitshilfen auf dem jeweils nächsten Entwicklungsschritt des Kindes zeitweise etwas ins Stocken geraten kann. Ähnliches gilt auch für herausforderndes Verhalten des Kindes in der Schule. Auch hier gilt es, stets die Methoden an die jeweilige Situation so anzupassen, dass die Umsetzung für alle Beteiligten leichtfällt. Unterstützendes, individuell erstelltes Arbeitsmaterial z. B. nach dem TEACCH-Ansatz kann hier sowohl für das betreffende Kind als auch für die jeweiligen unterstützenden Personen eine wichtige Hilfe und Orientierung im Hinblick auf das Erreichen von Zielen und exakter Formulierung positiver kleiner Schritte nach vorne sein.

Es ist aus der Erfahrung heraus in allen Bereichen meist essenziell, relevante soziale Selbstverständlichkeiten exakt zu erklären, damit Missverständnisse ausgeschlossen werden können. Hier braucht es meist ein wenig Übung, insbesondere für Erklärungen, die ggf. übergeordnete Bedeutung im Sinne der Selbstständigkeitsentwicklung haben. Hier können von Seiten der Therapeuten hilfreiche alltagstaugliche Tipps für die Praxis vermittelt werden. Dieses unter Berücksichtigung des meist benötigten Bedarfs, zeitsparsam und effektiv Ziele erreichen zu wollen. In der Schule haben dabei die Schulbegleiter eine wichtige Rolle, da sie die spezifische Praxiserfahrung mit dem Kind im Detail machen und die Zeit dafür aufwenden können, zu lenken und zu erklären.

Sie haben dabei oft sehr unterschiedliche Erfahrungen und nicht immer professionelle Hintergründe. Schulbegleiter bekommen von den jeweiligen Schulbegleitungsorganisationen ein Coaching und im Allgemeinen auch Schulungen. In der Praxis jedoch kommen stets sehr individuelle Fragestellungen auf, die eine gewisse Erfahrung mit Autismus und häufig auch mit dem jeweils speziellen Klienten erforderten. Dieses insbesondere auch vor dem Hintergrund sehr unterschiedlicher Ausprägungen von Autismus und unterschiedlichen individuellen Situationen der Schüler. In diesem Rahmen werden die Schulbegleiter mit individuellen Tipps in Bezug auf die spezifische Situation des jeweiligen Klienten unterstützt. Für die fachliche Supervision und Sicherung des Wissens sind wir als Autismus-Therapiezentrum in Südbaden nicht zuständig, auch wenn im Einzelfall auch mal gezielt eine Fortbildung übernommen wird.

Eine enge Zusammenarbeit mit der Schule ist ebenso wichtig für die therapeutische Schwerpunktsetzung in der jeweiligen Therapiestunde. Gerade im Bereich des autistischen Spektrums ist es hilfreich, z. B. durch Hospitationen zügiger und schneller Details wahrzunehmen, die übergreifend in sozialen Situationen gelten und nicht aus der Einzelsituation einer Therapiestunde heraus bewertet oder beschrieben werden. So können anschließend Schwerpunkte so gelegt werden, dass die Lernziele in der Schule sowie das Sozialverhalten des Kindes in der Schule und zu Hause unterstützt werden. Aufgrund der Tatsache, dass Betroffene mit Autismus-Spektrum-Störung auf unterschiedlichen Niveaus nicht gut in der Lage sind, einen Transfer von Gelerntem aus einer Situation in die nächste mitzunehmen und umzusetzen, ist es gerade im therapeutischen Bereich hilfreich, wenn anhand von Alltagsproblemen übergeordnete soziale Geschichten und Visualisierungen erfolgen. Ziel ist es, Sachverhalte generalisieren zu lernen und in unterschiedlichen Kontexten anwenden zu können.

> Beispiel: Bei einer schulischen Hospitation fielen die folgenden Erklärungen von der 10-jährigen Ilse auf: Sie verkündete regelmäßig, dass sie für ihre Wutausbrüche in der Schule nichts könne, da sie ja autistisch sei. Es stellte sich heraus, dass sie Wut als Teil der autistischen Störung verstand, so wurde bei einer wiederholten Autismusaufklärung dem Thema Wut ein Platz außerhalb des Autismus gegeben, was für das Kind überraschend schien. Ferner wurde mit der Familie am Konfliktverhalten gearbeitet. Dieses geschah mit der Zielrichtung, kleinschrittige und konstruktive Handlungsschritte im Umgang mit Aggressionen zu finden, gemeinsam zu definieren und in der Praxis gegenüber den Kindern anzuwenden. In der Therapie wurden parallel Soziale Comics eingesetzt mit Handlungsanweisungen für schwierige Situationen in allen Lebenslagen. Das Thema konnte im schulischen Kontext in der Folge langfristig deutlich entschärft werden. Das freundliche und zugewandte Verhalten des Kindes gegenüber anderen nahm zu.

Das systematische Üben nach autismusspezifischen Methoden bei den Hausaufgaben zu Hause oder bei bestimmten Handlungsabläufen fördert im Allgemeinen auch die Sensibilität der Eltern für die Notwendigkeit im schulischen Kontext bei Aufgabenstellungen. Häufig kommen da hilfreiche Hinweise, sodass hier Eltern eines autistischen Kindes regelmäßig in eine aktive Rolle kommen – im Hinblick auf die Beschreibung von benötigten methodischen Hilfen. So können die Ressourcen in der Familie deutlich positiv mit in die schulische Situation hineinwirken, ebenso in der Vorbereitung auf soziale Handlungsmöglichkeiten.

Praxis Schule

Menschen mit Autismus lernen eher über die Routine oder über klare Anweisungen und haben mit dem selbstständigen Erfassen von sozialen Zusammenhängen und benötigten Verhaltensweisen eher Schwierigkeiten. Entsprechend ist es hilfreich, wenn insbesondere auch im schulischen Kontext nicht nur die Schwierigkeiten im Leistungsbereich, sondern besonders auch im sozialen Kontakt gedolmetscht werden. In meiner 10-jährigen Arbeit in Autismus-Therapiezentren passierte es eher selten, dass Erwachsene im Umfeld von autistischen Kindern intuitiv soziale Selbstverständlichkeiten im Umgang kleinschrittig übersetzen. Insbesondere bei Kindern mit einer normalen bis hohen Intelligenz führt das zu einer Vielzahl von Missverständnissen im schulischen, sozialen und häuslichen Alltag, weil es im sozialen Umfeld – aufgrund der Erwartungen von Außenstehenden in Bezug auf das Intelligenzverhalten des Kindes – zu regelmäßigen andauernden Überforderungen und Fehleinschätzungen kommen kann. So setzen Menschen mit Autismus z. B. Hinweise tendenziell eher wörtlich und recht genau um und können Ironie und Sarkasmus schwer erkennen. Sie verpassen dann manchen Inhalt des Gesagten und es bleibt wichtig – ungeachtet eines hohen Intelligenzniveaus –, soziale Selbstverständlichkeiten kleinschrittig zu erklären. Bei Kindern mit einem niedrigeren Intelligenzgrad, z. B. im Bereich der geistigen Behinderung oder bei sehr auffälligem Verhalten, scheint in der Praxis hingegen die soziale Umgebung schneller zu erkennen, dass dieses Kind eine besondere Behandlung braucht, und kann sich auf die Bedürfnisse des Kindes viel leichter einzustellen. Ungewöhnliche Verhaltensweisen sollten generell nicht vorschnell als Provokation interpretiert werden, was in der Praxis leider häufig passiert. Dieses wird bei betroffenen Kindern und Jugendlichen dann als Ungerechtigkeit wahrgenommen und fördert die Frustration. Auch bleibt es schwierig, sich in sozialen Situationen zurechtzufinden, wenn die kleinschrittigen Erklärungen fehlen.

> Beispiel: Wenn ein autistisches Kind gelernt hat, dass das Kühlen einer Beule hilft, muss damit gerechnet werden, dass es die Beule eines anderen im Außenbereich z. B. mit einem Stein kühlen möchte, da dieser kalt ist. Dieses wird von außen selbstverständlich als völlig inadäquates Verhalten wahrgenommen, da der Stein am Kopf entsprechend gedeutet werden kann. Es braucht hier die Überprüfung und das genaue Erfragen dessen, was das Kind damit verbindet, um die Bewertung passend vornehmen zu können – insbesondere vor dem Hintergrund autismusspezifischer Denkweisen.

In Bezug auf die notwendige Differenzierung autistischen und provokativen Verhaltens entsteht oft die Frage, wie sich Erziehungsberechtigte, Schulbegleiter oder Fachpersonen diesbezüglich verhalten können – insbesondere bei Unsicherheiten in der Differenzierung zwischen beiden Verhaltensweisen. Hierzu empfehle ich zunächst sicherzustellen, dass es sich bei dem auffälligen Verhalten nicht um einen autismusspezifischen Bedarf an Erklärungen sozialer Selbstverständlichkeiten handelt. Folgende drei Orientierungspunkte können in der Praxis helfen:

- Liegt eher autismusspezifisches Verhalten vor, vermittelt das bei näherem Hinsehen oft eher eine Hilflosigkeit in Bezug auf die geforderten Handlungsschritte. Die Wahrnehmung von Erwartungen, sozialen Selbstverständlichkeiten und Regeln kann eingeschränkt sein. Hier machen

teilschrittige Erklärungen im Sinne von »Dolmetschen« des Sachverhaltes Sinn. Liegt die Information dem Kind bereits vor, wird es dieses meist kundtun. Danach fragen oder sich Hilfe holen wird es hingegen tendenziell nicht entwicklungsgerecht.
- Liegt aus Sicht des Kindes eine ausreichende Erklärung der sozialen Selbstverständlichkeiten vor, ist dennoch darauf zu achten, dass auch der Transfer in die aktuelle Situation beim Kind korrekt erfolgen kann. Ggf. können autismusspezifische Methoden eingesetzt werden, um die neue Situation gezielter zu »dolmetschen«.
- Können obige Ursachen für Verhaltensauffälligkeiten ausgeschlossen werden und handelt es sich eher z. B. um ein Motivationsproblem bei voller Kenntnis über das erwartete Zielverhalten, kann übliches sinnvolles pädagogisches Handeln erfolgen. Bitte stellen Sie dabei sicher, dass das »übliche« pädagogische Handeln und die Konsequenzen dem Kind mit autistischen Verhaltensweisen stets genau beschrieben werden und in den Handlungsdetails bekannt sind! Hier kann ggf. auf die Visualisierung/Verschriftlichung von Zielverhalten und positiver Verstärkung kleiner Verhaltensschritte in die richtige Richtung zurückgegriffen werden. Achtung – bei Menschen mit Autismus kommt Kritik häufig wesentlich härter an als bei anderen! Daher eher Korrekturschritte des Kindes beschreiben und verstärken – statt Fehlverhalten zu benennen oder zu kritisieren!

Gemeinsames Ziel – verbesserte Selbstständigkeit

Der Schwerpunkt der Unterstützung eines Kindes mit autistischen Verhaltensweisen sollte auf der Verbesserung der Teilhabe in der Gesellschaft, der Integration und der Entwicklung einer möglichst hohen entwicklungsgerechten Selbstständigkeit und Möglichkeit zur Selbstorganisation liegen.

Dabei gibt es – bezogen auf die autistischen Besonderheiten – die Schwierigkeit, dass Kinder mit autistischen Verhaltensweisen erfahrungsgemäß auf unterschiedlichen Ebenen und sehr individuell ausgeprägt keine Selbstlerner sind. Sie haben ferner mit der Imitation von Verhaltensweisen große Schwierigkeiten und ebenso mit dem Transfer von schon Gelerntem in neue Situationen. Üblicherweise wirkt das Lernen über die Routine oder über direkte kleinschrittige und oft wiederholte Handlungsanweisungen hingegen gut im Alltag.

Beispiel: So hilft es z. B. nicht ohne weiteres, Teamarbeit durch die Steigerung von Gruppensituationen beibringen zu wollen. Entscheidend ist eher die Art, wie einem Kind mit Autismus das Funktionieren in einer Gruppe und das von ihm erwartete Zielverhalten erklärt werden. Ansonsten kann durch andauernde Überforderung aufgrund auditiver und visueller Überreizung die anfängliche Offenheit für die Gruppenarbeit schwinden.

Erwachsene kommen nicht selten in die Situation, sich eher eine direktive Umgangsweise in Bezug auf das betroffene Kind anzugewöhnen, bei der kontinuierlich kleinschrittige Anweisungen gegeben werden. Nicht selten wirkt das wie ein Umgang mit einem sehr viel jüngeren Kind, auch wenn es sich bereits um einen Jugendlichen handelt. Es ist für die soziale Umgebung nicht immer einfach zu unterscheiden, ob die kleinschrittigen Anweisungen aufgrund der Behinderung notwendig sind oder einer eigenständigen Entwicklung im Wege stehen. Erfahrungsgemäß ist es daher wichtig, frühzeitig den Übergang von den direktiven und sinnvollen kleinschrittigen Anweisungen auf personenunabhängigere Methoden umzustellen. Das gilt im häuslichen genauso wie im schulischen Bereich.

> Beispiel: »Packe Dein Arbeitsmaterial in die Tasche.« Weiterentwicklung: »Überlege mal, was ich jetzt normalerweise sagen würde.« In diesem Fall wird das Kind mit Autismus angehalten, selbstständig zu überlegen, was der andere wohl sagen könnte. Beispiel: Einen Plan mit den einzelnen Handlungsschritten erarbeiten. Kommentar ist nur noch bei Bedarf: »Schau auf den Plan.« Oder später: »Was ist jetzt dran?« – wenn jemand schon weiß, dass er die Information vom Plan ablesen kann etc. Es wird hier langfristig relativ sekundär, wer daran erinnert, da der Plan der gleiche bleibt.

In der Schule profitieren die meisten Kinder mit autistischen Verhaltensweisen sehr von gut strukturiertem, visualisiertem Unterricht und einem Fokus auf die Klassengemeinschaft. So können auch soziale Regeln und der Umgang z. B. mit Konflikten an der Wand visualisiert werden. Viele Menschen mit Autismus möchten insbesondere dazu gehören und weniger individuell behandelt und/oder im Mittelpunkt stehen, so sind manche Verschriftlichungen für die gesamte Klasse für das betreffende Kind oft eher entlastend. Es ist einerseits wichtig, dass sich die soziale Umgebung auf das Kind mit Autismus einstellt und passende Methoden anwendet, gleichzeitig sollte nicht aus dem Blick geraten, dass zukünftige Situationen im Berufsleben möglicherweise weniger Rücksicht auf die Bedürfnisse eines Menschen mit autistischen Verhaltensweisen nehmen. So bleibt es wichtig, die irritierenden Situationen zu begleiten, zu erklären und soweit es geht zu üben.

Dabei ist zu berücksichtigen, dass es Autismus fixierende soziale Verstärkungen oder eben eher Selbstständigkeit fördernde Verstärkungen in der jeweiligen sozialen Umgebung geben kann. Das Ziel ist hier eine möglichst optimale Förderung so mit allen Beteiligten – insbesondere auch der Schulbegleitung – zu entwickeln, dass der Klient langfristig idealerweise proaktiv mit seinem Störungsbild umgehen kann und die Schwächen bestmöglich ausgleichen lernt. Dies ist u. a. sehr abhängig von der Art und Ausprägung der Diagnose, der Intelligenz und den verschiedenen individuellen Gegebenheiten, der familiären Situation und den schulischen Rahmenbedingungen.

> Beispiel: Die Eltern übernehmen bei den Hausaufgaben zu Hause das gleiche System, das zuvor in der Schule installiert wurde. Das Kind erhält stets Aufgaben in ein grünes Fach, um von da aus auf dem Platz zu arbeiten und Fertiges schließlich in ein rotes Fach zu tun. Das Prinzip kann sich leichter erschließen, wenn es an mehreren Orten durchgeführt wird.

Um sich einen Überblick über die schulische Situation eines autistischen Kindes zu schaffen und ggf. Interventionsschwerpunkte zu bilden, können z. B. folgende Fragen bei der Differenzierung und Beobachtung helfen:

- Wie ist der Kenntnisstand der beteiligten Lehrer und Schulbegleiter zur Diagnose Autismus und passender Methoden?
- Sind die über die Schulämter gängigen Möglichkeiten zur Information und Unterstützung bekannt (Autismus-Beauftragte, Nachteilsausgleich, Infoadressen etc.)?
- Braucht die Klasse eine Autismus-Aufklärung für auffälliges Verhalten des Klien-

ten? Würde das dem Klienten helfen? Über wen erfolgt die Aufklärung?
- Braucht es einen höheren Input an autismusspezifischen methodischen Hinweisen innerhalb der Möglichkeiten in der Schule oder ggf. über die Unterstützung über das Autismus-Therapiezentrum?
- Ist die Konfliktlage um das Kind mit Autismus insgesamt so hoch, dass eine enge Führung der dynamischen Prozesse durch intensive Unterstützung von autismusspezifischen Methoden in allen oder Teilbereichen als hilfreich erachtet wird?
- Sind individuell erstellte autismusspezifische Arbeitshilfen für das Kind erwünscht und hilfreich? Können die durch das Autismus-Therapiezentrum unterstützt werden oder sind noch andere Unterstützungen nötig (z. B. technische Hilfen)?

Die gute Beziehung zwischen Schulbegleitung und Kind ist dabei kein Selbstzweck, sondern dient insbesondere der Vermittlung von Hilfen und Methoden zum Erreichen der Ziele für ein möglichst angemessenes Verhalten in der Rolle als Schüler. Wichtig ist dabei auch das systematische und fachgerechte Ausschleichen einer Schulbegleitung, sobald das möglich ist. Es gibt für die Anwendung von autismusspezifischen Methoden dabei durchaus sehr unterschiedliche Settings zwischen Schüler und Schulbegleitung.

- Die Schulbegleitung kann z. B. pädagogisch talentiert, aber fachfremd sein. Sie kann ebenso eine Fachperson sein.
- Eine Schulbegleitung kann viele Stunden neben dem betreffenden Kind gebraucht werden, um kleinschrittige Arbeitsanleitungen zu geben.
- Eine Schulbegleitung kann teils neben dem Kind sitzen, Teamwork mit anderen Kindern unterstützen und in bestimmten Stunden schon mit Abständen zum Kind arbeiten.
- Eine Schulbegleitung kann punktuell intervenieren, wenn das Kind sich schon deutlich in Richtung Selbstständigkeit entwickelt hat.
- Eine Schulbegleitung z. B. in den höheren Klassen von Gymnasien hat häufiger die Aufgabe, eher im Hintergrund auf hohem Niveau Zielpläne für Arbeits- und Sozialverhalten zu machen, um dieses z. B. mithilfe von Zeichen stellenweise positiv zu verstärken. Bei dieser Form braucht es verhältnismäßig viel Erfahrung.

In Bezug auf besondere Anforderungen und auf die Selbstständigkeitsentwicklung möchte ich auf folgende Themenbereiche hinweisen:

- Klassen- und Schulwechsel bedürfen meist einer intensiveren Begleitung des Kindes mit Autismus. Hier kann auch eine Sammlung von kindgerecht aufbereiteten Informationen im Übergang zur neuen Situation hilfreich sein.
- Wenn ein autistischer Schüler ein auf der Leistungsebene guter Schüler ist und das Klassengeschehen nicht stört, kann dennoch ein hoher Unterstützungsbedarf auf der sozialen Ebene und im Bereich der Arbeitsorganisation bestehen. Hier gilt es, die nächsten Entwicklungsschritte sowie das Berufsleben gerade in der sozialen Flexibilität und Arbeitsorganisation rechtzeitig vorzubereiten.
- Ebenso ist der Übergang von der Schule in den Beruf frühzeitig vorzubereiten. So gibt es Berufswege-Konferenzen, bei denen die Fachleute der jetzigen und zukünftigen Hilfen einen Runden Tisch ca. anderthalb Jahre vor dem Schulabschluss machen und mögliche Wege in eine Berufsausbildung und ggf. nötige Hilfen vorab besprechen. Beteiligte sind dann die Schule, die Reha-Abteilung des Arbeitsamts, der Integrationsfachdienst, die Eltern, der betroffene Jugendliche und das Autismus-Therapiezentrum. Eingeladen wird über die jeweilige Schulleitung. Eltern können dieses dort anregen. Aktu-

elle Vorgehensweisen in der Region können über die jeweiligen Beteiligten erfragt werden, da es auch variierte Vorgehensweisen gibt.

Was mich nach mehreren Jahren in der Arbeit mit Kindern und Jugendlichen mit autistischen Verhaltensweisen immer wieder fasziniert, sind Erfolge und viele Fähigkeiten, die bei den Betroffenen aktiviert werden können, wenn passende Methoden und eine konstruktive Herangehensweise und kleinschrittige positive Verstärkung zielgerichtet vorgenommen wird.

Literatur

Kastner-Koller, U. & Rollett, B. (2007): Praxisbuch Autismus. 3. Auflage. Elsevier Urban & Fischer, München

Schirmer, B. (2010): Schulratgeber Autismus-Spektrum-Störungen. Reinhardt Verlag.

Schuster, N. (2009): Schüler mit Autismus-Spektrum-Störungen: Eine Innen- und Außensicht mit praktischen Tipps für Lehrer, Psychologen und Eltern. Kohlhammer, Stuttgart

Thomas, G., Barratt, P., Clewley, H., Joy, H., Potter, M. & Philip Whitaker, Übersetzung aus dem Englischen: Christiane Nagy, Asperger-Syndrom Strategien und Tipps für den Unterricht, Bundesverband autismus Deutschland e. V., www.autismus.de

Tuckermann, A., Häußler, A. & Lausmann, E. (2012): Praxis TEACCH. Herausforderung Regelschule: Unterstützungsmöglichkeiten für Schüler mit Autismus-Spektrum-Störung im Lernzielgleichen Unterricht Taschenbuch – 23. September 2012

Wilczek, B. (2007): Schulbegleitung für Schülerinnen und Schüler mit Asperger-Syndrom (zu bestellen über Autismus Deutschland: www.autismus.de, auch für die Begleitung von Schülern mit frühkindlichem Autismus hilfreich)

Links

www.isb.bayern.de/download/14845/ass_a5_schulbegleitung.pdf - Stand 11/2016

http://www.schule-bw.de/schularten/sonderschulen/autismus/ - Stand 11/2016

Teil VI
Autismus und Arbeit

Erster Arbeitsmarkt – Chancen und Hürden für Menschen mit Autismus-Spektrum-Störung

Kristina Beese

Recht auf Arbeit ist das Recht, bei freier Berufswahl und Sicherung der menschlichen Würde arbeiten zu können (Charles Fourier). Entgegen dieses Rechtsanspruches sah die Realität für Menschen mit einer Autismus-Spektrum-Störung (ASS) bisher anders aus: Laut einer Studie von Baumgartner et al. befanden sich 2009 lediglich fünf Prozent der Menschen mit ASS auf dem allgemeinen Arbeitsmarkt (Baumgartner et al. 2009, S. 16 f.). Während die Personen mit einer autistischen Störung insbesondere in Werkstätten für Menschen mit Behinderungen (WfbM) arbeiteten, war der Großteil von Menschen mit dem Asperger-Syndrom ohne Beschäftigung.

Erst seit den vergangenen Jahren rückt die berufliche Integration von Menschen mit Autismus in das allgemeine Bewusstsein und bildet damit auch einen »neuen« Baustein der Autismus-Therapie. Doch trotz des gesteigerten Bewusstseins stellt besonders der allgemeine Arbeitsmarkt für Menschen mit ASS weiterhin eine große Herausforderung dar: Es werden zunehmend mehr Soft Skills gefordert, wie kommunikative Kompetenz, Teamfähigkeit, Stressresistenz, Organisationsfähigkeit, Mobilität, Flexibilität, Empathiefähigkeit und Konfliktfähigkeit (Headhunter 100). Doch genau in diesem Bereich weisen Menschen mit ASS vielfache Hürden auf (Attwood 2007, S. 351; autismus Deutschland e. V. 2013, S. 8). Trotz teilweise großem Fachwissen und hoher Motivation scheitern sie daher oft bereits am Bewerbungsgespräch oder werden binnen kürzester Zeit von ihren Arbeitskollegen ausgegrenzt bzw. gemobbt.

Darüber hinaus fällt die Einschätzung für eine geeignete Beschäftigungsform (allgemeiner Arbeitsmarkt, teilgeschützte Anstellung oder geschützter Arbeitsplatz) vor dem Hintergrund des meist sehr heterogenen Leistungsprofils von Menschen mit ASS schwer. Bei Menschen mit Asperger-Syndrom zeigt sich oft ein massives Gefälle zwischen kognitiver Leistung und praktischer Umsetzung. So fiel ein Kind mit Asperger-Syndrom in der Autismus-Therapie beispielsweise dadurch auf, dass es sich bereits mit sechs Jahren für Integralrechnung interessierte, gleichzeitig jedoch nicht in der Lage war, sich eigenständig anzuziehen.

Andere Betroffene mit einer autistischen Störung benötigen zwar ein engmaschiges Unterstützungssystem, wie es vorwiegend in einer WfbM gewährleistet wird, werden hier jedoch von den vielen Reizen der Arbeitsgruppe überfordert. Sie sehnen sich nach einem Einzelarbeitsplatz auf dem allgemeinen Arbeitsmarkt.

Berufsfindung

Während die Eltern von Kindern mit ASS in der Schulzeit automatisch eine wichtige Rolle als Sprachrohr oder Vermittler einnehmen, befinden sie sich im Übergang zum Berufsleben im Zwiespalt. Die Angst um die Zukunft ihres Kindes bleibt. Doch gleichzeitig wird kaum ein Arbeitgeber verstehen, warum Eltern das Bewerbungsgespräch ihres Sprösslings begleiten sollten. Sowohl den Jugendlichen als auch ihren Eltern bietet der Eintritt in das Berufsleben somit die Chance zur Autonomieentwicklung – ein Ablösungsprozess, der bei Jugendlichen mit ASS meist nicht so selbstverständlich verläuft wie bei Gleichaltrigen ohne Behinderung.

Für Betroffene stellt sich demnach die Frage, wer sie auf dem weiteren Berufsweg begleiten kann. Da viele von ihnen bereits eine Förderung in einem Autismus-Institut erhalten, bieten sich hier Informationsveranstaltungen an, in denen Adressen und Ansprechpartner der Berufsfindung und -begleitung genannt werden:

- Kostenträger beruflicher Rehabilitationsmaßnahmen,
- Einrichtungen und Dienste der beruflichen Rehabilitation,
- Soziale Dienste bei der Vermittlung auf den ersten Arbeitsmarkt,
- Integrationsbetriebe bzw. -abteilungen,
- ausbildungsbegleitende Hilfen (abH),
- Angebot der gemeinsamen Servicestellen und Integrationsfachdienste,
- Möglichkeiten eines Persönlichen Budgets (Baumgartner et al. 2009, S. 62).

Aufgrund der massiven Veränderungsängste von Menschen mit ASS kann die Auseinandersetzung mit dem Berufseinstieg zu Blockaden führen. Infolgedessen kommt es immer wieder dazu, dass Eltern die Berufswege für ihre Kinder alleine festlegen oder die Auseinandersetzung mit dem Thema das ganze Familiensystem lähmt. Wichtig ist daher, frühzeitig den Kontakt zur Agentur für Arbeit (Kostenträger) zu suchen, um gemeinsam zu prüfen, welcher Bereich des Arbeitsmarktes für den Betroffenen realistisch erscheint, um dann weiterführende Unterstützungsangebote zu suchen.

> Beispielhaft wird im Folgenden die Begleitung eines jungen Mannes mit Asperger-Syndrom (hier Marcus genannt) im Hamburger Autismus Institut beschrieben. Marcus nahm seit mehreren Jahren an einer Autismus-Therapie teil, während der intensiv an seinem Kommunikationsverhalten sowie seiner Empathiefähigkeit gearbeitet wurde. Zum Zeitpunkt der Berufsfindung verfügte der junge Mann bereits über vielfältige soziale Kompetenzen. Er war allerdings weiterhin auf eine feste Struktur und einen vertrauten Ansprechpartner angewiesen, um sein volles Leistungspotenzial auszuschöpfen. Marcus wurde von seiner Mutter begleitet, die für ihren Sohn bereits sehr kompetent Berufswege und Unterstützungsmöglichkeiten erarbeitet hatte, jedoch das Fachwissen des Therapeuten benötigte, um sich sicherer zu fühlen. Sowohl Marcus als auch seine Mutter wünschten sich, die berufliche Begleitung aus der Hand der Mutter zu geben. Vor diesem Hintergrund wurde im Rahmen der Einzeltherapie herausgearbeitet, welche beruflichen Vorstellungen Marcus, unabhängig von seiner Mutter, hatte und diese seinem Fähigkeitsprofil gegenübergestellt. Dabei zeigte sich, dass Marcus für sich eine realistische Berufsperspektive mit einer Ausbildung auf dem ersten Arbeitsmarkt verfolgte. Durch sein Spezialinteresse konnte er in dem von ihm gewählten Berufszweig bereits ein enormes Fachwissen sowie praktische Erfah-

rungen vorweisen. Gleichzeitig lehnte er in seinem Wunsch nach Autonomie zunächst jegliche externe Unterstützung ab, was sich in der Vergangenheit jedoch als problematisch erwiesen hatte. Hier kam es ohne Sicherheitsnetz immer wieder zu Krisen, bei denen die Mutter einspringen musste. Um besser loslassen zu können, wünschte die Mutter daher eine professionelle Berufsbegleitung. Gemeinsam mit der Therapeutin wurden Unterstützungsangebote gesucht, die den Klienten nicht in seiner Selbstständigkeit behinderten, jedoch jederzeit in Krisensituationen abgerufen werden konnten.

Gewählt wurde eine autismusspezifische Berufsbegleitung, die einmal wöchentlich den Kontakt zu Marcus aufnehmen und gleichzeitig im Austausch mit der Berufsschule und dem Arbeitgeber stehen sollte. Letzteres war besonders wichtig, um vor Ort den Arbeitsplatz Marcus' Bedürfnissen entsprechend aufzubauen, Mitarbeiter und Lehrer aufzuklären und Krisen frühzeitig zu erkennen bzw. diesen vorzubeugen. Parallel zur Einzeltherapie fanden regelmäßige Elterngespräche mit dem Ziel statt, die bis dahin alleinige Verantwortung der Mutter auf ihren Sohn sowie das Unterstützungssystem zu verteilen. Dies war möglich, indem die Therapeutin als Anker zwischen der Familie und der Berufsbegleitung diente. So konnte die Mutter die Verantwortung an die Therapeutin als Vertrauensperson abgeben und von dieser wurden Berufsbegleiter autismusspezifisch beraten. Da die Mutter, nach Zustimmung ihres Sohnes, über die in der Einzeltherapie erarbeiteten Ziele informiert wurde, war es ihr zunehmend mehr möglich, ihrem Sohn in seiner Selbständigkeit zu vertrauen.

Vielen Jugendlichen mit ASS fehlt eine realistische Einschätzung ihrer beruflichen Vorstellungen und Fähigkeiten, ebenso von den Anforderungen des allgemeinen Arbeitsmarktes. Sie unterscheiden sich mit ihrem Interessens- und Fähigkeitsprofil von Gleichaltrigen und werden nicht selten dafür ausgegrenzt. Darüber hinaus prägen die meist negativen Schulerfahrungen ihr Selbstbewusstsein. Hilfreich sind hier Praktika, die bereits während der Schulzeit erfolgen können. Die Jugendlichen werden durch die positive Rückmeldung ihrer Kollegen bzw. Vorgesetzten in ihrem Selbstbewusstsein nachhaltig positiv gestärkt auf und der Kontakt zu erwachsenen Kollegen fällt ihnen meist einfacher als die Kommunikation, der so genannte »Slang«, mit Gleichaltrigen. Besonders hilfreich sind Rückmeldebögen mit Bewertungsskalen. Sie geben oft differenzierter und langanhaltender Aufschluss über das Fähigkeitsprofil des Betroffen als das üblicherweise sehr kurze Abschlussgespräch mit dem Vorgesetzten. In der Therapie wurde die Bewertungsskala beispielsweise eingesetzt, um einen Klienten mit seiner unrealistischen Berufsvorstellung zu konfrontieren, als dieser eine Ausbildung zum Systemadministrator überflüssig fand, weil er direkt nach seinem Hauptschulabschluss auf Leitungsebene bei einem internationalen Technologiekonzern einsteigen wollte. Während er der Therapeutin Unwissenheit auf diesem Gebiet unterstellte, half ihm die Rückmeldung eines IT-Fachmannes, sich mit seinen Problemfeldern auseinanderzusetzen. Im umgekehrten Fall kann bei Selbstzweifeln und Ängsten immer wieder auf eine positive Rückmeldung des Praktikums Zugriff genommen werden.

Viele Bezugspersonen stellen sich die Frage, ob es Berufszweige gibt, die für Menschen mit ASS besonders geeignet sind. Viel wichtiger als die Art der Tätigkeit ist jedoch das Arbeitsumfeld. Hier sind möglichst folgende Punkte zu beachten:

- Tätigkeiten, die wenig Team- und Kooperationsbereitschaft erfordern,
- wenig/kein Kundenkontakt bzw. Publikumsverkehr,

- konstante Rahmenbedingungen (Arbeitszeiten, Ansprechpartner, Kollegen),
- wiederkehrende Arbeitsabläufe,
- klare Strukturen, Regeln und Hierarchien,
- Tätigkeiten, die Genauigkeit statt Geschwindigkeit voraussetzen,
- geringe Anforderungen an die Multitasking-Fähigkeit,
- Tätigkeiten, die die Motivation oder sogar das Spezialinteresse treffen,
- Bereitschaft, sich auf den Menschen mit ASS einzustellen,
- offene/direkte Kommunikation.

Das folgende Fallbeispiel zeigt, dass eine gute Integration möglich ist, auch wenn nicht alle der o. g. Kriterien erfüllt sind. Die Begleitung von Klaus (Name geändert), einem jungen Mann mit Asperger-Syndrom, wurde mit dem Ziel einer Berufsfindung sowie einer Integration auf den ersten Arbeitsmarkt im Anschluss an seine Schulzeit aufgenommen. Er erhielt seit Schulbeginn Förderung in einem Autismus-Therapiezentrum. Sein Schulumfeld sowie familiäres Umfeld wirkten sehr unterstützend, so dass der Jugendliche bereits über beeindruckende soziale Kompetenzen verfügte. Klaus hatte zwei Interessensgebiete, die ihn deutlich von Gleichaltrigen unterschieden: Volksmusik und seine Nachbarstadt.

Im Rahmen mehrerer Praktika wurden verschiedene Arbeitsbereiche getestet. Hier fühlte sich Klaus jedoch nicht wohl, er äußerte mehrfach den Wunsch, eine Arbeitsstelle in einem Altenpflegeheim in der von ihm so geschätzten Nachbarstadt aufnehmen zu können. Da gerade die Arbeit in einem Altenpflegeheim jedoch in erster Linie soziale Kompetenzen erfordert, die Menschen mit dem Asperger-Syndrom meist nicht erfüllen, war es sehr schwer, die Reha-Berater der Agentur für Arbeit sowie Arbeitgeber davon zu überzeugen, dass eine Arbeitserprobung sinnvoll erschien. Dennoch erhielt Klaus die Möglichkeit, ein Praktikum in seinem Wunschbereich zu absolvieren. Sowohl sein Arbeitgeber als auch seine Kollegen wurden umfassend über mögliche Hürden informiert und besonders der Arbeitseinstieg eng begleitet. Im Praktikum zeigte sich schnell, dass die Patienten Klaus sehr schätzten. Sie teilten seine Spezialinteressen und freuten sich mit Hingabe, dass sie endlich jemanden hatten, mit dem sie immer wieder über ihre Heimatstadt sprechen und gemeinsam Volkslieder hören konnten. Viele von ihnen litten an Demenz und Klaus war einer der wenigen Menschen, die nicht überdrüssig wurden, mit ihnen wiederkehrend über diese Themen zu reden. Klaus erhielt daher nach seinem Praktikum eine Festanstellung in dem Altenpflegeheim, die von der Agentur für Arbeit gefördert wurde.

Eine Tätigkeit, die das Spezialinteresse eines Menschen mit ASS umfasst, birgt daher viele Vorteile: Aufgrund ihres großen Interesses in diesem Bereich weisen Betroffene meist ein enormes Fachwissen und überdurchschnittlich hohe Kompetenzen auf. Statt wie gewohnt wegen ihres Interesses ausgegrenzt zu werden, finden Arbeitnehmer zum ersten Mal in ihrem Leben Anerkennung für ihr Interessensgebiet. Doch nicht jeder Mensch mit ASS verfügt über ein derartiges Spezialwissen und nicht jedes Spezialinteresse kann beruflich genutzt werden. So leben Jugendliche mit einem großen Interesse an Computerspielen nicht selten in der Vorstellung, IT-Experte zu werden; andere wünschten sich aufgrund ihres Interesses an Bahnlinien, Zugführer zu werden. Sie übersehen jedoch, dass in den gewünschten Berufsfeldern viele weitere Kompetenzen gefragt werden, über die sie nicht verfügten. Hier setzt ein Soziales Kompetenztraining an, in dem fehlende soziale Kompetenzen aufgebaut und gefördert werden können.

Soziales Kompetenztraining

Neben der Einzeltherapie erfolgt die Förderung der sozialen Kompetenzen von Menschen mit ASS in spezifischen Sozialen Kompetenztrainings. In diesen begleiteten Gruppensitzungen ist es den Betroffenen möglich, die in der Einzeltherapie erlernten sozialen Kompetenzen praktisch umzusetzen und sich im geschützten Rahmen selbst auszutesten. Anders als auf dem Schulhof, erhalten die Jugendlichen hier ein konstruktives Feedback und gleichzeitig profitieren sie von den meist ähnlichen Erfahrungen der anderen Gruppenmitglieder. So berichteten mehrere Jungen in einer Sozialen Kompetenzgruppe im Hamburger Autismus Institut, dass sie von Klassenkameraden ausgegrenzt würden und es täglich Probleme mit Lehrern und Eltern gäbe. Sie alle suchten vergeblich Freunde. In der Gruppe fiel ihnen zum ersten Mal auf, dass sie ihre Erfahrungen teilen konnten und sie auf Gleichaltrige mit ähnlichen Spezialinteressen (z. B. Bahn) trafen.

In einer Mädchengruppe wurden neben dem geäußerten Verständnis auch Ratschläge untereinander erteilt. So erklärte eine Teilnehmerin einer anderen beispielsweise, dass deren Probleme daraus resultierten, dass sie sich als Pubertierende im Übergang zwischen einem Mädchen und einer erwachsenen Frau befände und das für sie jeden Tag zu Verwirrung und gefühlsmäßigen Berg- und Talfahrten führe. Dies gab den Gruppenteilnehmern erstmals das Gefühl, von Gleichaltrigen verstanden zu werden und nicht alleine zu sein. Es wurden Freundschaften geschlossen und sich privat besucht.

Als Rahmen für ein Soziales Kompetenztraining mit beruflichem Fokus bietet sich der Ablauf nach dem Züricher Kompetenztraining für Jugendliche mit ASS an (Jenny et al. 2011). Danach wird sich sozialen Kompetenzthemen zunächst kognitiv in einem Theorieteil angenähert und diese anschließend praktisch in Form von Spielen, Projekten und Rollenspielen umgesetzt. Hilfreich zum Beobachten der Gruppe sind freie Sequenzen, die an Arbeitspausen im Betrieb angelehnt sind (nach dem Züricher Kompetenztraining die Snack-Pause). So fiel im Sozial-Kompetenzunterricht mit Auszubildenden mit dem Asperger-Syndrom auf, dass alle Jugendlichen bereits ein breites kognitives Wissen über soziale Situationen aufwiesen, dies hatten sie sich jahrelang in der Schule oder in Therapien angeeignet. Viele Themen schienen überflüssig oder zu einfach für sie zu sein. Erst in der Snack-Pause und der praktischen Durchführung dieser Themen fiel die massive Diskrepanz zwischen kognitivem Wissen und praktischer Umsetzung auf. Bei Geburtstagsfeiern mit der Gruppe wurde beispielsweise innerhalb von zehn Minuten schweigend gegessen, bis das Essen verspeist war und sich dann wortlos vom Tisch entfernt. Gemeinsame Mahlzeiten wurden hier nicht als Interaktionsmöglichkeit verstanden, wie es bei Arbeitspausen mit Kollegen jedoch der Fall ist.

Bezugnehmend auf die Anforderungen des allgemeinen Arbeitsmarktes stellt der Erwerb von Grundfertigkeiten im Smalltalk eine nicht zu unterschätzende Rolle dar. Kollegen sowie Kunden fühlen sich deutlich wohler, wenn unbehagliche Situationen, wie beispielsweise Fahrstuhlfahrten, mit kurzen Smalltalk-Sequenzen überbrückt werden. Menschen mit ASS hingegen verstehen Gespräche »ohne Inhalt« nicht. So verlief die wöchentlich in der Therapie stattfindende Smalltalk-Runde trotz vorgegebenem Thema und einem Einleitungssatz (»Draußen liegt aber viel Schnee!«) zumeist in minutenlangem Schweigen. Die Jugendlichen selbst gaben im Nachhinein an, dass sie dies nicht als unangenehm empfunden hätten, sie jedoch nicht verstehen könnten, warum sie über etwas sprechen sollten, das jeder sehen konnte, wie in diesem Fall das Wetter.

Kontakt zum Arbeitgeber/Kollegen

Neben dem Erwerb sozialer Fähigkeiten stellt der Erstkontakt zum Betrieb eine weitere Hürde auf dem Weg zum allgemeinen Arbeitsmarkt dar. Allem voran steht die Frage, ob und in welcher Form eine Autismus-Aufklärung erfolgen sollte. Aus eigener Erfahrung hat sich hier Offenheit gegenüber dem Arbeitgeber bewährt. Während das Übermitteln der Diagnose beim Bewerbungsanschreiben oft zu einer Ablehnung führte, wurde die persönliche Aufklärung durch den Bewerber selbst oder seinen Rehabilitationsbegleiter sowohl im telefonischen Erstkontakt als auch im Bewerbungsgespräch als hilfreich rückgemeldet. Auf eine Ankündigung der Therapeutin, die Bewerberin habe Probleme, mit ihren Kollegen Smalltalk zu führen, antwortete ein Arbeitgeber beispielsweise, dass er erleichtert sei, endlich einen Beschäftigten einstellen zu können, der sich nicht bei der Arbeit »verquatsche«. Als Grundlage für die Aufklärung kann eine kurze Informationsbroschüre dienen, wie die Informationsbroschüre Autisten am Arbeitsplatz von autWorker e. G. (autWorker.de). Neben der Aufklärung über Schwierigkeiten ist es wichtig, sowohl den Bewerbern selbst als auch ihren Vorgesetzten die Stärken und Begabungen aufzuzeigen, die Menschen mit ASS ausmachen können, wie die Ausprägung traditioneller Arbeitstugenden (Pünktlichkeit, Ehrlichkeit, Zuverlässigkeit, Genauigkeit und Sorgfalt), eine hohe Konzentrationsfähigkeit bei wiederkehrenden Arbeitsabläufen, gewissenhafte Orientierung an Regeln, hohe Motivation und Anpassungsbereitschaft, Blick für das Detail etc. (autismus Deutschland e. V. 2013, S. 8). Vielen Arbeitgebern gab es darüber hinaus Sicherheit, bezüglich der Integrationsfragen sowie im Umgang mit dem Beschäftigten, einen festen Ansprechpartner zu haben, wie einen autismusspezifisch geschulten Integrationsfachdienst oder den Autismustherapeuten.

Berufsbegleitung

Im Folgenden werden drei Fallbeispiele beschrieben, bei denen im Rahmen einer autismusspezifischen Rehabilitationsmaßnahme bzw. in der Einzeltherapie im Hamburger Autismus Institut eine Berufsbegleitung durchgeführt wurde.

Fallbeispiel 1

Zur Zeit der Einzeltherapie von Lars (Name geändert), einem jungen Mann mit Asperger-Syndrom, befand sich dieser bereits in einer Ausbildung auf dem ersten Arbeitsmarkt. Die Ausbildung wurde über eine autismusspezifische Rehabilitationsmaßnahme vermittelt und begleitet, der Auszubildende erhielt zusätzlich eine Arbeitsassistenz. Lars war auf eine ruhige Arbeitsatmosphäre angewiesen. Er arbeitete bevorzugt im Freien und etwas abseits von seinen Kollegen. An »guten Tagen« und bei wiederkehrenden Tätigkeiten konnte er seiner Arbeit problemlos und mit Freuden nachkommen. War für ihn ein Arbeitsauftrag nicht eindeutig, verunsicherte es Lars so sehr, dass dies zur Arbeitsunfähigkeit oder Konflikten mit seiner Arbeitsassistenz führte. Herausfordernd war eine große innere Wut, die Lars in Überforderungssituationen überkam und die bis zu Kontaktabbrüchen oder einer Beendigung der Ausbildung führen konnte. In den Einzelgesprächen war es dem jungen Mann möglich, mit Abstand über die Ereignisse und Konflikte der Arbeitswoche zu berichten. So konnten Hürden schneller erkannt und Lösungsansätze gesucht werden. Zudem half es Lars, durch die Therapeutin Erklärungen für sein eigenes sowie das Verhalten seiner Arbeitskollegen zu erhalten. Gemeinsam wurde sich angstauslösenden Situationen, wie beispielsweise der Abschlussprüfung, genähert. Hier war Lars auf eine intensive Vorbereitung angewiesen: Die Örtlichkeiten wurden vorab besichtigt, eine feste Arbeitsgruppe gesucht, ein Ablaufplan erarbeitet und Lehrkräfte etc. aufgeklärt. Neben der rein kognitiven Auseinandersetzung mit den Herausforderungen der Ausbildung wurden in der Therapie Entspannungstechniken vermittelt, um die innere Anspannung zu lösen und die eigene Wut schneller zu regulieren. Nach Absprache mit Lars erfolgte parallel zu den Einzelgesprächen ein regelmäßiger Austausch mit den Eltern, der Berufsschule, der Arbeitsassistenz und dem Arbeitgeber. So war es möglich, krisenauslösende Faktoren, wie den Wechsel eines Anleiters oder des Arbeitsgebietes, frühzeitig zu erfassen. Gleichzeitig war es wichtig, dem Lehrbetrieb gegenüber Lars' Sichtweise zu erläutern und ihn für Hürden zu sensibilisieren. Durch die hohe Eigenmotivation des Auszubildenden und die intensive Netzwerkarbeit konnte Lars seine Ausbildung erfolgreich beenden.

Fallbeispiel 2

In einem anderen Fall wurde die Begleitung eines jungen Mannes mit Asperger-Syndrom – im Folgenden Julian genannt – aufgenommen, als die Ausbildung kurz vor seiner Zwischenprüfung zu scheitern drohte. Trotz bis dato guter bis sehr guter Schulnoten und einer ausgesprochen hohen Arbeitsmoral blieb Julian dem Berufsschulunterricht unmittelbar vor seiner Zwischenprüfung fern. Das Fehlen wurde erst nach einigen Wochen von der Berufsschullehrerin gemeldet. Vor diesem Hintergrund wurde die Therapeutin hinzugezogen. In den Einzelgesprächen mit dem jungen Mann wurde seine große Angst vor der Zwischenprüfung deutlich. Er zweifelte plötzlich an seinen Fähigkeiten, befürchtete, zu viel Lernstoff verpasst zu haben, und wusste nicht, wie er eigenständig und strukturiert lernen sollte. Gleichzeitig hatte Julian das Gefühl, seinen Arbeitgeber durch den Schulausfall betrogen zu haben, und fürchtete, in dessen Augen zu versagen. Um ihm die Ängste zu nehmen, wurde ein persönliches Gespräch mit der Lehrerin sowie anschließend mit dem Ausbildungsbetrieb gesucht. In dem Schulgespräch betonte die Lehrerin mehrfach, dass sie aufgrund der bisherigen Schulnoten sowie der hohen kognitiven Fähigkeiten des Auszubildenden keinerlei Befürchtungen vor dessen Zwischenprüfung habe. Sie stellte ihm die verpassten Lerninhalte zur Verfügung und versicherte, dass alle Prüfungsinhalte vor der Prüfung wiederholt werden würden; wichtig sei lediglich die Teilnahme am Unterricht. Darüber hinaus bestand die Option, bis zur Prüfung an einer Nachhilfe teilzunehmen. Julian entschied sich gegen eine Nachhilfe und bat darum, sich zunächst alleine mit dem Arbeitsmaterial zu beschäftigen. Gleichzeitig offenbarte er, dass er zwingend auf einen vertrauten Ansprechpartner und regelmäßige Einzelgespräche angewiesen sei, diese hätten ihm in der Vergangenheit gefehlt, um sich sicher zu fühlen.

Neben dem Schulgespräch wurde der Kontakt zum Ausbildungsleiter gesucht. Hier erhielt Julian ebenfalls eine positive

Rückmeldung zu seiner praktischen Arbeit. Da das Berichtsheft über viele Wochen nicht geführt wurde, wurde gemeinsam erarbeitet, wie der junge Mann die fehlenden Berichte nachtragen konnte. Gleichzeitig stellte der Ausbildungsleiter ihm freie Zeit zur Verfügung, um sich während der Arbeit im Betrieb auf die Zwischenprüfung vorbereiten zu können.

In den Einzelgesprächen fiel auf, dass Julian bereits beträchtliche Kompetenzen besaß, um seine Ausbildung eigenständig zu meistern. Es fehlte ihm lediglich an der Selbstsicherheit sowie dem Selbstvertrauen, dies für sich anzunehmen. So neigte der junge Mann zwar weiterhin zu impulshaften Reaktionen, durch die er immer wieder in Konflikte mit Außenstehenden geriet, sowie zu Rückzugstendenzen in für ihn verunsichernden Situationen. Er war nach einer Reflexion der jeweiligen Situationen in den Einzelgesprächen allerdings in der Lage, die Situationen sehr kompetent für sich alleine zu lösen. Die Einzelgespräche konnten somit immer mehr für Themen genutzt werden, die die persönlichen Interessen des jungen Mannes betrafen, da es keine »Krisen« sowie fehlende soziale Kompetenzen mehr gab, an denen vordergründig gearbeitet werden musste. Trotz des sehr positiven Verlaufs fiel Julian bei einem Wechsel des Therapeuten in große Selbstzweifel. Er war nicht in der Lage, sich selbst die positive Entwicklung zuzuschreiben und fürchtete erneut, in der Ausbildung zu versagen. Gleichzeitig konnte er von sich selbst berichten, dass er zeitweise vergaß, dass er das Asperger-Syndrom habe, jedoch Veränderungen in seinem gewohnten Alltag zu einem Rückfall führten und er sich dann autistischer fühle als jemals zuvor. Hier zeigt sich, wie sensibel ein Wechsel der Betreuung von Menschen mit ASS gestaltet werden sollte und wie erforderlich eine langfristige Begleitung ist.

Fallbeispiel 3

Die Begleitung von Herrn Ruge erfolgte durch einen autismusspezifischen Rehabilitationsträger. Herr Ruge, ein Mann mit High-Functioning Autismus in mittlerem Alter, hatte zu diesem Zeitpunkt bereits seine Ausbildung auf dem allgemeinen Arbeitsmarkt im befriedigenden Bereich abgeschlossen. Trotz seiner hohen Motivation und seinen guten Arbeitsleistungen lehnte sein Ausbildungsleiter die Übernahme des Auszubildenden aufgrund seiner massiven Probleme im sozialen Bereich ab. So fiel Herr Ruge durch seine motorischen und verbalen Stereotypien, eine ausgesprochene Unruhe, ein ungepflegtes Äußeres und Übertretungen im sozialen Bereich, wie Tabubrüche, Konflikte mit Arbeitskollegen etc. auf. Darüber hinaus war Herr Ruge nicht in der Lage, seine Bedürfnisse aufzuschieben und Wichtiges von Unwichtigem zu unterscheiden. Wenn er seinen Anleiter beispielsweise persönlich oder telefonisch nicht direkt erreichte, kontaktierte er ihn im Minutentakt erneut und steigerte sich dabei selbst in immer größere Unruhe. Sowohl Arbeitskollegen als auch sein Anleiter fühlten sich von diesem Verhalten massiv gestört, insbesondere als Herr Ruge in einem Fall direkt zum Personalchef ging, als sein Ansprechpartner kurzzeitig verhindert war.

Vor seiner Ausbildung auf dem allgemeinen Arbeitsmarkt arbeitete Herr Ruge für einige Jahre in einer WfbM. Einen erneuten Eintritt in die WfbM lehnte er ab und die anhaltende Arbeitslosigkeit war für ihn ebenfalls nur schwer auszuhalten. Er benötigte dringend eine feste Alltagsstruktur sowie eine sinnstiftende Tätigkeit. Trotz der Überforderung des Arbeitsalltags schätzte er die Arbeit in seinem Ausbildungsberuf. Ziel des Klienten an die Berufsbegleitung war demzufolge die Suche einer neuen Arbeitsstelle auf dem allgemeinen Arbeitsmarkt sowie eine Unterstützung während seiner beruflichen Tätigkeit in Form eines »Dolmetschers« für soziale Sachverhalte. Aufgrund der ausgesprochen hohen Motivation von Herrn Ruge war es möglich, ihm zwischen den Einzelgesprächen feste Arbeitsaufträge wie Firmenakquise und Bewerbungsanschreiben zu geben. Der direkte Telefonkontakt zu den Arbeitgebern erfolgte über den Rehabilitationsträger. In den Einzelgesprächen mit Herrn Ruge wurden Problemfelder der früheren Arbeitsstelle aufgearbeitet, Bewerbungsgespräche trainiert und an den allgemeinen sozialen Kompetenzen sowie am Erscheinungsbild (Hygieneregeln) gearbeitet. Dabei zeigte sich u. a., dass Herr Ruge viele Verhaltensweisen seiner früheren Kollegen, wie den Alkoholkonsum während/nach der Arbeit und das Aufhängen pornografischer Bilder im Büro, nicht verstehen konnte. Er selbst hatte gelernt, dass derartiges Verhalten unerlaubt sei, und es war für ihn daher nur schwer auszuhalten, dass seine Kollegen diesen Tabubruch begingen und von ihm sogar erwarteten, es nicht dem Vorgesetzten zu melden.

Parallel zu der Arbeitsplatzsuche wurde bereits ein enger Kontakt zur Agentur für Arbeit sowie zum Integrationsamt geführt, um Förderoptionen abzustimmen sowie eine Arbeitsassistenz bereits zu Arbeitsbeginn einführen zu können. Herr Ruge äußerte selbst, dass er eine Arbeitsassistenz als unabdingbar empfände, um einer erneuten Beendigung des Arbeitsverhältnisses vorzubeugen.

Bereits im Erstkontakt mit den Arbeitgebern wurde sehr offen über die Stärken und Schwierigkeiten von Herrn Ruge gesprochen. Damit entfielen zwar einige Betriebe im Vorfeld, dafür erwies sich die neue Arbeitsstelle als besonders offen im Umgang mit Herrn Ruges Besonderheiten. Herr Ruge erhielt neben der Arbeitsassistenz einen festen Anleiter und es wurden Verhaltensregeln erstellt. Die engsten Arbeitskollegen von Herrn Ruge erhielten eine Autismusaufklärung und die weitere Kommunikation lief auf eigenen Wunsch direkt über den Anleiter. Zur Stabilisierung des Arbeitsverhältnisses wurden zu Beginn sehr engmaschige Einzelgespräche und ein ebenfalls sehr regelmäßiger Kontakt zum Arbeitgeber geführt, dieser wurde schrittweise reduziert. Auch auf seiner neuen Arbeitsstelle fiel Herr Ruge schnell durch o. g. Übertretungen im sozialen Bereich auf. Er hielt sich nicht an Hierarchien (da ihm diese nicht bekannt waren), er neigte dazu, seine Kollegen bei Überforderung anzuschreien, und seine motorischen und verbalen Stereotypien verschreckten einige Arbeitskollegen. In den Einzelgesprächen wurden daher für die von Herrn Ruge selbst oder dem Anleiter genannten Problembereiche Lösungswege bzw. ein alternatives Verhalten erarbeitet und dieses in einem Regel-Buch festgehalten, das sowohl Herr Ruge als auch seinem Anleiter zugängig war. Das Buch bot Herrn Ruge eine gute visuelle Erinnerungsstütze und dem Anleiter die Option, ohne Diskussionen an Absprachen zu erinnern. Langfristig sollten Einträge direkt von Herrn Ruge und seinem Anleiter, ohne »Umweg« über den Job-Coach, übernommen werden.

Nachdem bekannt wurde, wie sehr Herrn Ruges Arbeitsleistung von seinen privaten Umständen beeinflusst wurden, wurde gemeinsam mit dem Job-Coach eine Wohnassistenz installiert. So war es Herrn Ruge beispielsweise über mehrere Tage nicht möglich, sich auf seine Arbeit zu konzentrieren, weil der Besuch eines Technikers in seiner Wohnung bevorstand und dies mit seinen Arbeitszeiten kollidierte. Gemeinsam mit allen Beteiligten wurden die Aufgabenbereiche des Berufsbegleiters sowie der Wohnassistenz visualisiert, um Herrn Ruge eine bessere

Trennung beider Bereiche zu ermöglichen.

Da die autismusspezifische Berufsbegleitung zeitlich terminiert war, erfolgte die Übergabe an einen Integrationsfachdienst vor Ort. Problematisch für Herrn Ruge war hier, dass die Begleitung des Integrationsfachdienstes nicht so engmaschig weitergeführt werden konnte wie zuvor und spontane Kriseninterventionen aufgrund der sich überschneidenden Arbeitszeiten nahezu unmöglich waren.

Fazit

Menschen mit ASS sind aufgrund der großen Anforderungen des allgemeinen Arbeitsmarktes auf eine langfristige und bedarfsgerechte Unterstützung angewiesen. Oft werden die Hilfsmaßnahmen nur für die Zeit des Arbeitseinstiegs bewilligt, was für diesen Personenkreis jedoch nicht ausreichend ist. Im Gegensatz zu anderen »sichtbaren« Behinderungen, ist der Hilfebedarf von Menschen mit ASS nicht immer offenkundig. Ein zunächst stabiler Integrationsprozess kann bei ihnen aufgrund einer kleinen Veränderung oder kleinsten Auslösern innerhalb von einer kurzen Zeit in eine Krise führen. Diese Krisen haben meist ein regressives Verhalten zur Folge, wie Stereotypien, Isolation und Handlungsunfähigkeit. Hier erscheint es sinnvoll, die Begleitung zwar schrittweise zu reduzieren, aber als Angebot bestehen zu lassen. Ebenso ist die frühzeitige Kontaktaufnahme zu einem Integrationsfachdienst empfehlenswert. Dabei ist zu bedenken, dass ein Wechsel der Bezugsperson aufgrund der Veränderung eine Gefahr birgt und der Betreuungsaufwand zunächst erneut ansteigen wird.

Wie an dem Fallbeispiel von Herrn Ruge dargestellt, ist es bei Menschen mit ASS wichtig, alle Lebensbereiche ganzheitlich zu betrachten, da ein Integrationsprozess nur gelingen kann, wenn die weiteren Lebensbereiche stabil sind (Wohnsituation, Gesundheit, Freizeit). Arbeitnehmer mit ASS sind daher nicht selten auf eine Wohnbegleitung, Begleitung zu Arzt- oder Behördengängen etc. angewiesen. Einige Jugendliche erzielten in ihrer Ausbildung beispielsweise sehr hohe Arbeitsleistungen und integrierten sich scheinbar problemlos in die Firma. Dies kostete sie jedoch so viel Kraft, dass sie die Nahrungsaufnahme vergaßen und nach der Arbeit nur noch erschöpft zusammenbrachen. Eine umfassende Netzwerkarbeit ist daher unumgänglich, um alle Lebensbereiche aufeinander abzustimmen und den Betroffenen ein stabiles (Arbeits-)Umfeld zu ermöglichen.

Literatur

Attwood, T. (2007). Ein ganzes Leben mit dem Asperger-Syndrom. Alle Fragen – alle Antworten. Trias Verlag, Stuttgart

Baumgartner, F, Dalferth, M. & Vogel, H. (2009). Berufliche Teilhabe für Menschen aus dem autistischen Spektrum (ASD). Universitätsverlag Winter GmbH, Heidelberg

Jenny, B., Goetschel, P., Isenschmid, M. & Steinhausen, H.-C. (2011). KOMPASS -Zürcher Kompetenztraining für Jugendliche mit Autismus-Spektrum-Störungen. Ein Praxishandbuch für Gruppen- und Einzelinterventionen. Kohlhammer, Stuttgart

autismus Deutschland e.V. Bundesverband zur Förderung von Menschen mit Autismus. (2013). Leitlinien. Bildung, Ausbildung und berufliche Teilhabe für Menschen mit Autismus – allgemeiner Arbeitsmarkt. 2., geänd. Aufl. Stade

autWorker.de (http://www.autworker.de/index.php/downloads.html, Stand: 10.01.2016).

Headhunter 100: Der Umgang mit ihren Stärken (http://www.headhunter100.com/karrierevorlagen/soft-skills/, Stand: 06.01.2016).

Beratung und Begleitung von Menschen mit Autismus-Spektrum-Störung in Ausbildung und Arbeit

Heinz Heit

Vorwort

Der Artikel bezieht sich auf die zunehmend gewünschte Begleitung junger Menschen mit Autismus (MmA), die in ihrem Lebensumfeld auf den allgemeinen Arbeitsmarkt möchten. In einem Fallbeispiel wird beschrieben, welche Wege und Maßnahmen eine duale Ausbildung ermöglichen. Unter Berücksichtigung der Stärken-Perspektive und der Spezialinteressen werden der Übergang von der Schule zur Berufsausbildung und hilfreiche Bedingungen am Ausbildungsplatz aufgezeigt.

Ein Schwerpunkt liegt auf den therapeutischen Interventionen und der notwendigen Vernetzungsarbeit durch das Autismus Therapiezentrum (ATZ). Die Namen und persönliche Daten der Protagonisten sind dem ATZ bekannt und wurden aus Gründen des Persönlichkeitsschutzes geändert.

Menschen mit Autismus auf dem allgemeinen Arbeitsmarkt

Stetig wachsende Zahlen von Klienten mit dem Asperger-Syndrom und High-Functioning-Autismus (HFA), stellen die ATZ vor die Herausforderung, eine Teilhabe am Arbeitsleben auf dem allgemeinen Arbeitsmarkt vorzubereiten, zu unterstützen und zu begleiten. Es lässt sich feststellen, dass sich aufgrund einer differenzierten Diagnostik, der frühen autismusspezifischen Therapien und der Bemühungen um eine verbesserte schulische Förderung die Voraussetzungen für Schüler mit Autismus auf eine Teilhabe am Arbeitsleben und beruflicher Bildung positiv entwickelt haben. Dem gegenüber gilt es allerdings einzuräumen, dass sich laut Stichproben von Dalferth die Beschäftigungssituation für Menschen mit Autismus bundesweit nicht wesentlich verbessern konnte und etwa die Hälfte der Menschen mit Asperger-Syndrom ohne Ausbildungs- oder Arbeitsplatz bleibt (vgl. Baumgartner, Dalferth & Vogel 2009, S. 14). »Zieht man internationale Vergleichsmaßstäbe heran, dann wäre davon auszugehen, dass nicht nur fünf, sondern 15–20 % dieses Personenkreises in eine kompetitive Tätigkeit vermittelt werden können« (Baumgartner, Dalferth & Vogel 2009, S. 23). Dies gilt besonders für die Menschen mit dem Asperger-Syndrom und HF-Autismus, wobei auch autistische Menschen mit dem Kanner-Syndrom nicht ausgeschlossen werden sollten. Die kognitiv nicht oder nur geringfügig beeinträchtigten MmA scheinen in besonderem Ausmaß von Arbeitslosigkeit betroffen zu sein. »Ihr Ausschluss von der Teilhabe am Arbeitsleben erfordert erhöhte Aufmerksamkeit und verweist auf einen dringenden Bedarf an Unterstützung bei der beruflichen Eingliederung« (Baumgartner, Dalferth & Vogel 2009, S. 23), damit die Jugendlichen im Arbeitsleben Fuß fassen und nicht im Anschluss an die Schule zu Hause bleiben müssen. Positive Ansätze sind im deutlichen Anstieg der Klientenzahlen in auf Autismus spezialisierten Berufsbildungswerken (BBW) zu sehen. Es befanden in den BBW 2011 rund 250 MmA in einer Ausbildung und 350 in einer Fördermaßnahme mit einer Vermittlungsquote von etwa 60 % auf den allgemeinen Arbeitsmarkt (vgl. autismus Deutschland 2013, S. 4). Zunehmend wünschen die Jugendlichen mit Autismus jedoch auch eine Ausbildung auf dem allgemeinen Arbeitsmarkt an ihrem Wohnort. Nicht immer wird die wachsende Zahl der Arbeitnehmer mit Autismus ohne Hilfe und Unterstützung im Arbeitsleben zurechtkommen. Es wird MmA geben, die kaum auf Hilfestellung angewiesen sind, andere werden umfängliche dauerhafte personelle Unterstützung benötigen. Es fällt in der Praxis häufig schwer, eine Entscheidung oder Abgrenzung zwischen Berufsbildungswerk, Arbeitsassistenz, Job-Coaching, Langzeit-Praktikum oder auch begleiteter betrieblicher Ausbildung (bbA) zu finden.

Fallbeispiel Landwirtschaft: »Martin würde gerne Landmaschinen fahren«

Das ATZ Bersenbrück bekommt eine Anfrage für eine Beratung zum Übergang von der Schule in eine Ausbildung von den Eltern eines 17-jährigen Schülers mit dem Asperger-Syndrom etwa ein Jahr vor dem Ende der Schulzeit. Die Eltern beschreiben ihren Sohn als kräftigen, großen jungen Mann, der sehr kontaktfreudig sei. Er besuche seit 5 Jahren eine Internatsschule und zeige dort, außer für seine Spezialthemen aus der Landwirtschaft, keine Anstrengungsbereitschaft. Auch möchte er nach der Zeit im Internat unbedingt wieder zu Hause wohnen und eine Ausbildung mit Landmaschinen machen. Nach ersten Erfahrungen mit einer Therapie im dortigen ATZ lehne er eine weitere Therapie ab, da er keinen Bedarf habe und alles normal sei. Er habe die Diagnose Asperger-Syndrom und besitze einen Schwerbehindertenausweis mit einem Grad der Behinderung (GdB) von 50 %. Ihr Sohn benötige Hilfe beim Umgang mit Geld, der Wäsche und weiteren Dingen zum selbstständigen Wohnen und Leben. Trotz seiner guten kognitiven Fähigkeiten sähen sie für ihren Sohn einen Hilfebedarf bei der Suche nach einem Ausbildungsplatz und eine autismusspezifische Unterstützung vor Ort während einer sich eventuell anschließenden Ausbildung.

Schule und der Übergang in eine Berufsausbildung

Entsprechend der im Beispiel formulierten Fragen in Bezug auf die beruflichen Perspektiven wurde den Eltern vom ATZ geraten, Kontakt zum Integrationsfachdienst (IFD) und dem Reha-Berater der Bundesagentur für Arbeit (BA) aufzunehmen. Weiterhin wurden ihnen folgende Informationen vermittelt:

Mit den Mitarbeitern des IFD besteht die Möglichkeit ein Gespräch zu führen, um die Optionen für den individuellen Fall zu prüfen. Besonders sinnvoll und praktisch umsetzbar ist die Unterstützung durch den IFD, wenn der MmA eine Starthilfe für eine Ausbildung oder Arbeit benötigt.

Im Auftrag des Integrationsamtes berät der IFD nach § 109 SGB IX und vermittelt und unterstützt bei der Integration behinderter Menschen in den allgemeinen Arbeitsmarkt. In Kooperation mit den Schulen und Angehörigen hilft er u. a. so genannte Nischenarbeitsplätze zu finden, gibt Hilfen bei der Einschätzung, welche berufliche Richtung in Frage kommt. Die Mitarbeiter betreuen die Klienten und Betriebe auch nach der Schulzeit.

Um eine Unterstützung durch den Integrationsfachdienst zu bekommen, ist vom Versorgungsamt mindestens ein Grad der Behinderung von 50 % festzustellen oder mit einer Gleichstellung bei 30 %. Also bekommt ein Bedürftiger eine Unterstützung/Assistenz nur mit der Voraussetzung, dass er über diesen Schwerbehindertenausweis verfügt. Dieser wird jedoch häufig von Jugendlichen als stigmatisierend erlebt und abgelehnt.

Die Bundesagentur für Arbeit unterstützt die Auszubildenden mit der Diagnose ASS auch ohne Schwerbehindertenausweis durch ausbildungsbegleitende Maßnahmen und mit Zuschüssen für die Betriebe. Im Beispiel beauftragte der Reha-Berater der BA einen Bildungsträger mit einer begleiteten betrieblichen Ausbildung (bbA). Die bbA bietet eine *Unterstützung z. B. bei der Ausbildungsplatzsuche, einer Bewerbung oder einem Erprobungspraktikum* und eine Begleitung während der betrieblichen Berufsausbildung für MmA bis zum Alter von 25 Jahren. Eine weitere Unterstützung während einer Ausbildung auf dem allgemeinen Arbeitsmarkt für Jugendliche ohne Diagnose bietet die BA mit den Ausbildungsbegleitenden Hilfen (AbH). Eine gute Übersicht für eine Teilhabe autistischer Menschen am allgemeinen Arbeitsmarkt und den Übergang von der Schule zum Beruf geben die Leitlinien von Autismus Deutschland u. a. mit einer Abbildung der vielfältigen Möglichkeiten (vgl. autismus Deutschland 2013, S. 6).

Die besonderen Herausforderungen für MmA beim Übergang in einen neuen Lebensabschnitt (Schule - Berufsausbildung oder Ausbildung, Arbeitsstelle) *erfordern häufig ein externes Case-Management in ATZ.* Laut Dalferth falle den ATZ die Aufgabe zu, die Jugendlichen mit Autismus dauerhaft und fakultativ zu begleiten, mit dem Ziel der Förderung der sozialen und beruflichen Integration am Arbeitsplatz, der Förderung der Autonomie, Selbstständigkeit und Lebensplanung (vgl. Baumgartner, Dalferth & Vogel 2009, S. 133).

Dieser Auftrag ließe sich mit einer Haltung des Empowerment Ansatzes entsprechend dem Ziel der Selbstvertreter »Nicht ohne uns über uns« (www.auticon.de) verfolgen. Für die Planung und Umsetzung konkreter Aufgabenstellungen in einem Persönlichen Zukunftsplan der Klienten kann neben der Familie die Beteiligung und Kooperation unterschiedlicher Institutionen notwendig sein.

Aufgrund der positiven Erfahrung in der Zusammenarbeit beim Übergang ins Arbeitsleben besteht seit diesem Jahr eine Kooperation des ATZ Bersenbrück und des ATZ Osnabrück mit dem IFD der Caritas Osnabrück.

Die in den Leitlinien von autismus Deutschland aufgeführten notwendigen Unterstützungsinstrumente bei der Aufnahme einer beruflichen Tätigkeit werden im ATZ Bersenbrück individuell *mit allen Beteiligten in den Berufswegekonferenzen vereinbart.*

So werden u. a. für die jugendlichen Klienten und ihre Eltern frühzeitig vorbereitende Elternabende zum Themenkreis »Was kommt nach der Schule? – Berufliche Perspektiven« gemeinsam mit den Mitarbeitern des IFD angeboten. Um für einen realistischen beruflichen Entwicklungs- und schulischen Ablösungsprozess rechtzeitig zu sensibilisieren und die Grundlagen für Zielformulierungen zu schaffen, finden ebenfalls Einzel- und Gruppengespräche mit den Klienten statt. *Erste Äußerungen in Bezug auf berufliche Wünsche/Vorstellungen/Perspektiven* von Seiten der Klienten und deren Eltern werden ernst genommen. Eine realistische Selbsteinschätzung der jugendlichen Klienten ist Therapieziel und -inhalt mit zunehmender Intensivierung im Hinblick auf die Fragen »Was kann ich selbst bewältigen? Wozu brauche ich (welche Art von) Hilfe? Wo genau liegen meine Stärken/Schwächen, meine Interessen/Abneigungen?«

Die Vermittlung einer realistischen Selbsteinschätzung bedeutet in diesem Zusammenhang eine Intensivierung der Selbstständigkeit in allen Bereichen (Wohnen, Freizeit, Arbeit) und die Übernahme von verbindlichen Verantwortlichkeiten im regen Austausch und unter Mitverantwortung der Eltern und Klienten. Die Thematisierung und *Vermittlung der autismusspezifischen Schlüsselqualifikationen* nach Therapiemanualen wie TOMTASS – Theory-of-Mind-Training bei ASS (Paschke-Müller, Biscaldi et al. 2013) hat als Basisqualifikation eine weichenstellende Bedeutung.

Flexibilität, Motivation, Kritikfähigkeit, Imitation und Kommunikation sind wichtige Voraussetzungen, die vorrangig in den *Sozialen Kompetenz (SOKO)-Gruppen* des ATZ erlernt werden. Die SOKO-Gruppen fördern die Entwicklung der beruflichen Orientierung unter Einbezug der individuellen Möglichkeiten. Es bedarf beim Übergang von der Schule zum Beruf nicht nur einer intensiven Vorbereitung und Begleitung, sondern auch *einer Vernetzung*, insbesondere die Angehörigen behalten eine wichtige Managerrolle im Hintergrund. Eine intensive Kooperation zwischen ATZ, Arbeitswelt, Arbeitsamt, Schule und IFD ermöglicht einen direkten und nachhaltigen Übergang auf den allgemeinen Arbeitsmarkt oder in eine Ausbildung am Wohnort.

Vom Spezialinteresse zum Beruf – Besondere Interessen, Stärken, Schwächen

Wie kann für junge Menschen mit Autismus ein Übergang von der Schule in Arbeit und Beruf gelingen? In Hinblick auf diese Fragestellung findet sich schon in den Schriften von Dr. Hans Asperger ein zentraler Hinweis: »Gerade bei den Autistischen sehen wir – mit weit größerer Deutlichkeit als bei den »Normalen« – dass sie von frühester Jugend an für einen bestimmten Beruf prädestiniert erscheinen, dass dieser Beruf schicksalhaft aus ihren besonderen Anlagen herauswächst« (Asperger 1943, S. 61).

Menschen mit Autismus verfügen über unterschiedlichste Intelligenz-, Kommunikations- und Sprachentwicklungsstufen, angefangen vom nicht sprechenden Menschen bis zum Übersetzer, vom Vorliegen einer geistigen Beeinträchtigung, Lernbehinderung über durchschnittliche Intelligenz bis zur Hochbegabung. Dennoch zeigen alle Menschen mit Autismus, bei aller Unterschiedlichkeit, spezifische Begabungen und Vorlieben für unterschiedliche Themen und Wissensgebiete, verfügen über Spezialinteressen und besondere Kompetenzen. Vielfach sind sie schon von frühester Kindheit an Spezialisten auf mindestens einem Gebiet. In einer Informationsbroschüre von autWorker wird die bereits von Asperger beschriebene schicksalhafte Begabung von Menschen mit Autismus am Arbeitsplatz für Kollegen und Vorgesetzte aufgezeigt (www.autworker.de). Es wird in der Broschüre zum »Arbeit-anders-Denken« aufgefordert und auf Arbeitsbereiche hingewiesen, die den Fähigkeiten autistischer Menschen entgegenkommen: Arbeiten, die eine gute Beobachtungsgabe, Genauigkeit, Durchhaltevermögen und Konzentrationsfähigkeit auf Details erfordern. Eine hohe Leistungsmotivation, Offenheit, Ehrlichkeit, Zuverlässigkeit, Loyalität und Regelorientierung sind bei MmA ebenfalls oft anzutreffen. Schwierigkeiten liegen demnach: in geringer Flexibilität, hoher Reizempfindlichkeit, häufigen Missverständnissen, irritierenden Emotionen, eingeschränkten Smalltalk-Fähigkeiten und Problemen beim »Multitasking«.

So unterschiedlich wie die typischen Stärken und Schwächen autistischer Menschen können die Berufe und die Anforderungen an ein förderliches Umfeld sein. *Entscheidend für die Berufswahl ist die Berücksichtigung der Spezialinteressen und Fähigkeiten autistischer Menschen.* Dabei ist, wie das Beispiel aus der Landwirtschaft zeigt, kein Beruf auszuschließen, wenn die Arbeitsbedingungen stimmen oder geschaffen werden. Wichtig ist hierbei häufig das Schaffen oder Finden von Nischenarbeitsplätzen, das Jobcarving. Der Begriff kommt aus dem Englischen und bedeutet wörtlich »eine Arbeitsstelle schnitzen« (to carve – schnitzen). Die Methode ist unter diesem Begriff in Deutschland relativ neu und noch kein Regelangebot.

Auftragsklärung und Hilfeplanung am Beispiel Landwirtschaft

Die Eltern melden sich ein Jahr nach dem ersten Beratungsgespräch mit der Bitte zur Begleitung eines Krisengespräches im Ausbildungsbetrieb. Ihr Sohn habe mit Unterstützung des IFD, des Reha-Beraters der BA und dem von der Agentur beauftragten Bildungsträger seit 6 Wochen eine Ausbildungsstelle. Der Betrieb habe keine Infos zu ASS und Umgangsweisen, es sei alles ganz schwierig und die Ausbildung gefährdet. In dem Gespräch berichtet der Ausbilder, man habe sich nach vielem Ringen auf einen Ausbildungsplatz für Martin eingelassen, da er aufgrund seiner Begeisterung für Landmaschinen überzeugt habe. Bedenken bestanden, da die Tätigkeiten besonders in der Erntezeit schnell, intensiv und hektisch seien. Martin sei extrem fasziniert von den Maschinen/Geräten und habe großes Fachwissen. Derzeit könne er noch nicht auf den Maschinen fahren, die Realität sehe anders aus, er müsse erst andere grundlegende Arbeiten verrichten und zeige dafür nur wenig Einsicht. Ausbilder und Mitarbeiter seien extrem genervt, Martin scheine Zusammenhänge und Aufgabenstellungen, die man fachlich erkläre, nicht zu verstehen. Die Mitarbeiter redeten dann auf ihn ein, und er grinse bloß, was als Provokation verstanden werde.

Fragen des Therapeuten: Kann der Betrieb Martin die notwendige Unterstützung für eine Ausbildung bieten? Was ist noch notwendig und durch wen gibt es weitere Hilfen? Auf Antrag des Auszubildenden bewilligt das Sozialamt über die Eingliederungshilfe zunächst 10 Stunden für Beratung im Betrieb, um zu sehen, ob die Ausbildung so fortgesetzt werden kann. Die Kollegen und Vorgesetzten erhalten daraufhin erste Informationen über Autismus, über die Auswirkungen auf den Arbeitsalltag und die Möglichkeit zum konstruktiven Umgang damit. Mehrere Gespräche mit dem Betriebsleiter, dem Meister im Betrieb, dem Bildungsträger, dem Azubi und der Mutter führen zu ersten Lösungsansätzen. Der Kostenträger bewilligt auf Antrag des Azubis eine Therapie durch unser ATZ mit einer Stunde wöchentlich bis zum Ende der Ausbildung. Im Fallbeispiel ist das zuständige Sozialamt im Rahmen der Eingliederungshilfe (§§ 53, 54 SGB XII) Kostenträger der ambulanten Autismus-Therapie. In einem Hilfeplangespräch werden die Ziele mit dem Betriebsleiter, dem Werkstattmeister und dem Auszubildenden abgestimmt.

Autismusspezifische Beratung und Begleitung der beruflichen Integration – Hilfreiche Bedingungen am Arbeitsplatz

Ausbildungsbiographien junger Menschen mit dem Asperger-Syndrom wie die von Martin machen Probleme beim Einbringen ihrer Begabungen deutlich und belegen den dringenden Unterstützungsbedarf bei der beruflichen Eingliederung. Der Jugendliche findet mit Unterstützung einer bbA eine Ausbildungsstelle – entsprechend seinem Spezialinteresse – in einem landwirtschaftlichen Betrieb, droht jedoch aufgrund seiner Beeinträchtigung in der sozialen Interaktion, seiner autismustypischen Verhaltensweisen und seiner starren Interessen in der Ausbildung zu scheitern.

Daraus lässt sich ableiten, dass *Betriebe auf die spezifischen Fähigkeiten dieses Personenkreises hingewiesen* werden müssen. Deshalb ist *das Wissen über autistisches Denken die Basis*, um Menschen mit Autismus besser zu verstehen und bei der beruflichen Teilhabe zu helfen (vgl. Vermeulen 2009, S. 10). In seinem Buch »Das ist der Titel – Über Autistisches DENKEN« finden sich treffende Beiträge zu einem besseren Verständnis, wie MmA die Welt betrachten. Eine weitere Information war die zuvor mit Martin bearbeitete Informationsbroschüre für Vorgesetzte und Kollegen von autWorker (www.autworker.de).

Wie das Fallbeispiel aufzeigt, erhalten die Mitarbeiter eines Betriebes eine bedeutsame Rolle bei der Entfaltung der Stärken und Potenziale ihrer autistischen Kollegen. Die Anforderungen an eine förderliche Umgebung im Ausbildungsbetrieb und der Umgang mit typischen Schwierigkeiten von MmA können sehr unterschiedlich sein. Es ist ratsam, *hilfreiche Arbeitsbedingungen individuell abzustimmen und während der Ausbildung darüber im Gespräch zu bleiben*, insbesondere während der ersten Monate. So fanden in Absprache mit dem Auszubildenden und auf Wunsch seiner Kollegen und Meister einige Besuche im Betrieb statt. Es wurden ausführliche Informationen über ASS an die Mitarbeiter weitergegeben und vom Betrieb deutliche Erwartungen an das Verhalten von Martin formuliert. *Im Betrieb wurde Martin ein fester Ansprechpartner und Mentor zugeteilt,* konkrete Aufgaben und Arbeitszeiten mit dem Abteilungsleiter als seinem Fürsprecher und Chef vereinbart. Für eine betriebliche Eingliederung war es für die Mitarbeiter, neben dem Wissen über Autismus, notwendig, Vorkehrungen in der Strukturierung des Arbeitsalltags und der Gestaltung von Arbeitsbedingungen zu treffen und mögliche Verhaltensänderungen mit dem autistischen Auszubildenden zu reflektieren. Die Kollegen und der Meister forderten, dass Martin in der Therapie auch an seinem Verhalten arbeite.

Die bisherigen Erfahrungen zeigen, dass Menschen mit Autismus bei der beruflichen Ausbildung häufig auf autismusspezifische

Hilfestellungen angewiesen sind. Diese unterscheiden sich z. T. grundsätzlich von anderen Unterstützungsangeboten, mit den Schwerpunkten Flexibilität, soziale Interaktion und Kommunikation und Imitation. Unterschiedliche Ausprägungen der Symptomatik machen es erforderlich, individuelle Hilfebedarfe zu ermitteln. Martin hat wie viele MmA Probleme, seine Stärken und Schwächen, seine Wirkung auf die Kollegen und die Konsequenzen seiner Äußerungen und Handlungen auf die Kollegen realistisch einzuschätzen. Für eine erfolgreiche Ausbildung hat in diesem Zusammenhang die *Erweiterung der sozialen Kompetenzen* eine wesentliche Bedeutung. Während der Therapie im ATZ stehen die Vermittlung und das Einüben flexibler und situationsangemessener Verhaltensweisen im Vordergrund, nicht jedoch eine soziale Anpassung unter Zurückstellung der Persönlichkeit. Zur weiteren *Ermittlung des Hilfebedarfs und zur Selbsteinschätzung* kann der Self-Assessment-Bogen (Baumgartner, Dalfert & Vogel 2009, S. 98–S. 106) eine erste Hilfe sein. Um die Therapieziele zum Start der Therapie zu vereinbaren, war der Therapiezielkatalog des ATZ Köln für Erwachsene (TACH-E) im konkreten Beispiel zielführend (C. Lechmann/ATZ Köln c 7/2009). Mit Hilfe der Therapie wollte der Azubi lernen, leichter mit Stress klarzukommen und Probleme zu lösen. Dazu gehört für ihn, Emotionen bei den Kollegen besser einschätzen zu lernen und die eigenen Gefühle regulieren zu können. Er wollte auch lernen, allgemein etwas flexibler zu werden und mit kurzfristigen Veränderungen im Betrieb besser klarzukommen.

Neben den Ansätzen aus der kognitiven Verhaltenstherapie sind die lösungsorientierte Beratung, Strukturelemente nach dem TEACCH-Ansatz und Elemente aus systemtheoretischen Ansätzen konzeptionelle Grundlagen der Therapie im ATZ. Grundlage für die Umsetzung der Methoden ist neben einer Haltung nach dem Empowerment-Ansatz der Aufbau eines Vertrauensverhältnisses zwischen Therapeuten und Jugendlichem mit Autismus.

Wenn es wie im Beispiel MmA gelingt, einen Ausbildungsplatz zu erhalten, scheitern sie häufig in den ersten Wochen am neuen Arbeitsplatz. Die Arbeitsverdichtung und der Zeitdruck besonders in der Erntezeit sind für alle Arbeitskollegen eine große Herausforderung und für Martin nur langsam zu bewältigen. Deshalb fährt er zunächst nicht die großen Landmaschinen, sondern wird in der Wartung eingesetzt. Diese Tätigkeit empfindet er jedoch als Unterforderung und führt sie nur widerwillig aus. Zu enge Zeitvorgaben für eine Aufgabe und die fehlende Fähigkeit, sich schnell auf etwas Neues einstellen zu können, bedeutet für viele Menschen mit Autismus eine Überforderung. Wenn aus ihrer Sicht das Niveau der Selbstansprüche unterschritten wird, ist jedoch nicht ausgeschlossen, dass sie sich unterfordert fühlen. Eine geringe Motivation, Misserfolge und Arbeitsverweigerung können die Folge sein. In dem Beispiel bewirkte u. a. das vom Meister in Aussicht gestellte Traktorfahren eine *höhere Motivation und Flexibilität* für weniger beliebte Tätigkeiten. Ausgehend von dem Ansatz der kognitiven Verhaltenstherapie konnte Martin eigene und fremde Verhaltensmuster überprüfen. Wenn im Betrieb notwendig und von ihm gewollt, hat er alternative Handlungsmuster, z. B. in der Zusammenarbeit mit Migranten, gelernt. Menschen mit Autismus wie Martin haben im Arbeitsleben ein besonderes Bedürfnis nach einer klaren zeitlichen und räumlichen Struktur, in die sich ihre Tätigkeiten einbauen lassen. Sie sind auf möglichst gleich bleibende Kollegen und konstante Rahmenbedingungen angewiesen, bis Arbeitsabläufe soweit eingeübt sind, dass Variationen vorgenommen werden können. Martin betont hierzu, eine gute Einarbeitung und ein Arbeitsplan seien ihm wichtig. Er erledigt eine klare Aufgabenstellung gerne und schneller, Zeitdruck sowie Tür- und Angelgespräche verunsichern ihn eher. U. a. solche Probleme im *Verständnis kommunikativer Prozesse* machen es erforderlich, auf die sorgfältige und verständliche Vermittlung der Aufgabenstellung ein besonderes Augenmerk zu legen. Trotz seiner sehr guten sprachlichen Fähigkeiten hat Martin Schwierigkeiten, die komplexe soziale Interaktion und Kommunikation mit Kollegen und Kunden zu durchschauen.

Darüber hinaus müssen weitere autismusspezifische Einschränkungen berücksichtigt werden. Eine schwach ausgeprägte zentrale Kohärenz hindert MmA häufig daran, *einen Überblick* über die erforderlichen Arbeitsschritte zu *gewinnen und selbständig Prioritäten setzen* zu können. Die in Ansätzen vorhandene Orientierungs- und Hilflosigkeit in der Planung einzelner Arbeitsschritte kann daher, wie von Martin beschrieben, in »einen Tag voll unsinniger Arbeit« münden. Auch ein dann vermehrtes repetitives Verhalten und eine Fixierung auf Teilaspekte (Traktorfahren) kann schließlich die Zielsetzung der Tätigkeit überlagern. Die beschriebenen Herausforderungen konnten häufig in Gesprächen mit allen Beteiligten mit Elementen aus der *lösungsorientierte Beratung* bewältigt werden. Das Konzept bot dem Therapeuten hilfreiche methodische Ansätze, die sich erfolgreich am Arbeitsplatz umsetzen ließen.

Das Festhalten am Gewohnten, die Resistenz gegenüber Veränderungen bringen es mit sich, dass neue Arbeitsaufgaben und Lebenswelten schnell ein Gefühl der Überforderung provozieren können (vgl. Baumgartner, Dalferth & Vogel 2009, S. 56). Menschen mit Autismus verfügen nur über eine geringe Stressresistenz, wenn sie mit großen Veränderungen in ihren Lebenswelten wie dem Beginn einer dualen Berufsausbildung konfrontiert werden. Jugendliche wie Martin benötigen also wesentlich mehr Energie für eine Anpassung an den Ausbildungsbetrieb, die dann z. B. für ein selbständiges Wohnen fehlt.

Prüfung geschafft und der Übergang in eine Arbeitsstelle

Nach der bestandenen Zwischenprüfung wurde in einem weiteren Krisengespräch ein Wechsel an einen anderen Standort beschlossen. Die Geduld der Mitarbeiter war durch häufige Missverständnisse aufgebraucht, und Martin wünschte sich ebenfalls eine neue Chance. Er hat nach fast zwei Jahren in der Landwirtschaft an Sicherheit und Erfahrung in allen Bereichen gewonnen, ebenso wie der Betrieb im Umgang mit seiner speziellen Art. Am neuen Arbeitsort gibt es einen festen Ausbilder/Mentor und genug Arbeit, die Martin gerne und gut macht. Einige Kunden und Kollegen mögen seine offene und direkte Art. Deshalb fällt ihm der vom Betrieb gewünschte Umzug in die erste eigene Wohnung nah an seinen Arbeitsort nicht schwer. Er hat dort Zeit und Platz für sein Hobby Landmaschinen-Modellbau und arbeitet an seiner Gewichtsabnahme. Anfänglich noch in Begleitung, geht er später alleine zur Ernährungsberatung. Der Betrieb schätzt Martin als engagierten Kollegen mit Arbeitstugenden und Fachkenntnis. Während der Ausbildung haben Martin und auch der Betrieb Anpassungsfähigkeiten gezeigt. Der Übergang von der Ausbildung in eine Arbeitsstelle bedeutet deshalb für Martin lediglich noch eine kleine Schwelle. Nach bestandener Prüfung hat ihm der Betrieb eine Arbeitsstelle als Facharbeiter in der Firma an seinem neuen Wohnort angeboten. Martin hat sein Ziel, die Ausbildung zu schaffen, erreicht und seine Persönlichkeit durch vielfältige bewältigte Erfahrungen weiterentwickelt.

Ein Katalog der zehn wichtigsten Erfordernisse

Eine berufliche Teilhabe für Menschen mit Autismus wird trotz aller unterschiedlich ausgeprägten Besonderheiten der Wahrnehmung und des Denkens von folgenden Grundsätzen getragen:

- Eine in Autismus erfahrene Person als Case Manager und zusätzliche Beratung durch einen Integrationsfachdienst und den Reha-Berater der BA.
- Feststellung der sozialen, kommunikativen und personalen Kompetenzen und der Motivation,
- Soziales Kompetenz-Training vor und während der Ausbildung,
- Entwicklung beruflicher Perspektiven und Berufsfelder u. a. durch Praktika,
- Beachtung von Spezialinteressen und -fähigkeiten der Jugendlichen/Erwachsenen,
- Unterstützung bei der Suche und Bewerbung um einen geeigneten Ausbildungsplatz,
- Beratung der Vorgesetzten, Arbeitskollegen und aller am Inklusionsprozess Beteiligter,
- pädagogisch-therapeutische Begleitung und Unterstützung im Betrieb,
- Fürsprecher als Vorgesetzten und festen Ansprechpartner/Mentor am Arbeitsplatz,
- Einbeziehung aller notwendigen Akteure, wie Leistungsträger, Fachdienste, Angehörige, Mitarbeiter in Berufswegekonferenzen.

(Die Erfordernisse sind im Text in den verschiedenen Abschnitten jeweils kursiv herausgehoben.)

Literatur

Asperger, H. (1943): Die »Autistischen Psychopathen« im Kindesalter. Wien 1943. www.as-tt.de/asset/applets/AspergerHans.pdf. Verfügbar 12.04.2016

Aspies e. V. – Menschen im Autismusspektrum; verein@aspies.de, www.aspies.de

Autismus Deutschland e. V. (2013): Leitlinien Bildung, Ausbildung und berufliche Teilhabe für Menschen mit Autismus- allgemeiner Arbeitsmarkt. 2. Aufl. Hamburg

autWorker – Arbeit anders denken – Informationsbroschüre. info@autworker.de, www.Autworker.de, verfügbar 20.01.2016

Baumgartner, F., Dalferth, M. & Vogel, H. (2009): Berufliche Teilhabe für Menschen aus dem autistischen Spektrum (ASD). >Edition S< Winter Verlag, Heidelberg

Bicaldi, M., Fleischhaker, C., Paschke-Müller, M. S.; Rauh, R. & Schulz, E. (2013): TOMTASS – Theory-of-Mind-Training bei ASS. Springer Verlag, Berlin

Dalferth, M. (2010): Berufliche Perspektiven … Fachtagung autismusgerechte Arbeit (Köln 13.04.2010)

Vermeulen, P. (2009): Das ist der Titel ÜBER AUTISTISCHES DENKEN. Verlag Bosch & Suybkerbuyk Arnhem NL

Fähigkeiten und Potenziale auf dem Weg ins Berufsleben

Hajo Seng

Im Sommer 2009 fand der erste autWorker Fähigkeitenworkshop statt; bis Anfang 2016 gab es davon etwa 120 mit 750 Teilnehmenden. autWorker ist ein Projekt, das Anfang 2009 von autistischen Menschen ins Leben gerufen wurde, um autistische Menschen im Arbeitsleben und auf ihrem Weg dahin zu unterstützen. Die Fähigkeitsworkshops sind Workshops, in denen autistische Menschen von autistischen Menschen angeleitet werden, ihre eigenen Fähigkeiten und Potenziale zu entdecken und zu entwickeln. Dabei sind zwei Merkmale dieser Workshops entscheidend: In erster Linie müssen sie für autistische Menschen ein sicheres Kommunikationsumfeld darstellen. Sicher bedeutet dabei sicher vor Interpretationen, Missverständnissen, Wertungen und generell nicht offener Kommunikation. Zum anderen bilden diese Workshops einen Ort, in dem mit dem Berufsleben (und dem Leben überhaupt) erfahrene Autisten sich mit weniger erfahrenen austauschen können. Etwa drei Viertel der Teilnehmenden sind Jugendliche oder junge Erwachsene gewesen, die den Berufseinstieg noch vor sich hatten. Einige der Teilnehmenden haben sich bereits in vorangegangenen Autismus-Therapien mit »ihrem« Autismus und ihren Stärken und Schwächen auseinandergesetzt. In den Workshops wollen sie ihre Auseinandersetzung vor allen Dingen auch in Hinblick auf Ausbildung und Beruf vertiefen.

Anfangs waren wir (autWorker) unsicher, ob und wie diese Workshops funktionieren würden. Als Grundlage hatten wir lediglich Erfahrungen aus diversen Selbsthilfegruppen. Doch gleich von Anfang an konnten wir feststellen, dass diese Workshops für die Teilnehmenden außerordentlich erfolgreich sind. Fast immer haben wir in den Workshops die sichere und offene Atmosphäre, die wir benötigen, und die Teilnehmenden nehmen die Möglichkeit zum Erfahrungsaustausch geradezu begierig an – mit uns Erfahrenen, aber vor allem auch untereinander. Das einzige, was wir in die Workshops hineingeben, ist der Fokus auf Fähigkeiten, indem wir an Hand unserer eigenen Erfahrungen zeigen, dass Autismus in aller Regel auch mit Stärken einhergeht. Das geschieht teilweise explizit, indem wir von unseren Erfahrungen erzählen, aber oft auch indirekt durch unsere bloße Anwesenheit als autistische Menschen, die – wie es so schön heißt – im Leben stehen. Das Wichtigste in den Workshops ist, uns zuzuhören, einander zu verstehen und verstanden zu werden. Das ist die Grundlage dafür, sich selbst zu verstehen und überhaupt kennen zu lernen. So etwas gilt natürlich nicht nur für autistische Menschen; sie haben allerdings unserer Erfahrung nach nur selten einen Rahmen, der ihnen dieses Selbstverstehen leicht macht. Es fehlen ihnen oft die geeigneten Vorbilder, Menschen, in denen sie sich wiedererkennen und mit denen sie sich vergleichen können.

Autistisches Denken und autistische Fähigkeiten

Die Menge an autistischen Menschen, die wir über die Fähigkeitenworkshops kennen gelernt haben, ermöglicht uns wertvolle Einblicke in die Lebenswelten autistischer Menschen. Da es in den Workshops um Fähigkeiten geht, haben wir insbesondere Einblicke in das Thema autistische Fähigkeiten erhalten. Dabei haben wir erfahren, dass die wenigsten autistischen Menschen Fähigkeiten im Sinne von deutlich erkennbaren, vielleicht sogar spektakulären, Fähigkeiten vorweisen. Es geht vielmehr in aller Regel um Fähigkeiten, die nicht so leicht erkennbar sind und die oft erst noch entwickelt werden müssen, um zu »richtigen« Fähigkeiten werden. Die Fähigkeiten, mit denen wir zu tun haben, sind Fähigkeiten, die mit spezifischen Stärken-Schwächen-Profilen zusammenhängen. Jeder Mensch hat Fähigkeiten, die aus seinem spezifischen Stärken-Schwächen-Profil erwachsen. Die meisten Menschen haben dabei Profile, die häufiger auftreten und deswegen den Erwartungen anderer Menschen entsprechen, etwa bei der Ausübung eines Berufs. Autistische Menschen haben dagegen eher und nicht selten ausgesprochen untypische Profile. Weil sie deswegen falsch eingeschätzt und ihre Fähigkeiten und Potenziale nicht erkannt werden, sind ihre untypischen Profile häufig von Nachteil. Umso wichtiger ist es, dass autistische Menschen ihr eigenes Stärken-Schwächen-Profil kennen lernen, die Fähigkeiten, die daraus erwachsen, und die Potenziale, die darin stecken. Unsere Erfahrung ist, dass gerade jüngere autistische Menschen diese Potenziale nur sehr selten kennen und einschätzen können.

Doch was sind denn diese Fähigkeiten und Potenziale, die autistische Menschen kennen und entwickeln sollten? Es gibt ja eine Reihe von Hypothesen über autistisches Denken, etwa die schwache zentrale Kohärenz nach Uta Frith (Frith 1996) oder die unterschiedlichen Formen des Bilder- bzw. Musterdenkens nach Temple Grandin (Grandin 2013). Diese Hypothesen legen nahe, dass es in der Tat subtile, gleichwohl aber grundlegende Unterschiede zwischen autistischem und neurotypischem (nichtautistischem) Denken gibt. Während die regulären Coachings und Trainings davon ausgehen, dass die Menschen alle auf zumindest sehr ähnliche Weise denken, wahrnehmen und lernen, kann bei autistischen Menschen so eine Vorannahme nicht gemacht werden. Hier gilt es vielmehr, die jeweiligen Denk-, Wahrnehmungs- und Lerntypen individuell zu ermitteln. Die Erfahrungen in den Workshops zeigen dabei deutlich, dass diese Denktypen sich auch bei autistischen Menschen individuell unterscheiden, sich aber dennoch leicht in eine kleine Anzahl verschiedener Kategorien clustern lassen.

Die Fähigkeitenworkshops haben daher immer auch das Ermitteln der jeweiligen Denktypen der Teilnehmenden als Thema. Das kann in den Workshops natürlich nicht erschöpfend behandelt werden, aber es ist möglich, den Teilnehmenden aufzuzeigen, wie sie sich dieses Thema erschließen können. In den Workshops gehen wir dabei meistens von den Interessen der Teilnehmenden aus. Das können klassische Spezialinteressen sein oder auch Dinge oder Themen, mit denen man sich einfach nur gerne beschäftigt. Falls es einem Teilnehmenden schwerfällt, ein Interesse zu nennen, kann auch dialogisch ermittelt werden, welche Arten der Tätigkeit ihm eher liegen und welche nicht. Über die Betrachtung der Interessen gelingt es oft, erste Zugänge zu den Fähigkeiten zu finden, um die es in den Workshops geht. So kann ein Interesse für Computerspiele auf ein gutes visuelles Gedächtnis hinweisen, etwa wenn es um so genannte Ballerspiele geht, aber auch auf gute Mustererkennungsfähigkeiten, wenn es um Konstruktionsspiele wie etwa Minecraft geht. In den Workshops werden auf Grundlage der genannten Interessen die zugrundeliegenden Fähigkeiten im Dialog und nicht selten auch in einer Gruppendiskussion ermittelt. Hier zeichnet sich in aller Regel bereits ein erster Ansatz für ein Stärken-Schwächen-Profil ab. Das ist nicht immer der Fall, aber es kommt nur selten vor, dass es nicht gelingt.

Auf dem Weg zwischen dem Erkennen spezifischer – mehr oder weniger deutlich ausgeprägter – Fähigkeiten und dem Ermitteln von Stärken-Schwächen-Profilen liegt die Analyse der jeweiligen Denktypen. Die Idee hierfür haben wir von Temple Grandin, aber wir gehen von den Denktypen oder Denkstilen aus, die wir mit den Teilnehmenden in den Workshops ermitteln können (Seng 2015). Im Folgenden ein paar Beispiele:

Ein klassisches Beispiel für einen autistischen Denktyp ist das »Bilderdenken«, das durch Temple Grandins Veröffentlichungen bekannt geworden ist. Auch wir treffen in unseren Workshops immer wieder auf autistische Menschen, die wir in diese Kategorie einordnen würden. Es sind Menschen, die über ein sehr gutes, nicht selten außergewöhnliches Bildergedächtnis verfügen und auf diese Weise aus Spielen oder auch Fernsehsendungen viel Informationen entnehmen können. Nicht selten gibt es Bereiche, in denen sie über ein umfangreiches Wissen verfügen; Wissen im Sinne von einer Fülle von Informationen. Viele von ihnen sind empfänglich für Wahrnehmungsüberforderungen, auch Overloads genannt, und benötigen Ideen, um damit einen guten Umgang zu finden. Für sie ist es wichtig, eine Form von Wahrnehmungsmanagement zu entwickeln, was nichtautistische Menschen intuitiv und unbewusst haben und einsetzen können. Nichts ist für autistische Menschen schwieriger zu bewältigen als ein von Overloads bestimmter Alltag; das führt früher oder später zu meist massiven psychischen Problemen. Es fällt auch vielen dieser »Bilderdenker« schwer, in der Fülle von Informationen, inneren wie äußeren Bildern, eine Orientierung zu behalten oder überhaupt erst zu erlangen. Ihnen fällt der Umgang mit geschriebener Sprache häufig schwer; wir haben mehr als nur einmal Teilnehmende in den Workshops gehabt, die mit fast schon phänomenalen Gedächtnisleistungen und imposantem Wissen sich zu einem »wandelnden Lexikon« machten, gleichzeitig aber kaum lesen und schreiben konnten (und einen entsprechend schlechten Schulabschluss hatten).

Ein anderes Beispiel für einen typisch autistischen Denktyp wird durch Menschen realisiert, die gut darin sind, in Strukturen zu denken. Anders als beim Bilderdenken ist bei ihnen das Hören die grundlegende Sinneswahrnehmung. Strukturdenkende Menschen haben eine starke Affinität zu Zeichen, Buchstaben oder Zahlen. Dies kann sich in einer Neigung zur Mathematik äußern, in ausgeprägten sprachlichen Interessen oder aber auch in einem Interesse an Musik oder Malerei – immer mit einem klaren Fokus auf Muster und Strukturen. Menschen von diesem Denktypen sind eindeutig die Privilegierten unter den Autisten; sie können die fachlichen schulischen Anforderungen meist gut bedienen und haben oft einen guten Schulabschluss. Ihre Stärken liegen in einem analytischen Denken und in einer guten Mustererkennung (oft beides). Ihre Schwierigkeiten hängen meistens mit einer teilweise sehr hohen Sensibilität zusammen, nicht nur der Sinneswahrnehmungen, sondern nicht selten auch für zwischenmenschliche Stimmungen. Es fällt ihnen auch mehr oder weniger schwer, innere und äußere Wahrnehmung voneinander zu trennen. Das kann ein Vorteil sein, weil sich daraus ein sehr starkes analytisches Denken entwickeln lässt, aber auch eine Schwierigkeit, weil ohne scharfe Trennung zwischen Innen- und Außenwelt die Orientierung in sozialen Umgebungen zu einer echten Herausforderung werden kann. Diese schwache Trennung zwischen innen und außen geht in der Regel mit einem entsprechend mehr oder weniger ausgeprägten synästhetischen Wahrnehmen einher.

Die beiden genannten Denktypen werden auch von Temple Grandin so – oder so ähnlich – betrachtet. Ein weiteres Beispiel für einen autistischen Denktypen, den ich bislang noch nirgendwo dokumentiert gefunden habe, nenne ich mal das funktionale Denken. Das ist umso verwunderlicher, da dieser Denktyp am ehesten dem der von Hans Asperger beschriebenen »autistischen Psychopathen« entspricht. Ausgeprägte Vertreter dieses Denktypen sind – neben den entsprechenden Autisten natürlich – Vögel. Wer es noch nicht gesehen hat, dem seien Dokumentationen über die Denkleistungen von Krähenvögeln nahegelegt, in denen sie etwa mit komplizierten Verschlussmechanismen konfrontiert werden, die sie öffnen müssen, um an einen Leckerbissen zu kommen. Faszinierend dabei ist: Sie probieren nichts aus, sie sehen sich lediglich die Apparatur an und sehen darin – ihre Funktionsweise. So wie im Sinne einer Theory of Mind nichtautistische Menschen die Absichten anderer Menschen intuitiv wahrnehmen, nehmen Krähen die Funktion einer Apparatur intuitiv wahr: Theory of Function. Auch die hier gemeinten autistischen Menschen verfügen über eine solche Theory of Function. Was nichtautistischen Menschen die Welt der Menschen ist, ist ihnen die Welt der Dinge, Dinge, die ihnen von ihrer Innenwelt erzählen, wie Menschen es von ihrer tun, und von anderen Menschen, die über eine Theory of Mind verfügen, gelesen werden können. Theory of Mind bedeutet ja genau, einen Zugang zu dem zu haben, was nicht ausgesprochen ist, den Hintergedanken, Absichten und Ähnlichem. Anders als Nichtautisten ist bei autistischen Menschen der intuitive Zugang hierzu nur schwach ausgeprägt; sie müssen oft erst lernen, eine Theory of Mind zu entwickeln. Autisten mit einer ausgeprägten Theory of Function beschäftigen sich lieber mit Dingen als mit Menschen, weil ihnen Dinge mehr zu sagen haben. Ihre Stärken liegen in einem intuitiven Zugang zur Funktionsweise von Dingen – und auch von Menschen; ihre Schwierigkeiten kommen daher, dass ihnen die Welt der Menschen immer grundsätzlich fremd ist und auch bleiben wird. Ich vermute, dass die meisten frühkindlichen Autisten in diese Kategorie fallen.

Dann haben wir immer wieder Teilnehmende in den Workshops, die ohne zu zögern Ordnen und Sortieren als ihre Lieblingsbeschäftigungen nennen. Es sind Menschen, die über ein sehr gutes »topologisches« Gedächtnis verfügen, das heißt, sie erkennen Dinge am besten daran wieder, wo sie sich befinden – und nicht etwa wie sie aussehen. Das Sortieren und Ordnen der Dinge um sie herum, ihrer Welt, ist für sie eine Überlebensstrategie; ohne diese Fähigkeit würden sie in einem Chaos leben, in dem sie weitgehend handlungsunfähig wären. Mit einer in aller Regel sehr ausgeprägten Fähigkeit, Ordnung und Struktur herstellen zu können, geht ein ausgeprägtes assoziatives Gedächtnis einher. Ein assoziatives Gedächtnis ist ein topologisches Gedächtnis im Bereich der Sprache: Wörter werden an Hand ihrer Position in assoziativen Geflechten wiedererkannt, in denen sie durch Ähnlichkeiten in Bedeutungen, Schriftbildern oder Klängen untereinander verknüpft sind. Stärken und Schwächen liegen hier sehr eng beieinander: Gelingt es diesen Menschen, ihre Welt so zu ordnen, dass sie darin bestehen können, kommen die Stärken ihres assoziativen und strukturierenden Denkens gut zum Tragen. Für andere haben sie dann so etwas wie einen »sechsten Sinn« für innere Zusammenhänge, worum immer es gehen mag. Gelingt es ihnen nicht so gut, überfordert sie ihr Denken, das sich in einem beständigen Strömen von Assoziationen zeigt und weder Halt noch Orientierung gibt. Im Extremfall werden sie nur schwer zu gezielten Handlungen in der Lage sein. Für diese Menschen ist eine Umgebung sehr wichtig, die ihnen einen geeigneten Rahmen gibt, in einer – nach ihren Erfordernissen – geordneten Welt zu leben.

Als Letztes möchte ich noch autistische Menschen erwähnen, die über eine manchmal regelrecht extrem ausgeprägte emotionale oder affektive Empathie verfügen. Sie haben ein ausgeprägtes Gespür für andere Lebewesen, Menschen und Tiere. Bereits Hans Asperger erwähnte diese Fähigkeit zu einer besonderen Menschenkenntnis bei einem seiner vier Fallbeispiele und nach unserer Erfahrung sind autistische Menschen mit einer solchen Begabung gar nicht so selten. Beruflich sind sie gerade da besonders gut aufgehoben, wo es um Menschen geht, in sozialen Berufen etwa, aber auch Berufe, in denen es um Tiere geht, können in Betracht gezogen werden. Temple Grandin legt ja den Gedanken nahe, dass es eine Art basaler Kommunikation gibt, die sich als Gespür füreinander äußert. Das haben Tiere ebenso wie Menschen, nur dass sie bei den allermeisten Menschen durch kulturelle Kommunikationsformen überdeckt und ins Unbewusste verdrängt wird. Eine gewisse Blindheit für kulturelle Kommunikationsformen (beispielsweise die Theory of Mind) kann offensichtlich dazu führen, dass dieses basale Gespür für andere Lebewesen umso deutlicher und differenzierter wahrgenommen wird. Da ja kulturell geformte Kommunikation im Wesentlichen sprachliche Kommunikation ist, haben Menschen mit einem guten Zugang zu vorsprachlichen Kommunikationsformen meist auch generell einen guten Zugang zu einem nichtsprachlichen Denken.

Die Clusterung von Denktypen ist eine gute und wertvolle Unterstützung, um Fähigkeiten und Potenziale bei anderen Menschen zu entdecken. Allerdings muss dabei auch berücksichtigt werden, dass man es mit Individuen zu tun hat, bei denen das Denken und Wahrnehmen immer auch anders ausgeprägt ist. In der Praxis hat man es immer mit Mischtypen zu tun, und es wäre fatal, wenn die vorgenommene Kategorisierung den Blick auf die Individuen vernebelt. Bei autistischen Menschen ist es von zentraler Bedeutung zu berücksichtigen, dass ihr Denken und Wahrnehmen nicht dem Üblichen und meistens auch nicht dem Erwarteten entspricht. Da wir selbst autistisch sind, kennen wir die Gefahr der Verkennung und beobachten in den Workshopsituationen immer auch uns selbst kritisch, damit wir nicht Gefahr laufen, die autistischen Individuen, mit denen wir zu tun haben, hinter einer Schablone verschwinden lassen.

Merkmale autistischer Persönlichkeiten

Gerade in Zusammenhang mit hochfunktionalem Autismus oder dem Asperger-Syndrom wird von autistischen Persönlichkeiten gesprochen, aber gibt es tatsächlich spezifisch autistische Persönlichkeiten? Laut Ludger Tebartz van Elst kann unter Persönlichkeit die Fülle derjenigen individuellen (psychischen) Merkmale eines Menschen verstanden werden, die sich im Lauf des Lebens nur wenig oder gar nicht ändern (Tebartz van Elst, 2016). Persönlichkeit bezeichnet somit die biographischen Konstanten eines Menschen. Sich selbst kennen zu lernen, bedeutet auch, die eigenen biographischen Konstanten kennen zu lernen, die eigene Persönlichkeit. Die meisten Menschen leben dafür in einer günstigen Umgebung, da hier andere Menschen vorhanden sind, an denen sie Gemeinsamkeiten wie Unterschiede in den Persönlichkeitsmerkmalen erkennen können. Sie erkennen sich in und an anderen; von Kindheit an. Viele autistische Menschen erleben ihre Sozialisation anders, nämlich geprägt von der Abwesenheit geeigneter Vorbilder, um sich selbst und ihre Persönlichkeit kennen zu lernen. Ich würde sogar so weit gehen zu behaupten, dass dies eines der Kernmerkmale autistischer Sozialisation ist. Der Weg, sich selbst zu erkennen, ist daher für autistische Menschen ungleich schwieriger und streckt sich in der Regel weit in das Erwachsenenalter hinein.

Für autistische Menschen ist es offensichtlich, dass sich ihre biographischen Konstanten, ihre Persönlichkeitsmerkmale, von denen nichtautistischer Menschen grundlegend unterscheiden. Der Grund hierfür liegt in der Trennung unterschiedlicher Denk- und Wahrnehmungssphären, insbesondere der von sprachlichem und (unmittelbar) wahrnehmungsbezogenem Denken. Alle fünf oben skizzierten Denktypen (von denen es sicherlich noch einige mehr gibt) sind auf Grundlage eines »getrennten Denkens« zu verstehen (Seng 2015). Interessanterweise nähert sich auch die neuropsychologische Autismusforschung dieser Idee an, dass getrenntes oder, wie es in der Neuropsychologie genannt wird, zentral nichtkohärentes Denken ein Kernmerkmal autistischen Denkens ist (Tebartz van Elst 2016). Das entspricht einem Gehirn, in dem einzelne Zentren nicht so sehr miteinander vernetzt sind und daher autonomer agieren. Die Stärke dieses Ansatzes liegt darin, dass er in der Lage ist, das ganze Spektrum autistischer Merkmale zu erklären – auch die spezifischen Stärken autistischer Menschen.

Was bedeutet dies im Hinblick auf autistische Persönlichkeiten? Alleine die Tatsache, dass die Fähigkeitenworkshops funktionieren, ist ein starker Hinweis dafür, dass es so etwas wie spezifisch autistische Persönlichkeitstypen gibt. Es sind die Offenheit und Unvoreingenommenheit, die den Umgang der Teilnehmenden mit sich und miteinander prägen, wodurch die Workshops zu dem werden, was sie sind. Die Nähe, die sie zueinander verspüren, obwohl sie sich gar nicht kennen, und das Gefühl, die anderen zu verstehen, und vor allen Dingen, von ihnen verstanden zu werden. Um solche Persönlichkeitstypen zu verstehen, ist es hilfreich sich zu vergegenwärtigen, dass bei nichtautistischen Menschen sprachliches und wahrnehmungsbezogenes Denken eine Einheit bilden. Wirklichkeit bildet sich unmittelbar in Sprache ab und wird von ihr vorstrukturiert und auch vorgefiltert. Das ist eine Grundkonstante in nichtautistischen Biographien, die weite Teile des sozialen Lebens bestimmt, ein typisch nichtautistisches – oder wie manche autistischen Menschen es nennen würden: neurotypisches – Persönlichkeitsmerkmal (Seng 2015). Es ist nicht nur eines von vielen, sondern das Merkmal, das menschliche Sozialisation und das soziale Leben und Erleben entscheidend prägt. Autistische Menschen sind Menschen, die dieses Merkmal nicht oder nicht vollständig aufweisen; das soziale Leben der Menschen bleibt ihnen fremd, auch wenn sie dessen Regeln lernen können (Bogdashina 2011).

Auch Persönlichkeitstypen gehen mit Stärken und Schwächen einher. Ungetrennt oder holistisch denkende Persönlichkeiten haben die Stärke, einander zu erkennen, sich einschätzen zu können, sich verbunden zu fühlen und zu wissen, wie sie von anderen erkannt und eingeschätzt werden, oder zumindest eine Vorstellung davon zu haben. Das soziale Leben der Menschen ist davon geprägt, mit den Einschätzungen der anderen zu spielen, etwas darzustellen, gesellschaftliche Rollen einzunehmen und so weiter. Darin sind autistische Menschen nicht gut. Sie haben Schwierigkeiten, andere Menschen oder soziale Situationen adäquat einzuschätzen, und werden oft auch von anderen falsch eingeschätzt und verkannt. Die fehlende intuitive Theory of Mind hat einen zweiseitigen Effekt: Autistischen Menschen fehlt sie in Hinblick auf nichtautistische Menschen, denen sie wiederum in Hinblick auf autistische Menschen fehlt. Dafür haben getrennt oder inkohärent denkende Persönlichkeiten Stärken, wo andere eher schwach sind. In erster Linie sind dies die Offenheit, eine Orientierung an der Sache (anstatt an sozialen Situationen) und eine weitgehende Unvoreingenommenheit anderen Menschen und Situationen gegenüber. Mit nichtautistischen Menschen würden die Fähigkeitenworkshops niemals funktionieren; sie bauen direkt auf diesen Stärken spezifisch autistischer Persönlichkeitsmerkmale auf.

Nach unserer Erfahrung besteht eine wichtige Unterstützung autistischer Menschen darin, sie ein Stück weit dahin zu führen, sich selbst zu erkennen. Das betrifft den eigenen Persönlichkeitstyp genauso wie das eigene Denken und Wahrnehmen, das Verhältnis von Innen- und Außenwelt, Sprache und (wahrnehmungsbasiertem) Denken und vielen anderen damit verbundenen Aspekten. Eine Autismusdiagnose kann dazu ein erster Schritt sein, legt aber nicht selten den Fokus auf Aspekte, die einer Persönlichkeitsentwicklung nicht gerade förderlich sind, indem sie die ohnehin schon starke Entfremdung verstärkt. Entscheidend ist, die eigenen Entwicklungspotenziale kennen und adäquat abschätzen zu lernen, um in die Lage zu kommen, die eigenen Stärken zu entwickeln und mit den eigenen Schwächen gut umzugehen (Theunissen 2016).

Wie Berufseinstiege gelingen können

Die interessantesten und lehrreichsten Erfahrungen haben wir mit autistischen jungen Menschen gemacht, die wir über eine längere Zeit auf ihrem Weg ins Berufsleben begleitet haben. Ich skizziere im Folgenden ein paar Beispiele (mit anonymisierten Namen):

> Maximilian begleiten wir bereits seit einigen Jahren. Dadurch, dass er anfangs kaum sprach, schon gar nicht mit Menschen, die er nicht kannte, wurde er sowohl in seinem Umfeld als auch von der Arbeitsagentur als geistig behindert eingeschätzt, ohne Perspektive auf dem regulären Arbeitsmarkt. Er hatte einen schlechten Hauptschulabschluss und konnte nur rudimentär lesen und schreiben. Seit seiner Jugend hegte er den Wunsch, in einem sozialen Beruf zu arbeiten, zu dem er sich fundierte Kenntnisse angeeignet hatte. Wir bemerkten, dass er über ein außerordentliches Bildergedächtnis verfügte, auch über ein sehr stringentes analytisches Denken, und obendrein sehr standhaft war, man kann auch sagen stur. Sein Weg ins Berufsleben war sehr schwierig und mit vielen frustrierenden Erlebnissen verbunden, bis er nach Jahren auf einen Arbeitgeber traf, der es mit ihm versuchen wollte, obwohl er sich weigerte, beim Vorstellungsgespräch zu sprechen. Es zeigte sich dann sehr schnell, dass er unglaublich motiviert war, den Anforderungen des Berufs zu entsprechen. Maximilian gilt bei seiner Arbeitsstelle, wo er in der Betreuung alter und kranker Menschen tätig ist, inzwischen als außerordentlich zuverlässig und fleißig. Obwohl es für ihn sehr schwer war, brachte er sich die notwendigen Kenntnisse in Lesen und Schreiben bei und lernte vor allen Dingen auch, mit anderen Menschen zu kommunizieren (was ja in einem sozialen Beruf unerlässlich ist). Nach eineinhalb Jahren in dem Beruf arbeitet er inzwischen mit Kollegen, die von seinem Autismus nichts wissen; er wird von ihnen allenfalls als jemand, der ein bisschen anders ist, wahrgenommen.

Als Linus zum ersten Mal einen Fähigkeitenworkshop besuchte, gab er an, außer Ballerspielen keine Interessen zu haben. Wir arbeiteten mit ihm heraus, dass diese Vorliebe für Ballerspiele mit seinem Bilderdenken zusammenhing, ebenso wie seine ständigen Wahrnehmungsüberforderungen und psychischen Anspannungszustände, mit denen er nicht zurechtkam. Er hatte wie Maximilian einen schlechten Hauptschulabschluss und strebte eine Hilfstätigkeit in einer geschützten Umgebung an. Die fand er in einem kleinen Gastronomiebetrieb, wo man bereit war, auf ihn und seine Anforderungen einzugehen, die er gelernt hatte, klar zu erkennen und zu äußern. Insbesondere war er darauf angewiesen, eine klar strukturierte, ruhige Arbeitsumgebung zu haben. Bis er dort anfing zu arbeiten, war der Betrieb alles andere als strukturiert und ruhig, was sich danach aber änderte. Inzwischen profitiert der Betrieb nicht nur von den nun strukturierten Arbeitsabläufen, die allen anderen Mitarbeitenden und dem Betrieb selbst zu Gute kommen, sondern auch von Linus' ausgeprägtem Bildergedächtnis und seiner Genauigkeit bei der Arbeit.

Kolja hatte vom Berufsbildungswerk eine Werkstattempfehlung erhalten, als er dort abging. Auch er konnte nur einen Hauptschulabschluss vorweisen und sprach sehr wenig und »einsilbig«. Für ihn waren klare Ordnungen wichtig und – das erkannten wir sofort – er war auch ausgesprochen gut darin, Ordnung herzustellen. Er hatte den Wunsch, im Bereich Buchhaltung zu arbeiten, und wusste, dass er dafür einen besseren Schulabschluss benötigte. Er entschloss sich, einen Realschulabschluss auf dem zweiten Bildungsweg nachzuholen. Das gelang ihm gut, da er ausgesprochen diszipliniert war und viel für die Schule arbeitete. Danach folgten Fachabitur und ein Bachelorstudium in Wirtschaftswissenschaften. In dieser Zeit arbeitete Kolja auch hart an seinen Fähigkeiten, mit anderen Menschen zu kommunizieren. Nach dem Studium hatte er einige Monate lang befristete Teilzeitjobs im Bereich Buchhaltung. Auch wenn er inzwischen auf fachlicher Ebene gut kommunizieren konnte, fiel seine Kommunikationsweise auf und bildete nach wie vor ein Hindernis beim Berufseinstieg. Daher hat er sich entschieden, sich weiter zu qualifizieren und in einem weiteren Studiengang einen Masterabschluss nachzuholen.

Als letztes Beispiel möchte ich noch jemanden erwähnen, der deutliche künstlerische Neigung hat. Als wir ihn kennen lernten, hatte sich Thorben gerade entschieden, einen Werkstattplatz anzunehmen. Er war sehr offen anderen Menschen gegenüber, unabhängig davon, ob er sie kannte oder nicht, zugleich fiel es ihm schwer, sich zu orientieren. Auch unsere Einschätzung war die, dass er in einem gewöhnlichen Beruf auf dem regulären Arbeitsmarkt einen schweren Stand haben würde. Thorben zeichnete gerne und gut; seine Zeichnungen waren sehr detailreich und bildeten Formen aus Strukturen und Mustern. Im Kontext des Werkstattträgers fand er einen Arbeitsplatz als Künstler. Dort wurden Plakate, Prospekte, CD- und Schallplattenhüllen und Ähnliches entworfen und zum Teil auch in Handarbeit produziert. Thorben fand dort einen fast idealen Rahmen, sich künstlerisch zu entwickeln. Er hatte nicht nur Zeit zum Zeichnen und Gelegenheit, unterschiedliche Techniken zu erlernen, sondern auch viele Möglichkeiten, sich mit anderen künstlerisch arbeitenden Menschen auszutauschen und seine Bilder auszustellen. Inzwischen stellt er auch in bekannten und namhaften Galerien aus und konnte sich im Bereich inklusiver Kunstprojekte einen Namen machen.

Es gibt eine ganze Reihe von wichtigen Aspekten, die diese Beispiele aufzeigen, von denen ich zwei herausstellen möchte, die auch generell unseren Erfahrungen entsprechen: Nicht wenige autistische Menschen haben bereits früh konkrete Vorstellungen davon, was sie gerne tun würden. Diese Vorstellungen sind wichtige Wegweiser für die Entwicklung von Potenzialen, Fähigkeiten und auch Persönlichkeiten dieser Menschen. Der zweite Aspekt ist, dass das Entwicklungspotenzial autistischer Menschen in aller Regel massiv unterschätzt wird. Ein Berufseinstieg muss immer als ein Weg, als ein Prozess verstanden werden, der idealerweise von den jeweiligen autistischen Menschen vorgegeben wird. Die entscheidende Unterstützung besteht wesentlich in einem Umfeld, das für die Entwicklung der Potenziale förderlich ist.

Ein Gewinn für alle Seiten

Es gibt zahlreiche Hürden beim Berufseinstieg autistischer Menschen. Oft sind es eine mehr oder weniger gescheiterte Schullaufbahn, ein Bewerbungsprozess, in dem ein anderes Kommunikationsverhalten vermittelt werden muss, oder ein Berufsanfang, der nicht genügend Raum für notwendige Entwicklungen lässt. Die Berufswelt hat sich in den letzten Jahrzehnten in einer Weise verändert, die für autistische Menschen eher ungünstig und geeignet ist, sie zu benachteiligen (Seng 2014). In immer mehr Bereichen sind Fähigkeiten wichtig, die autistische Menschen in der Regel nicht besonders gut bedienen können: Kommunikationsfähigkeiten, Teamarbeit und vor allen Dingen die Fähigkeit, sich selbst gut zu »verkaufen«. Fachliche Fähigkeiten, Motivation, Sachbezogenheit oder ungewöhnliche Problemlösungsstrategien werden oft nicht an erster Stelle erwartet, obwohl sie für viele Berufe nützliche Eigenschaften sind.

Autistische Menschen erfahren die Barrieren zum Berufsleben daher auch als diskriminierend. Es zählen weder ihre Fähigkeiten und Möglichkeiten noch ihre Disziplin und Aufrichtigkeit, die sie in ihre Arbeit einbringen. Stattdessen werden sie alleine auf Grund ihres Andersseins benachteiligt, weil ihre Kommunikationsweise und ihr Auftreten nicht den gängigen Erwartungen entsprechen. Dem gegenüber stehen Unternehmen, die bereitwillig auf diese oft ja eher seltenen Potenziale verzichten, weil sie nicht bereit sind, sich auf etwas einzulassen, was sie nicht kennen und einschätzen können.

Umgekehrt haben wir aber die Erfahrung gemacht, dass Unternehmen, die sich öffnen und insgesamt ein offenes Betriebsklima kultivieren, in dem es gerade erwünscht ist, dass die Mitarbeiter individuell und unterschiedlich sind, ungemein von den Potenzialen profitieren können, die sie bei ihren Mitarbeitern freisetzen – nicht nur bei den autistischen. Es macht den Eindruck, dass die Vorstellungen und Vorurteile darüber, wie Menschen zu sein haben, insgesamt in eine Sackgasse führen, an deren Ende die Entfaltung von Kreativität und Möglichkeiten zu einem Stillstand kommt. Autistische Menschen, die mit der berechtigten Erwartung in den Arbeitsmarkt kommen, dort adäquat wahr- und angenommen zu werden – so wie sie eben sind – bieten eine Chance für diesen Arbeitsmarkt, aus dieser Sackgasse herauszukommen (Seng 2014). Die Schwierigkeiten, denen autistische Menschen auf dem Weg ins Berufsleben und überhaupt zu einer gesellschaftlichen Anerkennung begegnen, sind keine spezifisch autistischen Schwierigkeiten. In ihnen zeigt sich vielmehr die Unfähigkeit einer Mehrheit, mit dem Anderssein anderer Menschen umzugehen. Dieses Problem kann natürlich nicht alleine von autistischen Menschen beim Berufseinstieg gelöst werden. Aber sie stehen bei diesem Konflikt sozusagen an vorderster Front und benötigen vor allen Dingen Unterstützung, ihn zumindest ein Stück weit für sich und für alle anderen auch zu lösen.

Nach unserer Einschätzung können autistische Jugendliche nicht früh genug damit beginnen, ihren Autismus, die spezifische Art und Weise ihres Denkens und Wahrnehmens, kennen zu lernen – mit den damit verbundenen Stärken und Schwächen. Unsere Erfahrungen zeigen, dass Gruppengespräche »unter Gleichen« ein geeigneter Weg sind, zusammen mit den autistischen Menschen auf eine solche Entdeckungsreise zu gehen. Dabei sind ihre Interessen und Ideen die besten Wegweiser. Gerade diejenigen Anlaufstellen, die bereits zu Schulzeiten aufgesucht werden, die Autismus-Therapiezentren, können hier eine wertvolle Vorbereitung leisten.

Literatur

Bogdashina, O. (2011): Autism and the Edges of the Known World. Jessica Kingsley Publishers, London

Frith, U. & Happé, F. (1996): The neuropsychology of autism. Brain 119, 1377–1400.

Grandin, T. & Panek, R. (2013): The Autistic Brain. Exploring the Strengs of a Different Kind of Mind. Rider, New York

Seng, H. (2014): ... zu Höchstleistungen motiviert. Asperger-Betroffene auf dem Arbeitsmarkt. In: Autismus Deutschland e. V. (Hrsg.), Autismus in Forschung und Gesellschaft. Von Loeper, Hamburg

Seng, H. (2015): Autistische Intelligenz – Kommunikation und Kognition unter besonderen Bedingungen. In: Autismus Deutschland e. V. (Hrsg.): autismus 79/15. Autismus Deutschland e. V., Hamburg

Tebartz van Elst, L. (2016): Autismus und ADHS. Zwischen Normvariante, Persönlichkeitsstörung und neuropsychiatrischer Krankheit. Kohlhammer, Stuttgart

Theunissen, G. (Hrsg.) (2016): Autismus verstehen: Außen- und Innensichten. Kohlhammer, Stuttgart

Teil VII
Besondere Themen

Dreifach besonders: Asperger-Syndrom, ADHS, Hochbegabung – Eine Falldarstellung[17]

Barbara Rittmann

Wenn ein Kind im Kindergarten oder in der Schule eine Außenseiterrolle einnimmt, dabei oft verträumt wirkt und durch eigenartige Interessen und ungewöhnliche Ideen auffällt, kann dies verschiedene Ursachen haben. Man sollte in Betracht ziehen, dass dieses Verhalten auf das Asperger-Syndrom (Synonym: hochfunktionaler Autismus), eine Aufmerksamkeitsdefizitstörung mit oder ohne Hyperaktivität (ADHS), aber auch auf eine Hochbegabung hinweisen kann (Spitczok von Brisinski 2003). Mit der komplexen Verflechtung aller drei vorliegenden Merkmale bei einem Kind bzw. Jugendlichen und Erwachsenen beschäftigt sich dieser Artikel. Er stützt sich auf die langjährigen Erfahrungen mit Menschen mit Autismus, die in den deutschlandweiten Autismus-Therapiezentren behandelt werden. Der Schwerpunkt des Artikels ist die Falldarstellung eines Jungen, der hier Arne[18] genannt werden soll. Er hat diese dreifache Besonderheit: Asperger-Syndrom, ADHS und eine extreme Hochbegabung und ist in vielerlei Hinsicht exemplarisch. Er wurde von der Autorin im Rahmen ihrer therapeutischen Arbeit am Hamburger Autismus Institut behandelt. Bis zum Alter von 13 Jahren bezieht sich die Falldarstellung auf anamnestische Daten aus Gutachten anderer Einrichtungen und Schilderungen der Bezugspersonen des Jungen, im Wesentlichen den Eltern und Lehrern. Mit 13 Jahren erfolgten die Autismusdiagnose und der Therapiebeginn. Definitionen, Ursachen, Häufigkeiten und Diagnostik der Störungen bzw. der Hochbegabung werden in dem Artikel nur gestreift. Zur Vertiefung wird auf die einschlägige Literatur verwiesen.

Asperger-Syndrom, AD(H)S, Hochbegabung können zu ähnlichen Erscheinungsformen führen: Schulschwierigkeiten (bis zu Schulunlust und Leistungsverweigerung), soziale Ängstlichkeit, Einsamkeitsgefühle und eine Vielzahl weiterer psychischer Störungen. Beim betroffenen Kind bildet sich meist ein alles bestimmendes Gefühl heraus: anders zu sein als die anderen Kinder. Häufig wird dieses schwer zu ertragene Gefühl mit einem nach außen gezeigten »Grandiositätsverhalten« kompensiert (Attwood 2008), im Sinne von »Ich bin etwas Besseres und brauche mich mit anderen Kindern/Jugendlichen nicht abzugeben«. Längerfristig kann sich als Reaktion eine Depression entwickeln. Ein Scheitern bei der Erreichung beruflicher Ziele ist trotz vorliegender guter Begabungen nicht selten (Rittmann 2014).

Wenn alle drei Merkmale vorliegen, maskieren sie sich häufig gegenseitig, wodurch die Diagnosestellung erschwert wird. Es ist bekannt, dass die Diagnose Asperger-Syndrom/hoch-funktionaler Autismus mit dem durchschnittlichen Diagnosealter von 11 Jahren oft zu spät gestellt wird (Remschmidt & Kamp-Becker 2006). Bei ca. 50 % liegt ebenfalls ein AD(H)S vor, das meist Jahre vorher diagnostiziert wird. Erst wenn man langfristig feststellt, dass die AD(H)S-

---

17 Dieser Artikel ist bereits im Februar 2015 in der Zeitschrift »Labyrinth«, Nr. 123, Heft 1/2015, 38. Jahrgang, der Deutschen Gesellschaft für das hochbegabte Kind e. V. erschienen.
18 Name und einige biographische Daten zu Anonymisierung geändert

Behandlung nicht ausreichend hilft, werden weitere Diagnosen in Erwägung gezogen. Manchmal ist die Hochbegabung schon erkannt worden, häufig wird sie aber wegen schlechter Schulleistungen oder Teilleistungsstörungen, wie Lese-Rechtschreibschwäche, nicht in Betracht gezogen. Ein notwendiges Diagnoseverfahren ist aufwändig und setzt auf Seiten des untersuchenden Kinder-und Jugendpsychiaters Erfahrung in allen drei Bereichen voraus (Hinweise am Ende des Artikels).

Erste Auffälligkeiten

Arne ist das zweite Kind seiner Eltern. Sein Bruder ist 3 Jahre älter, hat keine einschränkenden Entwicklungsauffälligkeiten und bekommt in der Grundschulzeit eine Hochbegabung bescheinigt. Arne selbst benötigt ab seiner Geburt Unterstützung bei seiner motorischen Entwicklung, da er u. a. Schwierigkeiten mit dem Muskeltonus zeigt. Bis zum Alter von 5 Jahren erhält er Krankengymnastik, dann bis 11 Jahre Ergotherapie, da er über keine altersgemäße Handlungsplanung verfügt. Demgegenüber steht eine frühe Lesefähigkeit. Ab dem 3. Lebensjahr liest er den Eltern, die ihn nicht speziell gefördert haben, Werbung und Automarken vor. Mit 4 Jahren hat er sich das Rechnen selbst beigebracht und kann schon bald im 5-stelligen Bereich addieren und subtrahieren oder Kilometer in Millimeter umrechnen. Auch Druckbuchstaben kann er mit 5 Jahren schreiben. Den Eltern fällt auf, dass er den Familiencomputer (einer der ersten Computergeneration) heimlich startet und einfache Spiele macht. Arnes Sprache ist auffällig, durch echoartige Wiederholungen (Echolalie) und eine monotone Stimmmodulation (Mutter: »wie ein Computer«) wirkt sie wenig dialogisch. Die Mutter berichtet, dass sie in dieser Zeit nicht das Gefühl hatte, sich wirklich mit ihm unterhalten zu können. Arne will gerne alles zur gleichen Zeit machen, wodurch er nichts zu Ende führt und sich häufig selbst überfordert und anschließend verzweifelt und frustriert ist. Wenn ihm etwas nicht passt, schreit er langanhaltend und zeigt ausgeprägtes Trotz- und Wutverhalten. Dabei wirft er sich auf den Boden und zerstört selbst Dinge, die ihm wichtig sind. Zu den Kindern im Kindergarten bekommt er wenig Kontakt, hier wird er oft als »Kaputtmacher« erlebt. Schon in diesem Alter wünscht er sich sehnsüchtig Freunde. Deshalb baut er oft einen aufwändigen Kaufmannsladen auf, weil er mitbekommen hat, dass andere Kinder gerne damit spielen. Als trotzdem keiner etwas bei ihm kaufen will, ruft er: »Ihr müsst nur kommen, ihr müsst auch nichts zahlen, ihr bekommt alles umsonst!« Probleme in der Wahrnehmungsverarbeitung werden deutlich: Auf laute Geräusche reagiert er sehr empfindlich und schreckhaft, hält sich die Ohren zu oder versteckt sich in abgelegenen Ecken. Nach der schulärztlichen Untersuchung mit 5 Jahren werden herausragende intellektuelle Fähigkeiten angenommen und den Eltern eine vorzeitige Einschulung empfohlen. Aufgrund von Arnes Verhaltensproblemen lehnen die Eltern dies ab. Sie erkennen die Diskrepanz zwischen kognitiver und sozialer Reife. Als Kompromiss wird Arne mit 5 Jahren in die Vorschule eingeschult.

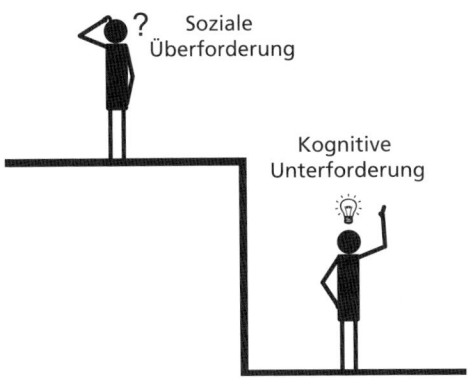

Abb. 1: Gleichzeitige Über- und Unterforderung

Arnes Fall weist eine Vielzahl typischer Hinweise für das Vorliegen der drei genannten Merkmale auf. Als Leitsymptomatik werden die typischen Symptome des Asperger-Syndroms besonders deutlich: die motorischen Probleme, die Schwierigkeiten in der Handlungsplanung sowie die überschießenden Affekte, die fehlende Dialogfähigkeit, die Wahrnehmungsverarbeitungsstörungen und die Auffälligkeiten der Sprachentwicklung. Auch die Hochbegabung deutet sich an. Auf das ADHS weist die Reizoffenheit hin. Als typisch für die Hochbegabung ist die Langeweile, die diese Kinder bei alterstypischen Spielen empfinden. Als Folge stören sie häufig, um trotzdem wahrgenommen zu werden (Spitczok von Brisinski 2003). Erste besondere Interessen werden ausgebildet und die Kinder ziehen den Kontakt zu Erwachsenen dem zu Kindern vor. Mit der Einschulung nehmen die Probleme eher zu, da die Schule eine größere Anpassungsfähigkeit beim Kind voraussetzt.

Vor- und Grundschulzeit

Arne liegt in der Vorschule oft unter dem Tisch, weil er von den anderen Schülern geärgert wird und er sich vor ihnen fürchtet. In der Grundschulzeit wächst trotzdem sein Wunsch nach Kontakt. Er stellt sich bspw. mitten auf den Schulhof und ruft lauthals: »Jeder, der will, kann jetzt mit mir spielen!«. Leider folgt niemand seiner Einladung, da er auf seine Mitschüler im täglichen Umgang nicht ausreichend eingehen kann. Stattdessen »textet« er sie mit seinen Spezialthemen (z. B. Computer, Technik, Zahlen) zu. Wegen der Verhaltensschwierigkeiten wird der Beratungslehrer der Schule eingeschaltet. Bei den Lehrern ist der Eindruck entstanden, Arne könnte minderbegabt sein. Bereits der erste IQ-Test ergibt eine deutliche Hochbegabung (IQ über 130). Um die intellektuelle Unterforderung in der Vorschule auszugleichen, wird beschlossen, Arne am Mathematikunterricht in der 2. Klasse teilnehmen zu lassen. Selbst dort ist er besser als viele Schüler dieser Klasse. Die Schüler erleben Arne als hochmütig, fühlen sich durch seine überragende Klugheit bedroht und herabgesetzt. Daraus erfolgen erneute Anfeindungen.

Zur Einschulung überspringt Arne auf Rat der Pädagogen eine Klasse. Er tut sich mit den Regeln der Schule jedoch sehr schwer, zeigt eine herabgesetzte Konzentrationsfähigkeit und kommt ständig zu spät. Es wird deutlich, dass er über keinerlei Zeitgefühl verfügt. Vom Unterricht bekommt er wenig mit, gleicht seine Wissenslücken jedoch durch seine schnelle Auffassungsgabe und die private Beschäftigung mit ihn interessierenden Sachthemen aus. Aufgrund von Verhaltensschwierigkeiten wird er immer wieder vorzeitig nach Hause geschickt. Die Beratungsstelle für besondere Begabungen der Hamburger Schulbehörde wird zur Schullaufbahnberatung eingeschaltet und vermittelt zusätzliche Enrichment[19]-Kurse. Arne zeigt in dieser Zeit eine große Begabung für Musik und lernt sehr gut Gitarre spielen. Im Rahmen seiner musikalischen Förderung beginnt er Konzerte zu geben.

Typisch für einen Schüler mit Asperger-Syndrom ist Arnes Isolation innerhalb der Klasse. Bestenfalls gelingt den Schülern in diesem Alter eine Freundschaft zu einem einzelnen Mitschüler (meist ebenfalls einer, mit einer Solitär-Stellung), häufig bleibt er jedoch in der Pause allein. Die Hochbegabung lässt Arne die Wissenslücken, die durch Fehlen im Unterricht und Konzentrationsschwierigkeiten entstehen, ausgleichen. Oft entspringt aus der Diskrepanz zwischen empfundenen sozialem Versagen einerseits und besserer Intelligenzleistung andererseits der Versuch, das eigene Selbstwertgefühl durch arrogant wirkendes Verhalten zu stärken, bis hin zu Grandiositätsfantasien. Attwood (2011) nennt dieses Verhalten: Umschalten in den Gottmodus. Arnes Verhalten verstärkt seine Isolation natürlich erneut, wobei seine Sehnsucht nach Freunden nach wie vor stark ausgeprägt ist. Leider erhält er wenig Unterstützung, seine besondere Begabung für Musik als Kontaktmittel einzusetzen.

Andere Jugendliche mit Asperger-Syndrom beginnen in diesem Alter das Interesse an Freundschaften zu verlieren (»Ich werde Bienenzüchter, dann besucht mich garantiert niemand.«). Bei genauerer Prüfung stellt man jedoch fest, dass es sich bei dieser Haltung meist um eine Schutzaussage handelt, die zur Vermeidung des Eingestehens von Einsamkeitsgefühlen dient.

Weiterführende Schule

Arnes Eltern entscheiden sich trotz der Hochbegabung ihres Sohnes für eine Gesamtschule, da sie Angst haben, dass ihr Sohn den Verhaltensanforderungen des empfohlenen Gymnasiums nicht gewachsen ist. Arne hat weiter große soziale Schwierigkeiten. Er wird von Mitschülern gehauen, getreten, seine Bastelarbeiten werden zerstört. Er bekommt Angst vor seinen Mitschülern und versteckt sich in den Schulpausen unter Büschen. Zu Hause erzählt er nichts davon und weint nie, obwohl er mit blauen Flecken nach Hause kommt. Die Eltern erfahren erst von Mitschülern und deren Eltern, wie stark Arne gepeinigt wird. Einige Lehrer fühlen sich durch Arnes selbstbezogenes Verhalten sehr provoziert und sehen in ihm nur noch den Schüler, der bewusst provoziert, um die Lehrer vorzuführen und sich in den Mittelpunkt zu stellen. Durch seine Intelligenz und seinen Wissensvorsprung fühlen sich einige Lehrer in ihrer Fachkompetenz in Frage gestellt. Arne will alles ausdiskutieren, tritt Lehrern »notfalls« in die Schuhhacken, wenn sie bspw. die Diskussion um ein Plus oder Minus bei einer Schulnote beenden wollen und sich abwenden. Mit 11 Jahren erfolgte die Diagnose ADHS und die Einstellung mit

---

19 Enrichment: pädagogisches Modell zur Förderung von begabten, interessierten und engagierten Schülern, z. B. durch besondere Kurse, Sommerakademien, Schülerwettbewerbe etc.

Ritalin. Es kommt zu drei Schulwechseln, weil Arne an den jeweiligen Schulen nicht mehr tragbar erscheint. Alle Versuche (auch ein Hochbegabteninternat) scheitern nach wenigen Wochen oder Monaten wegen seiner Verhaltensprobleme. Arne verhält sich nicht eigentlich aggressiv, provoziert jedoch manchmal und wehrt sich oft »überschießend« gegen Hänseleien und Anfeindungen seiner Mitschüler. Auch kann er nicht einschätzen, wann er welches Verhalten von Mitschülern imitieren kann oder soll, denn er hat kein Gefühl dafür, wann »der Lehrer guckt« bzw. was man sich als Schüler erlauben kann. Arne tut sehr viel, um Freunde zu gewinnen: Er sagt vor, gibt seine Hausaufgaben weiter (seine Mutter meint, das sei der einzige Grund, warum er sie überhaupt mache), bestückt seine Schultasche mit einer ganzen Sammlung von Linealen, Radiergummis, Bleistiften etc., um sie im Bedarfsfall zur Verfügung stellen zu können. Er hofft dadurch Freunde zu gewinnen, was jedoch ausbleibt.

Mit 13 Jahren erfolgt auf Betreiben der Eltern erneut ein Diagnoseverfahren mit dem Ergebnis: Asperger-Syndrom mit ADHS und Hochbegabung. Die Therapie im Hamburger Autismus Institut beginnt und wir unterstützen die Installation einer Schulbegleitung, die eng mit der Therapeutin zusammenarbeitet. Die Schulbegleitung sorgt nicht nur für die Entlastung der Lehrer, sondern unterstützt auch Arnes soziales Lernen in Gruppen. Bspw. führt die Schulbegleitung auf Anregung der Therapeutin ein Skalierungsverfahren hinsichtlich definierter Verhaltensziele ein, indem Arne sich nach jeder Unterrichtsstunde zunächst selbst einschätzt und dann seine Einschätzung mit der des Lehrers abgleicht. Trotz seiner hohen Begabung – ein erneuter IQ-Test ergibt eine extreme Hochbegabung von über 150 IQ-Punkten! – benötigt Arne Unterstützung bei seiner Selbstorganisation (Hausaufgaben erledigen) und »weichen Fachinhalten«, wie Interpretationen etc. Den Fragen und Irritationen der Klasse begegnen wir durch eine Klassenaufklärung über das Asperger-Syndrom, die viel Verständnis bei den Mitschülern weckt.

Wir beraten Lehrer dahingehend, Arnes Verhaltensbesonderheiten nicht als persönliche Kränkung zu erleben und sich von seiner Hochbegabung nicht bedroht zu fühlen. Wir machen uns auf die gemeinsame Suche, wie Arne eine Rolle in der Klasse einnehmen könnte, die andere nicht bedroht, sondern als angenehm, interessant oder sogar hilfreich wahrgenommen wird. Ansatzweise gelingt dies, indem Arne auf Schulveranstaltungen als talentierter Gitarrenspieler auftritt. In solchen Situationen wird sein einfühlsames Gitarrenspiel von Mitschülern als eine neue sympathische Facette wahrgenommen.

Nach dem Wechsel in die Oberstufe kommt Arne ohne Schulbegleitung aus. Er kann sein Lieblingsfach Informatik als Leistungskurs wählen. Sein Lehrer erkennt sofort die Talente seines besonderen Schülers und beginnt ihn als Hilfsperson für andere Schüler einzubinden. Aus dieser Rolle heraus gelingt es Arne das erste Mal, zaghafte Freundschaften zu knüpfen. Er besteht er das Abitur letztlich mit einer Note im 1er-Bereich.

Arnes Fall weist viele typische Merkmale von Schülern mit Asperger-Syndrom, AD(H)S und Hochbegabung auf: häufige Schulwechsel, das Fehlen von Freundschaften, Mobbing durch Mitschüler und schließlich die Entlastung des gesamten Systems durch unterstützende Therapie und ggf. Schulbegleitung. Diese Jugendlichen beeindrucken dabei immer wieder durch ihr Bedürfnis, einen logischen Zugang zu Emotionen zu finden. Arne hat sich bspw. verschiedene Formeln für Sympathie und Liebe zurechtgelegt. Seine nüchterne, formal-logische Ausdrucksweise erinnert an eine Programmiersprache. Es scheint jegliche Intuition für die emotionale Welt zu fehlen, stattdessen versuchen die Jugendlichen, ausschließlich mit dem Verstand die Gefühlswelt zu begreifen. Dies ist typisch für das Asperger-Syndrom, verstärkt sich unserer Erfahrung nach jedoch noch bei Hochbegabung. Um den Kontakt zu Gleichaltrigen zu erleichtern gilt es hier, die Jugendlichen für eine andere Vorgehensweise zu gewinnen, indem man ihnen Hilfestellungen für eine emotionsfokussiertere Sichtweise gibt.

Ausbildung und Studium

Arne selbst und seine Eltern kommen nach einigen Beratungsgesprächen zu dem Schluss, dass der junge Mann emotional noch nicht reif genug ist, ein Studium zu meistern. Deshalb bewirbt er sich bei einem international operierenden Konzern um einen Ausbildungsplatz im Informatikbereich, sozusagen zur »Nachreifung«. Bei seiner Bewerbung vermerkt er in seinen Unterlagen seine anerkannte Schwerbehinderung und wird zum Bewerbungsgespräch eingeladen. Arne hat erkannt, dass es nicht sinnvoll ist, sein Asperger-Syndrom zu verschweigen und schildert dementsprechend im persönlichen Gespräch, wie sich diese Behinderung bei ihm auswirkt. Die Personaler kennen diese Behinderung nicht, googlen sie daraufhin im Internet. Wesentliche Informationen, wie Ehrlichkeit, Zuverlässigkeit und Sachorientiertheit etc. lassen sie zur Entscheidung gelangen, Arne einzustellen.

Seine große Begabung im IT-Bereich ist für das Unternehmen bei Einzelthemen hilfreich. Arne muss jedoch lernen, auch Routinetätigkeiten aus- und zu Ende zu führen, unabhängig davon, ob sie ihm Spaß machen. In Kooperation mit unserem Zentrum entsteht ein Stärken- und Schwächenprofil von Arne, das ihn als Informationsblatt durch die verschiedenen Ausbildungsabteilungen begleitet und den Ausbildern Orientierung gibt. Auch entstehen Schwierigkeiten zwischen ihm und den anderen Auszubildenden. Die Azubis wünschen sich Arnes Therapeutin kennenzulernen (er hatte ihnen von seiner Behinderung und seiner Therapie erzählt). Arne ist damit einverstanden und zwei Gespräche mit der Azubi-Gruppe bringen lösbare Kommunikationsprobleme an den Tag. Die Azubis finden Arne ganz sympathisch und interessant und würden ihn gerne mehr integrieren. Sie haben aber den Eindruck, dass er es nicht möchte, da er es mehrfach abgelehnt hatte, in der Mittagspause mit ihnen zu einem nahegelegenen Imbiss zu gehen. Es bedurfte einiger Gespräche mit Arne, um ihm deutlich zu machen, dass eine Einladung zu einer gemeinsam verbrachten Pause ein bedeutsames »Integrationsangebot« darstellt, für das man ggf. ein mitgebrachtes Pausenbrot unangetastet lassen kann.

Nach dem erfolgreichen Ende seiner dualen Ausbildung beginnt Arne dann an einer Universität ein Studium im Informatikbereich. Inhaltlich bereiten ihm die Anforderungen keine Schwierigkeiten, doch bei der formalen Einhaltung von Verhaltensvorschriften kommt es zu einem kleinen Eklat. Arne ist in einer schriftlichen Prüfung sehr viel früher fertig als die anderen und möchte – gegen die Vorgaben der Hochschule – den Raum verlassen. Als er daran gehindert wird, verliert er die Kontrolle über sich und wird laut und aggressiv, was die anderen Studierenden als sehr störend und unangemessen erleben. In den Augen seiner Mentorin droht Arne in eine Mobbingsituation zu gelangen. Deshalb bittet sie die Therapeutin um eine Information der betreffenden Semestergruppe. Arne, der immer gute Erfahrungen mit Aufklärungsveranstaltungen gemacht hat, ist sofort bereit. Er schlägt vor, die Informationen über sich nach einer Vorlesung im Interviewstil zu geben. Das bedeutet, dass er von seiner Therapeutin zu seiner Behinderung, aber auch zu seinen Begabungen interviewt wird und die Mitstudierenden danach Fragen stellen können. Nach dieser Veranstaltung kamen diverse Mitstudierende auf Arne zu und boten ihm ihre Unterstützung an.

Typisch für diese Lebensphase ist, dass das ADHS in seiner Ausprägung stärker in den Hintergrund tritt; Arne hatte kurz nach dem Abitur das Medikament erfolgreich absetzen können. Die Hochbegabung hat eine größere Wahrscheinlichkeit, auf Interesse und Wertschätzung des Bezugsfelds zu stoßen. Beides trägt zur Entspannung bei. Allerdings nehmen die formalen Anforderungen an Selbstverantwortung und Selbständigkeit immens zu, so dass hier bei jungen Menschen mit Asperger-Syndrom wieder eine Diskrepanz zur Altersgruppe deutlich wird. Arnes überdauernder und unerschütterlicher Wunsch, Freunde zu finden, hat ihn schließlich erfolgreich werden lassen. Seine große Hilfsbereitschaft im IT-Bereich verschaffte ihm viele Sympathien, die dann auch die Grundlage für entstehende Freundschaften wurden. Andere Jugendliche mit Asperger-Syndrom und Hochbegabung reagieren jedoch häufig deutlich frustrierter und neigen dann vermehrt zu einer zynischen Grundhaltung, die wiederum als Schutz vor stärker kränkenden Gefühlen

zu verstehen ist. Hier lässt sie gerade ihre hohe Intelligenz und Sachbezogenheit einen ungeschönten Blick auf mögliche Schwierigkeiten haben, die sie in ihrem Leben erwarten können: Schwierigkeiten, einen Lebenspartner zu finden, eine Familie zu gründen, einen Job zu finden ...

Für Arne und seine Familie war die Diagnose Asperger-Syndrom sehr wichtig. Dadurch konnten mit dem Jugendlichen durch autismusspezifische Methoden in Verbindung mit der kognitiven Verhaltenstherapie alternative Strategien für seine Verhaltensimpulse erarbeitet werden. Mit dem schulischen Umfeld (Lehrern, Schulbegleitung, Mitschülern) haben wir eng vernetzt und beratend Vorgehensweisen abgestimmt. Die Eltern erhielten für ihre schwierige Rolle die notwendige Unterstützung.

Was tun bei Verdacht auf Asperger-Syndrom (ggf. mit ADHS und Hochbegabung)?

- Kontakt aufnehmen zum regionalen Autismus-Therapiezentrum: Hier werden Informationen und Adressen zur möglichen Diagnostik gegeben (Kontaktdaten der regionalen Autismus-Therapiezentren beim Bundesverband autismus Deutschland unter: www.autismus.de).
- Nach erfolgter Diagnose ist meist eine autismusspezifische ambulante Therapie im Autismus-Therapiezentrum zur Unterstützung des Kindes, der Familie und der Schule sinnvoll. Diese Therapie erfolgt in der Regel wöchentlich und erstreckt sich meist über mehrere Jahre.
- Ggf. kann eine Schulbegleitung sinnvoll und notwendig sein (Beantragung in Abstimmung mit den Pädagogen). Beim konkreten Vorgehen ist stets abzuwägen, wie eng begleitet werden soll, damit keine neuen und unnötigen Abhängigkeiten entstehen

Wünschenswert wäre eine deutlich frühere Diagnose, die viel Leid auf allen Seiten verhindert hätte (Rittmann 2013). Man geht heute davon aus, dass eine Diagnose dieser Form des Autismus ab dem vierten Lebensjahr zu stellen ist. Eltern haben meist schon früh das Gefühl, dass mit ihrem Kind etwas grundlegend anders ist. Diese Verdachtsmomente ernst zu nehmen und fachlich richtig einzuordnen ist Aufgabe der medizinischen und psychologischen Fachleute.

Literatur

Attwood, T. (2008): Ein ganzes Leben mit Asperger-Syndrom. Trias, Stuttgart

Remschmidt, H. & Kamp-Becker, I. (2006): Asperger-Syndrom. Springer, Heidelberg

Rittmann, B. (2013): Eigenartig anders – Kinder mit Autismus in der KiTa. KiTa aktuell, 21. Jg., KiTa ND

Rittmann, B. (2014): Gruppentraining für Erwachsene mit hochfunktionalem Autismus – ein praktischer Leitfaden für Konzeption und Durchführung. In: autismus Deutschland e. V. (Hrsg.): Autismus in Forschung und Gesellschaft. Loeper, Karlsruhe

Spitczok von Brisinski, I. (2003): Asperger-Syndrom, AD(H)S, Hochbegabung – differentialdiagnostische Aspekte. Forum der Kinder- und Jugendpsychiatrie und Psychotherapie, Heft 4

Therapie für Mädchen und Frauen mit Asperger-Syndrom

Martina Steinhaus

Das Thema Asperger-Autismus bei Mädchen und Frauen wurde in den letzten Jahren in der therapeutischen Arbeit immer stärker präsent. Mit den Mädchen und Frauen aus dem autistischen Spektrum werden in der Therapie auch neue Fragen aufgeworfen. Was sind die besonderen Themen und Herausforderungen der Betroffenen? Gibt es Ähnlichkeiten zu Männern mit Asperger-Syndrom in der Therapie? Welches sind die Unterschiede? Wie kann man den ganz individuellen Bedürfnissen der Frauen und Mädchen am besten gerecht werden?

Am Beispiel einer gruppentherapeutischen Arbeit werde ich aufzeigen, wie geschlechtsspezifische Anforderungen in der therapeutischen Herangehensweise und Methodik bei erwachsenen Frauen mit Asperger-Syndrom berücksichtigt werden können.

Die männliche und weibliche Seite des Asperger-Syndroms

Es macht einen bedeutenden Unterschied aus, ob man als Frau oder als Mann geboren wird. Diese Ungleichheit zeigt sich auch bezogen auf das Asperger Syndrom. Die Klassifizierungsmanuale des ICD-10 und DSM-4 sprechen einerseits von einer eindeutigen zahlenmäßigen Überlegenheit von Männern. Diese Geschlechterverteilung ist auch bei der insgesamt höheren Anzahl diagnostizierter Personen in den letzten Jahren konstant geblieben.

Bei der Gruppe der spät diagnostizierten Betroffenen im Erwachsenenalter zeigt sich allerdings eine offensichtliche zahlenmäßige Angleichung der Geschlechter von zwei zu eins. Ein möglicher Grund dieses relativ ausgeglichenen Verhältnisses vermutet man unter anderem in der Situation, dass in der Normalpopulation weibliche Personen alles in allem über größere empathische Fähigkeiten und eine stärker ausgeprägte soziale Kompetenz verfügen. Dies erklärt ebenso, dass Asperger-Frauen sich von nicht betroffenen Frauen unverkennbar unterscheiden und sich daher in Gruppen mit weiblichen Personen schlechter einfügen können.

Wenn Überanpassung zu Stress führt

Viele Studien weisen darauf hin, dass diverse Einschränkungen im Bereich der Sozialkompetenz bei Männern vielfach mit dem männlichen Rollenmodell in Zusammenhang gebracht werden. Dadurch erleben sich Asperger-Männer in bestimmten sozialen und emotionalen Zusammenhängen häufig nicht unterschiedlich zu nicht betroffenen Männern. Diese gesellschaftlich eher tolerierten männlichen sozialen Schwierigkeiten, erlauben es dem Jungen mit Asperger-Syndrom ebenso, sich typisch autistisch zu verhalten. Dagegen erleben weibliche Betroffene im Erwachsenenalter eher einen gesteigerten Anpassungsdruck, um den üblichen frauenspezifischen Erwartungen in Gesellschaft und Partnerschaft zu erfüllen.

Bereits in der Kindheit werden Frauen, sowohl durch traditionelle Beziehungsmuster in Familie und Gesellschaft als auch in der Schule und dem weiteren sozialen Umfeld, mit Rollenklischees konfrontiert, die Verhaltensformen wie Angepasstheit, nett und brav sein, nicht auffallen etc. fördern. Jungs dagegen wird vermittelt, dass sie dominanter, stärker und wichtiger sind. Demzufolge bekommen sie den Raum, den sie einfordern, während Mädchen eher darin bestärkt werden, zurückhaltend und unauffällig zu sein. Bei Asperger-Mädchen ist durch diese frühen Lernerfahrungen die Entwicklung wesentlich intensiver auf Kooperation und soziale Anforderungen ausgerichtet. Aufgrund dieser früh eingeübten (Über-)Anpassung an das sozial erwartete Verhalten eines Mädchens ist die frühe Diagnostik eines Asperger-Syndroms bei jüngeren Mädchen häufig umso schwieriger.

Obgleich Asperger-Frauen diese rollenstereotypen Erwartungen an ihr Verhalten gut einüben können, verhalten sie sich meist doch anders als neurotypische Frauen. Sie haben vielfach nur ein geringeres Interesse an Mode, Kosmetik oder anderen geschlechtsspezifischen Themen, entsprechen weniger den frauentypischen Klischees und beschäftigen sich eher mit für Frauen unkonventionellen Dingen. Asperger-Frauen sind daher auch nur eingeschränkt in der Lage, sich in typische Frauengruppen einzugliedern und den dort vorherrschenden Erwartungen zu entsprechen. Diese widersprüchlichen Bedürfnisse nach einerseits Entsprechung der vorgespiegelten Verhaltensmuster, dem Anpassungsdruck und dem andererseits häufig entgegengesetzten autistischen Anliegen bedeuten für Frauen mit Asperger-Syndrom Stress.

Autistische Bedürfnisse im Widerspruch zu den Anforderungen in Beruf und Familie

Es kann vermutet werden, dass weibliche Betroffene im Erwachsenenalter dadurch einen höheren Leidensdruck aufweisen als männliche Personen mit Asperger-Syndrom und sich daher vermehrt zur Diagnostik vorstellen. Die Häufung psychischer Erkrankungen und psychosomatischer Störungen nimmt durch diese erschwerte Ausgangssituation bei (nicht diagnostizierten) Asperger Frauen ständig zu und stellt eine enorme Belastung für die Betroffenen und ihr soziales Umfeld dar. Neben den persönlichen Belastungsfaktoren, die sich aufgrund der autismustypischen kognitiven sowie sensorischen Besonderheiten ergeben, geraten Frauen mit Asperger Syndrom durch die Konflikte im Bereich beruflicher und familiärer Anforderungen, durch ihre Versagensgefühle oder den Wunsch, den gesellschaftlichen Rollenerwartungen zu entsprechen, in eine kumulierte Überforderung, die oft schwerwiegende gesundheitliche Probleme zufolge hat.

Für eine autistische Mutter, Ehefrau oder berufstätige Frau sind die Erwartungen und Anforderungen an Kommunikation und soziale Kompetenzen häufig nicht mit dem autistischen Bedürfnis nach Sicherheit, Planbarkeit, Überschaubarkeit und Struktur des Alltags sowie dem Bedürfnis nach Rückzug und Beschäftigung mit Sonderinteressen vereinbar. Es findet also eine ständige Abwägung zwischen den Anforderungen und der Anpassungsleistung an die Vorgaben durch Beruf oder Familie und einem notwendigen Ausgleich durch stabilisierende und strukturierende »autistische Bedürfnisse« wie Rückzug und besondere Gestaltung von Beziehung und Alltag statt.

Dieser »Dauerstress« findet häufig Ausdruck in Symptomen wie Migräne, Verspannungen, Ess- und Schlafstörungen, Hauterkrankungen, anhaltender Erschöpfung, Müdigkeit, Ängsten, Depressionen usw. Medizinische Erklärungsversuche aus dem neurotischen Spektrum, Zwangsstörungen, soziale Phobien oder oppositionelle, aufsässige Charakterzuordnungen sind vertraute Fehldiagnosen bei vielen Asperger-Frauen, bevor sie eine Autismusdiagnose erhalten.

Professionelle, deren Aufgabe es ist, diagnostische, therapeutische und pädagogische Angebote für Mädchen und Frauen mit Autismus zu gestalten, haben die Verantwortung, sich über die bestehenden geschlechtsspezifischen Besonderheiten, Unterschiede, Qualitäten und Persönlichkeiten der Betroffenen umfassend zu informieren.

Frauengemäße Autismus-Therapie

Ganz allgemein verstehe ich unter dem Begriff »frauenspezifisch«, sich – neben der individuellen Entwicklung eines jeden Einzelnen – der besonderen Prozesse weiblicher Sozialisation bewusst zu werden und sich mit den geschlechtsspezifischen Unterschieden von gesellschaftlichen Einflüssen auseinanderzusetzen. Im Fokus stehen dabei die Auswirkungen dieser Einflüsse auf die Persönlichkeitsentwicklung von Mädchen und Frauen.

Diese Unterschiede in der weiblichen und männlichen Sozialisation zeigen sich in der Übernahme einer bestimmten Geschlechterrolle. Bereits in der Kindheit lernen und verinnerlichen Mädchen oder Jungen geschlechtertypisches Verhalten. Unter Berücksichtigung der besonderen Situation von Frauen mit Asperger-Syndrom bekommt der Ansatz einer »frauengemäßen Autismus-Therapie« eine besondere Bedeutung.

Viele autismusspezifische Therapieangebote werden Frauen und Mädchen mit Asperger-Syndrom nicht gerecht und sehen in der Regel den Mann oder Jungen im Fokus der Aufmerksamkeit. Sie beziehen die gesellschaftliche und soziale Realität der betroffenen Frauen mit den sich daraus ergebenden Belastungen nicht umfassend genug ein. Die Abweichung in der Gestaltung, Ausprägung, Symptomatik und Empfindung bei Frauen werden zu wenig berücksichtigt.

Mit den Asperger-Frauen stellen sich neue Fragen

Als Psychologin arbeite ich seit vielen Jahren mit Klienten aus dem gesamten Autismus-Spektrum zusammen, aber in den letzten Jahren wurde das Thema Asperger-Autismus bei Mädchen und Frauen in meinem therapeutischen Alltag immer stärker präsent. Noch vor zehn Jahren waren es nur vereinzelt Mädchen mit hochfunktionalem Autismus, die mir in der Therapie begegnet sind. In den letzten Jahren kamen vermehrt auch erwachsene Frauen mit Asperger-Syndrom in die Therapie, viele davon mit dem Wunsch nach einer Diagnose. Manche hatten ein eigenes Kind mit Autismus in der Therapie und stellten bei sich selbst Ähnlichkeiten fest, andere hatten bereits eine fachärztliche Diagnose, die meist erst im Erwachsenenalter gestellt wurde. Die in der Literatur beschriebene gestiegene Anzahl diagnostizierter Erwachsener spiegelt sich also auch in unserer täglichen Arbeit im Autismus-Therapiezentrum wider.

Mit den Asperger-Frauen in der Therapie stellten sich mir nun neue Fragen. Was sind die besonderen Themen und Herausforderungen der Betroffenen? Gibt es Ähnlichkeiten zu Männern mit Asperger-Syndrom in der Therapie? Welches sind die Unterschiede? Wie kann ich den ganz individuellen Bedürfnissen der Frauen am besten gerecht werden?

Asperger-Frauengruppe als Lern und Erfahrungswelt

Belastende Einflüsse auf Frauen mit Asperger-Syndrom können sich nicht nur von denen unterscheiden, die auf männliche Klienten oder andere Frauen einwirken, sie können auch Ursache für eine erhöhte gesundheitliche Beeinträchtigung sein und zusätzlich sozial-emotionale Belastungsfaktoren hervorrufen. Als besonders belastend und stressauslösend wird von den Frauen neben den beschriebenen widersprüchlichen Anforderungen und sozialen Erwartungen jeder Einzelnen oft das Gefühl des »Alleinsein« als betroffene Frau beschrieben.

Infolgedessen spiegelt sich in gemischten Autismus-Selbsthilfegruppen vielfach die gewohnte soziale Wirklichkeit wider. Somit ist die für viele Frauen mit Asperger-Syndrom nur ein eingeschränkt sinnvoller Ort für korrigierende und positive Neuerfahrungen, da hier die üblichen Muster von sozialem Verhalten wiederholt und bestätigt werden können.

Eine Gruppenteilnehmerin sagt: »In einer gemischten Gruppe fühlte ich mich nicht wohl, ich kann mich nicht durchsetzen mit dem, was mich interessiert; die Asperger-Männer sind sehr dominant. Wir Frauen haben Lust am »Philosophieren«, wir wollen nicht zugetextet werden. Wir beobachten uns genau, stellen Unterschiede und Gemeinsamkeiten fest, machen uns Gedanken über unser Leben. Nun habe ich sogar eine Freundin in der Gruppe gefunden. Auch wenn es anstrengend ist, mir ist diese Asperger-Frauengruppe wichtiger geworden als vieles sonst in mein Leben.«

Besonders schambesetzte oder frauenspezifische Themen werden in gemischten Gruppen seltener angesprochen, da die Frauen fürchten, mit solchen Themen unverstanden und abgewertet zu werden. Vor allem Themen rund um Partnerschaft und Sexualität werden nur selten in gemischtgeschlechtlichen Gruppen angesprochen. In der Asperger-Frauengruppe kann dagegen durch Verständnis und Unterstützung der Psychologin ein Vertrauensverhältnis aufgebaut werden, sodass auch diese oft angstbesetzten Themen gemeinsam bearbeitet werden können.

Korrigierende Erfahrungen

Vor diesem Hintergrund haben wir ein gruppentherapeutisches Angebot für Frauen mit Asperger-Syndrom ins Behandlungskonzept unseres Autismus-Therapiezentrums aufgenommen. Es zeigte sich, dass der Bedarf für ein besonderes Angebot bei den betroffenen Frauen groß war. Die Erfahrung offenbart inzwischen, dass dieser »Schutzraum« von den Betroffenen gern angenommen und genutzt wird.

Erste Erkenntnisse aus dieser geschlechtshomogenen Gruppe zeigten bereits, dass Frauen mit Asperger-Syndrom sich hier schneller und effektiver auf eine Therapie einlassen können, da weniger Ängste bestehen und die üblichen sozialen und gesellschaftlichen Wertungen in den Hintergrund treten. Dies ermöglicht vielen Betroffenen erstmals Reflexionsmöglichkeiten sowie korrigierende Neuerfahrungen unabhängig von üblichen Wertevorstellungen, und es ist zu erwarten, dass sie sehr davon profitieren.

Was will eine »frauenspezifische« Asperger-Gruppe?

Das Konzept einer Asperger-Frauengruppe sollte den Anspruch haben, die Lebensrealitäten und Lebenserfahrungen von Frauen mit Autismus – im Unterschied zu Asperger-Männern – zu berücksichtigen. Es geht neben den autismustherapeutischen Inhalten um die Förderung von Identitätsentwicklung unter Berücksichtigung des Asperger-Syndroms. Persönliche Weiterentwicklung und emotionale Stabilisierung bilden die Grundlage einer Handlungskompetenz, um den Anforderungen des Alltags gerecht zu werden. Hierfür ist Selbstvertrauen wichtig, welches aus einer stabilisierenden Lernerfahrung in der Gruppe entwickelt werden kann. In Gruppenprozessen können eigene Interessen wahrgenommen und vor anderen vertreten werden. Konfliktfähigkeit und Durchsetzungsvermögen werden gefördert. Ebenso können sich aus diesen Treffen auch stärkende und stabilisierende Interessengemeinschaften oder Freundschaften entwickeln.

Durch die auf autismusspezifische Bedürfnisse nach Struktur, Klarheit, Transparenz, Verlässlichkeit und Systematik ausgerichtete Gestaltung der Gruppe wird für die Teilnehmerinnen eine Basis geschaffen, gemeinsam mit anderen Frauen in einem kleinen Kreis die persönlichen Anliegen und Entwicklungsaufgaben zu erkennen und zu bearbeiten. Von der Therapeutin werden sie in einem stabilisierenden Setting dazu angeleitet, neue Bewältigungsstrategien für sich zu entwickeln, soziale Kompetenzen und Kommunikationstechniken zu erarbeiten und neues Verhalten in der Gruppe auszuprobieren.

Weitere wichtige Ziele sind die Klärung von Beziehungen innerhalb der Gruppe, das Aushalten und Lösen von Konflikten, die Entwicklung persönlicher und beruflicher Perspektiven, der Ausbau sozialer Netzwerke und die Vermittlung einer aktiven Freizeitgestaltung im Rahmen der individuellen Bedürfnisse.

Grundsätzliche Überlegungen zur inhaltlichen Therapieplanung

Grundsätzlich bedeutet psychotherapeutische Arbeit für mich das Bemühen, mit der Klientin eine vertrauensvolle Form der Beziehung aufzubauen. Es geht dabei nicht nur um das Bündnis, das die Klientin zu mir als Therapeutin aufbauen kann, sondern der Prozess beruht m. E. auf Gegenseitigkeit. Dabei verstehe ich meine eigenen Intuitionen, Gefühle, Gedanken, und Wahrnehmungen als notwendigen Teil der Wechselseitigkeit zwischen mir und dem anderen. Ich versuche, sie in den Kontakt mit einzubeziehen und möglichst bewusst zu handhaben. Diesen Prozess verstehe ich als förderliche reaktive Gegenübertragung. Die emotionalen Reaktionen auf den Selbstausdruck eines Klienten zurückzuhalten, kann eine Psychotherapie sehr trocken machen. Es könnten Chancen nicht genutzt werden, um die kreativen Fähigkeiten eines Klienten zu fördern und seine gesunden Verhaltensmuster zu verstärken. Diese Art der Gegenübertragung kann als die Seele einer psychotherapeutischen Beziehung, die auf der Begegnung zweier Menschen beruht, angesehen werden.

Die Betonung des Prozessgeschehens und der Beziehungsdimension ist gerade in der Arbeit mit autistischen Menschen von Bedeutung, weil der Aufbau von Beziehungs- und Kommunikationsstrukturen (das »Hin und Her« der Kommunikation), die sich im Prozessgeschehen offenbaren, im Zentrum der Schwierigkeiten der Arbeit steht. Diesen besonderen Ansatz der wechselseitigen Erfahrungs- und Lernprozesse in der Arbeit mit autistischen Menschen nenne ich BIK: Beziehungsorientierte Interaktion und Kommunikation.

Die Bedeutung der Therapeutin

Die Entwicklung einer tragfähigen Beziehung zwischen Klientin und Therapeutin ist besonders wichtig. Dabei ist es von Bedeutung, dass die Therapeutin von den Klientinnen akzeptiert wird und in ihrer Persönlichkeit Ruhe, Sicherheit und Verständnis vermitteln kann. Sie soll den Bedürfnissen nach klarer Kommunikationsstruktur und verlässlichen systematischen Routinen nachkommen und die sprachlichen Besonderheiten der Betroffenen berücksichtigen. Die Kommunikationsregeln in der Gruppe müssen für alle Teilnehmerinnen gelten und nachvollziehbar sein, mögliche Probleme mit pragmatischen

Aspekten der Gesprächsführung vor allem bei der Frage, wie lange die Redezeit jeder Einzelnen ist und wann man jemanden unterbricht, sowie Sprachbesonderheiten wie verzögertes, langsames oder stockendes Sprechen sollten therapeutisch flankiert und moderiert werden.

Meine Auffassung zu »Heilung« bezogen auf die therapeutische Arbeit bei Menschen mit Asperger-Syndrom

Unter Heilung verstehe ich eine Weiterentwicklung, die eine Zunahme an Autonomie ermöglicht. Autonomie ist dabei kein Zustand, der einmal erreicht, für alle Zeit unverändert bleibt. Es handelt sich vielmehr um einen Wachstumsprozess, der nie abgeschlossen ist. Die dem Autismus zugrundeliegende neurologische Störung ist nicht vollständig heilbar. Auch deshalb verstehe ich in der Therapie mit einem Klienten mit dem Asperger-Syndrom Autonomie als eine dynamische Größe, in der jeder gelungene Integrationsschritt der Entwicklung der Persönlichkeit zugutekommt. Bereits das Finden einer realistischen Zielperspektive kann dabei heilende Wirkung entfalten, weil sie erreichbar ist. Erreichbare Ziele leiten bereits das Verlassen des »Skriptes«[20] ein. Denn relevante Ziele wirklich zu erreichen, sieht kein destruktives Skript vor. In diesem Sinne bedeutet Heilung aber auch, dass sich die Klientin der Erkenntnis stellen muss, dass sie in ihrer »Andersartigkeit« dennoch »Außenseiterin« bleibt und Zurückweisungen verarbeiten muss.

In der Therapiegruppe konnten sich die Teilnehmerinnen neue Möglichkeitsräume erschließen und einen Zuwachs an Autonomie erreichen. Nach häufig vielen Jahren der »Isolation« bei einzelnen Klientinnen entwickelten sie neue Perspektiven und Lebenspläne. Gleichzeitig lernten sie, sich selbst in ihrem Sosein besser zu akzeptieren und ihren Autismus »gelassener« zu ertragen. Hier konnte das Gefühl der Gemeinschaft und des gemeinsamen Erfahrungshintergrundes der anderen betroffenen Frauen sehr entlastend wirken.

Zunächst erschien es bei einigen Klientinnen so, als hätten sie mit ihrem eingeschränkten Interessenspektrum, stereotypen Verhaltensmustern und in der sozialen Zurückgezogenheit in der Vergangenheit nur wenig Leidensdruck entwickelt und als sei eine Veränderung eher der Wunsch der Umwelt und weniger intrinsisch motiviert. Erst im Laufe des gemeinsamen Therapieprozesses sowohl im Einzelsetting als auch in der Gruppe wurde deutlicher, wie viel tief versteckes Leiden diese Klientinnen hatten und welche Erleichterung durch Skriptveränderungen ebenso erreicht werden konnte wie bei den anderen Klientinnen mit hohem Leidensdruck und einer guten Compliance auch.

---

20 Ein Skript im Sinne der Transaktionsanalyse ist ein Drehbuch, ein Lebensplan oder ein unbewusstes Programm, nach dem ein Individuum lebt. Die bevorzugten Transaktionen und psychologischen Spiele einer Person sind Ausdruck ihrer Skripte. Diese enthalten persönlichen Haltungen, Wertmaßstäbe und Aussagen über das Selbstwertgefühl. Sie bestimmen die Möglichkeiten der Person, sich zu entfalten und Konflikte zu bewältigen. Durch die Analyse der Skripte können diese bewusstgemacht und unter Umständen verändert werden.

Was wirkt? Methoden und Techniken

In der Asperger-Frauengruppe kommt eine Vielzahl von therapeutischen Übungen und Methoden zur Anwendung. Dazu zählen psychoedukative Praktiken, Visualisierungstechniken wie Mind-Mapping, Fluss-Diagramme, Social Storys, verhaltenstherapeutische Verfahren, Rollenspiele, Comic-Gespräche mit Sprechblasen, »4-Ohren-Modell« nach Schulz von Thun und anderes mehr. Es geht insgesamt um die Erweiterung sozialer und kommunikativer Fähigkeiten, das Training kognitiver Fertigkeiten, Theory-of-Mind-Training, Verhaltenssteuerung und emotionale Wahrnehmung und Entlastung.

Bei der Auswahl der Therapieprogramme ist zu berücksichtigen, dass es keine umfassend gültige »optimale Herangehensweise« für alle Menschen mit Asperger-Syndrom gibt. Da viele sehr unterschiedliche Schwierigkeiten und Probleme bestehen und diese mit einer großen Variabilität der Symptomausprägung zwischen den einzelnen Frauen korrespondiert, müssen Besonderheiten beachtet und die Gruppentherapie den Teilnehmerinnen entsprechend flexibel angepasst werden. Vor allem müssen die besondere Art des Sprachverständnisses, Rigidität und Stereotypie, soziale Problematik und Schwierigkeit der Perspektivenübernahme, die Fähigkeit zur Einsicht und Lernfähigkeit, kommunikative Besonderheiten, Probleme mit der Wahrnehmung (akustisch, visuell, taktil, olfaktorisch), mögliche Kompensations- und Anpassungsstrategien sowie Aufmerksamkeit und Konzentration berücksichtigt werden.

Umfang, Setting und Rahmenbedingungen (Administrative Verträge)

Der Umfang und die Zeit, die für Gruppentherapie sowie ergänzende einzeltherapeutische Maßnahmen und die Beratung des Umfeldes zur Verfügung steht, wird durch die jeweilige Zusage des Kostenträgers der einzelnen Klientin festgelegt. Dabei ist in der Leistungsvereinbarung des Autismus-Therapiezentrums mit dem Kostenträger sowohl die Einzeltherapie als auch eine Gruppentherapie explizit konzeptionell vorgesehen. Die indirekte Klientenzentrierte Maßnahme durch Beratung des Umfeldes der Klientinnen vervollständigt das Behandlungssetting.

Die Umsetzung einer spezifischen Therapiegruppe, wie sie im ATZ angeboten wird, könnte sich folgendermaßen darstellen: Die Gruppe findet einmal in der Woche für zwei Stunden statt und ist für Frauen ab 18 Jahren gedacht. Der Therapieansatz ist ressourcen- und lösungsorientiert auf der Basis eines guten Grundverständnisses, umfangreichen Erfahrungshintergrunds und umfassenden fachlichen Kenntnisstands der Therapeutin. Es kommen sowohl verhaltenstherapeutische und kognitionspsychologische Techniken, psychoedukative Interventionen als auch gesprächstherapeutische und kreativtherapeutische Ansätze zum Tragen. Einen wichtigen therapeutischen Rahmen bilden Methoden der Transaktionsanalyse, einem Therapieverfahren, das mit Techniken der Vertragsarbeit, der Beziehungsanalyse sowie einer visualisierten Form von Gefühls- und Verhaltensmustern (Ich-Zustände) und Analyse von sozial-emotionalen Interaktionen (Transaktion) dem autismustypischen Bedürfnis nach logisch strukturierten und nachvollziehbaren Lern- und Erfahrungsfeldern entgegenkommt. Die Reflexion der Beziehungsgestaltung zwischen den Teilnehmerinnen und der Therapeutin und auch die innerpersönliche Auseinandersetzung mit belastenden Themen stellt somit einerseits einen Schwerpunkt der Schwierigkeiten dar, kann aber im Schutz der Asperger-Frauengruppe als Lern-, Erfahrungs- und Neuentscheidungsraum genutzt werden. Im Rahmen der Gruppe sollten die Frauen ermutigt werden, ein Verständnis für das Asperger-Syndrom zu entwickeln und im Kontakt zu anderen Frauen ihr eigenes Potenzial zu entdecken und zu nutzen. Sowohl geschlechtsspezifische Besonderheiten des Asperger-Autismus als auch intraindividuelle Unterschiede der teilnehmenden Frauen finden Berücksichtigung durch die Therapeutin.

Durch das Setting der Gruppe soll Sicherheit gewährleistet werden, die insbesondere Frauen mit Asperger-Syndrom benötigen. Gleichzeitig soll das Angebot einer therapeutischen Methodenvielfalt zur Realitätsprüfung dienen und Stärkung der Abgrenzungsfähigkeit bieten. Persönliche und berufliche Lebenssituation sowie Möglichkeiten der individuellen Lebensgestaltung fließen in die Gruppensitzung ebenso mit ein wie der Erfahrungsaustausch mit den anderen Frauen und die Auseinandersetzung mit der Diagnose als solcher. Aber auch Wahrnehmung und Bewusstmachung der eigenen Ressourcen und Stärken sind von Bedeutung, um diese optimal nutzen zu können.

Es geht also insgesamt sowohl um eine autismusspezifische Sichtweise auf die Frauen als auch um eine geschlechtsspezifische bzw. weibliche Sicht von Lebenszusammenhängen, die neben den Unterschieden zu Asperger-Männern auch Faktoren der Unterscheidungen zu anderen Frauen und deren Auswirkungen in sozialen und gesellschaftlichen Kontexten mit sich bringt.

Zur Gestaltung der äußeren Bedingungen

Sowohl die Gestaltung des Therapiesettings, was Stundenverlauf, Therapiemethoden und -material, Gesprächsstrukturierung, Stundenfrequenz u. a. m. angeht, als auch die Gestaltung der Umgebungsbedingungen sollte den Klientinnen eine notwendige Übersicht und Vorausschaubarkeit bieten als wichtige Basisvariablen zum Aufbau einer tragfähigen Arbeitsbeziehung.

Die Einrichtung und Gestaltung des Therapieraumes ist unter Berücksichtigung des autistischen Störungsbildes besonders klar, übersichtlich und »spärlich«. Im Therapieraum befinden sich neben Sitzmöbeln und einem Tisch keine weiteren Möbelstücke. Auch gibt es keine Bilder an den Wänden oder anders Dekorationsmaterial im Raum. Diese reizarme Gestaltung der Umgebung kommt dem Bedürfnis der Klientinnen entgegen, die Aufmerksamkeit auf den Gruppenverlauf und auf die Therapeutin zu fokussieren und konzentrieren und nicht durch sensorische Umgebungsreize abgelenkt zu werden.

Inhalt und Ablauf der Asperger-Frauengruppe

Jede Gruppensitzung beginnt mit einer Begrüßungsrunde und einer Themensammlung für die bevorstehende Sitzung. In dieser sogenannten »Wie-geht-es-mir«-Runde können die Ereignisse der vergangenen Woche berichtet, positive und negative Erlebnisse unterschieden, eingeschätzt und skaliert und mögliche schwierige Alltagssituationen eingebracht werden. Manchmal ist hierfür ein schriftliches Arbeitsblatt nötig. Dies finden viele Teilnehmerinnen hilfreich.

Nach der Eingangsrunde werden die Themen der Stunde vorgestellt. Die Themenauswahl und der Ablaufplan bieten im Verlauf der Sitzung eine gute Orientierung und Grundstruktur. Neben einer Förderung der Eigenverantwortlichkeit werden durch den Wechsel von freien, eigenen und vorgegebenen Inhalten in jeder Gruppensitzung die Kooperations-und Kompromissfähigkeit geschult und auch insgesamt eine Veränderungsmotivation der Teilnehmerinnen angeregt.

Aufgrund der Unterschiedlichkeiten einer jeden Gruppenteilnehmerin im Hinblick auf die subjektive Belastbarkeit werden auch Regeln nach individuellen »sozialen Pausen« festgelegt. Wichtig ist eine gute Vorausschaubarkeit und Planungsgrundlage der Gruppe, daher werden mögliche Änderungen der Teilnehmerzahl oder des Ablaufs der Stunde den Teilnehmerinnen per E-Mail-Verteiler bereits im Vorfeld mitgeteilt.

BIK – Beziehungsorientierte Interaktion und Kommunikation

Viele Klienten mit dem Asperger-Syndrom fühlen sich bereits von der Vorstellung einer Beziehung bedroht oder haben Angst vor der Möglichkeit der Intimität. Die Entwicklung einer gesunden, vertrauensvollen und tragfähigen Beziehung unter diesen gegebenen Voraussetzungen ist neben anderen Zielen für die Klientinnen ein wichtiges Ziel und bildet damit einen Schwerpunkt der therapeutischen Arbeit. In Anlehnung an meine transaktionsanalytische Grundhaltung in der Therapie nenne ich diesen spezifischen Ansatz in der Arbeit mit Menschen aus dem autistischen Spektrum BIK (»Beziehungsorientierte Interaktion und Kommunikation«).

Da sich die Asperger-Störung bei jeder Betroffenen sehr individuell ausgeprägt und strukturiert zeigt, ist der Ansatz des therapeutischen Zugangs auch u. U. sehr unterschiedlich. Die folgenden zentralen Symptomkomplexe sind bei dem Aufbau einer Arbeitsbeziehung in jeder Therapie zu beachten: Die therapeutische Beziehung muss einerseits so befriedigend, Sicherheit und Schutz gewährend, verständnisvoll, emphatisch und akzeptierend wie nötig sein. Andererseits muss ich auch deutlich sichtbar machen, dass ich als Therapeutin eine eigenständig existierende, nicht mit dem Klienten verschmolzene Person mit eigenen (u. U. auch abweichenden) Bedürfnissen, Interessen und Grenzen bin. Die therapeutische Beziehung sollte außerdem ausreichend Sicherheit und Stabilität bieten, um die heftigen Gefühle von Enttäuschungen und Wut, Angst, aber auch Freude aushalten zu können. Sie soll dazu befähigen, »Gut und Böse«

in sich und im anderen integrieren zu können (»Ich bin ich und im Prinzip ganz in Ordnung, auch wenn ich mal ausflippe und wütend bin. – Das Gleiche gilt auch für die andere«). Sie soll befähigen, Ambivalenzen ertragen zu können, und schließlich, wenn die Beziehung als ausreichend befriedigend erlebt werden konnte, Autonomie und das Aufgeben symbiotischer Bedürfnisse möglich machen.

Gerade zu Beginn der Behandlung ist es notwendig, die o. g. Sicherheits- und Schutzbedürfnisse der Klientin in der Beziehungsaufnahme und -gestaltung zu berücksichtigen. Ein hohes Maß an Struktur, Vorausschaubarkeit mit klaren Vereinbarungen über Ablauf, Setting und Beziehungsgestaltung bilden dabei eine wichtige Voraussetzung.

Aufbau der therapeutischen Beziehung

Um die individuellen Kommunikations- und Kontaktstrukturen herauszufinden, geht es zu Beginn der Therapie im Wesentlichen darum, die Klientinnen genauer kennen zu lernen. Das fängt schon bei den ersten Transaktionen wie z. B. der Begrüßung an: Wie verhält sich die Klientin beim Handgeben zur Begrüßung? Scheint es ihr angenehm oder unangenehm zu sein. Wie ist der Blickkontakt? Schweift der Blick ab? Ist der Blick eher peripher und trotzdem aufmerksam und auf mich bezogen? Die ersten Treffen dienen dazu, einen differenzierten Eindruck von den individuellen kognitiven wie perzeptuellen Bedingungen und Bedürfnissen der Klientin zu erhalten. Aus diesem Grund verhalte ich mich zu Beginn der Kontaktaufnahme in den ersten Stunden auch recht zurückhaltend im taktilen Bereich, bei unvorhersehbaren Interventionen oder tiefen intrusiven und emotionalen Einwirkungen.

Folgende Parameter sind beim Aufbau der therapeutischen Beziehung im Rahmen der Therapiegruppe von Bedeutung:

- Sprachausdruck und Sprachverständnis: Die Frauen benötigen eine einfache, klare und sog. modulierte Ansprache, die Sätze sollten syntaktisch klar, nachvollziehbar und bildhaft deutlich sein. Hier folge ich der Anregung von Berne (2002), mit dem Klienten in einer einfachen Sprache zu sprechen, die auch ein 8-jähriges Kind verstehen kann.
- Obwohl bei den Klientinnen keine offensichtlichen Einschränkungen im Hörvermögen vorliegen, können sie komplexere sprachliche Anweisungen aufgrund einer semantisch-pragmatischen Einschränkung des Sprachverständnisses zum Teil nur unvollständig in der Bedeutung erfassen. Ursächlich dafür sind einerseits die (zerebralen) Besonderheiten in der Informationsverarbeitung. Darüber hinaus ist es von Bedeutung, dass die Schlüsselkonstellation in der Ätiologie der Persönlichkeitsbildung vor dem Spracherwerb liegt. Erfahrungen in der vorsprachlichen Zeit sind eher bildhaft und analog gespeichert. Diese Zusammenhänge können sich bereits bei der genauen Beschreibung der Problemdefinition auswirken und sind ebenso bei der Entwicklung der Ziele der einzelnen Klientinnen in der Gruppe zu berücksichtigen.
- Für den therapeutischen Umgang hieß das konkret, dass es für die Frauen hilfreich ist, sie immer über mehrere Sinneskanäle anzusprechen und zu erreichen. Gleichzeitig bedurfte es großer Sorgfalt, den

Kontext (das semantische Feld) möglichst genau zu eruieren, um Missverständnisse zu vermeiden.
- Viele Menschen mit Asperger-Syndrom haben Schwierigkeiten, komplexe soziale Zusammenhänge zu erfassen und daraus Handlungsfolgen abzuleiten. Es war wichtig, mit den Gruppenteilnehmerinnen komplexe Situationen, die sie überforderten, in kleinen Teilabschritten aufzuschlüsseln.
- Viele Klientinnen benötigten in vielen Bereichen einfach nur viel Zeit und Erlaubnis. Zeit und Erlaubnis, auszuprobieren, sich neu zu entdecken und neue Erfahrungen zu machen, lernen zu können und vieles mehr.

Dauer und Therapieziel beeinflussen das Therapieende

»Ich hatte mich so an die Asperger-Frauengruppe gewöhnt, dass mir der Übergang in die Zeit nach der Gruppe schwerfiel. Gerade weil diese Zeit in der Gruppe für mich so wichtig war. Ich dachte damals, eigentlich könnte die Therapie immer so weitergehen.« (Asperger-Autistin, 37 Jahre).

In der Praxis werden die Dauer und damit das Ende der Therapie häufig durch die Anzahl der vordefinierten Sitzungen bestimmt, für die die Eingliederungshilfe die Kosten übernimmt. Eine Verlängerung erfordert einen umfangreichen schriftlichen Antrag in Form eines Entwicklungsberichtes an den Kostenträger. Darin beschreibt die Therapeutin den bisherigen Behandlungsverlauf und begründet, warum eine Fortsetzung der Gruppentherapie in einem bestimmten Umfang nötig ist.

Gegen Ende der Therapie wird Bilanz gezogen, und es werden Fragen gestellt, die die zukünftige Entwicklung betreffen: Wie weit bin ich gekommen? Habe ich erreicht, was ich mir vorgenommen habe? Welche Schwierigkeiten wird es geben, wenn es die Möglichkeit des regelmäßigen Austausches in der Frauengruppe nicht mehr gibt? Oder wenn neue Probleme auftauchen? Damit klingt an, dass am Ende der Therapie meist nicht ein vollkommen symptomfreier Mensch steht, sondern die Klientin durch die neuen Erfahrungen in der Gruppe und die gelernten Techniken bestehende Schwierigkeiten besser als zuvor lösen kann.

Ein gutes Ende finden

Die Gruppentherapie ist insgesamt durch Zeitbegrenzungen strukturiert: Begrenzungen jedes einzelnen Termins, vorübergehende Unterbrechungen während Urlaubszeiten, Begrenzungen durch Kriterien der einzelnen Kostenbewilligungen oder sonstiger individueller Regelungen. Ich unterteile den Therapieprozess darüber hinaus in drei unterschiedliche Module von Anfangsphase, Mittelphase und Abschlussphase. Damit ist der therapeutische Prozess mit unterschiedlichen inhaltlichen Schwerpunkten für alle Beteiligten möglichst transparent und nachvollziehbar. Das Thema Beendigung und Trennung findet während der gesamten Therapie statt. Dem Bedürfnis nach Endlosigkeit durch therapeutische Begleitung wird durch eine positive Entwicklung in Richtung Autonomie, Verselbständigung, Modifikation und Erweiterung der Persönlichkeit begegnet.

Abschließend ist festzuhalten, dass sich mit den neuen Fragen, mit denen Frauen und Mädchen mit Asperger-Syndrom in die Therapie kommen, die therapeutischen Konzepte und pädagogischen Programme in den Therapiezentren diesen spezifischen Fragestellungen und Bedarfen von Frauen und Mädchen stellen sollten. Mit dem Beispiel eines gruppentherapeutischen Angebotes nur für Frauen wollte ich aufzeigen, wie diesen geschlechtsspezifischen Anforderungen in der therapeutischen Herangehensweise und Methodik bei erwachsenen Frauen mit Asperger-Syndrom begegnet werden kann. Meine Erfahrung zeigt auch, dass sich durch einen fruchtbaren Kontakt zur Therapeutin und stabilisierende Neuerfahrungen in der Gruppe der Bezugsrahmen der Klientin erweitern und flexibilisieren kann und die Herangehensweise an die »Welt außerhalb der Gruppe« deutlich sicherer und positiver wird.

Literatur

Berne, E. (2002): Spiele der Erwachsenen. Psychologie der menschlichen Beziehungen. Rowohlt, Reinbek

Hennig, G. & Pelz, G. (2002): Transaktionsanalyse, Lehrbuch für Therapie und Beratung. Junfermann, Paderborn

Kouwenhoven, M. et al. (2002): Schwere Persönlichkeitsstörungen. TA Behandlung nach dem Cathexis Ansatz. Springer

Kleinewiese, E. (o. J.): All Deine Ich, Transaktionsanalyse in der Kindertherapie, Berlin

Schlegel, L. (1988): Die Transaktionale Analyse. Ein kritisches Lehrbuch und Nachschlagewerk. 3. Auflage. Franke, Tübingen/Basel

Simone, R. (2016): Aspergirls: Die Welt der Frauen und Mädchen mit Asperger. Übersetzt von Ursula Bischoff. Beltz, Weinheim/Basel

Stewart, I. & Joines, V. (2000): Die Transaktionsanalyse. Herder, Freiburg/Basel/Wien

Steinhaus, M. (2013): Eine Therapiegruppe nur für Frauen von Martina Steinhaus. In: Preißmann, C. (Hrsg.), Überraschend anders: Mädchen & Frauen mit Asperger (S. 155–162). TRIAS, Stuttgart

Willey, L. H. (2014): Ich bin Autistin – aber ich zeige es nicht: Leben mit dem Asperger-Syndrom, Rad und Soziales, Hannover

Ganz normal und doch anders. Liebe, Partnerschaft und Sexualität bei erwachsenen Menschen mit Asperger-Syndrom – Ein kurzer Einblick in eine besondere Welt

Martina Steinhaus

Liebe und Partnerschaft folgen eigenen Gesetzen

Gemeinsam in Liebe und Partnerschaft alt zu werden, das wünschen sich fast alle Menschen. Und gleichzeitig wird es für die meisten nicht einfach sein, eine Beziehung zu führen, die ein Leben lang hält. Eine Partnerschaft, bei der ein Partner oder beide Partner von Asperger-Autismus betroffen sind, stellt eine besondere Herausforderung dar. Auch weil Liebe nicht planbar ist und sich nicht steuern lässt, folgt Partnerschaft und Sexualität bei Frauen und Männern mit Asperger ihren ganz eigenen Gesetzen.

Wie die Partnerschaften oder Sexualitäten der Menschen sich gestalten, unterscheidet sich darüber hinaus nach Persönlichkeit, Lebensgeschichten, nach Behinderungsart sowie nach Lebensumfeld erheblich. Durch die autistische Behinderung erhält Liebe und Partnerschaft demnach eine weitere Facette an individueller Eigenart.

Schwierigkeiten und Besonderheiten

Worin liegen die spezifischen Schwierigkeiten und Besonderheiten im Zusammenhang mit Liebe, Sexualität und Partnerschaft bei Menschen mit Asperger? Um diese Frage zu beantworten, werde ich die typische Symptomatik des Asperger-Syndroms auflisten und darüber einen Bezug zur Beeinflussung auf Liebe, Partnerschaft und Sexualität herstellen.

Neben den Erklärungsmodellen über die Symptomatik des Autismus möchte ich durch Aussagen von Betroffenen einen tieferen Einblick in die Thematik vermitteln. Indem ich Betroffene selbst zu Wort kommen lasse, kann ein größerer Realitätsbezug hergestellt werden, auch um vor diesem Hintergrund spezifische Empfehlungen für die Therapie abzuleiten.

Autistische Kern- und Begleitsymptome

Asperger-Autismus geht mit einer Reihe von Schwierigkeiten im sozialen und kommunikativen Miteinander einher. Durch Besonderheiten in der sensorischen Wahrnehmung sowie der Impulsivität resultieren viele Schwierigkeiten im zwischenmenschlichen Miteinander. So sind Menschen mit Asperger im Alltag häufig unstrukturiert und desorganisiert, sie haben Schwierigkeiten mit Planungen, sind unachtsam gegenüber den Bedürfnissen anderer, aber auch die intensive Beschäftigung mit Sonderthemen kann das Miteinander massiv beeinträchtigen.

Die *Störung der sozialen Interaktion* ist charakterisiert durch einen Mangel an intuitivem Verständnis für die Regeln zwischenmenschlicher Beziehungen mit einem seit der frühen Kindheit bestehenden Einzelgängertum und geringem Interesse an Initiierung und Aufrechterhaltung von Freundschaften, insbesondere gegenüber Gleichaltrigen. Die Art der sozialen Kontaktaufnahme kann exzentrisch oder ausgeprägt selbstbezogen wirken. Angehörige erleben die Betroffenen oft als kühl und egoistisch, jedoch auch als außergewöhnlich verlässlich, ehrlich sowie frei von kultureller oder sexistischer Voreingenommenheit. Deutliche Schwierigkeiten bestehen in der adäquaten Einschätzung des Kontextes sozialer Situationen sowie in der emotionalen Perspektivübernahme beziehungsweise Empathie.

Besonders dieser Mangel von Empathie oder Einfühlungsvermögen stellt in der Beziehungsgestaltung ein häufiges Problem dar.

> Claudia, 35 Jahre: »*Das ganze Thema mit dem Flirten und dem Sich-Verabreden und so, finde ich extrem nervig. Ich krieg das auch nicht mit, wenn sich ein Mann für mich interessiert. Woran merke ich denn, wann jemand nur einfach nett sein will oder er eigentlich Sex mit mir haben will? Dieses Ding mit den Komplimenten ist doch total überflüssig.*«

> Lena, 32 Jahre: »*Mir wurde in der Beziehung vorgeworfen, ›verkopft‹ zu sein, mich nicht entspannen zu können. Auch konnte ich nonverbale Signale meiner Partnerin nicht korrekt deuten, habe ihre Aussagen und ihr Verhalten über- oder unterinterpretiert.*«

Bei der *Störung der Kommunikation* geht es sowohl um die Wahrnehmung und Interpretation als auch um den Einsatz wechselseitiger modulierbarer, kontextgeleiteter nonverbaler Kommunikation.

> Harald, 61 Jahre: »*Die größten Schwierigkeiten haben meine Frau und ich im Bereich Kommunikation. Ich bin, je nach meiner autistischen Grundstimmung, mal zufrieden mit unserer Kommunikation und mal nicht. Ich glaube, meine Frau sieht das negativer als ich selbst. Es gibt Phasen, da überfordert mich gelungene Kommunikation, da lebe ich lieber in meiner autistischen Welt.*«

Häufig verhindern diese sozialen und kommunikativen Störungen bereits vom Kindesalter an das Eingehen von Beziehungen. Typische Pubertätsexperimente wie Flirten, sich Verlieben, vorsichtige Kontaktversuche oder Eingehen sexueller Beziehungen fehlen häufig. Dies führt letztlich bei vielen Betroffenen zur Abwesenheit von (sexuellen) Beziehungen.

> Stefan, 19 Jahre: »*Ich wünsche mir keine Beziehung. Ich kann mir nicht vorstellen, warum man überhaupt einen Partner sucht.*«

> Timo, 34 Jahre: »*Nein, für eine Partnerschaft habe ich keine Zeit, ich muss chronologisch vorgehen. Zuerst muss ich mein Studium, meine Promotion abschließen, dann eine Wohnung finden, all dies ist wichtig, bevor ich eine Partnerin suche. Ein Schritt nach dem anderen, nicht zu schnell vorgehen. Partnerschaft steht ganz hinten auf meiner Lebensliste.*«

> Benjamin, 26 Jahre: »*Ich will keinen Partner, ich bin alleine ganz zufrieden.*

Frei nach dem Motto: Ich bin mir Partner (Gruppe) genug ...«

Thomas, 27 Jahre: »*Wenn ich eine Partnerin suche, dann stelle ich kosten-nutzen-analytische Gesichtspunkte in den Vordergrund. Wie viel Aufwand ist notwendig, welchen Preis muss ich investieren? Meistens macht es daher für mich keinen Sinn, mich auf eine Beziehung einzulassen. Ich kann halt nicht aus meiner Haut.«*

Felix, 27 Jahre: »*Ich habe noch nicht intensiv verfolgt, eine Partnerin zu finden. Ich lasse es einfach geschehen, wenn es passiert, passiert es.«*

Rufus, 30 Jahre: »*Mir ist das Aussehen bei einer Partnerin nicht so wichtig. Dass meine Frau sehr viel älter ist (20 Jahre), stört mich nicht.«*

Christin, 35 Jahre: »*Ich hatte bereits zwei Partnerschaften, 2008 für zwei Monate, einvernehmlich beendet, 2010 für sechs Monate, von der Gegenseite beendet. Seitdem habe ich keine weiteren Partnerschaften gehabt. Das war's ...«*

Lukas, 24 Jahre: »*Ich sehe keinen Sinn in Sexualität, meine ›Befriedigung‹ finde ich beim PC-Spielen.«*

Josef, 33 Jahre: »*Theoretisch wünsche ich mir eine Beziehung, aber ich begreife, dass das für mich unmöglich ist, vor allem wegen der Ekeligkeit, Feiglichkeit und dem Egoismus ...«*

Henning, 32 Jahre: »*Für mich steht als Körperlichkeit das ›Kuscheln‹ im Vordergrund. Küssen oder richtigen Sex mag ich nicht, das bringt mir nicht viel.«*

Einen Partner kennenlernen

Einen Partner kennenzulernen stellt für viele Menschen mit Asperger-Syndrom bereits eine große Hürde dar. Einige nutzen die Möglichkeiten über Kontaktbörsen im Internet oder andere virtuelle Räume. Manchmal helfen gut strukturierte soziale Kontexte, um einen potenziellen Beziehungspartner zu finden.

Fred, 38 Jahre: »*Um eine Frau kennen zu lernen, habe ich Singletanzkurse besucht. Das war gut für mich, die Regeln in einem Tanzkurs sind klar vorgegeben. Beim dritten Tanzkurs habe ich meine Frau kennen gelernt.«*

Erwin, 60 Jahre: »*Ich bin in der Partnerschaft seit meinem 17. Lebensjahr, heute bin ich 60 Jahre, also fast mein ganzes Leben lang. Meine Frau hat mich gefunden, ohne Initiative meiner Frau hätte das wahrscheinlich nicht geklappt. Ich weiß nicht, wie das geht, eine Partnerin zu finden.«*

Kevin, 25 Jahre: »*Ich lerne meine Freundinnen im Internet kennen. Wie denn auch sonst? Häufig bleibt es beim rein virtuellen Kontakt ...«*

Richard, 30 Jahre: »*Ich bin schon seit meiner frühen Kindheit an romanischen Sprachen interessiert. Ich habe sehr viele Sprachkurse besucht und in einem dieser Kurse auch meine Partnerin kennen gelernt.«*

Kontaktversuche oft naiv

Sexuell motivierte Kontaktversuche sind oft naiv, unreif, unerfahren und manchmal unangemessen. Ein Kontakt zu anderen wird durchaus gesucht, allerdings oft in funktionalisierender Weise. Manche Betroffene leiden unter diesem Mangel, können ihn aber nicht gestalten. Andere wirken selbstgenügsam.

Matthias, 27 Jahre: *»Wenn ich eine Frau toll finde, dann ist das wie ein Zwang, ich muss sie unbedingt kennen lernen, will mit ihr zusammen sein. Das hat mir schon Schwierigkeiten eingebracht, wenn sich die Frau bedrängt oder belästigt fühlt durch meine Kontaktversuche ...«*

Sabine, 17 Jahre: *»Ich kann schlecht erkennen, wann die Grenze bei mir überschritten ist. Da will ich gerne mit jemandem zusammen sein, und es wird mir dann schnell zuviel. Auch treffe ich meistens Männer, die viel älter sind und die mich dann ausnutzen ... vielleicht bin ich zu naiv für die Welt der NT's[21] ...«*

Sebastian, 43 Jahre: *»Was bedeutet Zärtlichkeit für mich? Ich kann ein Jahr ohne Sex auskommen, aber keinen Tag ohne Umarmung. Ich möchte mit ihr stundenlanges Kuscheln genießen und sie soll es auch genießen. Im Gegensatz zu vielen Autisten habe ich kein Problem mit Berührung. Dafür tue ich mich schwer mit ›richtigem Sex‹. Das ist mir zu intensiv. Kuscheln ist für mich die schönste gemeinsame Entspannung.«*

Malte, 39 Jahre: *»Im Bereich der Sexualität neige ich zu Wiederholungen bei Verhaltensweisen, die ›erfolgreich‹ waren. Ich denke, das ist typisch autistisch. Wenn Streicheln am Oberschenkel gestern als erotisch empfunden wurde, dann sollte das doch heute und überhaupt immer so sein. So ist es aber nicht, und dies nicht Auswendiglernen-Können von gelungener Sexualität macht die Sache für Autisten so schwer. Ich halte es für ebenfalls autistisch, durch die immer gleichen Reize (zum Beispiel wie roter Nagellack) erotisiert zu werden und sich dem Partner zuzuwenden.«*

Franz, 35 Jahre: *»Was mir manchmal auffällt, dass optische Reize mich völlig kalt lassen. Ich sehe mir gerne schöne Menschen an, habe aber kein sexuelles Interesse, andere Leute, NT´s, ticken da offenbar anders. Wenn ich dagegen Sex höre (zum Beispiel im Urlaub im Hotel), dann wird mir sofort heiß und kalt. Offenbar sind meine Spiegelneuronen nur über die Ohren angeschlossen.«*

---

21 Neurotypisch (für *neurologisch typisch*, kurz NT, auch *norm-neuro*) ist ein Neologismus, der benutzt wird, um Menschen zu charakterisieren, deren neurologische Entwicklung mit dem übereinstimmt, was die meisten Menschen als normal betrachten. Der Begriff wird häufig von autistischen Menschen als eine Bezeichnung für Nicht-Autisten verwendet.

Lieber alleine bleiben

Viele Betroffene bleiben alleine oder lassen sich nur auf kurze oder distanzierte Kontakte ein. Wenn eine Partnerschaft besteht, ist diese häufig auf Initiative des nichtautistischen Partners zustande gekommen.

> Peter, 54 Jahre: »*Ich wäre nicht verheiratet, wenn meine Frau sich nicht intensiv um mich bemüht hätte. Sie war sehr hartnäckig, hat mich nicht in Ruhe gelassen ...*«

> Clemens, 42 Jahre: »*Ich habe mir immer eine Beziehung gewünscht und würde wohl auch wieder eine haben wollen. Aber wenn Du mich fragst ... ich bin nicht glücklich mit meiner Frau ... und ich würde nicht auf die Idee kommen, mich zu trennen. Die Vorstellung, nicht mehr in meinem gewohnten Leben zu sein, finde ich noch viel anstrengender.*«

> Friedhelm, 49 Jahre: »*Ich denke, dass Partner von einem Aspie viel aushalten müssen, aber sie bekommen auch etwas dafür: Einen Partner, der niveauvoll, treu, nachdenklich ist und sicher etwas ganz Besonderes.*«

Eingeschränkte Interessen und Aktivitäten

Die eingeschränkten Interessen und Aktivitäten sind gekennzeichnet durch die intensive Beschäftigung mit umschriebenen Wissensgebieten, Interesse an Regelwerken und Strukturen und durch deren fehlenden sozialen Bezug. Einschränkungen der kognitiven Flexibilität können anhand ungewöhnlicher Ordnungsvorlieben und ritualisierter Alltagsabläufe deutlich werden, an denen auffällig starr festgehalten wird und deren Unterbrechung Veränderungsängste hervorruft.

> Rolf, 40 Jahre: »*Das Wichtigste in einer Partnerschaft ist für mich, dass man sich gut versteht. Da sollten wir auch ähnliche Interessen haben. Ich würde gerne mit meiner Frau über naturwissenschaftliche oder mathematische Themen sprechen ... sie hat dazu meistens keine Lust. Als ich ihr zum Hochzeitstag eine mathematische Formel schenkte, war sie sehr enttäuscht. Ich habe das nicht verstanden ...*«

> Johannes, 58 Jahre: »*Was fand ich toll an meiner Frau? Hmm ... sie war die erste, die sich für den Unterschied zwischen Stehendgewässer und Fließgewässer interessierte, und ich konnte ihr stundenlang darüber erzählen. In der Ehe wurde es dann aber kompliziert. Ich glaube, dass meine Frau sich scheiden lassen würde, wären da nicht unsere Kinder. Ich kann mir ein Leben alleine nicht vorstellen, ich glaube, es würde mich überfordern, alleine zu wohnen.*«

Sensorische Besonderheiten

Häufige Begleitsymptome einer ASS umfassen sensorische und motorische Auffälligkeiten, Aufmerksamkeits- und Emotionsregulationsstörungen.

> Silke, 36 Jahre: »*Körperliche Berührungen sind sehr unangenehm für mich. Alleine die Vorstellung, dass mich jemand berührt, macht mir große Angst. Eine Partnerschaft ist für mich undenkbar.*«

Was bedeutet Empathie?

Viele Menschen mit ASS zeigen kaum intuitive Empathie und wenig spontane Liebesbezeugungen für den Partner. Sexualität dient mehr einem körperlichen Bedürfnis als dem Herstellen und Genießen von Nähe und Intimität.

> Melanie, 34 Jahre: »*Ich kann zu meinem Partner nicht ›Ich liebe Dich‹ sagen, das konnte ich schon nicht zu meiner Mutter sagen, warum soll ich es dann zu meinem Ehemann sagen?*«

> Jochen, 50 Jahre: »*Das Thema Sex ist bei mir schnell abgehakt. Ich benötige einen klaren festen Rahmen, der sich nicht verändert. Alles muss nach einem festen Plan ablaufen ...*«

> Elke, 27 Jahre: »*Ich glaube, ich bin ganz typisch, spät emotional und sozial gereift. Ich habe altersuntypisch geringe Erfahrung, weil Autisten es gewohnt sind, alleine zu sein.*«

Therapie und Sexualpädagogik

Aufgrund der beschriebenen Probleme bei Beziehung und Partnerschaft, sollte das Thema auch in der Therapie Berücksichtigung finden. Ich verstehe in diesem Zusammenhang die psychosexuelle Bildung als lebenslangen Prozess. Es geht dabei neben der Aufklärung und Information über Körperteile und sexuelle Funktion, Sauberkeitserziehung und Hygiene auch um die sozialen Aspekte der partnerschaftlichen und sexuellen Entwicklung.

Profitieren von Beziehungsregeln

Menschen mit Asperger scheinen die ungeschriebenen Gesetze des Lebens sehr viel schlechter zu verinnerlichen als nicht autistische Menschen. Dabei könnte sie im Alltag sehr von festen Beziehungsregeln profitieren, die ihr Leben reibungsloser und komplikationsärmer machen.

Regeln machen das Leben einfacher und verständlicher, das gilt auch für Beziehungsregeln. Regeln können zum Beispiel sein: Respektiere die persönliche Distanz anderer Leute – das heißt, komme ihnen nicht zu nahe. Starre andere Leute nicht an, egal warum. Mache keine Bemerkungen über die Körper anderer Leute, weder positive noch negative. Mache keine sexuellen Anspielungen. Umarme oder berühre Leute nicht, außer sie gehören zu deiner Familie oder sie wollen dein Freund sein und ihr beide seid mit solchen Berührungen einverstanden.

In der Therapie ist es ebenso wichtig, den nicht autistischen Partner mit einzubeziehen. Dabei geht es darum, gemeinsam mit dem Partner notwendige Regeln auszuhandeln.

Beispielsweise kann ein Mann mit Asperger-Syndrom davon profitieren, wenn die Partnerin ihre Bedürfnisse autismusspezifisch deutlich ausdrückt.

> Peter, 56 Jahre, beschreibt es so: *»Es ist für mich ein riesiges Problem, dass meine Frau scheinbar von mir erwartet, dass ich doch wissen müsse, was sie braucht, beispielsweise wenn es ihr schlecht geht. Ihr Verhalten kann ich nicht einschätzen, das bedeutet Stress für mich. Ich werde dann wütend und brülle sie an, anstatt mich um sie zu kümmern. Am besten funktioniert unsere Ehe, wenn sie mir eine Gebrauchsanweisung für den täglichen Umgang mitgibt. Die Bedürfnisse meiner Frau sind mir auch nach vielen Jahren gemeinsamer Beziehung noch sehr rätselhaft.«*

Partnerschaft und Sexualität, wie geht denn das?

In der Therapie bzw. Sexualpädagogik sollte angemessenes sexuelles Verhalten besprochen und erklärt werden. Die Ziele sind dabei die Vermittlung von gesundem Sexualverhalten sowie die Stärkung des Selbstbewusstseins. Auch sollte Schutz vor sexueller Ausbeutung eine Berücksichtigung finden.

Die Sexualpädagogik orientiert sich an den Interessen, Fähigkeiten, Stärken, Vorlieben und Bedürfnissen der autistischen Personen. Sie muss dem Lernstil des Klienten angepasst werden. Das
Hauptmerkmal sollte dabei auf persönlich bedeutungsvollen Erfahrungen jedes Einzelnen liegen und nicht auf »Normalität«.

Auseinandersetzung mit der Diagnose

Die Auseinandersetzung mit der Diagnose und der Bedeutung dieser für eine Partnerschaft ist immens wichtig. Dabei geht es auch darum, die Perspektive des nicht autistischen Partners einzuschätzen und das eigene Verhalten daraufhin zu reflektieren und abzustimmen. In der Therapie kann ein Augenmerk daraufgelegt werden, das eigene (autistische) Verhalten zu erkennen, zu hinterfragen und ggf. Möglichkeiten zu erarbeiten, in der Partnerschaft einerseits eigene Grenzen wahrzunehmen und dafür die Verantwortung zu übernehmen, mögliche Überforderung zu kommunizieren. Andererseits kann Partnerschaft geübt werden, mit klaren Beziehungsregeln und Möglichkeiten, sich selbst und den nicht autistischen Partner besser zu verstehen.

Bernd, 49 Jahre: »*Was hat sich seit der Diagnose Asperger-Syndrom in Bezug auf Partnerschaft und Sexualität verändert? Ich habe begriffen, dass viele Schwierigkeiten bzw. Missverständnisse in Kommunikation, Zusammenleben etc. an meiner anderen Wahrnehmung und Herangehensweise liegen und nicht Mängel oder Fehler oder Böswilligkeit ... meiner Partnerin sind.*«

Heinz, 58 Jahre: »*Vor der Diagnose war ich der Ansicht, meine Weltsicht und Verhaltensweisen sind richtig und die anderen haben bei Problemen etc. Schuld. Das hat sich seit der Diagnose stark verändert, ich bin mir bewusst, dass der Autismus bei mir bestimmte Wahrnehmungen sehr erschwert oder unmöglich macht und sich daraus ergebene Probleme also an mir liegen, nicht an den anderen.*«

Ganz normal und doch anders!?

Viele Frauen und Männer mit Asperger-Syndrom sehnen sich nach einer ganz »normalen« Partnerschaft, so wie die meisten nicht autistischen Menschen auch. Einige haben das Glück, einen passenden Menschen in ihrem Leben gefunden zu haben. Manche Betroffene, die in diesem Artikel zu Wort kommen, leben seit vielen Jahren in einer festen Partnerschaft, mit ganz normalen Beziehungsproblemen und einigen zusätzlichen Problemen, die eher typisch sind für Liebesbeziehungen mit autistischen Partnern. Einige Frauen und Männer mit Asperger-Syndrom sind glücklicher ohne eine Partnerschaft, und verbringen ihre Zeit lieber in der Beschäftigung mit einem intensiven Hobby. Manche wünschen sich sehnsüchtig jemanden an ihrer Seite und empfinden dies jedoch gleichzeitig als eine unüberwindbare Hürde. Für die pädagogische und therapeutische Begleitung und professionelle Auseinandersetzung mit diesem Thema ist es wichtig, die Vielfältigkeit der unterschiedlichen Bedürfnisse und Erscheinungsformen, die Indifferenzen und Widersprüchlichkeiten sowie die Normalität und die Besonderheiten im Blick zu behalten.

Iris, 42 Jahre: »*Offenheit ist mir in der Partnerschaft wichtig. Dass man über alles reden kann, und ich möchte, dass auch meine Partnerin über alles offen redet.*«

Werner, 50 Jahre: »*Respekt ist in der Partnerschaft extrem wichtig. Dass man so angenommen und geliebt wird, wie man ist.*«

Heidrun, 56 Jahre: »*In einer Beziehung sollte jeder seine eigenen Interessen verfolgen dürfen. Ich könnte mir auch eine Beziehung in getrennten Wohnungen vorstellen.*«

Boris, 29 Jahre: »*Ich sehne mich insgeheim schon nach einer Partnerin und bin etwas neidisch, wenn ich andere beim Zärtlichkeiten-Austauschen sehe.*«

Tobias, 68 Jahre: »*Bei einer idealen Partnerschaft, müsste der Partner am besten einen so annehmen, wie man ist. Es sollte sich mit Asperger-Autismus auskennen und verstehen, warum man anders tickt.«*

Natascha, 43 Jahre: »*Ich habe Probleme bei der Partnersuche, Schüchternheit, Angst vor Zurückweisung und Perfektionismus.*«

Martina, 34 Jahre: »*Das Wichtigste bei der Liebe ist meines Erachtens gegenseitiges Vertrauen. Zuneigung äußert sich weniger über Körperlichkeit, mehr über Zuverlässigkeit. Essentiell sind Rückzugsmöglichkeiten, klare Signale, insbesondere Nein, und Respekt und Verständnis dafür.*«

Fiete, 52 Jahre: »*Eine ideale Partnerschaft wäre für mich ... ich glaube, ich habe sie. Meine Frau, eine NT, liebt meine (positiven) autistischen Eigenschaften wie Verlässlichkeit etc. Die negativen autistischen Eigenschaften wie Zurückziehen etc. hält sie aus. Durch ihr Verhalten trägt sie dazu bei, das negativ Autistische zu überwinden. Negativ autistisch ist hier gemeint als hinderlich für liebevolles, gleichberechtigtes, zärtliches, vertrauensvolles, arbeitsteiliges Zusammensein.*

Literatur

Lawson, W. (2011): Sex, Sexuality and the Autism Spectrum. Jessica Kingsley Publishers, London

ICD-10-GM (2010): Internationale statistische Klassifikation der Krankheiten und verwandter Gesundheitsprobleme, 10. Revision, German Modification (ICD-10-GM)

Teil VIII
Qualitätssicherung der Arbeit der Autismus-Therapiezentren

Zur Diskussion der Wirksamkeit von Autismus-Therapien[22]

Irmgard Döringer unter Mitwirkung von Christina Müller

Einleitung

Seit über 40 Jahren werden Kinder und Jugendliche mit einer Autismus-Spektrum-Störung (ASS) in Deutschland überwiegend in Autismusambulanzen oder Autismus-Therapiezentren heilpädagogisch, sozial- und psychotherapeutisch versorgt und ihre Bezugssysteme (Familie, Kindertagesstätte, Schule) beraten und begleitet. Die meisten dieser Zentren sind im *Bundesverband autismus Deutschland e. V.* organisiert. Die dort organisierten Zentren haben sich den Leitlinien des Bundesverbandes »Die Notwendigkeit und Sicherstellung autismusspezifischer, therapeutischer Förderung« angeschlossen, die ein multimethodales Vorgehen in der Förderung der Kinder/Jugendlichen/Erwachsenen und der Beratung der Bezugssysteme vorsehen. Ferner sind die Therapiezentren verpflichtet, interdisziplinär zusammengesetzte Mitarbeiterteams vorzuhalten und die Mitarbeiterinnen und Mitarbeiter regelmäßig in allgemeinen und autimusspezifischen Therapiemethoden fortzubilden. Mit einem breiten Spektrum an Aus- und Weiterbildungen sowie angewandten Förder- und Therapiemethoden soll den stark divergierenden Bedarfen der Klientinnen und Klienten Rechnung getragen werden, die sich im Alter, in der Art und Schwere der autistischen Störung, im Funktionsniveau (von geistiger Behinderung bis zu überdurchschnittlicher Intelligenz), in den Begleitproblemen (z. B. Aufmerksamkeitsstörungen, Depressionen, Ängsten, Fremd- und Eigenaggressionen) und nicht zuletzt in ihrer Persönlichkeit sowie in ihrer sozialen und kulturellen Herkunft erheblich unterscheiden. Die Notwendigkeit der Einbeziehung des Lebensumfeldes insbesondere der Familien in den therapeutischen Prozess macht es zudem notwendig, deren Ressourcen und Bedarfe bei der Gestaltung therapeutischer Prozesse zu berücksichtigen.

Von Seiten der Kostenträger wird unter dem Eindruck zunehmender Fallzahlen und der damit verbundenen steigenden Kosten immer häufiger die Forderung erhoben, Therapieerfolge nachzuweisen bzw. die therapeutische Arbeit systematischer zu evaluieren. Für die – auch aus Sicht der Autismus-Therapiezentren – dringend notwendige Evaluationsforschung stehen jedoch kaum finanzielle Mittel zur Verfügung. Entsprechend gibt es in Deutschland bisher nur sehr wenige systematische Studien zur Wirksamkeit von autismustherapeutischen Maßnahmen. Meist wird bei Fragen zur Wirksamkeit von Autismus-Therapien auf internationale Studien – primär aus dem anglo-amerikanischen Sprachraum – Bezug genommen. Erste Ansätze einer eigenen Therapieforschung in Deutschland finden inzwischen im universitären Kontext statt (Kitzerow et al. 2013), die Arbeit der Autismus-Therapiezentren wird

---

22 Dieser Artikel ist bereits im Dezember 2014 in der Mitgliederzeitschrift »Autismus«, Nr. 78, des Bundesverbandes Autismus Deutschland e. V. erschienen.

bislang noch nicht in solchen Studien berücksichtigt.

Die Therapiezentren in Deutschland verfügen über ein großes therapeutisches Erfahrungswissen aus der Therapie mehrerer Tausend autistischer Menschen und deren Familien. Oft werden diese über einen langen Zeitraum ihres Lebens hinweg begleitet, sodass individuelle Entwicklungsverläufe über mehrere Jahre hinweg verfolgt werden und Fragestellungen, die sich aus deren Lebenszusammenhängen ergeben, Eingang in die Förderpraxis finden können.

Die Autismus-Therapiezentren wünschen sich eine Einbeziehung von Erkenntnissen und Fragestellungen, die aus dieser Praxis heraus gewonnen wurden, in die Forschung und möchten zu einer besseren Interaktion zwischen Forschung und Praxis anregen.

Die »Autismusspezifische Verhaltenstherapie« als »Goldstandard«?

ABA (Applied Behavior Analysis) bzw. ABA/VB (Applied Behavior Analysis/Verbal Behavior) bzw. die »Autismusspezifische Verhaltenstherapie«, die weitgehend auf ABA-Prinzipien basiert, versteht sich als die aktuell wirksamste Therapiemethode zur Behandlung von Autismus. Häufig wird ABA/Autismusspezifische Verhaltenstherapie als Goldstandard und einzige Methode dargestellt, deren Nutzen »wissenschaftlich erwiesen« ist (Röttgers 2011; Cordes & Cordes 2014).

Tatsächlich existieren zu ABA/VB bzw. verhaltensbasierten Interventionen bei Autismus weit mehr Wirksamkeitsstudien als für andere Interventionen. Die Forschungsgruppe um Lovaas, dem Begründer von ABA, war schon sehr früh daran interessiert, die Wirksamkeit dieser Methode nachzuweisen und wissenschaftlich zu untermauern. In seiner auch heute noch viel zitierten Studie von 1987 (Lovaas 1987), konnte Lovaas enorme Erfolge nachweisen (47 % der mit ABA behandelten Kinder erreichten »normales Funktionsniveau«). Die Ergebnisse dieser Studie konnten jedoch nie repliziert werden, darüber hinaus wies sie erhebliche methodische Mängel auf. Schwerwiegender aus der Sicht der Therapeutinnen und Therapeuten in den Autismus-Therapiezentren Deutschlands wiegt jedoch die Tatsache, dass Lovaas seine Ergebnisse mit Hilfe des gezielten Einsatzes von aversiven Methoden (autistische Kinder wurden z. B. systematisch geschlagen) erzielte. Auch wenn heute weitgehend auf den Einsatz von aversiven Methoden verzichtet wird, wird diese Studie immer noch als herausragendes Beispiel der Wirksamkeit der ABA-Methode herangezogen (Cordes & Cordes 2014; Schramm 2014). Eine Auseinandersetzung mit oder gar Distanzierung von der Art und Weise, wie diese Ergebnisse erzielt wurden, findet dabei nicht statt.

Heute existieren viele neuere internationale Interventionsstudien, die zumeist auf die Evaluation verhaltenstherapeutischer Förderprogramme mit hoher Intensität abzielen.

In diesen Studien konnte insgesamt eine gute Wirksamkeit verhaltenstherapeutischer Methoden in der Förderung junger Kinder mit ASS nachgewiesen werden. Diese Ergebnisse haben Eingang in die Förderpraxis der Autismus-Therapiezentren gefunden, sodass verhaltenstherapeutische Methoden in der bundesdeutschen Förderpraxis als Teil des multimodalen Vorgehens genutzt werden (Rittmann 2014).

Allerdings ist eine rein verhaltenstherapeutische Ausrichtung der Förderung und Therapie von Menschen mit ASS aus Sicht der Autismus-Therapiezentren angesichts der unterschiedlichen Förderbedarfe, die es in der Praxis abzudecken gilt, aber auch auf der Grundlage des aktuellen Standes der Interventionsforschung nicht angezeigt. Stattdessen gilt es, ein breites Spektrum an wissenschaftlich begründeten und in der Praxis als hilfreich erwiesenen Methoden flexibel und zugleich systematisch einzusetzen. Ziel ist dabei stets, eine optimale Passung zwischen dem Bedarf des einzelnen Kindes/Jugendlichen und Erwachsenen sowie seines Bezugssystems auf der einen Seite und der methodischen Ausrichtung des Angebotes auf der anderen Seite herzustellen.

Zur Notwendigkeit eines breiten, wissenschaftlich begründeten Methodenspektrums in der Autismus-Therapie

Große Varianz in den Therapieerfolgen

Für die Verwendung eines breiten Methodenspektrums in der Autismus-Therapie spricht u. a. die Tatsache, dass unterschiedliche Kinder mit ASS offenbar unterschiedlich gut von bestimmten Therapiemethoden profitieren. Auch in Studien, die für ein (zumeist verhaltenstherapeutisches) Förderprogramm gute Erfolge für den Durchschnitt der untersuchten Kindergruppe nachweisen konnten, variieren die Therapieeffekte meist erheblich; stets lässt sich eine Subgruppe von Kindern beschreiben, die nur wenig von der (oft intensiven) Förderung profitierte (Magiati et al. 2007). Sherer und Schreibman sprechen in diesem Zusammenhang auch von einer »unexplained outcome variability« (2005).

Bislang gibt es erst wenige Studien, in denen Programme vergleichend im Hinblick darauf untersucht werden, welche Kinder der Gesamtgruppe besser von dem einen und welche Kinder besser von dem anderen Programm profitiert haben. Howlin schlussfolgert daher in einem Überblicksartikel über verschiedene Interventionsansätze in der Autismus-Therapie:

»There is, as yet, no evidence that any one programme is superior to all others.« (Howlin 2010)

Fachleute aus Forschung und Praxis fordern daher zunehmend, dass vermehrte Forschungsanstrengungen unternommen werden, um herauszufinden, welche Entwicklungsmerkmale welchen Interventionsansatz nahelegen:

»Indeed, large individual differences in response to intervention suggest that the focus of research now needs to shift to the study of which components of therapy work best for which children and under which conditions.« (Ebd.)

und

»The goal, then, is not to find the one perfect treatment for all children with ASD, but to identify the important variables that influence the effectiveness of specific interventions for each child. Research that furthers our understanding of how to match clients with efficacious treatments will enable consumers to make better choices between procedures, decrease the outcome variability that characterizes early intervention research at present ... This type of research is in its infancy, but is imperative if we are to determine a priori which treatment method will be most effective for a specific child.« (Stahmer et al. 2010)

Eine so verstandene Interventionsforschung, die auf die Entwicklung optimaler Passungen zwischen Entwicklungsprofilen und Therapiemethoden und somit auf eine hohe Individualisierung der Maßnahmen abzielt, ist aufwändig und steckt noch in den Anfängen. In der Praxis sind Autismustherapeutinnen und -therapeuten daher darauf angewiesen, für jeden Einzelfall neu nach dem individuell wirksamsten Vorgehen zu suchen, Methoden und Therapieziele bei ausbleibenden Effekten zu überarbeiten und alternative Arbeitshypothesen – möglichst im Team mit gut ausgebildeten Kolleginnen und Kollegen – zu entwickeln.

Mangel an methodisch anspruchsvollen Studien im deutschen Versorgungskontext

Aus dem wissenschaftlichen Kontext wird immer wieder die Forderung erhoben, in der Förderung von Kindern und Jugendlichen mit ASS – ebenso wie in der allgemeinen Psychotherapie – Methoden nicht beliebig auszuwählen, sondern möglichst auf evidenzbasierte Förderprogramme zurückzugreifen. Allerdings setzt die Umsetzung dieser Forderung voraus, dass eine Vielzahl methodisch anspruchsvoller Evaluationsstudien zu ganz unterschiedlichen therapeutischen Fragestellungen zur Verfügung steht, die es ermöglichen, das individuell am besten geeignete therapeutische Vorgehen abzuleiten. Dies ist im Bereich der Autismus-Therapie jedoch nicht der Fall. Die Durchführung von Studien, die den Kriterien evidenzbasierter Forschung entsprechen, ist sehr aufwändig und erfordert umfangreiche finanzielle Mittel, die i. d. R. nicht zur Verfügung stehen. Einige methodische Probleme in diesem Zusammenhang seien an dieser Stelle kurz angerissen:

- Notwendigkeit der Bildung von Kontrollgruppen und randomisierte Zuweisung der Probanden zur Behandlungs- und zur Kontrollgruppe (Probleme bei der Parallelisierung von Gruppen mit autistischen Kindern; ethische Probleme),
- Notwendigkeit der Verblindung der Datenauswertung (sehr aufwändig),
- mangelnde Vergleichbarkeit von Studien im Hinblick auf die Auswahl des Zielverhaltens (IQ-Tests, ADOS, Aufnahme in Regelschule, Elternzufriedenheit, Entwicklungsskalen etc.),
- Notwendigkeit der Überprüfung der Manualtreue (Einhaltung der therapeutischen Regeln, keine Inanspruchnahme anderer Therapien während der Durchführung),
- gesonderte Untersuchung der Effektivität von Förderprogrammen (Nützlichkeit und Realisierbarkeit im regulären Versorgungskontext) im Vergleich zu ihrer Effizienz (Wirksamkeit unter gut kontrollierten, universitären Bedingungen),
- Notwendigkeit der Evaluation von Programmen bei verschiedenen Bevölkerungsgruppen (nicht nur weiße Mittelschichtfamilien).

Auch für den am besten evaluierten Bereich der Autismus-Therapie, nämlich die intensive verhaltenstherapeutische Behandlung junger Kinder mit ASS, liegen noch nicht genügend Studien vor, um diesem Ansatz einen hohen Grad an Evidenzbasierung attestieren zu können. Hinzu kommt die Problematik, dass viele international durchgeführte Studien nicht ohne weiteres auf den deutschen Versorgungskontext übertragen werden können.

Eine Literaturübersicht und Bewertung der Studienlage im Hinblick auf deutsche Strukturen erfolgte 2009 im Rahmen der im Auftrag des Bundesgesundheitsministeriums durchgeführten HTA (Health-Technology Assessment)-Studie (Weinmann et al. 2009). Hier wurden nach der Sichtung von über 2200 in englischer und deutscher Sprache existierenden Studien zur Wirksamkeit von autismusspezifischen Therapie- und Förderprogrammen nur 15 Studien und 6 Reviews als »angemessen methodisch ausreichend« eingestuft und in die Auswertung aufgenommen. Darunter befand sich keine Studie, die in Deutschland durchgeführt wurde.

Dabei wurden nur Studien recherchiert und einbezogen, die sich auf frühe intensive Interventionsprogramme bezogen, auf lerntheoretischen und verhaltenstherapeutischen Konzepten beruhen und bei Kindern bis zum Alter von 12 Jahren angewendet wurden. Die in die Untersuchung einbezogenen Evaluationsstudien hatten unterschiedliche Vergleichs- bzw. Kontrollgruppen (Warteliste, ergotherapeutische Behandlung, Musiktherapie, »Standardtherapie«), wobei die »Standardtherapie« oft auch als eklektizistisch bezeichnet, aber nicht näher spezifiziert wurde.

Die Autoren der HTA-Studie kommen zu folgender Schlussfolgerung:

> »Der Mangel an hochwertigen vergleichenden Studien lässt keine solide Antwort auf die Frage zu, welche Frühintervention bei welchen Kindern mit Autismus am wirksamsten ist. Programme nach dem ABA-Modell scheinen am wirkungsvollsten zu sein. ... zu einzelnen Wirkfaktoren von Frühinterventionen nach dem ABA-Modell konnte allerdings keine solide Evidenz gefunden werden ...« (Ebd., S. 2)

Und weiter:

> »Basierend auf der derzeitigen Studienlage, liegt für keine der untersuchten verhaltensbasierten Frühtherapieprogramme ... ausreichende Evidenz vor. Die in diesem Bericht ausgewerteten Studien und Reviews legen nahe, dass Vorschulkinder mit Autismus durch Verhaltensbasierte Interventionen mit einer Mindestintensität von 20 Stunden pro Woche Verbesserungen in kognitiven und funktionalen Bereichen erreichen können. Es gibt keine Hinweise, dass bei einem substantiellen Anteil der Kinder eine vollständige Normalisierung der Entwicklung erreicht wird.« (Ebd.)

Da keine vergleichenden Untersuchungen mit den hiesigen Versorgungsstrukturen existieren, sehen die Autoren außerdem das Problem »unzureichender Verallgemeinerbarkeit der Studienergebnisse auf den deutschen Raum« (ebd., S. 89).

Trotz der hier skizzierten methodischen Lücken in der Evaluation verhaltenstherapeutischer Interventionsprogramme lässt sich festhalten, dass die Gesamtheit der vorliegenden Ergebnisse für eine gute Wirksamkeit verhaltenstherapeutischer Techniken insbesondere im Hinblick auf den Aufbau unterschiedlicher spezifischer Fertigkeiten bei Menschen mit ASS spricht. Die langjährigen Erfahrungen der Autismus-Therapiezentren zeigen jedoch, dass in der Förderung von Menschen mit ASS nicht nur spezifische Fertigkeiten zu trainieren sind, sondern darüber hinaus weitere Förderziele und Fragestellungen berücksichtigt werden müssen.

Bislang existiert bisher jedoch kein Therapieprogramm, das der Vielzahl von Fragestellungen und Themen, die aus der Lebenspraxis autistischer Menschen und deren Familien entstehen, Rechnung tragen könnte. Insbesondere die häufig mit Autismus einhergehende emotionale Problematik (z. B. massive Ängste bei Menschen mit Autismus, die Verarbeitung der Behinderung bei den Eltern autistischer Kinder) sowie Fragen der Identitätsentwicklung und Autonomie (Rickert-Bolg 2014) werden nicht oder kaum berührt.

Notwendigkeit der Nutzung entwicklungspsychologischer Forschungsergebnisse und Mangel an Studien zu interaktionsorientierten Interventionsansätzen

Wissenschaftliche Erkenntnisse aus der Entwicklungspsychologie werden in verhaltenstherapeutischen oder ABA-orientierten Programmen bisher nicht oder nur unzureichend integriert. Dabei zeigen Forschungsergebnisse schon seit langem, dass grundlegende entwicklungspsychologische Konzepte wie z. B. die Bindungstheorie auf autistische Kinder übertragbar sind. Auch gilt als hinreichend gesichert, dass frühe interaktive Kompetenzen wie die geteilte Aufmerksamkeit (joint attention) sowie die synchrone Eltern-Kind-Interaktion, die Responsivität elterlichen Verhaltens auf Äußerungen des Kindes und das kindliche Spiel für die weitere Entwicklung interaktiver und sprachlicher Kompetenzen auch bei Kindern mit Autismus bedeutsam sind (Charman 2010; Mundy et al. 1990; Siller & Sigman 2002; Siller & Sigman 2008; Yoder & Stone 2006). Auch diese Erkenntnisse fließen in die multimodale Förderpraxis der Autismus-Therapiezentren ein (Rittmann 2014; Rittmann 2013).

Inzwischen haben entwicklungspsychologisch orientierte Fachleute in Wissenschaft und Praxis autismusspezifische Interventionsprogramme entwickelt, die auf aktuellen entwicklungspsychologischen Befunden beruhen und die Bedeutung eines wechselseitig bestimmten, entwicklungsförderlichen sozial-kommunikativen Austauschs zwischen (autistischen) Kindern und ihren Bezugspersonen in den Mittelpunkt der Intervention stellen. Zu diesen Ansätzen, die auch als interaktional, transaktional, kontaktorientiert oder kommunikationsbasiert bezeichnet werden, gehören z. B. Floor time (DIR), Denver Model (DM), Relationship Development Intervention (RDI), Parent mediated communication-focused treatment in children with autism (PACT), Aufmerksamkeits-Interaktions-Therapie (AIT), Musiktherapie, das Elterntraining Autismus Sprache Kommunikation (TASK) oder die Familienorientierte Frühtherapie (FOFT). Der Schwerpunkt liegt hier auf dem Aufbau früher (basaler) interaktiver Kompetenzen und der Unterstützung der Bezugspersonen, synchrone Interaktionen herzustellen und responsiv auf Signale des Kindes zu reagieren. Vertreter entwicklungspsychologisch abgeleiteter Interventionsansätze kritisieren an verhaltenstherapeutischen Ansätzen, dass Letztere mit ihren stark erwachsenenzentrierten Lernsituationen (der Erwachsene ergreift die Initiative und gibt Instruktionen, das Kind reagiert) die sozialen Kerndefizite autistischer Kinder eher verstärken als mildern würden (z. B. Rogers 2006). Lernsituationen, die stärker an typische Interaktionsformen angelehnt sind, seien besser geeignet, die autismustypischen Defizite der Kinder (v. a. die mangelnde soziale Orientierung, die Schwächen in der geteilten Aufmerksamkeit und im emotionalen Austausch) auszugleichen.

Allerdings ist die empirische Befundlage zu entwicklungspsychologisch abgeleiteten Förderprogrammen noch dürftig: Erste Studien zur Erforschung der Effekte solcher Förderprogramme bei Kindern mit ASS erfolgten in den 1980er Jahren, sie wiesen jedoch erhebliche methodische Mängel auf. Inzwischen werden methodisch anspruchsvollere Evaluationsstudien realisiert (Siller et al. 2013), die Erforschung der Wirksamkeit dieser Ansätze steckt jedoch noch in den Anfängen.

Über die Frage nach geeigneten Interventionsansätzen hinaus kann die Entwicklungspsychologie auf viele therapierelevante Fragestellungen Antworten geben.

Beispielhaft seien genannt:

- Welches sind entwicklungsangemessene Ziele?
- Welche Entwicklungsschritte bauen aufeinander auf, welche Basisfähigkeiten haben einen grundlegenden Einfluss auf nachfolgende Entwicklungen?
- Welches sind die Kernprobleme des Autismus? Wo müssen wir ansetzen, um langfristig die größtmögliche Wirkung zu erzielen?
- Welche Basiskompetenzen sollten wir Kindern vermitteln, damit sie gut lernen können?
- Was beeinflusst die Entwicklung eines Kindes günstig oder ungünstig?

- Wie leiten wir Eltern an, damit sie ihr Kind in der Entwicklung gut unterstützen können?

Entwicklungspsychologische Erkenntnisse tragen zudem auch dazu bei, die komplexen Zusammenhänge von kognitiven, motorischen, sozialen und emotionalen Entwicklungsprozessen zu verstehen und im Sinne einer ganzheitlichen Förderung aufeinander abzustimmen.

Annäherung zwischen lerntheoretisch und entwicklungspsychologisch abgeleiteten Interventionsansätzen

Nachdem Therapieprogramme mit lerntheoretischer Orientierung sowie solche mit interaktionaler/entwicklungspsychologischer Ausrichtung viele Jahre unverbunden nebeneinander bestanden haben und Letztere in der wissenschaftlichen Diskussion und Überprüfung deutlich weniger Aufmerksamkeit erfahren haben, lässt sich in den letzten Jahren eine Annäherung der Ansätze beobachten (Prizant et al. 2003): Verhaltenstherapeutische Interventionen finden häufiger in motivierenden Interaktionssituationen statt und berücksichtigen bei der Auswahl der Förderziele verstärkt entwicklungspsychologische Erkenntnisse zu notwendigen Basiskompetenzen (v. a. aus dem Bereich basaler sozialkognitiver Fähigkeiten). Zugleich entwickeln Vertreterinnen und Vertreter entwicklungspsychologisch fundierter Ansätze derzeit Förderprogramme, die den Fokus auf die Etablierung entwicklungsförderlicher Interaktionen zwischen Kind und Bezugspersonen richten, dabei aber auch verhaltenstherapeutische Techniken zum Aufbau bestimmter Kompetenzen integrieren (Müller 2013).

Ein Beispiel für eine solche Annäherung bildet das Early Start Denver Model von Dawson et al. (2010). In einer ersten methodisch sorgfältig durchgeführten Evaluationsstudie konnten erfreuliche positive Effekte nachgewiesen werden.

Schlussfolgerungen

Die Bandbreite der Erscheinungsformen von ASS ist sehr groß und reicht von nicht sprechenden, geistig behinderten oder auch mehrfach behinderten Menschen bis zu Menschen mit intellektueller Hochbegabung. Zudem sind fast alle Altersgruppen vertreten, ab etwa 3 Jahren bis ins späte Erwachsenenalter, wobei sich der größte Teil der Klientinnen und Klienten im Schulalter befindet.

Vor dem Hintergrund dieser Bandbreite sowie der Erfahrung der Autismus-Therapiezentren, dass Menschen mit ASS von sehr unterschiedlichen Ansätzen profitieren, ist es plausibel anzunehmen, dass ein breites Spektrum an Methoden aus ganz unterschiedlichen »Therapieschulen« notwendig ist.

Auch in der internationalen wissenschaftlichen Diskussion kommen inzwischen viele Fachleute wie z. B. Patricia Howlin, Connie Kasari, Sally Rogers, Aubyn C. Stahmer und Laura Schreibman zu dem Schluss, dass es nicht mehr um die Suche nach »der« überlegenen Therapiemethode gehen kann, sondern die Frage gestellt werden sollte, welche Therapiekomponenten für welchen Klienten/welche Klientin unter welchen Bedingungen hilfreich sind. Dabei gibt es sehr viele Faktoren, die einen Einfluss auf den Erfolg einer spezifischen Therapiemethode haben können, wie z. B.:

- der Entwicklungsstand, die Intelligenz und das Sprachniveau des Kindes,
- Komorbidität (Ängste, Zwänge, Depressionen, andere Erkrankungen),
- das Alter des Kindes,
- die Familiensituation, der sozioökonomische Status der Eltern/Angehörigen,
- das Stressniveau der Eltern/Angehörigen,

- Umgebungsbedingungen, Netzwerkeigenschaften (z. B. Kindergarten, Schule),
- Therapeuteneigenschaften,
- systemimmanente Bedingungen (z. B. Eigenschaften des Bildungssystems, Inklusionsgedanken, gesellschaftlicher Umgang mit Behinderung, allgemeine Barrierefreiheit, Zugang zu Ressourcen).

Die Erforschung dieser Faktoren im Hinblick auf die Wirksamkeit unterschiedlicher therapeutischer Ansätze steckt noch in den Anfängen und sollte im Rahmen zukünftiger Evaluationsstudien stärker in den Fokus gerückt werden.

Unabhängig von der Diskussion von unterschiedlichen therapeutischen Ansätzen in der Autismus-Therapie sind auch Ergebnisse der Psychotherapieforschung in die therapeutische Arbeit der Therapiezentren eingeflossen.

Aus dem Bereich der allgemeinen Psychotherapieforschung wissen wir, dass andere Faktoren – als nur die angewandte Therapiemethode selbst – einen erheblichen Einfluss auf den Erfolg einer Therapie haben. Grawe (1995) nennt folgende Wirkfaktoren:

- *Therapeutische Beziehung:* Die Qualität der Beziehung zwischen dem Psychotherapeuten und dem Patienten/Klienten trägt signifikant zu einem besseren oder schlechteren Therapieergebnis bei.
- *Ressourcenaktivierung*: Die Eigenarten, die die Patienten in die Therapie mitbringen, werden als positive Ressource für das therapeutische Vorgehen genutzt. Das betrifft vorhandene motivationale Bereitschaften, Fähigkeiten und Interessen der Patienten.
- *Problemaktualisierung:* Die Probleme, die in der Therapie verändert werden sollen, werden unmittelbar erfahrbar. Das kann z. B. dadurch geschehen, dass Therapeut und Klient reale Situationen aufsuchen, in denen die Probleme auftreten, oder dass sie durch besondere therapeutische Techniken wie intensives Erzählen, Imaginationsübungen, Rollenspiele o. Ä. die Probleme erlebnismäßig aktualisieren.
- *Motivationale Klärung:* Die Therapie fördert mit geeigneten Maßnahmen, dass der Patient ein klareres Bewusstsein der Determinanten (Ursprünge, Hintergründe, aufrechterhaltende Faktoren) seines problematischen Erlebens und Verhaltens gewinnt.
- *Problembewältigung:* Die Behandlung unterstützt den Patienten mit bewährten problemspezifischen Maßnahmen (direkt oder indirekt) darin, positive Bewältigungserfahrungen im Umgang mit seinen Problemen zu machen.

Weiterhin haben Therapeuteneigenschaften bzw. die Therapeutenpersönlichkeit oder Wirkfaktoren wie z. B. die Allegianz (die Überzeugung des Therapeuten, dass sein Therapiekonzept hilfreich ist, und die Erwartung des Klienten, dass der Therapeut mit seinem Therapiekonzept hilfreich ist) in Evaluationsstudien eine hohe Effektstärke (Wampold 2001).

Eine längerfristige angelegte Therapie mit einem Menschen mit Autismus und die Zusammenarbeit mit dem Bezugssystem ist ein Prozess, der innerhalb eines Beziehungskontextes stattfindet. Die Bedeutung solcher Wirkfaktoren halten wir daher für nicht vernachlässigbar.

Schließlich ist es den Autismus-Therapiezentren wichtig zu betonen, dass die Auswahl geeigneter Förderziele und -methoden in der Autismus-Therapie nicht allein von wissenschaftlichen Fragen der Wirksamkeit bzw. Machbarkeit bestimmt sein darf, sondern auch ethische Werte und Fragen des Menschenbildes in die Betrachtung einbezogen werden müssen. Ein rein medizinisches Menschenbild orientiert sich an der Normalität und formuliert klare Kriterien von »gesund« und »nicht gesund«. Von Menschen mit Autismus wissen wir jedoch, dass Symptome wie Blickkontaktvermeidung, Stereotypien und Rituale, die als Teil der Störung oder Krankheit definiert sind, durchaus eine positive bzw. regulierende und damit adaptive Funktion haben können. Die Beantwortung der Frage, ob überhaupt und wie es dieses Verhalten durch gezielte Interventionen zu verändern gilt, bedarf einer Annäherung, die über eine rein medizinisch-wissenschaftlichen Sicht hinausgeht und muss unter der Einbeziehung der Perspektiven der Betroffenen erfolgen (Rittmann 2014; Rickert-Bolg 2014).

Literatur

Charman, T. (2010): Developmental Approaches to Understanding and Treating Autism. Folia Phoniatrica et Logopaedica, 62 (4): 166–177

Cordes, R. & Cordes, H. (2014): Bremer Frühtherapieprogramm Autismus. Online verfügbar unter: http://www.ifa-bremen.de/bookletpdf-final.pdf, Zugriff am 13.1.2017

Dawson, G., Rogers, S., Munson, J., Smith, M., Winter, J., Greenson, J., Donaldson, A. & Varley, J. (2010): Randomized, controlled trial of an intervention for toddlers with autism: The Early Start Denver Model. Pediatrics, 125 (1), 17–23

Grawe, K. (1995). Grundriss einer allgemeinen Psychotherapie. Psychotherapeut, 40 (3), 130–145

Howlin, P. (2010): Evaluating psychological treatments for children with autism-spectrum disorders. Advances in psychiatric treatment, 16 (2), 133–140: 133.

Kitzerow, J., Wilker, C., Teufel, K., Soll, S., Schneider, M., Westerwald, E., Sachse, M., Marinović, V., Berndt, K., Valerian, J., Feineis-Matthews, S. & Freitag, C. (2013): Das Frankfurter Frühinterventionsprogramm (FFIP) für Vorschulkinder mit Autismus-Spektrum-Störungen (ASS). Kindheit und Entwicklung, 23 (1), 34–41

Lovaas, O. I. (1987): Behavioral treatment and normal educational and intellectual functioning in young autistic children. Journal of Consulting and Clinical Psychology, 55 (1), 3–9

Magiati, I., Charman, T. & Howlin, P. (2007): A two-year prospective follow-up study of community-based early intensive behavioural intervention and specialist nursery provision for children with autism spectrum disorders. Journal of Child Psychology and Psychiatry 48 (8), 803–812

Müller, C. (2013). Entwicklungsorientierte Diagnostik und Förderung von Kommunikation und Sprache bei minimal verbalen Kindern mit Autismus-Spektrum-Störung. Universität Bielefeld: Dissertation im Fachbereich Linguistik und Literaturwissenschaft (abgerufen am 14.10.2014 unter http://pub.uni-bielefeld.de/luur/download?func=downloadFile&recordOId=2687112&fileOId=2687113)

Mundy, P., Sigman, M. & Kasari, C. (1990): A longitudinal study of joint attention and language development in autistic children. Journal of Autism and Developmental Disorders, 20 (1), 115–128

Prizant, B. M., Wetherby, A. M., Rubin, E. & Laurent, A. C. (2003): The SCERTS Model. A Transactional, family-centered approach to enhancing communication and socio-emotional abilities of children with autism spectrum disorder. Infants and Young Children, 16 (4), 296–316

Rickert-Bolg (2014): Ethische Grundlagen der Autismustherapie, in: Autismus, Heft 78, 2014, Bundesverband Autismus Deutschland (Hrsg.)

Rittmann, B. (2013): Das Multimodale Therapiemodell in der Autismustherapie am Beispiel des Hamburger Autismus Instituts. In: Bundesverband autismus Deutschland e. V. (Hrsg.), Inklusion von Menschen mit Autismus (S. 245–262). 2. Aufl. Loeper Literaturverlag, Karlsruhe

Rittmann, B. (2014): Die Bedeutung verhaltenstherapeutischer Förderung in Autismus-Therapie-Zentren, in: Autismus, Heft 78, 2014, Bundesverband Autismus Deutschland (Hrsg.)

Rogers, S. J. (2006). Evidence-based interventions for language development in young children with autism. In: Charman, T. & Stone, W. (Hrsg.), Social & Communication Development in Autism Spectrum Disorders: Early Intervention, Diagnosis, & Intervention (pp. 143–179). Guilford Press, New York

Röttgers, H. R. (2011): Autismus-Spektrum-Störungen: aktueller Wissensstand und rationale Interventionsstrategien. Der Motopäde, (1), 6–10

Schramm, R. (2014): Wirksamkeit von ABA. Online verfügbar unter: http://knospe-aba.com/cms/de/infos-ueber-aba/studien-und-umfragen/wirksamkeit.html (Zugriff am 20.09.2014)

Sherer, H. R. & Schreibman, L. (2005): Individual Behavioral Profiles and Predictors of Treatment Effectiveness for Children with Autism. Journal of Consulting and Clinical Psychology, 73 (3), 525–538

Siller, M. & Sigman, M. (2002): The behaviors of parents of children with autism predict the subsequent development of their children's communication. Journal of Autism and Developmental Disorders, 32 (2), 77–89

Siller, M. & Sigman, M. (2008): Modeling longitudinal change in the language abilities of children with autism: Parent behaviors and child characteristics as predictors of change. Developmental Psychology, 44 (6), 1691–1704

Siller, M., Hutman, T. & Sigman, M. (2013): A parent-mediated intervention to increase responsive parental behaviors and child communication in children with ASD: A randomized clinical trial. Journal of Autism and Developmental Disorders, 43 (3), 540–555

Stahmer, A. C., Schreibman, L. & Cunningham, A. B. (2010): Toward a technology of treatment individualization for young children with autism spectrum disorders. Brain Research, 1380, 229–239: 237

Wampold, B. E. (2001): The great psychotherapy debate. Models, methods and findings. Lawrence Erlbaum Associates, Mahwah

Weinmann, S., Schwarzbach, C., Begemann, M., Roll, S., Vauth, C., Willich, S. N. & Greiner, W. (2009). Verhaltens- und fertigkeitenbasierte Frühinterventionen bei Kindern mit Autismus. Köln: Deutsches Institut für Medizinische Dokumentation und Information (DIMDI)

Yoder, P. & Stone, W. L. (2006): Randomized comparison of two communication interventions for preschoolers with autism spectrum disorder. Journal of Consulting and Clinical Psychology, 74 (3), 426–435

Evaluation der Arbeit von Autismus-Zentren[23]

Wolfgang Rickert-Bolg[24]

Es kommt nicht oft vor, dass die Durchführenden von sozialen oder therapeutischen Maßnahmen von sich aus den Wunsch haben, ihre Arbeit bewerten zu lassen. Hier ist es anders: 12 Autismus-Therapieeinrichtungen der Arbeitsgruppe Evaluation Autismus-Therapie in NRW, Niedersachsen, Bremen und Bremerhaven[25] haben sich zusammengetan, um eine externe Evaluation durchführen zu lassen. Es ging ihnen darum herauszufinden, wie die Menschen, für die sie arbeiten, die Prozesse und Wirkungen der vielfältigen Aktivitäten einschätzen.

Mit dieser Untersuchung wurde die Arbeitsgruppe Qualitätsentwicklung/Evaluation um Herrn Professor Dr. Wolfgang Böttcher vom Institut für Erziehungswissenschaft der WWU Münster beauftragt.

Das Evaluationsteam hat die Angebote der Therapieeinrichtungen unter die Lupe genommen und dann gemeinsam mit der Steuerungsgruppe der kooperierenden Zentren[26] Befragungsinstrumente entwickelt. Befragt wurden Eltern, Betreuer und – wenn es möglich war – auch die Klienten selbst. Auch einige Kostenträger waren in die Erstellung der Instrumente eingebunden, und einige wurden auch zu ihren Einschätzungen der Arbeit der Institute befragt.

Die Fragebogenuntersuchung selbst wurde von Mai bis Juli 2015 durchgeführt.

Die Einrichtungen haben insgesamt 1785 Fragebögen an die Befragten versendet, von denen 966 von den Befragten ausgefüllt und anonym direkt an das Evaluationsteam zurückgeschickt wurden. Die Rücklaufquote beträgt somit mehr als 54 % und liegt damit deutlich über der ähnlicher Untersuchungen.

Die Ergebnisse der Untersuchung liegen nunmehr vor und wurden im April in Bremen und Münster vorgestellt.

---

23 Dieser Artikel ist bereits im Dezember 2016 in der Mitgliederzeitschrift »Autismus«, Nr. 82, des Bundesverbandes Autismus Deutschland e. V. erschienen.
24 Mitglied der Fachgruppe Therapie des Bundesverbands Autismus-Deutschland, Leiter des ATZ-Osnabrück
25 THZ Bersenbrück, ATZ Bielefeld, WIE Bielefeld, Autismusambulanz Borken, ATZ Bremen/Bremerhaven, ATZ Gütersloh, Autismusambulanz Hamm, Autismusambulanz Ibbenbüren, Therapieinstitut Mitte Münster, ATZ Münster, ATZ Osnabrück, ATZ Paderborn
26 Maike Kirschbaum (ATZ Hamm), Christiane Kowalik (Therapieinstitut Mitte Münster), Ruth Terinde (ATA Ibbenbüren)

Untersuchungsergebnisse

Allgemeine Einschätzung des Therapie- und Beratungsangebots

Die allgemeine Frage nach der Zufriedenheit mit der Autismus-Therapie wurde von einer überwältigenden Mehrheit von über 92 % der Befragten positiv beantwortet. Fast 63 % waren sogar sehr zufrieden (▶ Abb. 1).

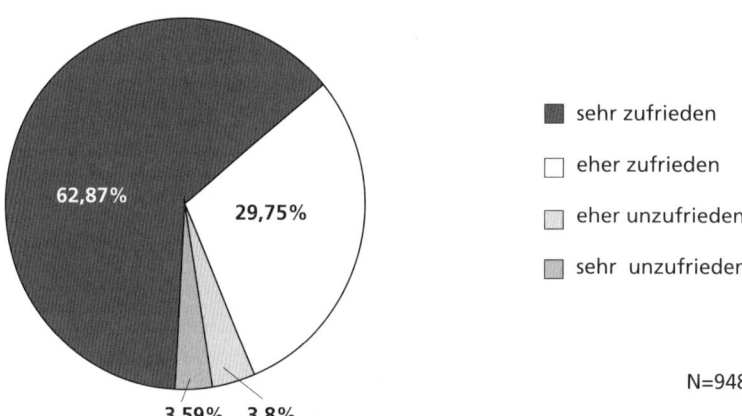

Abb. 1: Allgemeine Zufriedenheit mit der Hilfe

Hilfeerfolg

Darüber hinaus war sehr differenziert nach der Zufriedenheit mit der Hilfe und deren kurzfristigen und nachhaltigen Auswirkungen gefragt worden. Die Ergebnisse waren in allen Bereichen ebenfalls überaus positiv. So wurde von den Befragten für eine Mehrheit von 66 bis 76 % der Klienten festgestellt, dass sie im Kontakt mit anderen und mit sich selbst besser »klarkämen«, dass sie verlässliche Wege der Kommunikation entwickelt hätten, sich selbst besser steuern und sich allgemein im Alltag mit anderen Menschen besser zurechtfinden könnten (▶ Abb. 2). All dies sind Bereiche, die den Kern der autistischen Problematik darstellen.

Etwa 85 % der befragten Klienten gaben zudem an, sich durch das Angebot der Einrichtungen im Alltag entlastet zu fühlen. Sogar 91 % gaben eine positive Antwort auf die Frage, wie gut man über das Thema Autismus informiert wurde. Ähnliche Fragen wurden an Eltern und Betreuer gestellt. Beispiel-Items sind: »Ich fühle mich heute sicherer im Umgang mit dem Klienten«, »Ich fühle mich heute gut über das Thema Autismus aufgeklärt« oder »Die damalige Hilfe nützt mir auch heute noch im Alltag«. Es ergaben sich ähnlich hohe Zustimmungswerte und nur geringe Unterschiede zwischen den Antworten zu den einzelnen Fragen.

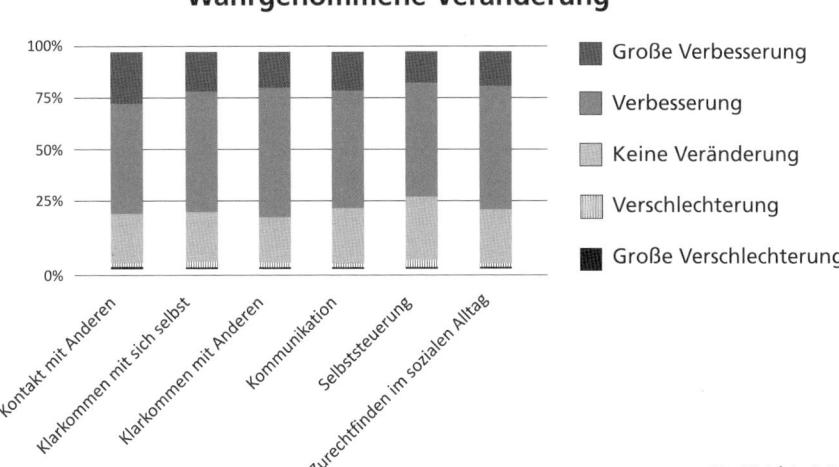

Abb. 2: Hilfeerfolg

Fragen zur Arbeitsweise der Einrichtung

Nach der Kompetenz der Fachkräfte in den Einrichtungen gefragt, waren fast 90 % der Befragten der Ansicht, dass in den Einrichtungen professionell und gut ausgebildete Fachkräfte arbeiten. Sofern die Befragten sich in der Lage sahen, es kompetent einzuschätzen, waren ebenfalls fast 90 % der Ansicht, dass in den Einrichtungen eine hohe Kooperationskultur herrscht. Über 90 % waren der Meinung, dass die Ziele der jeweiligen Hilfen gemeinsam mit den Einrichtungen erarbeitet werden konnten.

Verhältnis zur Fachkraft

Hier wurde nach der Beziehung von Klient und Fachkraft gefragt. Eine Dimension, die auch in der Therapieforschung empirisch gesichert einen hohen Stellenwert einnimmt. Fast 85 % der Befragten ordneten die Qualität der Beziehung auf einer zehnstufigen Skala in den Bereichen 8, 9 oder 10 ein.

Zusammenarbeit mit der Einrichtung

Diese Dimension wurde wiederum durch eine Anzahl von Statements beschrieben. Um einige Beispiele zu nennen: »Ich weiß, dass die Hilfe durch die Einrichtung zeitlich begrenzt ist, also auch endet«, »Auf Absprachen mit der Fachkraft kann ich mich verlassen« oder »Bei Problemen mit der Erziehung unseres Kindes hilft mir die Einrichtung dabei, geeignete Lösungen zu finden«. Auch hier bewegen sich die Antworten ebenfalls im Bereich hoher Zustimmung.

Bewertung der Untersuchungsergebnisse

Die Unterschiede der Befragungsergebnisse zwischen den teilnehmenden Einrichtungen waren äußerst gering. Sie stellen im Übrigen eine typische, wenn auch nicht im streng wissenschaftlichen Sinne repräsentative Stichprobe der im Bundesverband Autismus organisierten Autismus-Therapiezentren dar, sodass eine Übertragung der Ergebnisse auf andere dieser Einrichtungen durchaus berechtigt erscheint.

Zur Relevanz der Untersuchungsergebnisse ging Prof. Böttcher auf die aktuell allgegenwärtige Forderung nach Evidenzbasierung ein: »Wir verbinden damit häufig die Idee, die Wirkung einer Intervention sei beweisbar«. Dies sei aber nur mit experimentellen Untersuchungsdesigns zu verwirklichen, wo alle möglicherweise wirksamen Randbedingungen kontrolliert würden, indem es eine Kontrollgruppe gebe und die Versuchspersonen zufällig auf die Gruppen verteilt würden. Medikamentenstudien seien derartig angelegt, in der Regel würde dort eine große Zahl von Versuchspersonen in vielen unterschiedlichen Kliniken untersucht, zufällig aufgeteilt und die Medikamentenwirkung mit der eines Placebos verglichen. Angesichts der zu erwartenden hohen Gewinne sei dieser Aufwand zu finanzieren. Ein vergleichbares Vorgehen sei im sozialen Bereich aus finanziellen, aber auch aus ethischen Gründen nicht machbar: Man könne Kinder mit Autismus und ihre Familien nicht aus rein wissenschaftlichem Interesse ohne Hilfe lassen und man könne die Bedingungen, die aus dem Umfeld ebenfalls auf die Klienten wirkten, nicht hinreichend kontrollieren. An die Stelle eines Beweises müsse also das Bemühen treten, möglichst viele und starke Indizien für die Wirksamkeit einer Intervention zu finden – also »Evidenz« in der korrekten Übersetzung aus dem Englischen. Die hier vorgelegte Untersuchung mit einer so hohen Anzahl von Befragten, einem Untersuchungsdesign, welches Manipulationsmöglichkeiten minimiere, und derart eindeutigen Ergebnissen sei eine starke Evidenz und damit ein Beleg für die Wirksamkeit der Arbeit der überprüften Therapie-Einrichtungen (Fachgruppe Therapie des Bundesverbands Autismus-Deutschland 2014).

Empfehlungen

Angesichts solch positiver Befunde tat sich das Evaluationsteam nicht leicht, Empfehlungen auszusprechen. Als wichtiger Punkte wurde die weitere Intensivierung von Kontakten zu Ärzten und auch zu gesellschaftlichen Einrichtungen (KiTas, Schulen, Vereine etc.) zur weiteren Verbesserung des dortigen Wissens über Autismus genannt.

Zudem solle die hohe Zufriedenheit der Befragten mit der Einrichtung keine Einladung dazu sein, sich auf dem Erreichten auszuruhen. Es sei wichtig, zu analysieren, was richtig gemacht werde, um darauf basierend die bestehende Arbeitsqualität auch zukünftig zu sichern.

Literatur

Fachgruppe Therapie des Bundesverbands Autismus-Deutschland (2014): autismus, Heft 78 (auch unter:
http://www.autismus.de/detailseite.html?tx_news_pi1%5Bnews%5D=4&tx_news_pi1%5Bcontroller%5D=News&tx_news_pi1%5Baction%5D=detail&cHash=665d45fbc446e6c0d7ab476b3a72dcd4

Teil IX
Rechtliche Grundlagen

Rechte von Menschen mit Autismus unter Berücksichtigung des Bundesteilhabegesetzes (BTHG)[27]

Christian Frese

Bundesteilhabegesetz

Am 16.12.2016 hat der Bundesrat dem Bundesteilhabegesetz zugestimmt, welches der Bundestag am 01.12.2016 beschlossen hatte. Das Gesetz tritt in mehreren Stufen zum 1.1.2017, 1.1.2018 und 1.1.2020 in Kraft.

Künftige Struktur des SGB IX-NEU

Im SGB IX, Teil 1, ist das für alle Rehabilitationsträger geltende Rehabilitations- und Teilhaberecht zusammengefasst.

Im SGB IX, Teil 2, wird die aus dem SGB XII herausgelöste und reformierte Eingliederungshilfe als »Besondere Leistungen zur selbstbestimmten Lebensführung für Menschen mit Behinderungen« geregelt. Das SGB IX wird insoweit zu einem Leistungsgesetz.

Im SGB IX, Teil 3, steht künftig das weiterentwickelte Schwerbehindertenrecht, das derzeit im Teil 2 des SGB IX geregelt ist.

Inkrafttreten

Die mit dem Bundesteilhabegesetz verbundenen Reformen treten grundsätzlich zum *1.1.2018* in Kraft.

Die erste Anhebung bei Einkommens- und Vermögensanrechnung in der Eingliederungshilfe tritt zum 1.1.2017, die neuen Leistungen für ein Budget für Arbeit und die Förderung alternativer Beschäftigungsanbieter treten zum 1.1.2018 in Kraft.

Der zweite Schritt zur Anhebung bei der Einkommens- und Vermögensanrechnung in der Eingliederungshilfe tritt zum 1.1.2020 in Kraft, ebenso die Neuregelung der gesamten Eingliederungshilfe als eigenständiges Leistungsgesetz innerhalb des SGB IX Teil 2. Das betrifft vor allem die Ansprüche von Menschen mit Autismus auf Autismus-Therapie.

Autismus-Spektrum-Störungen als »Behinderung

§ 2 SGB IX definiert Behinderung als *Teilhabebeeinträchtigung infolge einer Abweichung* der körperlichen Funktion/geistigen Fähigkeit oder seelischen Gesundheit vom »typischen« Zustand. Weil eine Autismus-Spektrum-Diagnose vielfältige Beeinträchtigungen der Teilhabe an der Gesellschaft beinhaltet, sind autistische Störungen regelmäßig eine Behinderung in diesem Sinne.

---

27 Stand 31.01.2017

Der »Grad der Behinderung«(GdB), entspricht dem Grad der Schädigungsfolgen (GdS)

In der aktuellen Fassung der Versorgungsmedizinverordnung heißt es dazu:

3.5 Verhaltens- und emotionale Störungen mit Beginn in der Kindheit und Jugend

Die Kriterien der Definitionen der ICD 10-GM Version 2011 müssen erfüllt sein. Komorbide psychische Störungen sind gesondert zu berücksichtigen. Eine Behinderung liegt erst ab Beginn der Teilhabebeeinträchtigung vor. Eine pauschale Festsetzung des GdS nach einem bestimmten Lebensalter ist nicht möglich.

3.5.1 Tief greifende Entwicklungsstörungen (insbesondere frühkindlicher Autismus, atypischer Autismus, Asperger-Syndrom)

Bei tief greifenden Entwicklungsstörungen

- *ohne soziale Anpassungsschwierigkeiten beträgt der GdS 10–20,*
- *mit leichten sozialen Anpassungsschwierigkeiten beträgt der GdS 30–40,*
- *mit mittleren sozialen Anpassungsschwierigkeiten beträgt der GdS 50–70,*
- *mit schweren sozialen Anpassungsschwierigkeiten beträgt der GdS 80–100.*

Soziale Anpassungsschwierigkeiten liegen insbesondere vor, wenn die Integrationsfähigkeit in Lebensbereiche (wie zum Beispiel Regel-Kindergarten, Regel-Schule, allgemeiner Arbeitsmarkt, öffentliches Leben, häusliches Leben) nicht ohne besondere Förderung oder Unterstützung (zum Beispiel durch Eingliederungshilfe) gegeben ist oder wenn die Betroffenen einer über das dem jeweiligen Alter entsprechende Maß hinausgehenden Beaufsichtigung bedürfen. Mittlere soziale Anpassungsschwierigkeiten liegen insbesondere vor, wenn die Integration in Lebensbereiche nicht ohne umfassende Unterstützung (zum Beispiel einen Integrationshelfer als Eingliederungshilfe) möglich ist. Schwere soziale Anpassungsschwierigkeiten liegen insbesondere vor, wenn die Integration in Lebensbereiche auch mit umfassender Unterstützung nicht möglich ist.

(Quelle: Verordnung zur Durchführung des § 1 Abs. 1 und 3, des § 30 Abs. 1 und des § 35 Abs. 1 des Bundesversorgungsgesetzes (Versorgungsmedizin-Verordnung - VersMedV), zuletzt geändert am 23. Dezember 2016 [BGBl. I, S. 3234])

Rückwirkende Anerkennung des GdB

Ein Antrag auf rückwirkende Anerkennung des GdB sollte beim Versorgungsamt immer gestellt werden, wenn hinreichende Anhaltspunkte dafür vorliegen. Die rückwirkende Anerkennung des GdB wird aber nicht pauschal ab Geburt festgestellt, s. VersorgungsmedizinVO. Auf der Basis eines Grundlagenbescheides des Versorgungsamtes kann die Rückerstattung zu viel gezahlter Steuern beim Finanzamt beantragt werden.

Künftiger Zugang zur Eingliederungshilfe nach dem BTHG

Der Leistungszugang in die Eingliederungshilfe (§ 99 SGB IX-NEU) wird grundsätzlich überarbeitet. Er soll zum *01.01.2023* in Kraft treten und vorher wissenschaftlich untersucht und modellhaft erprobt werden. Bis dahin bleiben die jetzigen Regelungen in Kraft.

§ 99 SGB IX-NEU, Leistungsberechtigter Personenkreis

(1) Eingliederungshilfe ist Personen nach § 2 Absatz 1 Satz 1 und 2 zu leisten, deren Beeinträchtigungen die Folge einer Schädigung der Körperfunktion und -struktur einschließlich der geistigen und seelischen Funktionen sind und die dadurch in Wechselwirkung mit den Barrieren in erheblichem Maße in ihrer Fähigkeit zur Teilhabe an der Gesellschaft eingeschränkt sind. Eine Einschränkung der Fähigkeit zur Teilhabe an der Gesellschaft in erheblichem Maße liegt vor, wenn die Ausführung von Aktivitäten in einer größeren Anzahl der Lebensbereiche nach Absatz 4 nicht ohne personelle oder technische Unterstützung möglich oder in einer geringeren Anzahl der Lebensbereiche auch mit personeller oder technischer Unterstützung nicht möglich ist. Mit steigender Anzahl der Lebensbereiche nach Absatz 4 ist ein geringeres Ausmaß der jeweiligen Einschränkung für die Leistungsberechtigung ausreichend.

Der Bundesverband Autismus Deutschland e. V. hatte neben anderen Behindertenverbänden in der Diskussion zum Gesetzgebungsprozess des Bundesteilhabegesetzes die Forderung erhoben, wonach alle Menschen, die körperliche, seelische, geistige oder Sinnesbeeinträchtigungen haben – das trifft auf Menschen im Autismus-Spektrum zu – uneingeschränkt Zugang zu allen bisherigen Leistungen für Menschen mit Behinderungen behalten müssen. Dies wurde vom Gesetzgeber grundsätzlich umgesetzt. Die geistigen und seelischen Funktionen wurden ausdrücklich in die geplante Fassung des Gesetzestextes ab 01.01.2023 aufgenommen und sind nicht nur in der Begründung enthalten.

autismus Deutschland e. V. hatte zudem die Forderung erhoben, dass auch bei Vorliegen nur eines ICF-Items (Internationale Klassifikation der Funktionsfähigkeit, Behinderung und Gesundheit) ein Anspruch auf Eingliederungshilfe gegeben sein müsse, der individuell nach Bedarf zu prüfen ist. Die Eingliederungshilfe muss zwingend das »Auffangnetz« für alle Menschen mit Behinderungen sein. Durch die nun verabschiedete Fassung des § 99 SGB IX-NEU, wonach es – je nach Ausmaß der jeweiligen Einschränkung – auf eine größere bzw. geringere Anzahl von Lebensbereichen nach dem ICF ankommen sollte, ist der leistungsberechtigte Personenkreis zumindest hinreichend offen formuliert. Die Forderung von *autismus* Deutschland e. V wurde somit teilweise umgesetzt.

Nach vorläufiger Einschätzung ist *nicht* davon auszugehen, dass es durch einen geänderten Zugang zur Eingliederungshilfe künftig einen Wegfall von Leistungen für Menschen mit Autismus geben wird. Allerdings bleibt das Ergebnis einer wissenschaftlichen Untersuchung und modellhaften Erprobung bis zum 01.01.2023 abzuwarten.

Behinderungsbedingte Nachteilsausgleiche (Merkzeichen)

Für Menschen mit Autismus kommen insbesondere in Frage:

Merkzeichen H (Hilflosigkeit)

Definition nach § 33b Abs. 6 Satz 3 Einkommensteuergesetz (EStG)
Hilflos ist eine Person, wenn sie für eine Reihe von häufig und regelmäßig wiederkehrenden Verrichtungen zur Sicherung ihrer persönlichen Existenz im Ablauf eines jeden Tages fremder Hilfe dauernd bedarf. Diese Voraussetzungen sind auch erfüllt, wenn die Hilfe in Form einer Überwachung oder einer Anleitung zu den in Satz 3 genannten Verrichtungen erforderlich ist oder wenn die Hilfe zwar nicht dauernd geleistet werden muss, jedoch eine ständige Bereitschaft zur Hilfeleistung erforderlich ist.

Nachteilsausgleiche:

- Unentgeltliche Beförderung des Berechtigten im öffentlichen Personennahverkehr (Einzelheiten siehe § 145 SGB IX).
- Befreiung von der Kraftfahrzeugsteuer, solange ein Kraftfahrzeug auf den behinderten Menschen zugelassen ist.
- Geltendmachung eines Pauschbetrages und außergewöhnliche Belastungen nach § 33b Einkommensteuergesetz.

Nach der aktuellen Fassung der Versorgungsmedizinverordnung ist bei tief greifenden Entwicklungsstörungen, die für sich allein einen GdB von mindestens 50 bedingen, und bei anderen gleich schweren, im Kindesalter beginnenden Verhaltens- und emotionalen Störungen mit lang andauernden erheblichen Einordnungsschwierigkeiten *regelhaft Hilflosigkeit bis zum 18. Lebensjahr* anzunehmen.

Merkzeichen G (Einschränkung des Gehvermögens)

Voraussetzungen, § 146 Abs. 1 SGB IX
In seiner Bewegungsfähigkeit im Straßenverkehr erheblich beeinträchtigt ist, wer infolge einer *Einschränkung des Gehvermögens* (auch durch innere Leiden oder infolge von Anfällen oder von Störungen der Orientierungsfähigkeit) nicht ohne erhebliche Schwierigkeiten oder nicht ohne Gefahren für sich oder andere Wegstrecken im Ortsverkehr zurückzulegen vermag, die üblicherweise noch zu Fuß zurückgelegt werden. Der Nachweis der erheblichen Beeinträchtigung in der Bewegungsfähigkeit im Straßenverkehr kann bei schwerbehinderten Menschen mit einem Grad der Behinderung von wenigstens 80 nur mit einem Ausweis mit halbseitigem orangefarbenem Flächenaufdruck und eingetragenem Merkzeichen G geführt werden, dessen Gültigkeit frühestens mit dem 1. April 1984 beginnt, oder auf dem ein entsprechender Änderungsvermerk eingetragen ist.

Nachteilsausgleich: Benutzung öffentlicher Verkehrsmittel im Nahbereich ohne Fahrausweis,
Voraussetzung ist der Erwerb einer speziellen Wertmarke, § 145 SGB Abs.1 Satz 3 IX.

Merkzeichen B (Notwendigkeit ständiger Begleitung)

Voraussetzungen, § 146 Abs. 2 SGB IX
Zur *Mitnahme einer Begleitperson* sind schwerbehinderte Menschen berechtigt, die bei der Benutzung von öffentlichen Verkehrsmitteln infolge ihrer Behinderung regelmäßig auf Hilfe angewiesen sind. Die Feststellung bedeutet *nicht*, dass die schwerbehinderte

Person, wenn sie nicht in Begleitung ist, eine Gefahr für sich oder für andere darstellt.

Nachteilsausgleich: Die Begleitperson kann die öffentlichen Verkehrsmittel des Nah- und Fernverkehrs kostenfrei nutzen, § 145 Abs.2 Nr.1 SGB IX.

evtl. Merkzeichen aG (außergewöhnliche Gehbehinderung)

Außergewöhnlich gehbehindert im Sinne des § 6 Absatz 1 Nr. 14 StVG ist, wer sich wegen der Schwere seines Leidens dauernd nur mit fremder Hilfe oder nur mit großer Anstrengung außerhalb seines Kraftfahrzeuges bewegen kann. Ein Betroffener ist gleichzustellen, wenn seine Gehfähigkeit in ungewöhnlich hohem Maße eingeschränkt ist und er sich nur unter ebenso großen körperlichen Anstrengungen wie die erstgenannten Gruppen von Schwerbehinderten oder nur noch mit fremder Hilfe fortbewegen kann.

Die Zuerkennung des Merkzeichens aG hat zur Folge, dass die Schwerbehinderten besonderen Parkraum wie beispielsweise Behindertenparkplätze nutzen können, wenn es für sie unzumutbar ist, längere Wege zu Fuß zurückzulegen.

In bestimmten Fällen kann auch Menschen mit Autismus das Merkzeichen aG zuerkannt werden. Des Weiteren gibt es die Möglichkeit von Parkerleichterungen nach § 46 Abs. 1 Nr. 11 StVO.

Bezüglich *steuerrechtlicher* Nachteilsausgleiche kann auf die Broschüre des Bundesverbandes für körper- und mehrfachbehinderte Menschen verwiesen werden, http://www.¬bvkm.de.

Autismus-Therapie

Autismus-Spektrum-Störungen sind in der (derzeit gültigen) ICD 10 (Internationale Klassifikation von Krankheiten) in den Ziffern F 84.0, 84.1 und 84.5 genannt; sie sind zugleich eine Behinderung i. S. d. § 2 SGB IX bzw. § 35 a SGB VIII, weil die Teilhabe beeinträchtigt ist (s. o.).

Autismus-Therapie nach den Leitlinien des Bundesverbandes Autismus Deutschland e. V. ist eine multimodale und multiprofessionelle Therapie, d. h. unter Einbeziehung verschiedener Methoden und Berufsgruppen, die von einem spezialisierten Autismus-Therapiezentrum erbracht wird.

Wichtig ist die Einbeziehung der Eltern, Angehörigen und anderer Kooperationspartner bzw. Institutionen in den Therapieprozess im Sinne einer Umfeldarbeit.

Die Autismus-Therapie in einem spezialisierten Autismus-Therapiezentrum ist als Eingliederungshilfe (Leistungsträger Sozial- oder Jugendhilfe) zu finanzieren:

Rechtsgrundlagen, bezogen auf die Lebensaltersspanne

- im Vorschulalter als Hilfe zur Teilhabe am Leben in der Gemeinschaft, § 54 Abs. 1 SGB XII i. V. m. § 55 SGB IX bzw. i. V. m. § 35a Abs. 3 SGB VIII,
- im Schulalter als Hilfe zur angemessenen Schulbildung, § 54 Abs. 1 Satz 1 Nr. 1 SGB XII bzw. i. V. m. § 35a Abs. 3 SGB VIII,
- als Hilfe zur schulischen Ausbildung für einen angemessenen Beruf einschließlich des Besuchs einer Hochschule, § 54 Abs. 1

Satz 1 Nr. 2 SGB XII bzw. i. V. m. § 35a Abs. 3, 41 SGB VIII,
- im Erwachsenenalter häufig als Hilfe zur Teilhabe am Leben in der Gemeinschaft, § 54 Abs. 1 SGB XII i. V. m. § 55 SGB IX,
- im Erwachsenenalter in bestimmten Fällen auch als Hilfe zur Teilhabe am Arbeitsleben, § 54 Abs. 1 SGB XII i. V. m. § 33 SGB IX.

Fahrtkosten zur Autismus-Therapie: Es kommt es darauf an, ob sie als begleitende Maßnahme im Sinne der Eingliederungshilfe notwendig sind. Dies ist bei Kindern mit Autismus häufig der Fall. Fahrtkosten zur Autismus-Therapie sind daher grundsätzlich erstattungsfähig.

Maßnahmen zur Eingliederung in die Gesellschaft fallen *nicht* in die Zuständigkeit der gesetzlichen Krankenkassen, vgl. dazu das Urteil des Sozialgerichts Freiburg vom 22.09.2009, Az. S 12 SO 1819/06: »Die gesetzlichen Krankenkassen sind aufgrund der Unheilbarkeit autistischer Störungen nicht für eine Autismus-Therapie zuständig. Selbst wenn sich im Rahmen der Autismus-Therapie Anteile von Krankenbehandlung finden lassen würden, sind diese lediglich untergeordneter Natur und begründen keine Leistungspflicht der Krankenkassen.«

Nach dem BTHG werden die bisher für Menschen mit Autismus wichtigen Ansprüche gemäß §§ 53, 54 ff. SGB XII ab 01.01.2020 von der Eingliederungshilfe insbesondere als Leistungen zur sozialen Teilhabe (§ 113 SGB IX-NEU) und Leistungen zur Bildung (§ 112 SGB IX-NEU) zu finanzieren sein, s. u.

Von einer Autismus-Therapie als Leistung der Eingliederungshilfe sind abzugrenzen:

a) Komplexleistungen in der Frühförderung nach § 56 Abs. 2 i. V. m. § 30 SGB IX (maximal bis zur Einschulung): Medizinische Leistungen zur Frühförderung werden zusammen mit heilpädagogischen Leistungen von *einer* Einrichtung erbracht. Dies sind Interdisziplinäre Frühförderstellen oder Sozialpädiatrische Zentren. Einzelheiten sind in der Frühförderverordnung geregelt.

Diese Einrichtungen sind i. d. R. nicht spezialisiert auf Kinder mit Autismus. Eine baldige Überleitung an ein Autismus-Therapiezentrum ist wünschenswert, sofern ein solches in räumlicher Nähe vorhanden ist.

b) nichtärztliche sozialpädiatrische Leistungen für Kinder, § 43a SGB V: psychologische, heilpädagogische und psychosoziale Leistungen unter ärztlicher Verantwortung.

c) Heilmittel nach dem SGB V, insbesondere Logopädie und Ergotherapie: Zum Teil ist in den Praxen eine gute Spezialisierung auf Menschen mit Autismus vorhanden, aber im Rahmen der Heilmittelerbringung ist keine Interdisziplinarität und Multimodalität vorgesehen.

d) Sonstige Leistungen in der Zuständigkeit des SGB V:
   - ambulante, teilstationäre oder stationäre psychiatrische Leistungen,
   - ambulante sozialpsychiatrische Leistungen,
   - ambulante Sprechstunden und ambulante Therapien für Menschen mit Autismus, die von psychiatrischen Kliniken erbracht werden,
   - teilstationäre und stationäre Aufenthalte in Krisensituationen.

e) Heilbehandlungen für sekundäre oder komorbide Störungen, z. B. Psychotherapie bei einer Depression, vor allem im Erwachsenenalter.

Die Autismus-Therapie (Eingliederungshilfe) und die Psychotherapie (SGB V) sind *keine* sich ausschließenden Tatbestände. Es kommt auf die rechtlichen und tatsächlichen Voraussetzungen an.

Psychotherapie kann hilfreich sein für Klienten mit Autismus, wenn die Diagnose bekannt ist und die Bedingungen der Autismus-Spektrum-Störung in die Therapieplanung fachlich fundiert einbezogen werden. Wenn Sekundärsymptome oder komorbide Störungen, die einen Krankheitswert haben, behandelt werden, z. B. Tics, Zwänge, Angststörungen, Depressionen, verbessert sich damit auch die Lebenssituation des Klienten insgesamt.

Psychotherapie kann als Leistung der Gesetzlichen Krankenversicherung (GKV) gemäß Psychotherapie-Richtlinie des Gemeinsamen Bundesausschusses (in der Fassung ab dem 1.1.2017) erbracht werden, soweit und solange eine seelische Krankheit vorliegt, § 1 Abs. 1.

Psychotherapie ist *keine* Leistung der GKV und gehört *nicht* zur vertragsärztlichen Versorgung, wenn sie *nicht* dazu dient, eine Krankheit zu erkennen, zu heilen, ihre Verschlimmerung zu verhüten oder Krankheitsbeschwerden zu lindern.

Dies gilt ebenso für Maßnahmen, die ausschließlich zur beruflichen Anpassung oder zur Berufsförderung bestimmt sind, für Erziehungsberatung, Sexualberatung, körperbezogene Therapieverfahren, darstellende Gestaltungstherapie sowie *heilpädagogische oder ähnliche Maßnahmen*, § 1 Abs. 5.

Psychotherapie ist als Leistung der gesetzlichen Krankenversicherung ausgeschlossen, wenn sie nicht der Heilung oder Besserung einer seelischen Krankheit, sondern allein der *beruflichen* oder *sozialen Anpassung* oder der *beruflichen* oder *schulischen Förderung* dient, § 26 Abs. 3 Nr. 2.

Die spezielle Autismus-Therapie in einem Autismus-Therapiezentrum i. S. d. Eingliederungshilfe ist demgegenüber eine Leistung zur Eingliederung in die Gesellschaft. Dafür ist die gesetzliche Krankenversicherung nicht zuständig, s. o.

Der Nachrang der Eingliederungshilfe (§ 2 SGB XII), wonach die vorrangige Zuständigkeit anderer Leistungsträger zu prüfen ist, greift deshalb nicht, weil es sich um *unterschiedliche* Tatbestände handelt.

Menschen mit Autismus haben bei Vorliegen der jeweiligen Anspruchsvoraussetzungen also ein Wahlrecht zwischen Autismus-Therapie und Psychotherapie.

Hilfen zur angemessenen Schulbildung für Schüler mit Autismus

Nach dem Inkrafttreten der UN-Behindertenrechtskonvention am 26. März 2009 haben die Bundesländer nach und nach ihre Schulgesetze neu gefasst. Viele Fragen sind immer noch in der Diskussion, z.B. wie weit ein Anspruch auf inklusive Schulbildung reicht, ob hierfür ausreichende Ressourcen zur Verfügung stehen, und welche Funktion die weiterhin existierenden Förderschulen haben.

Besonders bedeutsam für autistische Schülerinnen und Schüler sind *ambulante Autismus-Therapie* und *Schulbegleitungen durch Integrationshelfer* (»ergänzende Schulhilfen«), wenn diese im Rahmen einer gelingenden Beschulung erforderlich sind. Hierbei handelt es sich um Eingliederungshilfe, wofür die Sozial- bzw. Jugendhilfeträger zuständig sind. Beide Maßnahmen sind nebeneinander zu gewähren, sofern die jeweiligen Anspruchsvoraussetzungen vorliegen. Es gibt keine gesetzlich vorgesehene quantitative Obergrenze!

Rechtsgrundlage: § 54 Abs. 1 S.1 Nr. 1 SGB XII i. V. m. § 12 EingliederungshilfeVO bzw. § 35a Abs. 3 SGB VIII i. V. m. § 54 Abs. 1 S. 1 Nr. 1 SGB XII

Hilfen im Studium

Zur Finanzierung des Lebensunterhalts können Studierende mit Autismus Ausbildungsförderung nach dem Bundesausbildungsförderungsgesetz (BAföG) erhalten. Es gibt einen Mehrbedarfszuschlag zum Lebensunterhalt, § 21 Abs. 4 SGB II.

Behinderungsspezifischer Mehrbedarf kann im Rahmen der Eingliederungshilfe als Hilfe zur Hochschulausbildung geleistet werden, § 54 Abs. 1 Satz 1 Nr. 2 SGB XII, z. B. Fahrtkosten, Kosten für einen Studienhelfer, ebenfalls eine ambulante Autismus-Therapie.

Besonders die Frage nach individuellen Unterstützungsmöglichkeiten bei nicht sichtbaren Behinderungen wie dem Asperger-Syndrom wird immer wichtiger, wenn sie z. B. einen Studienhelfer zur Strukturierung und Orientierung benötigen.

Der Bundesverband Autismus Deutschland e. V. hat Leitlinien zum Thema »Autismus und Studium« herausgeben (http://¬www.autismus.de/recht-und-gesellschaft/¬stellungnahmen.html).

Autismus-Therapie als Teilhabe am Arbeitsleben

Das Landessozialgericht im Saarland, Berufungsurteil vom 15.09.2015, Az. L 6 AL 8/14 und das Sozialgericht für das Saarland, Urteil vom 17. Februar 2014, Az. S 26 AL 173/11 haben die Kosten für eine ambulante Autismus-Therapie in einem Autismus-Therapiezentrum nach § 54 Abs.1 S. 1 SGB XII i. V. m. § 33 SGB IX als Hilfe zur Teilhabe am Arbeitsleben zugesprochen.

§ 33 SGB IX umfasst Leistungen zur Erhaltung, Verbesserung, Herstellung oder Wiederherstellung der Erwerbsfähigkeit, hier konkret nach § 33 Abs. 6 SGB IX medizinische, psychologische und pädagogische Hilfen, vor allem

- Hilfe bei der Behinderungsverarbeitung,
- Aktivierung von Selbsthilfepotenzialen,
- Hilfen zur seelischen Stabilisierung und zur Förderung der sozialen Kompetenz,
- Training lebenspraktischer Fähigkeiten.

Leistungen der Pflegeversicherung, SGB XI

Pflegereform ab 01.01.2017: Die drei bisherigen Pflegestufen wurden durch fünf Pflegegrade ersetzt. Die Pflegegrade eins bis drei gelten für geringe, erhebliche beziehungsweise schwere Beeinträchtigungen der Selbstständigkeit. Der Grad vier umfasst schwerste Beeinträchtigungen, bei Grad fünf kommen »besondere Anforderungen an die pflegerische Versorgung« hinzu.

Die lesenswerte Broschüre des Bundesverbandes für körper- und mehrfachbehinderte

Menschen (bvkm) enthält alle wichtigen Informationen zu Neuregelungen für Pflegebedürftige ab 01.01.2017, die auch für Menschen mit Autismus und ihre Angehörigen von Bedeutung sind, abrufbar unter

http://bvkm.de/wp-content/uploads/Neu¬regelungen-f%C3%BCr-Pflegebed%C3%¬BCrftige-ab-2017-Zusammenstellung-¬bvkm.pdf

Es ist davon auszugehen, dass insbesondere die Gewichtung des Unterstützungsbedarfs im Bereich der kognitiven und kommunikativen Fähigkeiten, Verhaltensweisen und psychischen Problemlagen sowie Gestaltung des Alltagslebens zu einer präziseren Einstufung bei Menschen mit Autismus führt, als dies bisher bei den drei Pflegestufen der Fall war.

Pflegebedürftige dürfen durch die Neuregelung nicht schlechter gestellt werden. Wer bislang eine Pflegestufe III hatte plus die Feststellung der eingeschränkten Alltagskompetenz bzw. der Einstufung als Härtefall, erhält automatisch den höchsten Pflegegrad 5. In diesen Fällen muss also nichts unternommen werden.

In den anderen Fällen (▶ Tab. 1), sollten sich die betreffenden Menschen mit Autismus und ihre Familien (gegebenenfalls nach Einholung von individueller rechtlicher Beratung) überlegen, ob eine Neubegutachtung sinnvoll ist. Eine pauschale Empfehlung kann nicht gegeben werden.

Tab. 1: Überleitung der Altfälle

Bisherige Pflegestufe nach altem Recht (bis 31.12.2016)	Pflegegrad für Altfälle nach neuem Recht (ab 1.1.2017)
0 plus eingeschränkte Alltagskompetenz	2
I	2
I plus eingeschränkte Alltagskompetenz	3
II	3
II plus eingeschränkte Alltagskompetenz	4
III	4
III plus eingeschränkte Alltagskompetenz	5
III plus Einstufung als Härtefall nach altem Recht	5

1:1-Betreuung in der Werkstatt für behinderte Menschen (WfbM)

Unter Bezugnahme auf die bisherige Rechtsprechung vertritt der Bundesverband Autismus Deutschland e. V. die Auffassung, dass eine 1:1-Betreuung im Eingangsverfahren und Berufsbildungsbereich einer WfbM zumindest zeitlich befristet verlangt werden kann, wenn eine gute Prognose zur späteren Eingliederung in den Arbeitsbereich besteht.

Diese Auffassung wird bestätigt durch einen Beschluss des Landessozialgerichts Sachsen-Anhalt vom 27.11.2014 (Az. L 2 AL 41/14 B ER):

1. Eine Arbeitsassistenz kann auch für einen Arbeitsplatz in einer Werkstatt für behinderte Menschen (WfbM) für den Ein-

gangs- und den Berufsbildungsbereich gefordert werden.
2. Eine Arbeitsassistenz kommt im Berufsbildungsbereich in Betracht, wenn nicht ausgeschlossen ist, dass der behinderte Mensch dadurch später in der WfbM ohne Assistenzleistung mit dem vorgesehenen Personalschlüssel eingesetzt werden kann.

Bei der Frage, welche Kriterien für die Prognose einer Werkstattfähigkeit anzulegen sind, sind die im Grundgesetz verankerte Menschenwürde, das Sozialstaatsgebot und das Diskriminierungsverbot nach Art. 3 GG sowie Art. 27 der UN-Behindertenrechtskonvention zu beachten.

Aber:
Auch nach Inkrafttreten des BTHG besteht weiter dringender Handlungsbedarf: Es ist in scharfer Form zu kritisieren, dass der Zugang zur Werkstatt für behinderte Menschen gemäß §§ 58, 219 SGB IX-NEU weiterhin an ein Mindestmaß wirtschaftlich verwertbarer Arbeitsleistung geknüpft sein soll. Das ist absolut nicht akzeptabel und mit der UN-Behindertenrechtskonvention unvereinbar.

§ 219 SGB IX-NEU, Begriff und Aufgaben der Werkstatt für behinderte Menschen

(1) Die Werkstatt für behinderte Menschen ist eine Einrichtung zur Teilhabe behinderter Menschen am Arbeitsleben im Sinne des Kapitels 10 des Teils 1 und zur Eingliederung in das Arbeitsleben. Sie hat denjenigen behinderten Menschen, die wegen Art oder Schwere der Behinderung nicht, noch nicht oder noch nicht wieder auf dem allgemeinen Arbeitsmarkt beschäftigt werden können,
1. eine angemessene berufliche Bildung und eine Beschäftigung zu einem ihrer Leistung angemessenen Arbeitsentgelt aus dem Arbeitsergebnis anzubieten und
2. zu ermöglichen, ihre Leistungs- oder Erwerbsfähigkeit zu erhalten, zu entwickeln, zu erhöhen oder wiederzugewinnen und dabei ihre Persönlichkeit weiterzuentwickeln.
Sie fördert den Übergang geeigneter Personen auf den allgemeinen Arbeitsmarkt durch geeignete Maßnahmen.
Sie verfügt über ein möglichst breites Angebot an Berufsbildungs- und Arbeitsplätzen sowie über qualifiziertes Personal und einen begleitenden Dienst. Zum Angebot an Berufsbildungs- und Arbeitsplätzen gehören ausgelagerte Plätze auf dem allgemeinen Arbeitsmarkt. Die ausgelagerten Arbeitsplätze werden zum Zwecke des Übergangs und als dauerhaft ausgelagerte Plätze angeboten.
(2) Die Werkstatt steht allen behinderten Menschen im Sinne des Absatzes 1 unabhängig von Art oder Schwere der Behinderung offen, sofern erwartet werden kann, dass sie spätestens nach Teilnahme an Maßnahmen im Berufsbildungsbereich wenigstens ein Mindestmaß wirtschaftlich verwertbarer Arbeitsleistung erbringen werden.
Dies ist nicht der Fall bei behinderten Menschen, bei denen trotz einer der Behinderung angemessenen Betreuung eine erhebliche Selbst- oder Fremdgefährdung zu erwarten ist oder das Ausmaß der erforderlichen Betreuung und Pflege die Teilnahme an Maßnahmen im Berufsbildungsbereich oder sonstige Umstände ein Mindestmaß wirtschaftlich verwertbarer Arbeitsleistung im Arbeitsbereich dauerhaft nicht zulassen.
(3) Behinderte Menschen, die die Voraussetzungen für eine Beschäftigung in einer Werkstatt nicht erfüllen, sollen in Einrichtungen oder Gruppen betreut und gefördert werden, die der Werkstatt angegliedert sind. Die Betreuung und Förderung kann auch gemeinsam mit den Werkstattbeschäftigten in der Werk-

statt erfolgen. Die Betreuung und Förderung soll auch Angebote zur Orientierung auf Beschäftigung enthalten.

Der vom Gesetzgeber formulierte § 219 Abs. 3 Satz 2 und 3 SGB IX-NEU (im Vergleich zum noch geltenden § 136 Abs. 3 SGB IX) enthält zwar die Möglichkeit einer gemeinsamen Beschäftigung. Selbst wenn aber alle Menschen mit Behinderungen unter dem Dach der Werkstatt (WfbM) arbeiten können, ist damit keine vollständige Gleichstellung in sozial-versicherungsrechtlicher Hinsicht verbunden.

Ausblick auf wichtige Änderungen ab 01.01.2020 durch das BTHG für die Bereiche Bildung und soziale Teilhabe

Neben den Leistungen zur medizinischen Rehabilitation (§§ 109, 110 SGB IX-NEU) und den Leistungen zur Beschäftigung (§ 111 SGB IX-NEU) sind insbesondere zu nennen:

§ 112 SGB IX-NEU, *Leistungen zur Teilhabe an Bildung*

(1) Leistungen zur Teilhabe an Bildung umfassen
  1. *Hilfen zu einer Schulbildung, insbesondere im Rahmen der allgemeinen Schulpflicht und zum Besuch weiterführender Schulen einschließlich der Vorbereitung hierzu; die Bestimmungen über die Ermöglichung der Schulbildung im Rahmen der allgemeinen Schulpflicht bleiben unberührt, und*
  2. *Hilfen zur schulischen oder hochschulischen Ausbildung oder Weiterbildung für einen Beruf.*

Die Hilfen nach Satz 1 Nummer 1 schließen Leistungen zur Unterstützung schulischer Ganztagsangebote in der offenen Form ein, die im Einklang mit dem Bildungs- und Erziehungsauftrag der Schule stehen und unter deren Aufsicht und Verantwortung ausgeführt werden, an den stundenplanmäßigen Unterricht anknüpfen und in der Regel in den Räumlichkeiten der Schule oder in deren Umfeld durchgeführt werden. Hilfen nach Satz 1 Nummer 1 umfassen auch heilpädagogische und sonstige Maßnahmen, wenn die Maßnahmen erforderlich und geeignet sind, der leistungsberechtigten Person den Schulbesuch zu ermöglichen oder zu erleichtern. Hilfen zu einer schulischen oder hochschulischen Ausbildung nach Satz 1 Nummer 2 können erneut erbracht werden, wenn dies aus behinderungsbedingten Gründen erforderlich ist. Hilfen nach Satz 1 umfassen auch Gegenstände und Hilfsmittel, die wegen der gesundheitlichen Beeinträchtigung zur Teilhabe an Bildung erforderlich sind. Voraussetzung für eine Hilfsmittelversorgung ist, dass die leistungsberechtigte Person das Hilfsmittel bedienen kann. Die Versorgung mit Hilfsmitteln schließt eine notwendige Unterweisung im Gebrauch und eine notwendige Instandhaltung oder Änderung ein. Die Ersatzbeschaffung des Hilfsmittels erfolgt, wenn sie infolge der körperlichen Entwicklung der leistungsberechtigten Person notwendig ist oder wenn das Hilfsmittel aus anderen Gründen ungeeignet oder unbrauchbar geworden ist.

(2) Hilfen nach Absatz 1 Satz 1 Nummer 2 werden erbracht für eine schulische oder hochschulische berufliche Weiterbildung, die

1. in einem zeitlichen Zusammenhang an eine duale, schulische oder hochschulische Berufsausbildung anschließt,
2. in dieselbe fachliche Richtung weiterführt und
3. es dem Leistungsberechtigten ermöglicht, das von ihm angestrebte Berufsziel zu erreichen.

Hilfen für ein Masterstudium werden abweichend von Satz 1 Nummer 2 auch erbracht, wenn das Masterstudium auf ein zuvor abgeschlossenes Bachelorstudium aufbaut und dieses interdisziplinär ergänzt, ohne in dieselbe Fachrichtung weiterzuführen. Aus behinderungsbedingten oder aus anderen, nicht von der leistungsberechtigten Person beeinflussbaren gewichtigen Gründen kann von Satz 1 Nummer 1 abgewichen werden.

(3) Hilfen nach Absatz 1 Satz 1 Nummer 2 schließen folgende Hilfen ein:
1. Hilfen zur Teilnahme an Fernunterricht,
2. Hilfen zur Ableistung eines Praktikums, das für den Schul- oder Hochschulbesuch oder für die Berufszulassung erforderlich ist, und
3. Hilfen zur Teilnahme an Maßnahmen zur Vorbereitung auf die schulische oder hochschulische Ausbildung oder Weiterbildung für einen Beruf.

(4) Die in der Schule oder Hochschule wegen der Behinderung erforderliche Anleitung und Begleitung können an mehrere Leistungsberechtigte gemeinsam erbracht werden, soweit dies nach § 104 für die Leistungsberechtigten zumutbar ist und mit Leistungserbringern entsprechende Vereinbarungen bestehen. Die Leistungen nach Satz 1 sind auf Wunsch der Leistungsberechtigten gemeinsam zu erbringen.

§ 113 SGB IX-NEU, *Leistungen zur Sozialen Teilhabe*

(1) Leistungen zur Sozialen Teilhabe werden erbracht, um eine gleichberechtigte Teilhabe am Leben in der Gemeinschaft zu ermöglichen oder zu erleichtern, soweit sie nicht nach den Kapiteln 3 bis 5 erbracht werden. Hierzu gehört, Leistungsberechtigte zu einer möglichst selbstbestimmten und eigenverantwortlichen Lebensführung im eigenen Wohnraum sowie in ihrem Sozialraum zu befähigen oder sie hierbei zu unterstützen.

Maßgeblich sind die Ermittlungen und Feststellungen nach Kapitel 7.

(2) Leistungen zur Sozialen Teilhabe sind insbesondere
1. Leistungen für Wohnraum,
2. Assistenzleistungen,
3. heilpädagogische Leistungen,
4. Leistungen zur Betreuung in einer Pflegefamilie,
5. Leistungen zum Erwerb und Erhalt praktischer Kenntnisse und Fähigkeiten,
6. Leistungen zur Förderung der Verständigung,
7. Leistungen zur Mobilität,
8. Hilfsmittel,
9. Besuchsbeihilfen.

(3) Die Leistungen nach Absatz 2 Nummer 1 bis 8 bestimmen sich nach den §§ 77 bis 84, soweit sich aus diesem Teil nichts Abweichendes ergibt.

(4) Zur Ermöglichung der gemeinschaftlichen Mittagsverpflegung in der Verantwortung einer Werkstatt für behinderte Menschen, einem anderen Leistungsanbieter oder dem Leistungserbringer vergleichbarer anderer tagesstrukturierender Maßnahmen werden die erforderliche sächliche Ausstattung, die personelle Ausstattung und die erforderlichen betriebsnotwendigen Anlagen des Leistungserbringers übernommen.

Übersicht über Änderungen infolge des Bundesteilhabegesetzes, die bereits seit 01.01.2017 in Kraft sind

Für die Bezieher von Leistungen der Eingliederungshilfe wird ein zusätzlicher Vermögensfreibetrag i. H. v. 25 000 EUR berücksichtigt, § 60a SGB XII (Art. 11 BTHG).

Beispiel: Menschen mit Autismus, die auf dem allgemeinen Arbeitsmarkt tätig sind.

Für die Bezieher von Leistungen der Hilfe zur Pflege wird ein zusätzlicher Vermögensfreibetrag i. H. v. 25 000 EUR berücksichtigt, sofern dieser Betrag überwiegend als Einkommen aus (nicht)selbständiger Tätigkeit während des Leistungsbezugs erworben worden ist, § 66a SGB XII (Art. 11 BTHG).

Werkstattbeschäftige erhalten außerdem einen höheren Freibetrag bei der Anrechnung des Werkstattentgelts auf die Grundsicherung, § 82 Abs. 3 SGB XII (Art. 11 BTHG): Der Freibetrag wird von 25 auf 50 Prozent erhöht.

Das Arbeitsförderungsgeld von bisher 26 EUR wird verdoppelt => Werkstattbeschäftigte erhalten künftig ein Arbeitsförderungsgeld i. H. v. 52 EUR/Monat; gleichzeitig wird der Betrag des Arbeitsentgeltes, bis zu dem Arbeitsförderungsgeld gezahlt wird, entsprechend um 26 EUR auf nunmehr 351 EUR angehoben.

Änderung ab 01.04.2017

Die Vermögensfreigrenzen in der Sozialhilfe werden von 2 600 EUR auf 5 000 EUR erhöht.

Dies betrifft alle Menschen mit Autismus, die Grundsicherung wegen dauerhafter voller Erwerbsminderung (§ 41 Abs. 3 SGB XII) beziehen und zumeist in einer Werkstatt (WfbM) arbeiten.

Kindheit und Jugend

Hier gibt es zunächst keine Änderungen: Die Frühförderverordnung wird erst zum 01.01.2018 geändert.

Die Leistungen zur Teilhabe an Bildung werden erst zum 01.01.2020 neu gefasst; dann erfolgt i. Ü. auch die Klarstellung, dass die Hilfen zu einer Schulbildung die Leistungen zur Unterstützung schulischer Ganztagsangebote in der offenen Form einschließen, die im Einklang mit dem Bildungs- und Erziehungsauftrag der Schule stehen und unter deren Aufsicht und Verantwortung ausgeführt werden, an den stundenplanmäßigen Unterricht anknüpfen und in der Regel in den Räumlichkeiten der Schule oder in deren Umfeld durchgeführt werden, § 112 SGB IX (Art. 1 BTHG).

Anmerkung: Unabhängig vom Inkrafttreten des Bundesteilhabegesetzes wurde die so genannte »Große Lösung«, d. h. die Zusammenlegung aller Leistungen der Eingliederungshilfe für seelisch, geistig und körperlich behinderte Kinder und Jugendliche unter dem Dach der Kinder- und Jugendhilfe (SGB VIII) für die aktuelle Legislaturperiode (bis Herbst 2017) ausführlich zwischen dem Bundesfamilienministerium und den betreffenden Fachverbänden diskutiert. Eine konkrete Gesetzesinitiative gibt es aber derzeit nicht.

Effektivität von Rechtsschutzmaßnahmen

Neben dem Widerspruchs- und Klageverfahren (als Hauptsacheverfahren recht langwierig) sind als effektive Maßnahmen zu nennen

- *Selbstbeschaffung*, § 15 Abs.1 Satz 5 i. V. m. § 15 Abs.1 Satz 4 SGB IX bzw. § 36a Abs. 3 SGB VIII im Falle einer Unaufschiebbarkeit bzw. durch Bescheid zu Unrecht abgelehnten Leistung (spezielle Regelungen für Träger der Sozialhilfe bzw. Jugendhilfe),
- die *Einstweilige Anordnung* nach § 86b SGG.

Zusammenfassung

Nach vorläufiger Einschätzung ist *nicht* davon auszugehen, dass es durch einen geänderten Zugang zur Eingliederungshilfe gemäß § 99 SGB IX-NEU künftig einen Wegfall von Leistungen für Menschen mit Autismus geben wird. Allerdings bleibt das Ergebnis einer wissenschaftlichen Untersuchung und modellhaften Erprobung bis zum 01.01.2023 abzuwarten.

Die ab 01.01.2020 geltenden Leistungen zur medizinischen Rehabilitation (§§ 109, 110 SGB IX-NEU), Leistungen zur Beschäftigung (§ 111 SGB IX-NEU), Leistungen zur Teilhabe an Bildung (§ 112 SGB IX-NEU) und Leistungen zur Sozialen Teilhabe (§ 113 SGB IX-NEU) entsprechen weitgehend den bisher geltenden §§ 53, 54 SGB XII. Einzelne Vorschriften dienen der Präzisierung von Bedarfen, über die bisher im Einzelfall entschieden wurde, zum Beispiel die Unterstützung schulischer Ganztagesangebote.

Ein Wegfall von bisherigen Leistungen der Eingliederungshilfe für Menschen mit Autismus ist nach vorläufiger Einschätzung zumindest rechtlich nicht begründbar. Das war auch die Intention des Gesetzgebers, dass alle Menschen mit Behinderungen auch in Zukunft wenigstens die gleichen Leistungen erhalten werden.

Allerdings bleibt abzuwarten, wie die Leistungsträger im Einzelfall die neuen Vorschriften anwenden werden und inwieweit zum Zwecke der rechtlichen Klärung die Gerichte bemüht werden müssen.

Die Rechtsentwicklung im Hinblick auf die Rechte von Menschen mit Autismus wird also weiter kritisch zu beobachten sein.

**Teil X
Autismus-Therapie aus Betroffenenperspektive**

Asperger-Diagnose. Und nun? Lerne oder leide!

Heide Cohrssen

Mein Name ist Heide, ich bin Asperger-Autistin. Das habe ich selbst herausgefunden, so wie so viele andere auch – dank Internet; da war ich 45 Jahre alt. Die offizielle Diagnose folgte. Sie hat Antworten auf Fragen aus den vier Jahrzehnten davor geliefert. Es hat eine ganze Weile gedauert, bis sich diese neue Erkenntnis und vor allem das Verständnis der Auswirkungen in mein Leben integriert haben. Ich schreibe hier ganz bewusst »integriert haben«, also die passive Form, und nicht »bis ich sie integriert habe«, denn es war ganz bestimmt kein aktiver, bewusster Prozess, sondern es war eher ein chaotisches, planloses, ja zufälliges Vorgehen. In dieser Zeit habe ich mir so oft gewünscht, es hätte mich jemand nach der Diagnose an die Hand genommen und geleitet ... ein Guide and Guardian, ein Wegweiser und Beschützer, jemand, der sich auskennt und mir den Weg zeigt – den direkten Weg wohlgemerkt! Der Weg, den ich gegangen bin, glich mehr einem Ausgesetztwerden in einem Irrgarten ... hübsche grüne Blätterwände, ja, aber verdammt, welcher Weg führt hier raus?

Bevor Sie weiterlesen, sollten Sie wissen, dass ich aus Ihrer fachmännischen Sicht Laie bin. Ich habe weder Ahnung von Autismus-Therapie noch habe ich Psychologie studiert oder Artverwandtes. Auch kenne ich mich überhaupt nicht mit autistischen Kindern aus, abgesehen davon, dass ich selbst einmal ein Kind war ... insofern bin ich in dieser Hinsicht wohl doch Profi, was vermutlich auch der Grund ist, weshalb ich gebeten wurde, ein paar Worte zu schreiben. Ich versuche den Irrweg zu beschreiben, den ich seit der Diagnose gegangen bin, und anschließend den geraden Weg, den ich so gern gegangen wäre. Los geht's ...

Allein.

So habe ich mich lange, eine sehr lange Zeit nach der Diagnose Asperger-Autismus gefühlt, als ich langsam begann zu verstehen, dass sich mein Leben bisher so entwickelt hatte, weil ich vieles nicht kann, vieles einfach nicht verstehe, ich die anderen nicht verstehe, letztendlich mich selbst auch bisher nicht verstanden habe ... Meine ganze Vergangenheit ... auf einmal sind Erklärungen da, Erklärungen für Ereignisse, die Jahrzehnte zurückliegen, die bisher in meinem Gedächtnis in der Kategorie »unklar« abgespeichert waren und die sich nun in den Vordergrund drängen, um abgearbeitet zu werden ... alles so chaotisch ... die Nacht ist um 2:00 Uhr zu Ende, liegen bleiben hilft nichts, ran an den PC und schreiben ... Schreiben hilft, Schreiben formt die schemenhaften Nebel zu einer klaren Struktur, die verstehen hilft ... wenn alles raus ist aus dem Kopf, vielleicht noch eine Stunde schlafen ... so müde ... und dann aufwachen und der allererste Gedanke ist »Ach, so!«, wieder etwas verstanden ... und gleich drei neue Fragen im Kopf ... das ist zu viel ... alles ändert sich ... alles ist neu ... alles ist so ...

Anstrengend.

Diese Zeit war wirklich sehr anstrengend – mental wie körperlich. Sechs Wochen mit so wenig Schlaf brachten den Körper an sein Limit. Zu der Zeit verstand ich, was mit dem Ausspruch »auf dem Zahnfleisch gehen« gemeint ist. Es war eine Gratwanderung für den Körper, immer am Rande des Absturzes, des physischen Zusammenbruchs.

Dabei hatte ich Glück! Ich hatte einen Ansprechpartner; jemand, der mich verstand, weil er genauso ist wie ich, und der Geduld und die Zeit hatte, meine Mails zu lesen und Fragen zu stellen, die mich weiterbrachten. Danke X. Danke, dass du mir mental deinen Arm gereicht hast und ich mich in dieser ersten Zeit darauf abstützen konnte!

Ich bin heute noch immer dankbar. Ich weiß, wie sehr mir das geholfen hat in dieser ersten Zeit, in der man sich fühlt, als hätte einem jemand den Teppich unter den Füßen weggezogen, und nun liegt man auf dem Rücken und hat plötzlich eine ganz andere, eine völlig neue Perspektive auf die Welt ...

Und weil ich noch immer so dankbar bin und weil ich weiß, wie es in dieser ersten Zeit nach der Diagnose ist, habe auch ich Geduld und nehme auch ich mir Zeit für andere, die gerade in dieser Situation sind, und ich beantworte gern alle Mails, selbst wenn jemand sechs Stück am Tag schickt – Schreiben hilft eben.

Aber manchmal finde ich es auch anstrengend, z. B. wenn ich nachts im Bett liege und denke, dass ich doch Laie bin. Ich kümmere mich um andere, so gut ich es eben kann, aber mache ich es gut, mache ich es richtig? Was, wenn ich etwas Falsches sage oder schreibe? Was, wenn es jemandem dadurch schlecht(er) geht?

Und dann frage ich mich, wieso man eigentlich in einem so zivilisierten Land wie Deutschland Glück haben muss, um jemanden zu finden, der in dieser ersten, so anstrengenden Zeit für einen da ist, der einem den mentalen Arm reicht, damit man sich darauf stützen kann. Wieso gibt es dafür keine offiziellen Ansprechpartner, die geschult sind, die die Antworten wissen und die die richtigen Fragen stellen? Müsste es nicht jemand, der sich professionell mit dieser Thematik befasst, sehr viel besser machen als ich? Aber solche Leute haben zumeist lange, manchmal mehrjährige Wartezeiten (d. h. sofern eine Warteliste überhaupt noch geführt wird und nicht längst aufgrund der Flut von Anfragen geschlossen werden musste!) und/oder ihre Leistungen sind für viele Betroffene unerschwinglich. Und so sind die frisch diagnostizierten Menschen dann ganz allein und können nur auf ihr Glück hoffen ... mitten in einem Sozialstaat ... mitten in einem Rechtsstaat, der für solche Situationen keinen rechtlichen Anspruch vorsieht, weil keine Aussicht auf Heilung des Autismus besteht ... da muss jeder erwachsenen Asperger-Autist allein durch ... hat er ja bisher auch geschafft ... wird schon weiterhin gut gehen ...

Und wenn man es so sieht ... ja, dann ist es vielleicht doch nicht so schlecht, wenn ich laienhaft in der Seele anderer Asperger-Autisten herumlaboriere und vielleicht etwas falsch mache, denn dann bekommen sie vielleicht noch ganz andere Probleme und für die besteht dann Aussicht auf Heilung und dafür darf Geld ausgegeben werden und dafür wird ihnen dann eine Therapie bewilligt und sie haben Zugang zu einem Fachmann … halt, stopp, zu voreilig gedacht … vermutlich haben sie Zugang zu einem Fachmann, der kein Fachmann für Asperger-Autismus ist … und dann werden sie nach Schema F behandelt[28] und nicht nach Schema Autismus-F und so richtig besser wird es dann nicht … ach, das ist alles so …

Nervig.

Verstehen Sie mich nicht falsch, ich war damals nicht physisch allein, ich war unter Menschen, Menschen, die mich mochten und die mich noch immer mögen. Ich war mental allein, weil diese Menschen anders sind als ich und mich nicht verstehen können, selbst wenn sie sich die allerallergrößte Mühe geben. Sie sind eben Menschen, die normal reagieren und eine ganz normale Reaktion ist das Nicht-Wahrhaben-Wollen: »Aber du doch nicht! Wenn du Autist bist, dann bin ich das auch!«

Als ob man in dieser Zeit nicht schon genug mit sich selbst zu tun hätte! Nein, das Umfeld verlangt Aufmerksamkeit und Zuwendung. Ich wurde genötigt, mich zu rechtfertigen, anderen zu erklären, dass die Diagnose stimmt, dass ich mir nichts einbilde, aber wenn selbst die auf dem Tisch liegende Diagnose mit einem kurzen Satz einfach vom selbigen gewischt wird, wie soll dann gerade ein Autist einer solchen Situation Herr werden und passende Erklärungen finden, um andere Menschen zur Akzeptanz zu geleiten?

Heute weiß ich selbstverständlich, dass ich nicht »genötigt« wurde. Heute habe ich jedoch eine ganze Menge mehr Wissen als damals, heute kann ich eine solche Situation leicht managen. Damals konnte ich es jedoch nicht und das …

Frustriert.

Und wenn man dann auch noch nach und nach versteht, was man alles nicht versteht, bisher im ganzen Leben nicht verstanden hat und auch im zukünftigen Leben wohl nicht verstehen wird, dann ist allein das eine so ausreichend frustrierende Erkenntnis, sodass man liebend gern auf alle weiteren frustrierenden Vorkommnisse verzichten kann!

Und wenn man dann liest, dass Autismus nicht heilbar ist, dann ist das eine wirklich sehr frustrierende Perspektive und man ist …

---

28 Heutzutage wird nach der Diagnose manchmal ein kognitives Verhaltenstraining angeboten; das ist sehr schön. Es müsste aus meiner Sicht jedoch auf jeden Fall auf Asperger-spezifische Probleme ausgerichtet sein.

Verzweifelt.

Ja, irgendwann ist man ziemlich verzweifelt. Die Erklärung für den Verlauf des bisherigen Lebens ist gefunden, die Aussicht auf das weitere Leben ist jedoch düster. Man sieht so vieles, was man gern haben oder erreichen möchte, und weiß doch, dass man es niemals schaffen wird. Es ist einfach zu viel, was ich nicht kann und auch niemals können werde ... viel zu viel ... das macht[29] doch alles keinen Sinn mehr[30] ... und diese Hilflosigkeit ... diese übermächtige Hilflosigkeit ... mehr können sich meine Kiefermuskeln nicht anspannen ... mehr können sich meine Fäuste nicht ballen ... oh ... ein neues Gefühl ... ich bin ...

Wütend.

Nichtstun? Auf der Stelle treten, mich im Kreis drehen, still leiden, mich in mein Schicksal ergeben ... Nein, das will ich nicht! Das will ich partout nicht! Das ist absolut unlogisch! Jetzt weiß ich doch, was ich nicht kann, also muss ich doch nur nachsehen, was ich lernen muss, damit ich es kann, und es lernen. Ganz einfach! Es muss doch irgendwo stehen, wie ich jetzt all das lernen kann, was mein Gehirn nicht von Natur aus kann, weil mein Gehirn nicht so wie die nichtautistischen Gehirne im Laufe des Aufwachsens unbemerkt und mühelos all diese Informationen aufgesogen hat. Verdammt, wieso finde ich das nicht? Das Internet – so groß ... ja, bin ich denn zu blöd zum Suchen?

Und alle, die ich frage, können mir auch nicht weiterhelfen ... keine Hilfe weit und breit ... das kann doch nicht sein ... Mist ... aber hey, was soll es ... dann eben allein, wenn auch mit geballten Fäusten und knirschenden Zähnen!

Wieder ein ganzes Buch durchgelesen. Ein Satz war hilfreich. Toll! Dieser eine Satz hat mich ein ganzes Stück nach vorn gebracht, mich wieder eine ganze Menge verstehen lassen. Aber wieso um Himmelswillen muss ich all die vielen übrigen Seiten lesen? Was für ein Schwachsinn! Was für eine Zeitverschwendung! Von den Anschaffungskosten mal ganz abgesehen ...

Ich klicke mich durch so viele YouTube-Videos. So viel Blödsinn! Da fehlen mir die Worte ... Aber da muss ich durch, denn ich kenne niemanden, der mir sagt, welches Video ich mir ansehen soll, damit ich wieder etwas mehr verstehe. Oder der mir zumindest die richtigen Suchbegriffe vorgibt. Und dann, endlich, wieder einmal ein Treffer, ein Video,

---

[29] Ich höre schon die Korrekturen vor meinem inneren Ohr und daher hier gleich der Gegenkommentar: Mir ist bewusst, dass »Sinn machen« Unsinn ist und »Sinn ergeben« angebracht wäre. Eine Lektion, die ich gelernt habe, ist, dass es manchmal besser ist, Regel Regel sein zu lassen und sich der Mehrheit anzupassen – in diesem Kontext dem alltäglichen Sprachgebrauch.

[30] Und für diejenigen, die bei diesen Worten an Depressionen und Selbstmordgedanken denken: Das tue ich auch, denn nach meiner Einschätzung ist das die Laufbahn viel zu vieler Asperger-Autisten, bis sie die richtige Diagnose erhalten. Autismus ist noch immer viel zu wenig bekannt, denn wie kann es sonst sein, dass ich Geschichten von Betroffenen höre, die in Kliniken von Psychologen Sprüche hören wie »Sie schauen mir doch in die Augen, also sind Sie kein Autist!«?

dessen Inhalt eine ganze Kaskade an Erkenntnissen in Gang setzt! Das reicht erst einmal, nun braucht mein armes Gehirn ein paar Tage Zeit, um wieder einmal Umbaumaßnahmen vorzunehmen. Und dann, wenn mein Gehirn das neue Wissen integriert hat und mich neue Fragen denken lässt, dann suche ich weiter … weiter nach Hilfreichem zwischen all dem Nutzlosem … ich bin so …

Entnervt.

Aber man sucht weiter und findet etwas und dann ist man auf einmal wieder so froh, dass man gerade eine so hilfreiche Erkenntnis hatte, und die möchte man am liebsten sofort mit anderen Betroffenen teilen, aber die verstehen einen nicht, verstehen es nicht. Wie frustrierend! Mir fehlen einfach die richtigen Worte, um dieses Wissen zu vermitteln. Ein Kampf gegen Windmühlen, bis die nächste Erkenntnis einsetzt: Sie können gar nicht verstehen, denn sie hatten die Erkenntnisse davor ja noch nicht, und die sind halt notwendig, um diese eine neue Erkenntnis nachvollziehen zu können. Toll! Jetzt bin ich nicht nur allein unter Nicht-Autisten, sondern lerntechnisch auch allein unter Autisten … das kann doch alles so nicht richtig sein!!! Aber was soll es? Ich merke, dass ich noch nicht genug gelernt habe, dass ich vieles noch nicht verstehe … also weiterhin Trial and Error … und dankbar sein, ja, extrem dankbar dafür sein, dass ich Englisch kann, weil mir dadurch so viel mehr Infos im Internet offen stehen … und weiter lernen … ganz allein … damit habe ich mich …

Abgefunden.

Irgendwann gewöhnt man sich daran, allein zu sein, allein auf der Suche nach dem Wissen, welches das Leben als Autist so viel entspannter werden lässt. Irgendwann gewöhnt man sich daran, allein viel über ein Thema zu lernen und dann zum nächsten überzuwechseln und dann zum nächsten … und immer und immer wieder Trial and Error …

Und manchmal höre ich mich reden … höre mir selbst zu, während ich rede, und denke »Woher weiß ich das nur?« Ich weiß ganz sicher, dass es richtig ist, was ich da gerade erzähle, aber wie ist es nur in meinen Kopf gekommen? Und dann grüble ich, bis mir wieder einfällt, wo ich diese Information gelesen oder in welchem Vortrag ich jene Angabe gehört habe. Wie viel Wissen ich ungewollt bei der Suche nach den Antworten auf die Autismus-Fragen aufgenommen habe … das ist schon …

Skurril.

Ich habe wirklich viel gelernt. Das ist wohl so ... obwohl ... nein... »gelernt« ist nicht das richtige Wort, denn dabei denken die Menschen immer an harte Arbeit, aber so war es ja gar nicht ... das Verarbeiten der autismushilfreichen Informationen, DAS war harte Arbeit, aber die hat ja mein Gehirn größtenteils unbewusst gemacht, zumeist wohl, während ich schlief ... und nein, niemand denkt beim Schlafen an harte Arbeit ... oder etwa beim entspannten Fernsehen von »Lie-to-Me«-Episoden, durch die man, gewollt oder nicht, etwas von der Arbeit von Paul Ekman[31] mitbekommt.

Durch die Trial-and-Error-Methode habe ich sehr viel Randwissen aufgenommen und das ist hilfreich für mich, für mein Leben und manchmal auch für das Leben anderer Menschen. Ich verstehe jetzt Dinge und jetzt habe ich die Worte, um sie zu erklären. Das ist schön, aber war das notwendig? KEINESFALLS! Ich hätte wirklich sehr, sehr gern auf dieses unfreiwillige Lernen von Zusatzwissen verzichtet und stattdessen erst einmal ausschließlich und gezielt Hilfreiches über das Thema Autismus gelernt. Durch den autismusspezifischen Input habe ich jetzt viele Antworten und daher frage ich mich jetzt kaum noch, warum Menschen dieses machen oder jenes sagen, und dadurch ist mein Leben einfach entspannter geworden. Diese einstige Schwäche ist jetzt deutlich gemildert. Und weil ich etliches von dem Wissen, welches Nicht-Autisten unbemerkt während ihres Lebens aufsaugen, bewusst aufgenommen habe, steht es mir auch bewusst zur Verfügung, also abrufbar, und das ist ein klarer Vorteil, denn ich bin dadurch z. B. in der Lage, Sachverhalte erklären zu können – mir selbst und anderen.

Ich kann jetzt beispielsweise Körpersprache lesen und das ist wirklich hilfreich in vielen Situationen. Diese einstige Schwäche ist zu einem Vorteil geworden, denn ich weiß jetzt, wie ich Aussagen werten muss, wenn ich beispielsweise ein Ja aus einem Mund höre, während der zugehörige Körper ein Nein signalisiert. Jetzt kann ich bei »Das ist OK so.« behutsam reagieren mit »Schau auf deine Hände, sie sind beide zu Fäusten geballt. Das sieht für mich nicht nach Zustimmung aus. Kann es vielleicht sein, dass es doch nicht OK ist?«

Für mich ist all das jetzt normal, es ist integriert, ich bemerke nicht mehr, dass ich gelerntes Wissen anwende, es läuft im Autopilot-Modus, so wie ich ja auch nicht bemerke, dass ein Mensch im Fernsehen Englisch spricht ... zumindest solange nicht, bis ihm die deutsche Stimme aus dem Off mitten ins Wort fällt und ich »Wie unhöflich!« denke, bis der Groschen fällt »Ach ja, die deutsche Übersetzung.« ... Hmm ... »bis der Groschen fällt« – gibt es dafür eigentlich eine Up-to-date-Alternative? ... »bis das Zehn-Cent-Stück fällt« ... nein, das ist komisch ... wo war ich gerade?

Und falls Sie sich jetzt fragen »Was soll der Blödsinn denn?«: Es war für mich eine sehr wichtige Lektion beim Integrieren des Asperger-Seins, dass ich lernen musste, mir selbst zuzuhören ... nein, nicht wenn ich laut rede, sondern wenn ich denke. Ich bin jetzt in der Lage, meinen Fokus auf das zu lenken, was ich gerade denke (z. B. die vorherigen Groschen-Gedanken), und das ist sehr wichtig, denn so kann ich bewusst überprüfen, ob das, was ich gerade denke, hilfreich ist in der aktuellen Situation oder nicht. Beispielsweise habe ich früher bei einer Einladung in eine

---

31 Ein Anthropologe und Psychologe, der sich u. a. mit der Klassifikation von emotionalen Gesichtsausdrücken sowie mit Mikroexpressionen beschäftig hat.

Umgebung mit vielen Menschen und lauter Musik sogleich ablehnend reagiert und abgesagt. Ende. Heute bemerke ich diese innere Ablehnung und kann sie (gemäß Prof. Dr. Friedemann Schulz von Thun) mit meinem inneren Team besprechen und zumeist siegt heutzutage die Forscher-Stimme, die sagt »Sag zu, geh hin und wenn du vor Ort merkst, dass es dir zu viel wird, dann geh einfach; so verpasst du nichts vielleicht Schönes oder Hilfreiches oder Interessantes oder ...«[32] Auch hilft es, gar nicht erst in Krisensituationen zu geraten. Ein Blick auf das heutige Gedränge des neulich doch so wunderbar leeren Weihnachtsmarktes, ein Blick in mich hinein und schon ich bin in der Lage, das Ergebnis (»Zu voll für mich.«) dem Weihnachtsmarkt-Begleiter mitzuteilen und das weitere Vorgehen zu besprechen (»Wir beide gehen heute nicht auf den Weihnachtsmarkt oder du gehst allein und ich gehe solange in das Geschäft dort drüben oder ...«). Früher hätte ich mich genötigt gesehen, dem Plan zu folgen, das heißt, ich wäre mit über den Weihnachtsmarkt gegangen und mein durch den Grad der Menschenmassen hervorgerufener, stetig steigender Stresslevel hätte dann weder mir noch der Weihnachtsmarkt-Begleitung eine schöne Zeit bereitet, ganz im Gegenteil.

All die vielen autismusspezifischen Kenntnisse sind sehr hilfreich und erleichtern das Leben sehr. Aber einiges wird sich vermutlich nie ändern und diesen Bodensatz an Schwächen sollte man lernen zu akzeptieren, wie beispielsweise die Abneigung gegen Gedränge beim Weihnachtsmarktbesuch oder zu laute oder »falsche« Töne oder ...

Auch sehe ich mich noch immer als normal an ... logisch, denn das ist meine Sicht auf mich, und als Asperger-Autist hat man es eben schwer, die Sichten anderer Personen, u. a. auf sich selbst, zu verstehen ... bestenfalls minimal auf logischer Ebene durch das Auswerten von ausgeteilten »Welche Adjektive treffen auf Heide zu? Bitte ankreuzen.«-Fragebögen. Die Erkenntnisse aus solchen Die-Sicht-anderer-auf-mich-verstehen-wollen-Aktionen sind teilweise wirklich ...

Erstaunlich.

Auf einmal geschehen sonderliche Dinge. Fachleute hören zu, wenn ich etwas zu einem Thema beisteuere; sie tun nicht nur so. Fachleute fragen mich. Mich! In meiner Welt ist das absolut unlogisch – ich bin doch Laie!

So wurde ich gefragt, ob ich ein Kapitel für dieses Buch schreiben würde, ein Buch, welches für Fachleute gedacht ist ... hm ... Aber ich reagiere jetzt nicht mehr wie früher. Früher hätte ich gelacht und das als Scherz abgetan, weil es einfach nicht in meine Vorstellungswelt passt. Aber jetzt, dank Verständnis, weiß ich, wie ich denke und, dank Training, habe ich »Gegenmaßnahmen« in

---

32 Vor ein paar Tagen war ich beim Christmas Dinner 2016, ein alpenländisches Event in meiner norddeutschen Umgebung, zu dem mich ein Abteilungsleiter eines internationalen Konzerns eingeladen hatte. Ich war da und bin extrem dankbar dafür. Ich bin dankbar, dass ich jetzt Gelegenheit habe, in solch einem Umfeld zu arbeiten, dass ich jetzt derlei Einladungen nicht mehr sofort ablehne und dass ich, eine externe Mitarbeiterin und erst ein paar Tage im Projekt, mit weit geöffneten Armen zu dieser Feier willkommen geheißen wurde. Ich habe interessante Gespräche geführt und Interessantes gehört und ich durfte Erfahrungen sammeln, die sehr wichtig für mich ... für mein weiteres Leben sind.

meinen Denkprozess integriert, und daher poppt jetzt in solchen Situationen vor meinem geistigen Auge ein Schild auf, auf dem zu lesen ist »Diese Sache verstehst du (noch!) nicht, da brauchst du noch Input, also lass dir die Sicht des Gegenübers erklären! Jetzt.«

Ich habe nachgefragt und eine logisch-akzeptable Begründung gehört. Eine Begründung, die ich in meiner Vorstellungswelt noch nicht verstehen kann und vielleicht auch nie verstehen werde. Und das ist das Schöne – ich muss es jetzt auch nicht mehr verstehen! Ich habe gelernt zu akzeptieren, dass ich als Autistin etwas nicht verstehen kann, was Nicht-Autisten denken. Das ist einfach so. Ende. Also lasse ich in solchen Situationen sie, die Nicht-Autisten, die Entscheidung treffen. Und wenn sie beispielsweise der Annahme sind, dass es irgendjemandem hilft, und sei es auch nur einer einzigen Person, wenn ich etwas zu diesem Buch beisteuere, dann mache ich das eben. Einerseits mache ich es gern, denn ich verbinde damit die Hoffnung, dass jeder noch so winzig kleine Schritt vielleicht hilft, die Situation der Autisten in Deutschland zu verbessern, eine Besserung für ihr ganzes Leben – von der Diagnose bis zum Tod. Andererseits mache ich es äußerst ungern, denn ich stehe lieber am Rand als im Mittelpunkt. Ich habe jedoch für mich zähneknirschend akzeptiert, dass es niemandem hilft, wenn ich mich still in meinem Kämmerlein über etwas ärgere …

Für meinen Part an diesem Buch wurden Fragen vorgeschlagen. Eine davon war »Was halte ich für notwendig, was Menschen in meiner Situation bekommen sollten?« Eine Antwort auf diese Frage wurde in meinem Gehirn bereits vor langer, langer Zeit geschrieben. Ich erachte das Folgende als …

Hilfreich.

Was also sollte man mit jemandem machen, der rücklings auf dem Boden liegt, weil das Leben den Teppich, auf dem er stand, mit einem kräftigen Ruck fortgerissen hat? Dieser arme Mensch liegt völlig geschockt auf dem Rücken und starrt mit vor Schreck weit aufgerissenen Augen an die weiße Decke … weiß wie ein unbeschriebenes Blatt … leer wie am Anfang des Lebens … kein Wissen über sich selbst – nur diesmal kein Wissen über sich selbst als Autist … Was bedeutet das denn nun? Keine Ahnung! Keine Bilder, wo die Reise von hier aus hingehen könnte … alles nur weiß … keine Perspektive … alles so fremd, so beängstigend, so … allein.

Aufhelfen.

Wenn jemand am Boden liegt, hilft man ihm auf. Das ist doch selbstverständlich, für jedermann – sofern es um physische Belange geht, sofern man das Problem sehen kann. Ach, wenn doch nur psychische Bedürfnisse auch so klar zu sehen wären! Es bedarf also einer Person, die gelernt hat, solche Probleme zu erkennen.

Es muss jemand da sein, der einem die Hand reicht und der voller Überzeugung sagt »Ich bin für dich da, ich helfe dir auf, gemeinsam schaffen wir das und dann wird bald (fast) alles besser!«

Auf die Reise schicken.

Dieser Unterstützer sollte verstehen, dass derzeit keine Perspektive vorhanden ist und daher sagen »Von jetzt an wird es besser! Du gehst jetzt auf eine sehr spannende Entdeckungsreise[33] zu dir selbst, zu dir als Asperger-Autist. Ich zeige dir, was möglich ist, was sein kann. Ich zeige dir Möglichkeiten auf, wohin deine Reise von hier aus gehen könnte. Ich zeige dir, wohin andere deiner Art von diesem Startpunkt aus gereist sind und wie viel angenehmer ihr Leben am Ziel ist. Ich zeige dir mögliche Zwischenstationen und du legst dann dein Ziel fest.«

Ein frisch diagnostizierter Asperger-Autist braucht schnellstmöglich ein vorstellbares Zielszenario vor Augen. Wenn nur die weiße Wand da ist, nur diese weiße Wand aus Unwissenheit oder bestenfalls Halbwissen zu sehen ist, kann sich der Blick nicht daran festhalten und er wird automatisch abdriften zur zumeist unschönen Vergangenheit. Dann werden sich alle dort zu sehenden Probleme rücksichtslos in den Vordergrund drängen und den Menschen erdrücken, ihn am Boden niedergedrückt gefangen halten, unfähig, zu handeln. Dem Menschen muss daher schnellstmöglich aufgeholfen werden, schnell raus aus der passiven Opferrolle und rein in die aktive Handlung.

Reiseleitung anbieten.

Der Unterstützer sollte erklären, dass die Zeit nach Entdeckung des Asperger-Seins eine absolute Ausnahmesituation darstellt. Er sollte erklären, dass sich nichts von heute auf morgen verändern wird, dass man sich daher für die Adaption an die neue Situation des bewussten Asperger-Seins einen Zeitrahmen setzen sollte, beispielsweise ein

---

33 An dieser Stelle wurde ich darauf aufmerksam gemacht, dass nicht alle Asperger-Autisten die Ansicht teilen, dass das Lernen bzgl. der Autismus-Auswirkungen sinnvoll ist: »... dass es natürlich auch etliche Autisten gibt, die nach der Diagnose meinen, jetzt müsse sich die Welt nur noch nach ihnen richten. Sie haben eine Behinderung, also haben sie auch das Recht, dass alle Welt ihre Behinderung anerkennt und Rücksicht nimmt, sie selbst also nichts tun müssten, weil sie ja so sind, wie sie sind, und nichts dafür können bzw. nichts gegen ihr Anderssein tun können.« In der Tat, diese Einstellung ist mir auch begegnet und ich finde sie äußerst unlogisch, denn der Anteil der Autisten gemessen an der Bevölkerung ist gering und die Auswirkungen von Autismus sind in Deutschland eher unbekannt als bekannt. Wie also kann dann erwartet werden, dass in der Bevölkerung entsprechendes Wissen vorhanden ist, um zu wissen, dass und in welcher Form Rücksicht genommen werden sollte?

Jahr für jedes undiagnostizierte Lebensjahrzehnt.

Die erste Zeit nach der Diagnose wird anstrengend werden. Das Gehirn wird sich das bisherige Leben ansehen und nun unter dem Aspekt Autismus neu bewerten. Viele Fragen werden auftauchen. Die Schublade »ungeklärte Situationen« wird sich öffnen und viele komische oder unschöne Situationen werden herausquellen, um neu bewertet und dann in einer endgültigen Schublade abgelegt zu werden. So viele Fragen tauchen auf, und zwar so viel schneller, als sich einzelne Antworten finden lassen ... alles so chaotisch ... Schreiben oder Reden bringt Erleichterung. Hilfreich ist daher in dieser akuten Situation ein fester Ansprechpartner, jemand der da ist, der liest oder zuhört und ab und zu eine Frage stellt, quasi Denk-Brotkrumen in die »richtige« Denkrichtung streut. Und wenn das Gehirn den Körper am Schlafen hindert, dann raus aus dem Bett und rein in die Tasten, damit die aktuelle Situation erst einmal raus ist aus dem Kopf und der Körper schlafen kann. U. a. auch deswegen ist Kommunikation per Mail[34] hilfreich, weil Mails auch morgens um 4:00 Uhr geschrieben werden können.

Mögliche Reiseziele aufzeigen.

Der Reisebegleiter sollte erklären, was die Ursachen und Auswirkungen des Autismus sind bzw. sein können. Er sollte erklären, dass einige Bereiche des autistischen Gehirns anders funktionieren als Gehirne von nicht-autistischen Menschen, dass daher beispielsweise das Unverständnis für die Denk- und Handlungsweisen von nicht-autistischen Menschen resultiert. Ebenfalls sollte erklärt werden, dass das Gehirn nicht »fest verdrahtet« ist, sondern äußerst flexibel funktioniert, und dass somit andere Bereiche des autistischen Gehirns die bisher nicht vorhandenen Fähigkeiten ausüben können, man muss einfach nur lernen, z. B. über Kommunikation oder Körpersprache. Frisch nach dem Erkennen des Asperger-Seins ist es so, als lebte man ab jetzt in einem Land, dessen Sprache und Gebräuche man nicht kennt. Und was macht man in so einer Situation? Logisch – Sprache und Gebräuche lernen, um besser zurechtzukommen!

Im Laufe des Lebens hat man viel (bewusst) gelernt und nachdem man es oft genug wiederholt hat, kann man es und wendet es dann automatisch (unbewusst) an.

In einem fremden Land sollte man wissen, welche Gesten man machen darf und welche man tunlichst unterlassen sollte, um nicht in Schwierigkeiten zu kommen. Daher ist es absolut notwendig zu prüfen, welche Aktionen im Gehirn automatisch ablaufen, damit man überprüfen kann, ob sie in diesem Land hilfreich, neutral oder schädlich sind. Wenn beispielsweise ein autistisches Gehirn in nur zwei Kategorien denkt – in schwarz oder weiß, in ganz oder gar nicht, in geht oder geht nicht – dann ist das in einem nicht-autistischen Land äußerst hinderlich. Um in solch einem Land entspannt zurechtzukommen, bedarf es eines Grau-Bereichs. Also muss das autistische Gehirn lernen zu registrieren, dass es und wann es gerade Schwarz bzw. Weiß denkt und dann fragen, ob das in der aktuellen Situation hilfreich oder hinderlich ist und ob es in dieser Situation eine bessere Grau-Variante geben könnte, frei nach dem

---

34 Oder jede andere Form der elektronischen Kommunikation.

Motto »Was nicht passt, wird passend gemacht!«[35].

Wenn man sich in ein fremdes Land begibt, dann weiß man als Reisender nicht, welche Stätten es wert sind, besucht zu werden, man kann also nicht selbst danach fragen. Reiseleiter müssen daher diese unbekannten Gefilde beschreiben.

Kosten nennen.

Die Reiseleitung sollte sowohl die Vorzüge der vorgeschlagenen Orte beschreiben als auch die Strapazen, die der Reisende auf sich nehmen muss, um an diese Orte zu gelangen. Nur so kann der Reisende entscheiden, ob er unbedingt zu einem bestimmten Reiseziel gelangen möchte oder ob ihm das die Mühe nicht wert ist; ob er es vorzieht diesen einen Ort nicht kennenzulernen und lieber mit der Unwissenheit zu leben.

Übersetzt bedeutet das, dass der Autismus-Fachmann erklären muss, was gelernt werden kann, was dazu notwendig ist und welcher Aufwand dazu betrieben werden muss. Ebenfalls sollte dargelegt werden, dass zum Zufriedensein keine 100-Prozent-Lösung notwendig ist, sondern vielleicht auch 45 Prozent ausreichen. Auch sollte das zu Lernende in einen zeitlichen Kontext gestellt werden. Wenn man am Anfang die Grundstruktur aktiv lernt, eignet man sich anschließend weiteres Wissen ganz »nebenbei« an.

Exkursionen auf eigene Faust aufzeigen.

Der Autismus-Fachmann sollte auch erklären, dass es Bereiche gibt, bei denen es nicht hilft, wenn man von anderen lernt. Diese Gebiete muss man selbst erforschen, man muss sich selbst erforschen. Wie ist beispielsweise die eigene Reaktion auf bestimmte Reize? Wann ist es mir zu hell, zu laut, zu voll, zu ... Jeder Autist ist anders, daher muss jeder Autist dies für sich selbst herausfinden, für sich selbst eine Bedienungsanleitung erstellen. Er muss wissen, was ihm gut tut, was ihm nicht gut tut und wie groß der Grenzbereich dazwischen ist. Passend dazu muss er herausfinden, was es ihn jeweils an Kraft kostet, sich im Grau-Bereich oder gar in der No-go-Area aufzuhalten. Erst wenn diese Informationen vorliegen, kann er selbstbestimmte Entscheidungen treffen. Was kostet es mich an Kraft, wenn ich zur lauten Familienfeier gehe, und was bringt es mir? Was kostet es mich an Kraft, wenn ich bis zum Schluss bleibe oder wenn ich nach einer Stunde gehe. Was bin ich bereit an Kraft aufzuwenden? Und welchen Nutzen sehen andere Personen darin? Erst wenn ich mich selbst kenne, bin ich auch in der Lage, anderen Personen zu erklären, was es mich an Kraft kostet, mich in einer Situation aufzuhalten, um beispielsweise einer anderen Person einen Gefallen zu tun und an einer

---

35 Ich danke dem »Lehrmeister«! Diesen Leitspruch zu lernen war äußerst hilfreich!

Feier teilzunehmen. Und wenn diese Person mich mag, dann wird sie das verstehen und nicht wollen, dass ich zu viel Kraft aufwende, und sich auch über eine Ein-Stunden-Teilnahme an der Feier sehr freuen oder über einen späteren Besuch, wenn sonst niemand da ist, oder das nächste Mal gleich mit »Ich mag dich und darum lade ich dich nicht ein.« reagieren.

Reiseroute festlegen.

Zum Lernen über Autismus-Ursachen und -Auswirkungen und zum Sich-selbst-Kennenlernen ist eine strukturierte Anleitung hilfreich. Es sollte daher eine konkrete Übersicht über die jeweiligen Lernziele und den jeweiligen Lerninhalt geben. Für jedes Thema sollte Lernmaterial zusammengestellt werden, in dem Grundsätzliches so erklärt wird, dass es für erwachsene Asperger-Autisten gut nachvollziehbar ist.

Da ständig neues Wissen verfügbar ist, sollte auf andere Lernquellen und wie diese nutzbar gemacht werden können, hingewiesen werden. So sollten beispielsweise bei einer Referenz auf das Internet auch gleichzeitig hilfreiche Suchbegriffe genannt werden wie »nonverbale Kommunikation«, »Körpersprache« etc. Und da Lernen ja nicht immer anstrengend sein muss, sollte auch Angenehmes genannt werden, wie beispielsweise die Erklärungen zur sozialen Interaktion von/für Dr. Dr. Sheldon Lee Cooper aus der Serie »The Big Bang Theory« oder der Blick auf Max' Asperger-Sein im Film »Mary & Max – oder: Schrumpfen Schafe, wenn es regnet?«.

Reise-Datenbank

Es gibt sehr viele einzelne Stellen im deutschsprachigen Raum, an denen Wissenstipps für Autisten angeboten werden. Mir ist jedoch keine strukturierte, zum schrittweisen Lernen geeignete Stelle bekannt, die aus meiner Sicht jedoch wünschenswert wäre. Ich stelle mir eine Stelle vor, eine Wissensdatenbank, in der dieses Wissen gesammelt und von kompetenten Menschen aufbereitet, strukturiert und klassifiziert abgelegt wird. Autisten könnten in einer Lernplattform selektieren, beispielsweise ein Lernthema auswählen mit einem entsprechenden Schwierigkeits- oder Detaillierungsgrad, mit Schwerpunkt auf visuellem oder auditivem Lernen und der Einschränkung, nur Filme bis zehn Minuten Länge zu suchen, oder Ähnliches. Der Zugriff auf diese Wissensquelle sollte mobil erfolgen können, sodass man zwischendurch immer ein klein wenig lernen kann, wenn es gerade zeitlich passt.

Und ... ach, was soll es – wenn ich schon beim Wünschen eines kleinen Fingers bin, dann doch gleich her mit dem ganzen Arm! Diese elektronische Wissenssammlung sollte auch ein Forum enthalten, in dem die Mitglieder die Möglichkeit haben, ihre Fragen an Experten zu richten oder sich auf eine 24-Stunden-Krisenintervention-Hotline per E-Mail und Telefon zu stützen. Foren für

Betroffene gibt es einige. Ich finde jedoch ein zusätzliches, von Fachleuten zielgerichtet geleitetes Forum sinnvoll, wo sich Lernende austauschen können.

Gruppen- und Individual-Reise

Das Treffen von Gleichartigen erachte ich als sehr hilfreich. Neben dem Besuch von Selbsthilfegruppen halte ich auch das Lernen in Gruppen für sinnvoll, zumindest für die Zeit gleich nach der Diagnose, bei der Vermittlung des Basiswissens.

Devisen besorgen.

Das alles kostet Geld. Ich weiß die Arbeit der vielen engagierten Menschen bei Autismus Deutschland e. V. und den regionalen Niederlassungen sehr zu schätzen und ich sehe die Notwendigkeit dieser Arbeit. Leider tun das offensichtlich (noch!) nicht die entscheidenden Menschen, nämlich solche, die Geldquellen zum Fließen bringen können, beispielsweise die der Krankenkassen. Autismus ist nicht heilbar, es besteht keine Aussicht auf Heilung und daher wird nicht gezahlt. Ende. Ich bin nachgewiesenermaßen nicht dumm, aber das ist einfach zu hoch für mich. Heute weiß man doch, dass das Gehirn flexibel ist, dass auch andere Bereiche des Gehirns neue Funktionen übernehmen können. Mir ist egal, welcher Gehirnbereich bei mir für Kommunikation und soziale Interaktion vorgesehen war, wichtig ist doch, dass es mein Gehirn lernen konnte, dass ich es jetzt anwenden kann und dadurch ein viel entspannteres Leben führen kann, aber das fällt wohl unter den Begriff individueller Luxus. Und wenn ich mir all die Betroffen ansehe, die ich kenne … wie wenig Input manchmal ausreicht, um ein riesiges Problem verschwinden zu lassen, oder wie wenig Hilfe manchmal nötig ist, um jemanden vom Sozialhilfeempfänger in einen Steuergeldzahler zu verwandeln. Ich finde das äußerst ungerecht …

Wenn jemand einen Schlaganfall erleidet und Bereiche seines Gehirns eine Funktion nicht mehr ausüben können, dann bekommt er Training, damit andere Bereiche seines Gehirns diese Funktion übernehmen. Wenn bei jemandem Asperger-Autismus diagnostiziert wird, bekommt er kein Training, damit andere Gehirnbereiche wichtige Fähigkeiten lernen dürfen. Wieso?

Wenn bei jemandem Diabetes[36] diagnostiziert wird, dann ist das nach heutigem Stand zwar nicht heilbar, aber er wird trotzdem zu einer Schulung geschickt, bei der er lernt, mit dieser Einschränkung so umzugehen, dass sich sein Zustand möglichst nicht verschlechtert. Wenn bei jemandem As-

---

36 Viele Zivilisationskrankheiten werden in hohem Ausmaß durch ungesunden Lebenswandel/schlechte Ernährungsweise etc. selbst verschuldet, während Asperger-Autisten schuldlos an ihrer Entwicklung sind. Warum werden dann Menschen mit einer tiefgreifenden Entwicklungsstörung weniger unterstützt als die Träger dieser so genannten Wohlstandserkrankungen?

perger-Autismus diagnostiziert wird, dann darf der nicht zur Schulung und nicht lernen, mit dieser Einschränkung so umzugehen, dass sich sein Zustand nicht verschlechtert und er beispielsweise eine Depression entwickelt. Wieso?

Wenn jemand starke Probleme im Leben hat, weil er an etwas festhält, was so nicht real ist, dann darf er sich Hilfe suchen, damit er lernt, seine Sicht zu ändern. Wenn bei jemandem Asperger-Autismus diagnostiziert wird, dann darf er nicht lernen, dass er nur seine Sicht sieht, und er darf nicht lernen, die Sichten anderer zu registrieren und zu akzeptieren. Wieso?

Wenn jemand Panikattacken hat, dann darf er sich Hilfe suchen und lernen, was er tun kann, damit sich Anzahl und Schwere der Panikattacken reduzieren. Wenn bei jemandem Asperger-Autismus diagnostiziert wird, dann darf er nicht lernen, was er tun kann, damit sich Anzahl und Schwere von Overloads reduzieren. Wieso?

Wenn jemand Bluter ist, dann wird ihm erklärt, wie er sich verhalten muss und welche Informationen dringend zu vermitteln sind, wenn er plötzlich ins Krankenhaus muss. Wenn jemand Asperger-Autist ist, dann darf er nicht lernen, dass und wie er einem Arzt vermitteln soll, dass sein Schmerzempfinden herabgesetzt ist und dass der Arzt die Situation nicht durch das Wahrnehmen seiner Körpersprache beurteilen darf, weil das zu Fehleinschätzungen und so ggf. zu lebensbedrohenden Situationen führen kann. Wieso?

Wenn jemand neu nach Deutschland kommt, dann darf er Deutsch lernen, damit er angemessen kommunizieren und sich integrieren kann. Wenn jemand Asperger-Autist ist, dann darf er nicht lernen, Körpersprache zu lesen und zu sprechen, damit er seine Chancen auf Integration steigern kann. Und so weiter und sofort...

Hier ist der Bedarf, den ich ab der Diagnose sehe, noch einmal in komprimierter Form:

Erste Beratungsphase:

- Reflexion der Diagnose – was hat sie beim Betroffenen ausgelöst, welche akuten Fragen hat sie hervorgerufen? Hilfen für die Verarbeitung anbieten.
- Jetzt wird alles besser! Augen auf eine bessere Zukunft lenken.
- Beispiele für Lernerfolge vor Augen führen, mögliche Zielszenarios vorstellen.
- Start-Infopaket mitgeben: Inhalte der Vor-Ort-Schulung, Internetquellen, Lernplattform, Expertenforum, Krisenhotline; Hilfen, um über persönliches Zielszenario nachdenken zu können. Erste Lernlektion vorgeben. Festen Reisebegleiter/Ansprechpartner anbieten. Hinweis auf Selbsthilfegruppen für Asperger-Autisten und für ihre Partner/Angehörigen.
- Raus aus der Hilflosigkeit, rein in die Aktivität (Ich kann etwas tun!). Strukturiertes Vorgehen darlegen, erste handfeste To-dos mitgeben (etwas Ausgedrucktes, physisch Fassbares, zum Fest- und Vor-Augen-Halten), z. B. zum Herausfinden der eigenen Stärken.

Zweite Beratungsphase:

- Persönliche Lernziele besprechen und entsprechendes Lernvorgehen/entsprechende Lektionenreihenfolge festlegen.
- Weitere Probleme und Hilfsangebote besprechen.

Autismus-Schulung:

- Überblick über Ursachen und mögliche Auswirkungen von Autismus. Komorbiditäten.
- Lernen wie man denkt: Regeln, schwarz/weiß, nicht-erkennen der Sicht anderer.
- Möglichkeit aufzeigen, wie man den eigenen Denkstil ändern kann.
- Integration der Lernziele in den Alltag; Hilfsmittel.
- Lernen, Asperger-Autismus zu erklären.

- Lernen, die eigenen Grenzen zu erkennen, sie anderen zu erklären und sie zu verteidigen.
- Umgang mit sensorischen Problemen.
- Umgang mit starken Emotionen, mit Angst.
- Lernen, einen sich anbahnenden Overload so rechtzeitig zu erkennen, dass er noch verhindert werden kann bzw. dass er schnellstmöglich wieder vorbei ist.
- Möglichkeiten der Stressreduzierung erlernen.
- Kommunikation, Interaktion, Körpersprache lernen – die der anderen und die eigene.
- »Ämterwissen« – Rechte, Behörden, Anträge …

Intensive Begleitung während der ersten Zeit nach der Diagnose:

- Kurzfristige Gesprächsangebote, Häufigkeit je nach Bedarf; elektronischen Kontakt ermöglichen.
- Hilfe bei Anträgen, Ämtern etc.

Fortwährende Hilfe bei alltäglichen Problemen und bei Krisen:

- Hilfe bei der Lösung handfester, konkreter Probleme im Arbeitsumfeld oder Privatleben: Begleitung zum Kauf einer Waschmaschine[37]; Begleitung zu Behördenterminen, Aufklärung von Arbeitgebern, Krankenhauspersonal etc. über das Thema Autismus und Beratung bzgl. der Notwendigkeiten der Anpassung des Umfeldes bzw. der Situation; Hilfe bei der Suche nach einer leiseren Wohnung, wenn in der aktuellen Wohnung durch neue laute Nachbarn so wenig Schlaf zu finden ist, dass quasi Handlungsunfähigkeit eintritt; Hilfe beim Suchen eines Psychologen mit Asperger-Autismus-Erfahrung; versuchen »komische« Verhaltensweisen Dritter zu erklären etc.
- Krisenintervention.

Mentoring:

- Aktive Suche nach Lehrenden, nach ganz normalen Menschen, die menschliches Verhalten gut erklären können, z. B. wie Gruppendynamik funktioniert.
- Aktive Suche nach Lebenspaten, nach ganz normalen Menschen, mit denen ganz alltägliche Probleme besprochen[38] werden können oder Probleme mit Partnern oder Familie oder …
- Aktive Suche nach Jobpaten, die helfen, den richtigen Job zu finden, und die helfen, im Job Schwierigkeiten zu überwinden, Ziele zu setzten, Chancen zu erkennen und zu nutzen.

Und, haben Sie meine Wünsche überrascht? Oder sehen Sie ebenfalls die Notwendigkeiten, die ich sehe?

Wenn wir beide ähnliche Ziele vor Augen haben sollten, dann bitte nur nicht aufgeben, immer schön am Ball bleiben! Veränderungen dauern – nicht nur bei Menschen. Also Ziel anvisieren und einfach immer weiter darauf zugehen, ruhig auch mit winzigen Schritten, nur nicht stehen bleiben … Wir sehen uns am Ziel!

---

37 Das Autismus-Spektrum ist groß und entsprechend variieren die Fähigkeiten und Lebensumstände, weshalb viele Betroffene keine Hilfen bei Behörden oder bei der Wohnungssuche benötigen und anderen das eigenständige Lernen eher nicht liegt.

38 Hilfe zur Selbsthilfe – die sollte stets im Vordergrund stehen. Probleme sollten möglichst nicht für Betroffene gelöst werden, sondern die Betroffenen sollten in die Lage versetzt werden, sich selbst um ihre Belange zu kümmern.

Literatur

Schulz von Thun, F. (2008): Miteinander reden: 1 Störungen und Klärungen; 2 Stile, Werte und Persönlichkeitsentwicklung; 3 Das »Innere Team« und situationsgerechte Kommunikation«. Rowohlt, Reinbek bei Hamburg

Verzeichnis der Autorinnen und Autoren

Arens-Wiebel, Christiane, Sozialpädagogin, Leiterin der Beratungsstelle und Fachreferentin bei Autismus Bremen e.V., Mitglied der Fachgruppe Therapie des Bundesverbandes Autismus-Deutschland

Beese, Kristina, Diplom Pädagogin, Therapeutin am Hamburger Autismus Institut, Arbeitsschwerpunkt u. a.: Autismus und Arbeit

Cohrssen, Heide, Senior IT-Consultant

Döringer, Irmgard, Diplom-Psychologin und Psychologische Psychotherapeutin, Gesamtleitung Autismus-Therapieinstitut Langen und Mitglied der Fachgruppe Therapie des Bundesverbands Autismus Deutschland

Eberhardt, Oliver, Kinder- und Jugendlichenpsychotherapeut, arbeitet im Hamburger Autismus- Institut und in eigener Praxis

Frese, Christian, Ass. jur. und Geschäftsführer des Bundesverbandes Autismus Deutschland e. V. In dieser Funktion setzt er sich für die Rechte von Menschen mit Autismus ein und betreibt Öffentlichkeitsarbeit

Heit, Heinz, Heilpädagoge B. A., Therapeut im Autismus-Therapiezentrum der Heilpädagogischen Hilfe Bersenbrück

Herold, Irmgard, Diplom-Psychologin und approbierte Psychotherapeutin, therapeutische Geschäftsführerin des Autismus-Therapiezentrums Trier und Mitglied der Fachgruppe Therapie im Bundesverband Autismus-Deutschland

Lamaye, Susanne, Diplom-Pädagogin, Systemische Therapeutin und Marte Meo Supervisorin, Regionalleitung Autismus Therapieinstitut Langen

Lohmann, Maike, Erzieherin und Sonderschullehrerin, Mitarbeiterin der BIS-Autismus in Schleswig-Holstein, Lehrkraft an der Raboisenschule in Elmshorn

Mack, Kathrin, Diplom-Sozialpädagogin/arbeiterin, heilpädagogisch-therapeutische Fachkraft im Autismus-Therapiezentrum der Heilpädagogischen Hilfe Bersenbrück, Ausbildung in Systemischem Elterncoaching/IF Weinheim

Müller, Christina, Dr., Diplom-Psychologin im Westfälischen Institut für Entwicklungsförderung in Bielefeld

Nashef, Anas, Dr., Diplom-Psychologe, Leiter der Autismus-Therapiezentren Bremerhaven und Debstedt

Reineke, Leila, Diplom-Sozialpädagogin und Erlebnispädagogin, Kletterbetreuerin und Wanderleiterin im Deutschen Alpenverein, therapeutische Fachkraft im Westfälischen Institut für Entwicklungsförderung in Bielefeld

Rickert-Bolg, Wolfgang, Diplom-Psychologe und Psychologischer Psychotherapeut, Leiter des Autismus-Therapiezentrums Osnabrück und Mitglied der Fachgruppe Therapie des Bundesverbands Autismus Deutschland

Rittmann, Barbara, Diplom-Psychologin und Psychologische Psychotherapeutin, Geschäftsführerin und gesamttherapeutische Leiterin des Hamburger Autismus Instituts und Mitglied der Fachgruppe Therapie des Bundesverbands Autismus Deutschland

Seng, Hajo, Mathematiker, Gründungs- und Vorstandsmitglied bei Aspies e.V. und autWorker, Beisitzer im Vorstand der WGAS und bei auticon, Promovent bei Prof. Theunissen (Rehabilitationspädagogik)

Steinhaus, Martina, Diplom-Psychologin und Psychotherapeutin, Geschäftsführerin und gesamttherapeutische Leiterin von Autismus-Therapie Weser-Ems gGmbH, Mitglied der Fachgruppe Therapie des Bundesverbandes Autismus Deutschland

Thiemann, Cordula, Kinder- und Jugendlichenpsychotherapeutin und mehrjährige Leitungstätigkeit als Therapeutische Leitung im Autismus-Therapie-Zentrum Südbaden, Systemische Beratung (SG), Musiktherapeutin B. A. (FH/NL), Weiterbildungen in Transaktionsanalyse und Sozialmanagement, Fortbildungstätigkeit

Wahrmund, Renate, Diplom-Musiktherapeutin, therapeutische Mitarbeiterin des Autismus Therapiezentrums der Heilpädagogischen Hilfe Bersenbrück

Wilczek, Brit, Psychologische Psychotherapeutin, Bewegungs- u. Ausdruckstherapeutin, psychotherapeutische Praxis für Erwachsene mit ASS in Neumünster, Fortbildungstätigkeit im Bereich Autismus

Stichwortverzeichnis

A

Abwehr 53, 72–73, 77
Achtsamkeitstraining 40, 66
ADHS 12, 87, 89, 202, 253, 256
ADOS 140, 288
Anpassungsstrategien 24, 268
Anstrengungsbereitschaft 86, 203, 233
Arbeitstugenden 226, 239
Aufmerksamkeits-Interaktions-Therapie 61, 63, 122, 126, 290
Aufmerksamkeitsschwäche 203
Ausdrucksfähigkeit 98, 109
Austauschprozesse 74
Autismus-Therapie 307
Autoaggressionen 25, 104, 192
Autonomie 49, 165, 223, 234, 267, 271, 273, 289
aversive Methoden 286

B

Behinderung 303
berufliche Rehabilitation 222
Berufsausbildung 46, 217, 232–233, 239
Berufsbegleitung 223, 226
Berufsbildungswerke 233
Bettelheim 157
Bewältigungsversuche 73
Bewegungs- und Ausdruckstherapie 96
Beziehungsangebote 77
beziehungsorientierte Interaktion und Kommunikation 266, 270
Blickkontakt 21, 23, 25, 59, 64, 72–73, 117, 119, 146–147, 271, 292
Bundesteilhabegesetz 303

C

Comic Strip Conversation 66, 211

D

Denktypen 243–244
Depressionen 161, 253, 285, 332
differenzielle Beziehungstherapie 61, 63, 71–75, 96

E

Echolalie 22
Einfühlungsvermögen 75, 275
Eingliederungshilfe 305
Einstweilige Anordnung 316
Eltern von autistischen Kindern 157, 159, 162
Elternberatung 34
Elterncoaching 178–180
Elterngruppen 34, 133, 137, 149, 178
Elterntraining 68, 122, 149, 290
Empathie 65, 73, 111, 175, 245, 275, 279
Empathiefähigkeit 221–222
Empowerment 60, 234, 238
Entspannung 38, 66, 80, 98, 107, 111, 183, 207, 259, 277
Entspannungstechniken 54, 227
erlebnispädagogische Methoden 82, 85
ESDM 61, 126–127, 139, 290
Evaluation 120, 122, 125, 144, 286, 288–290, 292, 295
Evidenz 144, 289, 298
Evidenzbasierung 28, 140, 288, 298
exekutive Funktionen 15

F

Fähigkeitenworkshop 241, 248
Fahrtkosten zur Autismus-Therapie 308
familiäre Belastung 48
familienorientierte Frühtherapie 133
Flexibilität 50, 217, 221, 235–236, 278
Floortime 63, 71, 144

Förderdiagnostik 93, 151
Förderstrategien 48, 123, 127–128
Freizeitpädagogik 50
Freundschaft 53, 162, 171, 173, 225, 256–257, 259, 265, 275
Frühförderung 308
Frühtherapie 12, 117, 120, 133, 137, 139, 141, 151, 290

G

Gebärden 38, 47, 78, 121, 123, 191
Geschlechterrolle 263
Geschlechterverteilung 261
geschlechtsspezifische Anforderungen 261
geschützter Rahmen 56, 83, 225
Geschwister 33–35, 51, 68, 80, 168–170, 173
Gesprächspsychotherapie 50
Gestalttheorie 15–16
geteilte Freude 47
Grad der Behinderung 304
Gruppentherapie 45, 52–53, 88, 267–268, 271

H

Handlungsplanung 36, 87, 94, 111, 254–255
Hartmut Janetzke 71, 75, 97
Hausbesuche 34
Heilbehandlung 308
Heilmittelerbringung 308
Helferkonferenzen 51, 53
herausforderndes Verhalten 62, 212
Hilfen zur angemessenen Schulbildung 309
Hirnforschung 140, 143
Hochbegabung 12, 235, 253–254, 256, 291
Hörwahrnehmung 18

I

ICF 305
Ich-Funktionen 106, 110
Identitätsbildung 64, 67, 69
Identitätsentwicklung 265, 289
Imitation 100, 106–107, 110, 113, 120, 123–124, 144, 148–150, 209, 215, 235
Individuation 164
individuelle Stärken 91
Internationale Klassifikation der Funktionsfähigkeit, Behinderung und Gesundheit 305
intrinsische Motivation 63, 77, 146

J

Janetzke, Hartmut 71, 75, 97
Jobcarving 236
Job-Coaching 233
joint attention 59, 290

K

Kindzentrierung 119, 121, 127
kleiner Prinz 74
Klientenzentrierung 97, 106
kognitive Verhaltenstherapie 51, 55, 65, 67, 238
Kommunikationstraining 38
Komorbidität 25, 291
Konfliktfähigkeit 221, 265
Konzentration 47–48, 97, 103, 268
Körperspannung 101, 104

L

lebenspraktische Förderung 39
Lebensqualität 26
Lebenszufriedenheit 29, 31
Leistungen der Pflegeversicherung 310
Leistungen zur Sozialen Teilhabe 314
Leistungen zur Teilhabe an Bildung 313
Lernziele 213, 330, 332
Lernzonenmodell 83, 86
Lovaas 58, 71, 81, 118–119, 141, 286

M

Marte Meo 34, 133, 135, 151
Mentalisierung 168
Merkzeichen 306
Methodenkombinationen 117, 126
Methodenspektrum 56
Mobbing 202, 257
Modelllernen 62, 64
multimethodales Vorgehen 285
multimodale Autismus-Therapie 45, 61, 62, 71
Multiprofessionalität 11, 150

N

Nachrang der Eingliederungshilfe 309
Nachteilsausgleich 39, 194, 198, 204, 206, 210, 216, 306

Nähe und Distanz 98
Netzwerkarbeit 184, 194, 196, 227, 230
Neuropsychologie 142
neurotypisch 139, 142, 242, 262
nonverbale Kommunikation 104
nonverbale Signale 21

O

Objekt Mensch 74
Orientierungshilfen 26, 197
Overloads 243, 332

P

Partnerschaft 12, 171, 173, 262, 264, 274–276, 278–279
PECS 62, 66, 114, 123, 191
Pflegereform 310
Prozessorientierung 97
Psychoedukation 39, 47, 51, 54–55, 67, 133–134, 149, 170, 268
Psychomotorik 48
psychosomatische Beschwerden 54
Psychotherapie 308

Q

Qualitätssicherung 12, 29, 283

R

RDI 144, 290
Rechtsschutzmaßnahmen 316
Reizüberflutung 11, 134, 170, 192, 197
Responsivität 290
Ressourcen 30–31, 38, 51, 56, 136, 171, 177, 203, 212–213, 269, 285, 292
Rollenspiele 53, 65, 109, 268, 292
Rückversicherung 72–73

S

Schlüsselkompetenzen 46–47, 55, 61, 73, 106, 121, 123, 141, 235
Schulbegleitung 37, 190, 193, 196, 199, 203, 210–211, 213, 216, 257

Schule 12, 33, 37, 39, 48–49, 51–53, 63, 80, 149, 170–172, 180–185, 187, 196, 209, 225, 232, 255, 285
Selbst- und Fremdwahrnehmung 86–87, 89, 91
Selbstausdruck 98, 102, 105, 266
Selbstbeschaffung 316
Selbstbestimmung 30–31
Selbsthilfegruppen 40, 162, 174, 241, 264, 331–332
Selbstorganisation 215, 257
Selbstwahrnehmung 86, 99–100, 105
Selbstwertgefühl 39, 87, 89, 158, 175, 198, 256
Selbstwirksamkeit 30, 51, 63, 68, 92, 102, 113, 135, 159, 164, 168, 179
sensorische Integration 99
Sexualität 12, 264, 274, 276–277
Sichverstandenfühlen 75
Sinneserfahrungen 99
Smalltalk 49, 225, 236
SMART-Konzept 152
social skills 82
social stories 50, 65, 211
sonderpädagogischer Förderbedarf 210
soziale Interaktion 22, 109, 134, 190, 209, 237, 275, 330
soziale Wahrnehmung 100, 105
soziales Kompetenztraining 49, 52
sozial-pragmatische Förderansätze 120
Spezialinteressen 39–40, 66, 192, 203, 222, 224–225, 232, 235, 237, 240, 242
Spiegelneuronen 73, 277
STeP-Programm 106
Stereotypien 15, 25, 33, 101, 134, 228, 230, 292
Stimmmodulation 254
Stimuluskontrolle 58
Stress 54, 66, 97, 113, 198, 238, 261–262, 280, 325
Studienhelfer 310
symbolisches Spiel 150
systemische Grundhaltung 133
systemische Therapie 168

T

TEACCH 47–48, 62, 64, 66, 80, 91, 114, 124, 151, 211–212, 238
Teamarbeit 211, 215, 249
Teilhabe am Arbeitsleben 310
Theory of Function 244
Theory of Mind 15, 22–23, 59, 65, 70, 72–73, 111, 190, 235, 244–246
therapeutische Beziehung 26, 46, 56, 271, 292, 297
Therapiefrequenz 140
Therapiemotivation 82, 92, 141

tiefenpsychologische Verfahren 60
topologisches Gedächtnis 244
Transaktionsanalyse 268
Traumatisierung 26, 141
triadische Interaktion 148

U

Überanpassung 261
Umfeldarbeit 67, 80
Unterstützte Kommunikation 65, 123, 151, 191

V

Verarbeitung der Diagnose 161
Verhaltenstherapie 15, 28–29, 48, 51, 58, 62, 68, 71, 75, 118, 125, 192, 286, 289

Versorgungsmedizinverordnung 304
Verstärkung 58, 113, 181–182, 215, 218
Visualisierung 11, 48, 54–55, 65, 92, 124, 191, 213, 215

W

Wahrnehmungsauffälligkeiten 33, 192
Wechselseitigkeit in der Interaktion 103
Werkstatt für behinderte Menschen 311
Widerstand 77, 157, 178, 182

Z

Zeigefähigkeit 147–148, 151
zentrale Kohärenz 15
Zuständigkeit der gesetzlichen Krankenkassen 308